自由的谱系

——何种自由，谁之追寻

Genealogy of Freedom

—Which and Whose Freedom

项目号：13JJD720008

教育部人文社会科学重点研究基地

王福生／著

中国社会科学出版社

图书在版编目（CIP）数据

自由的谱系：何种自由，谁之追寻/王福生著．—北京：中国社会科学出版社，2019.10

ISBN 978－7－5203－5251－2

Ⅰ．①自…　Ⅱ．①王…　Ⅲ．①自由—哲学思想—研究　Ⅳ．①B081

中国版本图书馆 CIP 数据核字(2019)第 208978 号

出 版 人　赵剑英
责任编辑　朱华彬
责任校对　张爱华
责任印制　张雪娇

出　　版　中国社会科学出版社
社　　址　北京鼓楼西大街甲 158 号
邮　　编　100720
网　　址　http：//www.csspw.cn
发 行 部　010－84083685
门 市 部　010－84029450
经　　销　新华书店及其他书店

印　　刷　北京君升印刷有限公司
装　　订　廊坊市广阳区广增装订厂
版　　次　2019 年 10 月第 1 版
印　　次　2019 年 10 月第 1 次印刷

开　　本　710×1000　1/16
印　　张　23
插　　页　2
字　　数　352 千字
定　　价　129.00 元

凡购买中国社会科学出版社图书，如有质量问题请与本社营销中心联系调换
电话：010－84083683

人是生而自由的，但却无往不在枷锁之中。

——卢梭

哲学是怎样理解人的，它也就怎样去理解世界。

——高清海

充分的解释是这样一种解释：恰如哲人理解自己的思想那样去理解他的思想。

——施特劳斯

目　录

导　言

关于自由问题之难，新法兰克福学派代表性人物阿尔布莱希特·韦尔默（Albrecht Wellmer）曾经说过，“如何在现代世界实现自由的问题鼓舞和萦绕欧洲政治哲学达数世纪之久”①。其实，被自由问题困扰的何止是欧洲与现代，又何止是哲学或哲人。还是卢梭（Rousseau）说得彻底，“人是生而自由的，但却无往不在枷锁之中”②。因为人“生而自由”，追寻自由就是人之天性；但人无法自由，“尚未自由”③，因为人“无往不在枷锁之中”。这些“枷锁”，除了卢梭所意指的社会的、经济的和政治的因素之外，在我看来还有观念的、文化的因素。也许，正是因为自由概念的极其模糊和自由问题的牵涉极广才使问题变得复杂难解。因此，厘清自由概念的含义就成了讨论自由问题的一个理论基础。我们从思想史上诸多关于自由的区分开始这一准备性工作。这些区分有些是有益的，可以帮我们弄清自由的含义，有些则是有害的，足以在似是而非的表面下把问题引向歧途。

一　古代人的自由与现代人的自由

首先是古代人的自由和现代人的自由的区分。这是一个有益的区

---

① ［德］韦尔默：《后形而上学现代性》，应奇、罗亚玲译，上海译文出版社 2007 年版，第 189 页。

② ［法］卢梭：《社会契约论》，何兆武译，商务印书馆 1980 年版，第 8 页。

③ Kenneth Surin, *Freedom Not Yet*, Duke Uni. Press, 2009.

分，但常常被错误理解。笔者这里所指的是法国杰出政治理论家邦雅曼·贡斯当（Benjamin Constant）做出的那个著名区分，具体而言就是：代议制赋予我们的现代人的自由是“只受法律制约、而不因某个人或若干个人的专断意志受到某种方式的逮捕、拘禁、处死或虐待的权利，它是每个人表达意见、选择并从事某一职业、支配甚至滥用财产的权利，是不必经过许可、不必说明动机或理由而迁徙的权利。它是每个人与其他个人结社的权利，结社的目的或许是讨论他们的利益，或许是信奉他们以及结社者偏爱的宗教，甚至或许仅仅是以一种最适合他们本性或幻想的方式消磨几天或几小时。最后，它是每个人通过选举全部或部分官员，或通过当权者或多或少不得不留意的代议制、申诉、要求等方式，对政府的行政施加某些影响的权利”①。与此相对，“古代人的自由在于以集体的方式直接行使完整主权的若干部分：诸如在广场协商战争与和平问题，与外国政府缔结联盟，投票表决法律并做出判决，审查执政官的财务、法案及管理，宣召执政官出席人民的集会，对他们进行批评、谴责或豁免。然而，……他们亦承认个人对社群权威的完全服从是和这种集体性自由相容的”②。

重要的是，贡斯当不仅描述了古代人的自由和现代人的自由的明显区别，还探讨了造成这种本质区别的根源。在他看来，古代人之所以秉有如此这般的自由理念，是因为所有古代共和国的领土都十分狭小，由此而来的一个结果就是这些共和国的精神是好战的，其中的一个民族总是无休止地攻击邻国或者被邻国攻击，另一个也许是最重要的因素就是，所有这些国家都有奴隶，所有生活必需品的生产都交给了戴镣铐的人③；与此相应的是，现代人之所以秉有如此那般的自由理念，其根源则在于：现代国家的领土都很大，而且得到自己欲求的东西的手段由战争转向商业，最后是奴隶制的废除，其结果是所有自由人都必须从事所有职业，为自己和社会提供所需，而其本身则是商

---

① ［法］邦雅曼·贡斯当：《古代人的自由与现代人的自由》，阎克文、刘满贵、李强译，上海人民出版社2005年版，第34页。

② 同上书，第34页。

③ 同上书，第35—36页。

业、宗教以及人类道德与知识进步的结果。①

难能可贵的是，贡斯当并没有由此区分而厚此薄彼，而是以其清明的政治理性勇于面对现实和历史。他说，国家规模的扩大使得每个人分享政治的重要性和兴趣都大大降低，奴隶制的废除和商业的发展一方面带来了个人和平的享受，另一方面也激发了对个人独立的挚爱，所有这些都使得现代人不再欣赏古代人那种积极而持续地参与集体权力的政治自由，但现代人的自由也自有其危险：如果说古代人的自由的危险在于，“由于人们仅仅考虑维护他们在社会权力中的份额，他们可能会轻视个人权利与享受的价值”；那么现代人的自由的危险则在于，“由于我们沉湎于享受个人的独立以及追求各自的利益，我们可能过分容易地放弃分享政治权力的权利”②。贡斯当进而认为，放弃政治自由是愚蠢的，这不仅是因为政治自由是我们寻求快乐的保障，而且快乐也不真的是我们人类的唯一目标，我们本性中有比追求快乐更好的部分，我们的使命不仅是快乐，而且还有自我发展，而政治自由是上帝赋予我们最有力、最有效的自我发展的手段：“我们决不是要放弃我所描述的两种自由中的任何一种……我们必须学会将两种自由结合在一起。”③

接下来的问题是，鱼与熊掌如何才能兼得，政治自由与公民自由如何才能兼得？贡斯当寄希望于制度：“制度必须完成人类的使命，如果某种制度能使尽可能多的公民升华到最高的道德境界，它便能最好地实现这一目标。”而为此，“制度必须实现公民的道德教育”，从而使制度一方面能够尊重公民的个人权利；另一方面也能够尊重公民影响公共事务的神圣权利。④ 根据他的其他相关论述可以看出，他心目中的良好制度应该是代议制。关于代议制，他认为，首先应予考虑的问题就是政治代表这一机制本身。既然权利的代表制在现代大国中不可避免，那就必须尽可能地通过立法手段设计一个制约与反制约的

① ［法］邦雅曼·贡斯当：《古代人的自由与现代人的自由》，阎克文、刘满贵、李强译，上海人民出版社2005年版，第36—37页。

② 同上书，第48页。

③ 同上书，第49页。

④ 同上书，第49页。

机制，既能控制代表，又不至于妨碍他们的行动；其次应予考虑的是要通过教育、出版、公开辩论等言论自由，向自己的公民开放一个政治活动空间；最后还应该考虑新时代的宗教、审美和道德因素的重要作用，其中，新教以它最反教条的、最理性主义的形式在贡斯当的观点中处于中心位置，而在审美方面，他通过描述阿道尔夫（Adolphe）（他深感认同的同名小说的主人公）的失败经历向我们指出了在现代社会中有利于维护自由的某些道德素养，比如意志坚强、沉着镇定、坚守诺言、仁爱、同情心、真诚地反对给别人带来痛苦，等等。①

这是贡斯当比较古代人的自由与现代人的自由得出的最终结论，但对于今天的我们来说，如何将政治自由与公民自由结合起来依然是一个难题，因为贡斯当所提供的政治技巧和道德谋略并没有很好地完成任务。不过，我们不能苛责前人，何况就古今自由这一问题而言，贡斯当的论述还是很有启发性的，这既表现在他对国家领土大小对于实现自由的影响的重视、对奴隶制和商业对古今自由的决定性作用的强调上，也表现在他对结合古今自由的尝试性努力、对政治理论和政治实践中极易出现的“时代错位之谬误”的警醒上。

对贡斯当上述区分明显错误理解的是以赛亚·伯林（Isaiah Berlin）。伯林基于我们马上就要讨论的消极自由和积极自由的区分，一方面把贡斯当恭维成是“自由的所有捍卫者中最雄辩者”②；另一方面把贡斯当对古代人的自由与现代人的自由直接等同于他所谓的消极自由和积极自由的区分，进而把贡斯当审慎而清明的见解曲解成单纯地为消极自由辩护。最清楚表现这一点的是伯林硬是把自己对卢梭的态度——“在整个现代思想史上，卢梭是自由最阴险和最可怕的一个敌人”③——安插在贡斯当身上：“贡斯当视卢梭为个人自由的最危险的敌人，因为……”④ 而完全不顾贡斯当本人在批判卢梭时所做出的重要

① ［法］邦雅曼·贡斯当：《古代人的自由与现代人的自由》，阎克文、刘满贵、李强译，上海人民出版社2005年版，“英译者序”第15—22页。

② ［英］以赛亚·伯林：《自由论》，胡传胜译，译林出版社2003年版，第194页。

③ ［英］以赛亚·伯林：《自由及其背叛》，赵国新译，译林出版社2005年版，第50页。

④ ［英］以赛亚·伯林：《自由论》，胡传胜译，译林出版社2003年版，第237页。

保留："我将向诸位显示，这位卓越的天才（指卢梭，引者注）把属于另一世纪的社会权力与集体性主权移植到现代，他尽管被纯真的对自由的热爱所激励，却为多种类型的暴政提供了致命的借口，毋庸置疑，我将指出他的误解，揭示这一点很重要，不过，我将在批驳时十分谨慎，在批评时不失敬意。我肯定会避免与那些诋毁这位伟人的人为伍。"① 不知贡斯当地下有知，对伯林的如此滥用该做何感想。

二　消极自由与积极自由

接下来让我们来看伯林对消极自由和积极自由的区分。这是第二个、也是最经典但同时也是最有害的一个区分。伯林认为，在自由的两百多种含义中最核心的有两种，即消极自由和积极自由，前者是"免于……"的自由，后者是"去做……"的自由。具体而言，消极自由强调的是免于束缚和强制，这里的"强制并不是一个涵盖所有形式的'不能'的词"，而只"意味着在我可以以别的方式行事的领域，存在着别人的故意干涉"。② 因此，伯林举例说，一个人不能跳离地面十码以上，或者因为失明而无法阅读，或者说无法理解黑格尔（Hegel）的晦涩的篇章不是缺少自由，同样，如果一个人患了贫穷之病，即因贫穷而无力购买面包、支付环球旅行或请求法律援助的费用，也不能说是缺乏自由。③ 对于后面的例子，伯林又加解释道，"存在着靴子高于普希金的那些情况，个人自由并非每个人的第一需要。……埃及农夫对衣物或医疗的需要的确超过个人自由，但是他今天所需要的最低限度的自由，以及他明天有可能需要的更多程度的自由，并不是某种特别属于他的自由，而是与教授、艺术家和百万富翁相同的那种自由"。"为了防止太明显的不平等或到处扩展的不幸，我准备牺牲我

① ［法］邦雅曼·贡斯当：《古代人的自由与现代人的自由》，阎克文、刘满贵、李强译，上海人民出版社2005年版，第40—41页；关于贡斯当对卢梭的详细考察，可参见《古代人的自由与现代人的自由》第二编第一章，关于伯林对卢梭的详细考察，可参见《自由及其背叛》（赵国新译，译林出版社2005年版）之"卢梭"章。

② ［英］以赛亚·伯林：《自由论》，胡传胜译，译林出版社2003年版，第189—190页。

③ 同上书，第190页。

的一些甚至全部自由：我有可能非常情愿地、自由地这样做；但是我失去的毕竟是自由，……牺牲并不会增加被牺牲的东西，即自由，不管这种牺牲有多大的道德需要或补偿。任何事物是什么就是什么：自由就是自由，既不是平等、公平、正义、文化，也不是人的幸福或良心的安稳”。“自由之所失也许会为公正、幸福或和平之所得所补偿，但是失去的仍旧失去了；说虽然我的‘自由主义的’个人自由有可能失去，但某种其他的自由（‘社会的’或‘经济的’）有可能增加，这是混淆了价值”①。

与此相对，积极自由是去做这个、成为这样而不是做那个、成为那样的自由，它源于个体成为他自己的主人的愿望，源于个体的经验存在与其内在的“真实”自我的分裂，在这种分裂中，一个成为主导性的控制者，另一个成为需要加以约束的欲望和激情的集合。这种自我之间的区分导致两个结果：一个是为了成为自己的主人而采取自我克制的态度，用伯林自己的话说就是“退居内在城堡”，这是传统的禁欲主义者与寂灭论者、斯多葛派和佛教圣人、许多宗教或非宗教人士的自我解放之法，也是所有政治孤立主义、所有经济的自给自足形式所沾染的态度；而当它应用于个人时，则与康德（Immanuel Kant）、卢梭等人的概念相去不远，他们将自由等同于对欲望的抗拒和克服，康德认为真正的自由就是自律，卢梭则说：“人只要求他能够实现的，也只做他所要求的，这就是真正的自由。”② 但在伯林看来，“这样的学说是高尚的，但……不折不扣地是一种酸葡萄学说：我没有把握得到的东西，就不是我真正想要的东西”，它“也许是正直、平静与精神力量的源泉，但是我们却难以理解它何以是自由的一种扩展”。③ 自我之间区分的第二个结果是为了获得独立而采取自我实现或完全认同于某个特定原则或理想的态度。自我实现的基础是通过批判的理性理

① ［英］伯林：《自由论》，胡传胜译，译林出版社2003年版，第192—193页。

② 同上书，第205—209页，并请参见卢梭《爱弥儿》，李平沤译，商务印书馆1978年版，第80页：“真正自由的人，只想他能够得到的东西，只做他喜欢做的事情。这就是我的第一个基本原理。”

③ ［英］以赛亚·伯林：《自由论》，胡传胜译，译林出版社2003年版，第209—210页。

解到什么是必然的、什么是偶然的，然后按照这种理性知识适当的行动。而既然我们每一个人都是理性的存在者，对于我来说是正确的东西，对于别人来说也肯定是正确的，如果别人不知道自己的可以由理性发现的真实的自我，那么我们可以告诉他以使他按此行事甚至强迫他按此行事。也就是说，“自由并非做非理性的、愚蠢的或错误的事情的自由。强迫经验的自我符合正确的模式并非专制，而是自由”①。在伯林看来，这将导致专制主义，尽管是类似于莫扎特《魔笛》中的萨拉斯特罗圣殿一样的最明智的专制主义，但毕竟仍然是专制主义：“以这种方式，理性主义的论证，及其唯一真正解决的假定，一步一步地从个人责任与个人自我完善的伦理学说，转变为一种服从柏拉图式的守卫精英指导的极权国家理论，这种步骤，如果在逻辑上是无效的话，在历史上和心理学上却是可以理解的。”②

伯林的上述区分简洁明了，论证雄辩滔滔，但是却存在明显不足：第一，伯林在两种自由之中厚此薄彼，立场有失公允；第二，两种自由的区分本身似是而非，并且与其所秉持的多元论立场不相符合。关于第一点，我们必须承认，伯林对于所谓“积极自由”的批评有着历史的可理解性，即历史上出现的许多暴政和专制主义确实是假借“给人自由”的名义发生的，这大概也是他致力于这种区分的原动力所在：“有人怀疑我捍卫消极自由而反对积极自由，以为消极自由更文明，那只是因为我觉得，积极自由在正常生活中虽然很重要，但与消极自由相比更频繁地被歪曲和滥用。其实这两个问题都是切切实实、不可回避的。”③ 但这只是问题的一个方面，问题的另一方面是，不加限制地鼓吹所谓“消极自由”却是缺乏他自己所极为重视的“社会与道德理解力”④ 的表现：说我因贫穷而无力购买面包就像残疾使我无法行走一样都不缺少自由，说埃及农夫所需要享有的自由和教授、艺术家和百万富翁所需要享有的自由是相同的，这无论如何都是难以令

① ［英］以赛亚·伯林：《自由论》，胡传胜译，译林出版社2003年版，第219页。

② 同上书，第224页。

③ ［伊朗］拉明·贾汉贝鲁格：《伯林谈话录》，杨祯钦译，译林出版社2002年版，第37页。

④ ［英］以赛亚·伯林：《自由论》，胡传胜译，译林出版社2003年版，第239页。

人接受的，特别是当这种情况与承认问题或伯林所说的“对地位的寻求”相联系的时候，因为后者与自由密不可分，正如他自己说的那样，“在我没有被承认是自我管理的人类个体的意义上，我也许会感到不自由；但是当我被视为一个不受承认或者得不到充分尊重的群体的成员时，我也会感到不自由”①。

关于第二点，说“消极自由”和“积极自由”的区分似是而非，这主要是因为自由的完整含义应当是免于束缚或强制去做某事，也就是说，所谓的“消极自由”和“积极自由”只不过是同一个自由的“消极”方面和“积极”方面而已，免于束缚或强制是为了去做自己喜欢的事情，而为了要做自己喜欢的事情就必须免于束缚或强制，前者是后者的必要条件，后者是前者的实质目标，缺了哪一个，自由都将是不完整的、难以理解的。正是为了纠正被伯林弄乱了的自由概念，杰拉尔德·麦卡勒姆提出了自己的自由公式：“‘X 在摆脱 Y 去做（或不做、成为或不成为）Z 上是（或不是）自由的。’这里，X 代表行动者，Y 代表诸如强迫、限制、干涉和妨碍这些‘约束性条件’，而 Z 则代表人或环境的行动或条件。”② 这个三位一体式的公式符合一般的道德直观，也为很多重要的思想家所坚持。比如罗尔斯（Rawls），他同样认为“自由总是可以参照三个方面的因素解释：自由的行动者；自由行动者所摆脱的种种限制和束缚；自由行动者自由决定去做或不做的事情。一个对自由的完整解释提供了上述三个方面的有关知识”③。阿玛蒂亚·森（Amartya Sen）也是从同样的思路出发，用“可行能力（集）”来定义自由的。他说：“一个人的‘可行能力’指的是此人有可能实现的、各种可能的功能性活动组合。可行能力因此是一种自由，是实现各种可能的功能性活动组合的实质自由（或者用日常语言说，就是实现各种不同的生活方式的自由）。例如，一个节食

① ［英］以赛亚·伯林：《自由论》，胡传胜译，译林出版社 2003 年版，第 229—230 页。

② ［英］杰拉尔德·麦卡勒姆：《消极自由与积极自由》，载应奇、刘训练编《第三种自由》，东方出版社 2006 年版，第 41—42 页。

③ ［美］罗尔斯：《正义论》，何怀宏等译，中国社会科学出版社 1988 年版（2003 年 10 月重印），第 199—200 页。

的富人，就摄取的食物或营养量而言，其实现的功能性活动也许与一个赤贫而不得不挨饿的人相等，但前者与后者具有不同的‘可行能力集’（前者可以选择吃好并得到充足的营养，而后者无法做到）。”①

除了诉诸思想史上名家的佐证和我们的一般直观，我们也可以从所谓“消极自由”和“积极自由”所表达的实际内容来看清这一点。从其意涵所指而言，“消极自由”表达的是行动的条件，而“积极自由”表达的是行动的目标，但二者之间具有几乎难以分开的必然联系，以致所谓的“积极自由”和“消极自由”可以毫无困难地相互改写。这种改写的最新一个版本，就是“干涉他国内政甚至发动战争”的“积极自由”与“免遭他国恐怖袭击”的“消极自由”难分彼此的国际政治戏剧，而这几乎就是对这一区分的无尽嘲弄。因此我们说，自由只有一个，它有其“消极的”和“积极的”方面，但绝没有所谓“积极自由”和“消极自由”的区分，没有好的自由和坏的自由的区分；某一自由之所以被视为是坏的，只是因为某人自由地做了某种坏的事情，但自由仍然是自由，正如坏的事情始终是坏的事情一样。在这个意义上，伯林对于所谓“积极自由”的批评和对于所谓“消极自由”的坚持，在其合理的意义上必须被理解为对于同一个自由的批评和坚持。

与上述异议相比，伯林对于“消极自由”和“积极自由”的区分的更主要的困难也许在于，这一区分难以与其多元论立场相符合。在“两种自由概念”这篇论文的最后，伯林给出了自己坚持“消极自由”的理由，那就是，在人类生活中无法消除的价值的冲突将赋予自由选择以核心重要性：“如果正如我所认为的那样，人的目的是多样的，而且从原则上说它们并不是完全相容的，那么，无论在个人生活还是社会生活中，冲突和悲剧的可能性便不可能被完全消除。于是，在各种绝对的要求之间做出选择，便构成人类状况的一个无法逃脱的特征。这就赋予了自由以价值。”② 而在伯林看来，“多元主义以及它所蕴含

① ［印］阿玛蒂亚·森：《以自由看待发展》，任赜、于真译，刘民权、刘柳校，中国人民大学出版社 2002 年版，第 62—63 页。

② ［英］以赛亚·伯林：《自由论》，胡传胜译，译林出版社 2003 年版，第 242 页。

的‘消极的’自由标准”，“比那些在纪律严明的威权式结构中寻求阶级、人民或整个人类的‘积极的’自我控制的人所追求的目标，显得更真实也更人道”①。这里的问题是，既然价值的冲突是人类生活无法消除的因素，那么，自由作为价值如何能够超脱于这种冲突而具有核心重要性？换句话说，多元主义如何就“蕴含”了消极的自由标准了呢，如果自由也是一种价值、一种人类追求的目标的话？这个问题在伯林的思想框架中是无法解决的，正如他自己在与拉明·贾汉贝格鲁（R. Jahanbegloo）的对话中所承认的那样：“多元论和自由主义是互不相同甚至也互不交叉的两个概念。有各种不属于多元论的自由主义理论。我既相信自由主义，也相信多元论，而这两者并没有逻辑上的关联。”② 这段看似坦诚的告白同样似是而非。坦诚是因为他公开承认了多元论与自由主义的毫无关联，似是而非是因为多元论与自由主义不仅没有逻辑上的关联，而且还自相矛盾：如果一个人既相信自由主义，又把自由当作价值冲突中的一种价值来理解，那么，他怎么还能够相信多元论？伯林的坦诚是骗人的，他以其虚假的坦诚掩盖了问题的实质。伯林实际上是一个他自己所说的“不属于多元论的自由主义理论家”。

要想使多元主义与自由的核心重要性同时成立就必须对自由做出新的理解，而不是对自由做出似是而非的区分。这种新的理解就是，自由首先是一个存在论问题，而不是一个价值论问题。也就是说，自由是人的一种存在论的状态，一种类似于因果关系的事实状态，而不是人要去追寻的一个目标，一种价值。正如赵汀阳所正确指出的那样，“只有当某种欲望对象是可以不要的（至少对于某些人是可以不要的），即使失去了它，生活仍有可能，这样它才是价值。有的人甚至可以不要幸福，尽管幸福是人们一般最想要的；有的人可以不要公正，尽管公正是好生活的必要条件，但是没有人能够不要自由，因为如果没有自由，一个人就被剥夺了做人的各种条件，他什么也做不了，他

---

① ［英］以赛亚·伯林：《自由论》，胡传胜译，译林出版社 2003 年版，第 244 页。

② ［伊朗］拉明·贾汉贝格鲁：《伯林谈话录》，杨祯钦译，译林出版社 2002 年版，第 40 页。

的生活就报废了或终结了，虽存犹死。如果他做了些什么的话，那也是别人的事情，是别人强迫他去做的，实际上与他无关”①。不需要多少聪明就可以看出，只有这样理解的自由及其核心重要性才会与多元主义立场相容：一方面，自由不是价值而是对价值的选择，而价值选择是多样的而且不可通约；另一方面，真正的多元主义内在地要求自由，即不受束缚或强制去做自己喜欢做的各种事情，去追求自己喜欢追求的各种价值。

在笔者看来，这可能就是卢梭说的“人生而自由”的真意所在。如果真的如此，那么，卢梭所说的“人无往不在枷锁之中”就是存在者层次上的一种状态。对这句话的海德格尔式分解告诉我们，自由首先是一个形而上学概念，其次才是一个政治哲学概念。这涉及我们要讨论的最后一个区分。不过，就自由问题来说，还有一个区分至关重要，这就是下面要讨论的个体主义的自由和共同体主义的自由的区分，它从另外一个更直接的角度显示出形而上学维度对于理解自由问题的重要性。

三　个人主义的自由与共同体主义的自由

这是开篇就提到过的韦尔默做出的一个非常具有启发性的区分。根据韦尔默，这个区分和“自由的观念主要应当通过个人的观点还是集体的观点加以发展的问题有关”②，也就是说，个人主义的自由观认为自由主要应当通过个人加以发展，而共同体主义的自由观则认为自由主要应当通过集体加以发展。一方面，他承认二者“并不是完全对立的，在某种重要的意义上，毋宁说它们是相互补充的；相应地，现代欧洲最重要的政治理论都包含着这些要素。激进的个人主义和激进的共同体主义都是难以遇到的极端情形”。但另一方面，他又坚持说：“尽管个人主义的和共同体主义的自由理论之间的分界线并不总是清

① 赵汀阳：《关于自由的一种存在论观点》，《世界哲学》2004 年第 6 期。

② ［德］韦尔默：《后形而上学现代性》，应奇、罗亚玲编译，上海译文出版社 2007 年版，第 189 页。

晰的，我还是认为两者之间在基本的潜在取向上存在着相当尖锐的分裂。”① 它们不仅在人类学基础和理性观念方面，而且从认识论和政治上来讲都是相当不同的，就前者而言，个人主义的自由观念以个人的“原子主义”和“工具主义”的理性观为基础，而共同体主义的自由观念以本质上是“社会的”个人和作为处理主体间有效要求的方式的“交往的”和“推论的”理性观念为基础，就后者而言，个人主义的自由观念在认识论上与现代科学“物理主义的”或“机械论的”和反亚里士多德传统密切相关，在政治上与资产阶级革命以及现代资本主义经济的合法性牢固地联系在一起，而共同体主义的自由观则与认识论的亚里士多德传统有着紧密的联系，并在政治上与现代资产阶级的现实处于一种批判性的关系之中，而这种批判当然是以承认现代资产阶级社会是个人自由在某种程度上已然被建制化了的唯一社会为基础的。②

既然个人主义者和共同体主义者都承认现代资产阶级社会里个人自由的建制化，那么，二者的争论就变成了现代资产阶级社会对在现代世界中实现自由所起作用的争论。韦尔默的论述从黑格尔试图沟通个人主义的和共同体主义的自由之间的鸿沟的努力开始。韦尔默认为，黑格尔政治哲学中深刻的地方在于它令人信服地论证了：现代资产阶级社会即黑格尔自己所谓的“市民社会”是消极自由已经被建制化的社会，是一个人的自然权利普遍实现的社会，但这个社会又是普遍存在的社会对抗的社会，作为这样的社会，它不仅是对特定伦理生活形式比如前现代的伦理生活形式的否定，而且还是对伦理生活形式本身的否定，因此，它必须被扬弃在国家中，而国家则是与对共同善、公民德性、共同的行动、公共的争辩和政治对经济的控制的关心联系在一起的。也就是说，黑格尔论证了“具有普遍主义内涵的消极自由的这一维度是任何可行的现代政治自由观念的一个本质的方面；但是解放了的个人只有作为政治共同体的公民，作为国家的公民才能在充分

---

① ［德］韦尔默：《后形而上学现代性》，应奇、罗亚玲编译，上海译文出版社 2007 年版，第 190 页。

② 同上书，第 190—194 页。

的理性自由的意义上成为自由的"[①]。但与此同时，韦尔默则通过援引马克思在对黑格尔的国家理论的批判中对现代欧洲历史的民主原则的坚持，特别是通过援引托克维尔对美国的民主的分析来批评黑格尔对运用于现代世界的民主观念的原则性反对："没有理由断言普遍主义的自然权利原则不能'转化成'共同体主义的政治自由观；托克维尔实际上表明的就是现代世界的自由只有作为伦理生活的民主形式才是可以想象的。"[②] 但问题是：黑格尔的《法哲学原理》存在着缺少民主观念的盲点；[③] 马克思（Marx）的民主观念则是一种"超政治的解释"，因此是一种"高尚的无政府主义的乌托邦"，在其中"无论消极自由、政治制度还是功能的和系统的分工都是没有地位的"，所以我们可以说"马克思不是解决了黑格尔最终没有解决的自由在现代世界的建制化问题，而是简单地驱逐了这个问题"[④]；而托克维尔（Tocqueville）所分析的美国式民主也不是"可供欧洲国家简单地模仿的模型。而且，在托克维尔的著作发表一个半世纪以后，有充分的理由不去把美国的民主理想化：美国民主的历史也是在政治、社会和经济上排斥少数人的历史，而且它也是帝国主义的剥削和干涉的历史"[⑤]。怎么办？韦尔默转向了现代政治哲学的最新发展。

韦尔默把诺齐克（Nozick）和哈贝马斯（Habermas）的哲学视为个人主义的和共同体主义的自由观的最新版本。在他看来，诺齐克的《无政府、国家与乌托邦》是对个人主义自由观的最激进的辩护，虽然就其人类学和认识论的前提来看是错误的，但就其合理性而言，它是对黑格尔意义上的市民社会的一种说明；而哈贝马斯则通过交往的和推论的理性观念对共同体主义的自由观进行了当今最深刻和最具创造性的重建，然而，"实际上能够被先天——即通过使用'语用学的自相矛盾'——辩护的理性商谈的原则过于薄弱，不足以充分地说明

① ［德］韦尔默：《后形而上学现代性》，应奇、罗亚玲编译，上海译文出版社2007年版，第196页。

② 同上书，第205页。

③ 同上书，第200页。

④ 同上书，第201页。

⑤ 同上书，第205页。

现代的共同体自由观念的普遍主义内容，即使根据哈贝马斯意义上的程序主义理性观念给出的说明也是如此”①。具体而言就是，“一种程序主义的理性观的确确定了任何现代形式的共同体自由的主要的结构性条件。它只是确定条件而没有为我们给出共同体自由的‘定义’，这一点也可以这样来表达，一种程序主义的理性观只能告诉我们什么是**理性**的自由，而不能告诉我们什么是理性的**自由**”②。从这里出发，韦尔默转向了罗尔斯。这首先是因为，在韦尔默看来，罗尔斯正义的第一原则非常接近消极自由观念，“它是那些想得到他们的消极自由的最大化领域并准备承认其他每个人的消极自由的同等领域的个人的、正义的元原则”，而罗尔斯试图表明的恰恰是，这种正义观将会导致其所瞩目的伦理生活形式意义上的普遍主义的共同体自由观念，因为“对于罗尔斯来说，正义的第一原则即平等自由的原则直接导致政治参与的平等权利的原则”③。其次，更主要的是因为，在韦尔默看来，罗尔斯的理论构造“似乎并不对作为它的出发点的‘抽象的’正义观念的可能的概念上的和人类学的丰富加以内在限制；人们甚至可以在某一点上引入交往的理性概念”④。就这样，韦尔默在哈贝马斯和罗尔斯的结合处看到了调和消极自由与积极自由的张力的可行性方案，即“民主商谈必须以自由主义的和民主的权利为基础，而与此同时，只有以民主商谈为中介，基本权利的不断解释和建制化才得以发生”。这是一种循环，然而“是一种不可避免的实践上的循环，而不是一种存在着内在缺陷的理论上的循环”⑤。这种循环指向的是调和消极自由与积极自由的现代性谋划无法最终解决的特征，而正是在这个意义上，韦尔默说到了乌托邦的终结和后形而上学的现代性，即不能把一种人类生活不可或缺的乌托邦视野形而上学地客观化为一种终极的调和状态的理论观念或政治现实，一种乌托邦的规范视野只“应当被理解成

① ［德］韦尔默：《后形而上学现代性》，应奇、罗亚玲编译，上海译文出版社2007年版，第213页。

② 同上书，第221页。

③ 同上书，第216页。

④ 同上书，第216页。

⑤ 同上书，第231页。

对现代性的新的自我反思的开始，对现代精神的激进抱负的新的理解的开始”[①]。在韦尔默看来，普遍主义的共同体自由观念就是这样一种乌托邦的规范视野。

以上就是韦尔默对个人主义的和共同体主义的自由观念的区分。抛开具体论述不谈，这种区分的启发性主要在于：明确提出由谁发展自由的问题。这个问题的重要性在于，“谈论自由而不明确所谈论的是谁的自由是没有意义的”[②]。韦尔默的区分一方面将民主问题与自由问题联系起来，破除了现代政治哲学的主题是自由，而当代政治哲学的主题是正义/民主的理论教条，从而为我们讨论自由问题开启了无比广阔的历史视野（从现代到当代再到古代）；另一方面还启发我们继续追问个人与共同体的关系问题、人之存在论基础的问题、人之所以不断追寻自由的根源问题等等，这些略加扩展的视野无疑会引领我们更深地进入到自由问题之中，即从自由的政治哲学概念深入到自由的形而上学概念。不过，这一区分也有一点瑕疵。那就是，不由自主地把个人主义和共同体主义的自由与伯林的消极自由和积极自由相提并论，而没有意识到这种等同所带来的不必要的混乱。这在前面的论述中就有着清晰的表现。实际上，如果把前面韦尔默谈到“消极自由”的地方改写为“个人主义的”自由，其论述就会更清晰、更准确。另一个突出的例子就是，在论及黑格尔对个人自由与财产权利之间关系的理解时，用黑格尔自己所没有的消极自由概念来解释个人自由：“消极自由与财产权利的关系在黑格尔的构造中是十分清楚的：就个人而言，只有具有现实的外在领域，消极自由才能存在；因此，它只能以对于排他性地属于我的对象的个人权利的形式存在。”[③] 关于与伯林的关系，韦尔默自己写道：“我对个人主义的自由观念和共同体主义的自由观念的区分自然与以赛亚·伯林对‘消极’自由观念和‘积

---

① ［德］韦尔默：《后形而上学现代性》，应奇、罗亚玲编译，上海译文出版社 2007 年版，第 223 页。

② Screpanti Ernesto：*Libertarian Communism*：*Marx*，*Engels and the Political Economy of Freedom*，Palgrave Macmillan，2007，p. 119.

③ ［德］韦尔默：《后形而上学现代性》，应奇、罗亚玲编译，上海译文出版社 2007 年版，第 211—212 页。

极’自由观念的区分具有某种类似之处。然而，正因为我的概念策略是与伯林完全不同的，两种区分在某种程度上也是不可通约的。”① 对此，我们要说的是，事实确实如此；不过要马上加上一句，即这种区分有问题的地方正是与伯林的区分的相似之处，而有启发性的地方则在于与伯林不同的概念策略。

四 自由的形而上学含义与政治哲学含义

通过以上讨论，我们可以看到：自由——不管是古代人的自由还是现代人的自由——的完整概念是一个包含了行动者、约束性条件和行动的三位一体关系，即某一如此这般的行动主体免于何种束缚或强制去做某件何种样的事情。接下来的问题是如何具体而微地理解这个三位一体关系，而正是在这一要求中蕴含着一个极其重要但却常常被忽略或被错误理解的区分，这就是自由的形而上学含义与政治哲学含义的区分。这一区分的主要含义是说单纯形而上学的自由概念无力理解人对自由的现实追求，因为自由的实现必然要求一定的经济基础和相应的政治保障，但政治哲学的自由概念必然奠基于某种形而上学理念，特别是关于行动者的某种形而上学解释。由此来看，这项区分与前三项区分的不同之处主要在于：这一区分是内在的，是对一个完整的自由概念的分层次的理解，而前三项区分则是外在的，是对这一完整概念的割裂或对其内在逻辑关联的误解，因为它们几乎都是对这一内在的三位一体关系的某个方面的强调，而与此同时，则是对其他方面的批评甚至拒斥。另外，这一区分的提出也和所谓“第三种自由”（这名称本身就明白显示着与伯林的著名区分之间的承继关系）的倡导本身毫无共同之处，不管是就菲利普·佩迪特（Philip Noel Pettit）、昆廷·斯金纳（Quentin Skinner）的不尽相同的原本来说，还是就应奇教授的“另一种第三种自由概念”或“对第三种概念的另一种理解”来说，情况都是如此。在这里，我的基本想法是奥卡姆（Ock-

① ［德］韦尔默：《后形而上学现代性》，应奇、罗亚玲编译，上海译文出版社 2007 年版，第 190 页脚注①。

ham）的“剃刀原则”——“如无必要，勿增实体”。[1]

在西方，上述三位一体的自由概念大概起源于古希腊的“公民”概念。古希腊的社会结构是典型的奴隶制，奴隶受奴役和支配，从事各种体力劳动，为社会生产各种生活必需品，而在此基础上，作为自由人的公民在“法律面前人人平等”的框架下，在安放“公共之火”的广场上通过交谈、演讲、辩论等方式公开而自由地参与城邦的社会和政治生活。[2] 非常明显，这种自由主要是政治性的，但与此同时必须记得的是，哲学沉思也是这样的公共活动，也是政治性的。智者和苏格拉底（Socrates）都是在广场上通过话语活动展开自己的哲学论说的，也都是自由的。后来苏格拉底因哲学辩论死于雅典的民主制，这事本身就是政治与哲学的不可分解的纠葛。苏格拉底死后，不管是柏拉图（Plato）还是亚里士多德（Aristotle），都对在现实城邦中实现自由感到了一丝的绝望，但也绝没有像我们通常理解的那样，把实现自由的场所完全从政治领域撤回到精神领域，从城邦撤回到哲学。他们更多的是转变了对哲学与政治或城邦关系的思考，并作为哲人力图在不自由的政治现实和自由的形上理念之间取得微妙的平衡，柏拉图的“哲学王”就是这种努力的象征性人物。然而，不管苏格拉底之死前后哲人对哲学与政治或城邦关系的思考发生了怎样的变化，也即不管他们对政治自由和形上自由的关系的理解发生了如何的变化，不变的则是对奴隶制、自然宇宙和人类宇宙的类似结构的坚持，而且正是对人在宇宙中的位置和人在历史中的价值的这种独特的形而上学的理解支持了他们对城邦的独特的政治论辩和伦理思考。

尽管如此，自由问题被真正形而上学化却是康德的贡献，正如叶秀山先生所正确指出的那样。[3] 康德哲学的主要目标是“一种能够作为科学出现的未来形而上学”，为此他写下了深刻影响后来哲学发展

---

① 请参见昆廷·斯金纳《第三种自由概念》、菲利普·佩迪特《消极自由：自由主义的与共和主义的》《反权力的自由》和应奇《论第三种自由概念》，上述论文均被收入应奇、刘训练编《第三种自由》，东方出版社2006年版。

② ［法］让·皮埃尔·韦尔南：《希腊思想的起源》，秦海鹰译，生活·读书·新知三联书店1996年版，第4章。

③ 叶秀山：《中西关于“形而上”问题方面的沟通》，载《中西智慧的贯通——叶秀山中国哲学文化论集》，江苏人民出版社2002年版，第92页。

的“三大批判”。在康德看来，我们所有的一切知识的对象只能是经验的对象，都只能在经验的范围内有效，对于超越“现象界”的“物自身”，我们是不能获得确切的知识的，如果我们非要把认识有限经验对象的范畴运用到无限的“物自身”的“理念”上去，我们也只能得到“谬误推理”或“二律背反”；因此，对于这些“理念”的思考不能是理论性的，而只能是实践性的，实践是一个道德与政治问题，只有在这些问题上才不需要完全确定无疑的知识，因为“人不可能在‘全知’了以后再行动，而在未曾全知、甚至所知甚少的情况下仍然行动”①；但要想使如此条件下的行动不陷于冥行妄作，那就必须为其寻找一个最终的根据，这个根据在康德看来就是“意志自由”，其基本法则是“我决不应当以别的方式行事，除非我也能够希望我的准则应当成为一个普遍的法则”②，这是一项超越任何条件、不计任何利害的道德命令，由此出发可以成就一种“道德形而上学”，因为形而上学在根本上和道德命令一样，都是“超越”性质的；在这种形而上学中，意志自由是核心，随自由而来的是责任，自由既然是人生来就具有的，责任也就不可推卸。在康德的这种理解中，自由问题主要是在形而上学层面上被理解的，但绝不是仅仅在形而上学层面上被理解的，由自由而来的责任不仅有德性论方面的，而且也有法权论方面的，也就是说，不仅是道德的同时也是政治的，而其最终的实现则要诉诸历史，正是历史协调了道德和政治之间的分离并由此不断趋于进步和完成。

康德是一个节点，之后的西方哲学出现了极为分散的发展态势。黑格尔和马克思接续的是康德的历史主义的解决思路，在不同的形上理念的支持下对自由的实现问题进行了殊为不同但又多有一致之处的思考；谢林（Schelling）主要集中在对自由问题的形而上学思考上面，其后期主要讨论的是神的自由创世问题，但这种看似无涉政治的形上之花却在齐泽克（Slavoj Žižek）手中结出了左翼激进政治之果，出乎

① 叶秀山：《中西关于“形而上”问题方面的沟通》，载《中西智慧的贯通——叶秀山中国哲学文化论集》，江苏人民出版社2002年版，第91页。

② ［德］康德：《道德形而上学的奠基》，载李秋零主编《康德著作全集》第4卷，中国人民大学出版社2005年版，第409页。

意料之外却又尽在情理之中；尼采（Nietzsche）和海德格尔（Heidegger）与历史主义的关系暧昧，对自由的思考也没有甚多专题论述，但自由在他们的思想结构中无疑都占有重要位置，而其与政治一言难尽的关联又无不与其独特的形而上学密切相关；罗尔斯在“政治的而非形而上学的”① 的旗帜下不断完善其极具影响力的新自由主义政治哲学，但不管罗尔斯如何辩解，其精细的政治哲学思考一时也离不开其关于人作为自由、平等的理性存在者的康德式形而上学设定；阿伦特（Arendt）和施特劳斯（Strauss）都对西方古典政治图景情有独钟，但前者以“人的境况”为前提，重新清理西方政治思想传统，力图在现代革命条件下重温西方古典政治的美好时刻，后者则以人各具天性且不可改变为出发点，力倡哲学就是政治哲学，而且还是柏拉图式的政治哲学。

自由的形而上学含义和政治哲学含义的区分与联系给我们以启示，使我们可以重新理解和评价我们自己思想传统中的自由问题。中国文化传统并不是没有对自由问题的思考，中国人也根本不是从西方引入这样那样的思想资源之后才开始追寻自由的。中国人有自己对自由的独特理解，他们追求自由的方式也是与西方人不一样的。但是，西方人自己也不是很不一样吗？我们何必厚此薄彼、妄自菲薄呢？事实上，如果我们像施特劳斯的解经方法所要求的那样，也就是说，像古人理解自己那样去理解古人，那么，我们就将看到中国儒道两家对自由的不同理解（既在其形而上学含义上，也在其政治哲学含义上）是如何在其互补之中规划中国人自己的生活和生活方式的。

这就是自由的形而上学含义和政治哲学含义的区分，也即自由这个三位一体性概念的内在联系的粗略揭示。与此同时，这也是我们讨论自由问题时为自己划定的大致范围和路线图。

① John Rawls, Justice as Fairness: Political not Metaphysical, *Philosophy and Public Affairs*, 14, 1985.

第一章
法律与自由：洛克

如果说《人类理解论》的发表使“洛克永垂不朽”并“给英国民族带来荣誉”[①] 的话，那么《政府论两篇》（即中译本《政府论》）的出版则使洛克成了自由主义政治理论的始祖[②]和“现代政治学原理的创始人”[③]。这些评价也许有些言过其实，但无可否认的是，洛克的《政府论》在理论和实践两个方面已经产生并且还在产生着巨大的历史影响。然而，要想正确理解洛克的《政府论》，就必须以拉斯莱特对《政府论》研究中广泛存在的两个教条的破除为前提：一个是认为《政府论》是对1688年光荣革命所做的事后辩护，可以称之为“辩护论教条”；另一个是认为《政府论》阐发的自由主义政治理论主要是针对霍布斯（Hobbes）的权威主义的，可以称之为“霍布斯教条”。拉斯莱特（Laslett）以其精细的文本分析，令人信服地指出了：《政府论》的写作远在光荣革命之前，因此是革命的先声而非事后辩护，并且其上、下两篇都是针对菲尔默（Filmer）而不是针对霍布斯的，事实上霍布斯和洛克在大方向上是完全一致的，即都是反对君权神授以

---

① 汝信、王树人等主编：《西方著名哲学家评传》第三卷，山东人民出版社1984年版，第341页。

② 参见［英］伯特兰·罗素《西方哲学史》下卷，何兆武、李约瑟译，商务印书馆1976年版，第129页：“关于自由主义哲学的最早的详彻论述，见于洛克的著作。”

③ ［英］彼得·拉斯莱特：《洛克〈政府论〉导论》，冯克利译，生活·读书·新知三联书店2007年版，第55页。

及教会干政的。[①]

总的来讲，正如罗伯特·A. 戈尔德温（Robert A Gotdwyn）所正确指出的那样，“洛克的主题是自由，而他的主要论证是：没有法律就没有自由”[②]。《政府论》是一本讨论“政府的真正起源、范围和目的”的书，以“什么是政治权力”的如下定义开始其更具建设性的“第二篇”：“因此，我认为政治权力就是为了规定和保护财产而制定法律的权利，判处死刑和一切较轻处分的权利，以及使用共同体的力量来执行这些法律和保卫国家不受外来侵害的权利；而这一切都只是为了公众福利。”[③] 必须指出，洛克在这里是在较为宽泛的意义上使用“财产”这一概念的，就像在《政府论》中经常出现的情况一样，“生命、健康、自由或财产”；“生命、自由和地产，即我根据一般的名称称之为财产的东西”[④]。值得注意的是，“生命、自由和地产”的并列使用和等同：生命与自由的等同指向洛克所理解的自然状态，自由和地产的等同则为后人所说的“洛克首次提出私有财产权是现代人自由和权利的首要基础”[⑤] 提供了理论依据。

洛克的社会和政治理论产生了重大而深刻的历史影响。1776 年 7 月 4 日，美国通过了《独立宣言》，其导言中所列出的不可剥夺的自然权利清单包括“生命权、自由权和追求幸福的权利”，虽然这和洛

① 王福生：《洛克〈政府论〉研究中的两个教条》，载邓正来主编《西方法律哲学家研究年刊》（2008 总第 3 卷），北京大学出版社 2009 年版，第 223—234 页。

② ［美］施特劳斯、［美］克罗波西主编：《政治哲学史》，李洪润等译，法律出版社 2009 年版，第 508 页。

③ ［英］洛克：《政府论》下篇，叶启芳、瞿菊农译，商务印书馆 1964 年版，第 4 页。

④ 同上书，第 6、77 页，译文略有改动。据拉斯莱特统计，这个更为宽泛的一般性的财产定义在《政府论》全书中共出现了 14 次之多，彼得·拉斯莱特：《洛克〈政府论〉导论》，冯克利译，生活·读书·新知三联书店 2007 年版，第 131 页注释①。

⑤ 张盾：《财产权批判的政治观念与历史方法》，《哲学研究》2011 年第 8 期。另可参见约翰·格雷：“洛克的思想带来了一个为霍布斯和斯宾诺莎所缺乏或拒绝的主题，即个人财产所有权与个人自由之间存在紧密联系的主题。洛克持有一种早期的个人主义者所没有看到的明晰洞见，即个人的独立必须以私有财产权在法治之下得到安全地保护为前提条件，……这一洞见体现了洛克对自由主义的最大的贡献。”见《自由主义》，曹海军、刘训练译，吉林人民出版社 2005 年版，第 20 页；布鲁姆：“财产的自然性和政府对财产保护的特殊关心乃是洛克的发明”，见《巨人与侏儒》，张辉选编，张辉等译，华夏出版社 2007 年版，第 242 页。

克的“生命、自由和财产”著名公式有着显著的不同，但洛克影响的痕迹清晰可见，以致罗伯特·A. 戈尔德温径直承认道：“约翰·洛克被称作是美国的哲学家，他是我们的国王。”① 这种影响在《独立宣言》的主要起草人、杰斐逊（Jefferson）的家乡弗吉尼亚州通过的《权利法案》中有着更明确的表现。《权利法案》是在仅仅几个星期前的6月12日通过的，其中有这样的声明：“所有人生来都具有同等的自由和独立，具有某些与生俱来的权利，在他们进入社会之时，也不能以任何契约剥夺他们或他们后代的这些权利；那就是，以获得和占有财产的方式，以及追寻幸福和安全的方式，享有生命和自由。”② 不过，与人们通常理解的相反，洛克更清晰而确定的影响发生在法国。通过对最终文献的影响极其重要的西耶斯（Sieyes）和《民法典》之父斯波塔利斯（Spotalis）等人的不懈努力，1789 年 8 月 26 日通过的《法国人权和公民权宣言》中明确把“自由、财产、安全和反抗压迫”列入了“人的自然的和不可动摇的权利”清单之中。③

一　自然状态与“生命、自由和地产”

洛克的自然状态理论以如下常识性的判断为起点：人们不是自己创造了自己，他们不能自己处置自己，他们不拥有自我。一句话，他们是上帝的作品，甚至是上帝的财产：“既然人们都是全能和无限智慧的创世主的创造物，既然都是唯一的最高主宰的仆人，奉他的命令来到这个世界，从事于他的事务，他们就是他的财产，是他的创造物。”④ 由此出发，洛克所理解的自然状态将是“一种完备无缺的自由状态”，而且也是“一种平等的状态”，其关系为，自然的自由源于自然的平等：“极为明显，同种和同等的人们既毫无差别地生来就享有

---

① ［英］施特劳斯、克罗波西主编：《政治哲学史》，李洪润等译，法律出版社 2009 年版，第 509 页。

② 转引自［英］彼得·甘西《反思财产：从古代到革命时代》，陈高华译，北京大学出版社 2011 年版，第 251 页。

③ 同上书，第 258—261 页。

④ ［英］洛克：《政府论》下篇，叶启芳、瞿菊农译，商务印书馆 1964 年版，第 6 页。

自然的一切同样的有利条件，能够运用相同的身心能力，就应该人人平等，不存在从属或受制关系。”[①] 但自然状态虽说是自由状态，却不是放任的状态。“从我们和与我们相同的他们之间的平等关系上，自然理性引申出了若干人所共知的、指导生活的规则和教义。”[②] 这说的是自然法。关于自然法，洛克留下了八篇论文，处理或打算处理自然法是否存在、能否被人知悉或怎样被人知悉、是否具有强制性，以及每个人的私人利益是否是自然法的基础等问题。这些文章的要点被施特劳斯很好地总结为：“存在一种自然法，其强制力归于通过自然之光（即自然的理性，引者注）知悉的这样一个事实：这种法是上帝的意志。自然法的内容通过自然之光得知，而自然之光指明了什么东西与理性的自然或者说人的自然构造相符，从而是善的。作为理性存在者，人倾向于沉思上帝在其作品中表现出来的智慧和力量，倾向于尊崇上帝；作为具有某种过社会生活的自然倾向的存在者，他对其他所有人负有义务，自然的法则不允许把人分成相互敌对的社会群体；由于受到内心深处保存自我这种冲动的驱使，人便对自己负有义务。自然法规定所有德性（信神、服从尊长、诚实、慷慨、贞洁，等等），也规定对抢劫、偷盗、私通和谋杀的戒绝。”[③] 当然，自然法也规定了自然自由的边界：“理性，也就是自然法，教导着有意遵从理性的全人类：人们既然都是平等和独立的，任何人就不得侵害他人的生命、健康、自由或财产。”[④] 在洛克看来，遵从自然法会把人们领向德性和幸福的顶峰，而德性和幸福是诸神的召唤和自然的禀赋。

这样被自然法规定和调节着的自然状态与霍布斯所理解的“每个人反对每个人”的战争状态有所区别，其间要点被洛克规定如下：“不存在具有权力的共同裁判者的情况使人们都处于自然状态；不基

① ［英］洛克：《政府论》下篇，叶启芳、瞿菊农译，商务印书馆 1964 年版，第 5 页。

② 同上书，第 6 页。

③ ［美］施特劳斯：《什么是政治哲学》，李世祥等译，华夏出版社 2011 年版，第 190 页；同时可参见《洛克政治论文集》，中国政法大学出版社 2003 版（影印本），第 79—133 页。

④ ［英］洛克：《政府论》下篇，叶启芳、瞿菊农译，商务印书馆 1964 年版，第 6 页。

于权利以强力加诸别人，不论有无共同裁判者，都造成一种战争状态。"[①] 也就是说，自然状态的规定性要素是"不存在具有权力的共同裁判者"，按此规定，它的对立面应该是公民社会，在其中，人们生活在一起，有法律作为共同的裁判官来解决人们之间的纠纷；而战争状态的规定性要素是"不基于权利以强力加诸别人"，按此规定，它的对立面将会是和平状态，在其中，人们生活在一起而不曾有人不当地使用强力。由此看来，自然状态并不必然是战争状态，公民社会更不应该是战争状态，但实际上二者都有可能陷入战争状态，区别只在于：在自然状态中的人们更易陷入战争状态，而且更不容易结束，而在公民社会中出现战争状态的情况极为少见，它只在国家解体人们重新陷入自然状态的时候才会出现。

自然状态中的人们容易陷入战争状态的原因在于：首先，自我保存是"上帝扎根于人类心中和镂刻在他的天性上的最根本和最强烈的要求"[②]，人因此而可以支配万物以维持自己的生存。其次，虽然上帝在这个世界上为人类准备了适于人类衣食和其他生活必需的东西，但野兽不易猎取，果实容易腐烂，大量土地未经耕作，像荒原一样无助于人的生活所需[③]。最后，因生活处于赤贫状态而发生的纠纷在自然状态中只有依循自然法来加以解决，而"既然自然法是不成文的，除在人们的意识中外无处可找"，"人们由于情欲或利害关系，便会错误地加以引证或应用而不容易承认自己的错误"[④]。这里引人注目的是，洛克把自然状态中的人们由于自我保存而发生纠纷的原因归于人类生活状况的匮乏和赤贫，而不是如霍布斯那样归于人性，是人性"使人

① ［英］洛克：《政府论》下篇，叶启芳、瞿菊农译，商务印书馆 1964 年版，第 14 页。

② ［英］洛克：《政府论》上篇，瞿菊农、叶启芳译，商务印书馆 1982 年版，第 76 页。

③ ［美］施特劳斯、克罗波西主编：《政治哲学史》，李洪润等译，法律出版社 2009 年版，第 487、491 页。

④ ［英］洛克：《政府论》下篇，叶启芳、瞿菊农译，商务印书馆 1964 年版，第 84 页。

们如此彼此相互离异、易于相互侵犯摧毁”①。正是出于这种考虑，洛克才在讨论完自然状态并在讨论公民社会之前，迫不及待地插入了极为重要的“论财产”一章。

洛克的财产权首先是从神学的角度来加以辩护的。人类对自然物品的权利来自圣经中的上帝的馈赠、来自人的理性，来自自我保护这一根本的自然法：“不论我们就自然理性来说，人类一出生即享有生存权利，因而可以享用肉食和饮料以及自然所供应的以维持他们的生存的其他物品；或者就上帝的启示来说，上帝如何把世界上的东西给予亚当、给予挪亚和他的儿子们；这都很明显，正如大卫王所说，上帝‘把地给了世人’，给人类共有。”② 不过，根据这些理由，拥有自然物品的是作为一个物种的人类，而不是个人。那么，如何从这种原始共产主义向私有产权过渡呢？一种可能的回答是：走出原始共有的唯一出路，就是假定世界上的每个个人都以某种方式同意每一种获取财产的行为。菲尔默就是这样论证的。但洛克认为，个人的财产权并非来自全人类的共同同意，虽然它的实际分配最终交由货币来解决，而货币无疑是一种同意的媒介，而且可以说是全世界范围的同意的媒介：“在一个长时期内，绝大部分的东西依旧是共有的……后来在世界的一些部分，……通过契约和协议确定了由劳动和勤劳所开创的财产，……从而根据共同的同意，放弃了他们对那些国家原有的自然的公有权利的主张。……不过这种情形，在已同意使用货币的那一部分人类中间，是极少会发生的。”③

洛克自己给出的答案是：“土地和一切低等动物为一切人所共有，但是每人对他自己的人身享有某种所有权，……他的身体所从事的劳动和他的双手所进行的工作，我们可以说，是正当地属于他的。所以只要他使任何东西脱离自然所提供的和那个东西所处的状态，他就已经掺进他的劳动，在这上面掺加他自己所有的某种东西，因而使它成

① ［英］霍布斯：《利维坦》，黎思复、黎廷弼译，杨昌裕校，商务印书馆 1985 年版，第 95 页。

② ［英］洛克：《政府论》下篇，叶启芳、瞿菊农译，商务印书馆 1964 年版，第 18 页。

③ 同上书，第 29—30 页。

为他的财产。……至少在还留有足够的同样好的东西给其他人所共有的情况下，事情是如此。”① 也就是说，人对自身具有所有权，从而对于自己的劳动具有所有权，因此，由于加入他的劳动而使其脱离共有的自然状态的东西就是属于他的，至少在供给品充裕的状况下是如此。洛克为此所举的例子是树上的果实和地上的野兽，也就是上帝为我们准备好的生活必需品：谁在橡树下拾得橡实或从树林的树上摘下苹果谁就有权把它拨归己用，与此类似，印第安人杀死的鹿或者谁在海洋中所捕获的鱼也都是他自己的所有物。② 不仅如此，洛克对地产的理解也是如此：“一个人能耕作、播种、改良、栽培多少土地和能用多少土地的产品，这多少土地就是他的财产。”③ “这种开垦任何一块土地而把它据为己有的行为，也并不损及任何旁人的利益，因为还剩有足够的同样好的土地，比尚未取得土地的人所能利用的还要多。”④ 但是，即使如此，这样获得的财产也是私有物即个人的劳动和公有物即土地和土地上的果实和野兽的结合体，那么，这样一种私有物和公有物的结合怎么就变成了完全的私有物了呢？洛克的回答是：“劳动的财产权应该能够胜过土地的公有状态，这个说法在未经研究之前也许会显得奇怪，其实不然。因为正是劳动使一切东西具有不同的价值。”⑤ 他说，在有利于人的生活的土地产品中，最保守的估计也有十分之九是劳动的结果，而实际上如果计算更正确的话，在绝大多数东西中，得有百分之九十九全然要归于劳动。这既可以用美洲几个部落的情况来加以例证——在那里，土地富足而生活上却很贫困，一个拥有广大肥沃土地的统治者在衣食方面甚至不如一个英国雇工，其原因就在于那里的土地没有得到耕作或者劳动上的改进——也可以从几件日常生活用品的比较中清楚地看到——面包的价值高于橡实，酒的价值高于水，布匹的价值高于树叶或兽皮，其原因所在也是前者都是从

---

① ［英］洛克：《政府论》下篇，叶启芳、瞿菊农译，商务印书馆1964年版，第19页。

② 同上书，第19—20页。

③ 同上书，第21页。

④ 同上书，第22页。

⑤ 同上书，第27页。

劳动和辛劳来的，它们不像后者那样是单靠自然供给我们的，而是我们通过自己的辛勤劳动为我们准备的。[①] 由此而来的结论是："自然和土地只提供本身几乎没有价值的资料。""将绝大部分的价值加在土地上的是劳动，没有劳动就几乎分文不值。"[②]

当然，对于这样获得的财产权也必须进行限制，而这种限制，洛克认为，已经由上帝和自然法给出了："同一自然法，以这种方式给我们财产权，同时也对这种财产加以限制。'上帝厚赐百物给我们享受'是神的启示所证实的理性之声。但上帝是以什么限度给我们财产的呢？以供我们享用为度。"[③] 换句话说，果实的腐烂、鹿肉的败坏就构成了财产权的限制性条件，人通过采摘、捕猎以及耕作土地而拥有的东西只有在它们腐烂或败坏之前就被他、他的家人或者他的邻人消费掉的情况下才是正当地属于他的，超过这个限度就不是他所应得的了，应该归他人所有："超过他的正当财产的范围与否，不在于他占有多少，而在于是否有什么东西在他手里一无用处地毁坏掉。"[④]

问题是，这一限制性条件是脆弱的。人们很容易就会发现比较不易败坏或腐烂的东西比如干果，按照洛克所言，假设一个人垄断了能够保持一年而不变质的干果，而没有给别人留下一个果子，那他也是正当的，别人没有理由对之提出要求。其理论严重的后果是：洛克由此而滑入到对财产的不平等的辩护，而当货币出现之后，这种不平等的状况就愈加严重了。按照洛克的理论，货币的出现是通过自然的进步而出现的，首先，人们用易于腐烂的食物如梅子换取保存时间更长一点的食物如干果；其次，他们用干果换取其颜色令他们所喜爱的金属、贝壳、闪烁的卵石或钻石；最后，他们达成了下述一致意见，用罕见而耐用的物件如金或银去换取易腐烂的货物："货币的使用就是这样流行起来的——这是一种人们可以保存而不至于损坏的能耐久的东西，他们基于相互同意，用它来交换真正有用但易于败坏的生活必

---

① ［英］洛克：《政府论》下篇，叶启芳、瞿菊农译，商务印书馆 1964 年版，第 27—28 页。

② 同上书，第 29 页。

③ 同上书，第 21 页。

④ 同上书，第 31 页。

需品。”[①] 没有货币这种耐用之物，人们就没有扩大其财产的内在动力，既然一切都是脆弱易损的，还有什么必要占有更多的土地，付出更多的辛劳呢？而一旦有了货币，一切都改变了，人们将热衷于占更多的土地，付更多的辛劳，然后通过出卖产品换回货币、通过购买得到他所愿意得到的各种生活必需品。于是，我们将会到处看到：“在任何地方，只要那里没有既耐久又稀少、同时还很贵重的东西值得积聚起来，人们就不见得会扩大他们所占有的土地，尽管土地是那样肥沃，他们又可以那样自由地取得土地。”而“只要一个人在他邻人中间发现可以用作货币和具有货币价值的某种东西，你将看到这同一个人立即开始扩大他的地产”[②]。显然，这会带来财产的不平等，既然人可以自由地占有土地，而且还有着不断扩大地产的内在动力。对此，洛克的看法是：既然扩大财产的动力和机会是由货币的出现提供的，而货币的出现又是基于人们之间的相互同意，那么财产的不平等就是可辩护甚至无须辩护的：“既然金银与衣食车马相比，对于人类生活的用处不大，其价值只是从人们的同意而来，而且大部分还取决于劳动的尺度，这就很明显，人们已经同意对于土地可以有不平均和不相等的占有。”[③] 因此，在“论财产”这一章的结尾部分，洛克这样总结道：“这样，我以为可以很容易而无任何困难地看出，劳动最初如何能在自然的共有物中开始确立财产权，以及为了满足我们的需要而消费财产这一点又如何限制了财产权；因此对于财产权就不会有发生争执的理由，对于财产权容许占有多少也不能有任何怀疑。”[④]

关于洛克的财产权理论，最后需要说明的一点就是，货币的出现虽然基于人们的“相互同意”，但这种同意并没有假设公民社会的存在，货币是在自然状态中自然而然地出现的。使货币出现的同意是在社会之外达成的，是通过将价值加于货币之上并默认货币沟通买卖双

---

① ［英］洛克：《政府论》下篇，叶启芳、瞿菊农译，商务印书馆 1964 年版，第 31 页。

② 同上书，第 32 页。

③ 同上。

④ 同上书，第 33 页。

方的功能的方式而达成的，但公民社会的存在却需要一个特殊形式的"契约"："并非每一个契约都起终止人们之间自然状态的作用，而只有彼此相约加入同一社会，从而构成一个国家的契约才起这一作用；人类可以相互订立其他协议和合约，而仍然处在自然状态中。"[①] 不过，货币虽然出现在自然状态中，但却将加速自然状态的终结，原因在于：货币的出现将使财产不平等加剧，而这无疑会加剧人们之间的纷争，甚至使人们陷于战争状态，而"避免这种战争状态是人类组成社会和脱离自然状态的一个重要原因"[②]。正是基于上述逻辑，洛克才在那段总结性的话的前面写道："人们之所以能够超出社会的范围，不必通过社会契约，而这样地把物品分成不平等的私有财产，只是由于他们赋予金银以一种价值并默认货币的使用。而政府则以法律规定财产权，土地的占有是由成文宪法来加以确定的。"[③]

在思想史上，洛克的上述理论引发了热烈而持久的争论。从某种意义上说，这种争论构成了现代政治哲学发展史上的一条隐秘线索。因此，我们这里略加提示，也为后文的讨论提供一个理论背景。就倾向性而言，对洛克财产理论的第一波解释高潮是社会主义的。这种解释在19世纪早期得以确立，并成为当时西欧政治运动的重要组成因素：洛克先是被"洛克派"社会主义者解释为英国现代社会主义之父，后又被法国和德国的社会主义者们从同样的角度加以解释，这种解释被马克思和恩格斯（Engels）在《德意志意识形态》中大加批判，但其所依据的劳动价值学说还是给马克思和恩格斯留下了深刻的印象。[④]

与此相反，加拿大多伦多大学教授麦克芬逊（Mcpherson）在其《从霍布斯到洛克的个人所有主义的政治理论》（1962年）中提出了一种"新马克思主义"的解释，其要点之一即是认为，洛克财产观的

---

① ［英］洛克：《政府论》下篇，叶启芳、瞿菊农译，商务印书馆1964年版，第11页。

② 同上书，第15页。

③ 同上书，第32页。

④ ［英］詹姆斯·塔利：《语境中的洛克》，梅雪芹、石楠、张炜等译，华东师范大学出版社2005年版，第84—85页；［英］彼得·甘西：《反思财产：从古代到革命时代》，陈高华译，北京大学出版社2011年版，第167—168页。

基本意义是从理论上为资本主义的财产占有进行辩护，为“有产者”与“无产劳动者”之间的剥削性的阶级关系进行辩护，其根据是洛克承认主人对奴隶及其劳动的权利，以及未对货币出现以后无限制地积累财富加以限制。① 明确或不明确地就此方向对洛克进行批评的思想家有很多，较为著名的就有休谟（Hume）、卢梭、康德、蒲鲁东（Prond-hon）、马克思，等等，卢梭、康德和马克思我们后文要详细讨论，这里来看休谟和蒲鲁东。休谟在其《人性论》的一个脚注中详细地谈到了人与财产之间关系的性质问题，其矛头直指洛克，但并没有提及他：“一些哲学家解释这种占有权时说，每个人对于自己的劳动都有一种财产权；当他把那种劳动加于任何东西之上时，这就使他对全部的东西获得了财产权；但是，1. 有几种东西，我们不能说是把我们的劳动加于我们所获得的对象上：比如由于我们在草地上放牧牛羊就拥有那片草地。2. 这种用添附来解释这个问题的说法，是一种无谓的绕圈子。3. 除了在比喻的意义上之外，我们不能说是把我们的劳动加于任何东西之上。恰当地说，我们只是借自己的劳动把那个对象作了某种改变。”② 至于蒲鲁东，他通过对于先占权、劳动和收益权的三重批判，打破了“谁先占归谁所有”“劳动致富”“谁出资谁收益”这些本质直观，雄辩地论证了“财产权就是盗窃”。在这三个批判中，前两个批判直接与洛克相关，其核心论点是：占有的原初含义只能是“平等占有”，而非“先占”，平等才是权利的自明前提；因此，即使劳动产生所有权，也仅限于劳动的产品，而不适用于土地，土地只能被平等地占有。③

除此之外，还有一种折中的解释，是由彼得·拉斯莱特给出的：

---

① ［英］彼得·拉斯莱特：《洛克〈政府论〉导论》，冯克利译，生活·读书·新知三联书店2007年版，第135页注释②，第136页注释①；梅雪芹：《西方研究洛克〈政府论〉的史学》，《史学理论研究》1995年第2期；阿龙：《约翰·洛克》，陈恢钦译，辽宁教育出版社2003年版，第399—401页；洛克：《政府论》下篇，叶启芳、瞿菊农译，商务印书馆1964年版，第19—20、29—32页；洛克：《政府论》上篇，瞿菊农、叶启芳译，商务印书馆1982年版，第130—131页。

② 转引自［英］彼得·甘西《反思财产：从古代到革命时代》，陈高华译，北京大学出版社2011年版，第168—169页。

③ 参见张盾《财产权批判的政治观念与历史方法》，《哲学研究》2011年第8期。

“洛克既不是‘社会主义者’，也不是‘资本主义者’，虽然从他的财产学说中——大概是从他没有论及或未做说明的方面，而不是从那些阐述本身——寻找这两种态度的要素令人着迷。”① 他一方面认为“洛克的财产学说是不完备的”，“洛克最初的和主要的关切是征税，是专横的征税及其不公正，而不是作为一个研究主题的财产本身”。另一方面又承认，“他所勾勒出的财产学说是一种原创性学说，它对人们分析社会和政治起源的方法发挥了格外重大的影响”②。

对此，我们的意见是：虽然洛克的主要关切是征税，但他确实提供了一个就当时而言最为完备的财产理论③，否则一向“谨慎”的洛克何以会说：“就我所见，对财产最为浅显明白的解释，莫过于那本题为《政府论两篇》的书。”④ 但这一完备的财产理论确实有许多问题，而这些问题的存在又是与其为资本主义的财产占有进行辩护的倾向内在联系在一起的。这些问题除了上面提到的容忍奴隶制、对货币出现后财产积累未加限制、劳动证成的所有权只限于劳动的产品，无法证成对土地的所有权之外，可能还有以下这些：1. 劳动证成财产权的补充条件，即“还留有足够的同样好的东西给其他人共有”是虚假的，而且洛克自己也知道这是虚假的，证据是：洛克为劳动证成的财产权所加的限制条件，即“以供我们享用为度”，不能让其腐烂或败坏，因为这一限制性条件只有在物质匮乏的情况下才是必要的，如果真的像洛克自己所说的那样“还留有足够的同样好的东西给其他人共有”，那么这一限制条件就是不必要的了。2. 洛克混淆了价值和使用价值，并在这一混淆的基础上说劳动赋予或创造价值。实际上，正如马克思在《哥达纲领批判》所说的那样，“劳动不是一切财富的源泉。自然界同劳动一样也是使用价值的源泉”，“只有一个人一开始就以所有者的身份对待自然界这个一切劳动资料和劳动对象的第一源泉，把

---

① ［英］彼得·拉斯莱特：《洛克〈政府论〉导论》，冯克利译，生活·读书·新知三联书店2007年版，第136页。

② 同上书，第136—137页。

③ 当然，如果比照斯蒂芬·芒泽1990年给出的《财产理论》（彭诚信译，北京大学出版社2006年版），洛克的财产理论当然是不完备的，但这明显对洛克不公平。

④ 转引自［英］彼得·拉斯莱特《洛克〈政府论〉导论》，冯克利译，生活·读书·新知三联书店2007年版，第3页。

自然界当作属于他的东西来处置，他的劳动才成为使用价值的源泉，因而也成为财富的源泉”①。3. 对于货币向资本的转化不甚了然或故意模糊，而不说明这一点就不能解释货币出现后人们扩大地产的热情。而所有这些问题，很明显，都指向了洛克理论为资本主义辩护的倾向。

二　法律与自由

自然状态下的财产（这里的财产概念是广义上的，包括“生命、自由和地产”）是不安全的，需要建立公民社会来保护它。人们很早就有了社会生活，如夫妻之间、父母与儿女之间的社会以及主仆之间的社会，等等，但这些都不是政治的或公民的社会，因为“官长对于臣民的权力，同父亲对于儿女的权力、主人对于仆役的权力、丈夫对于妻子的权力和贵族对于奴隶的权力，是可以有所区别的”②。官长对于臣民的政治权力是为了保护我们的财产不受侵犯，其特征可由此目的而得到确定，它实际上是制定法律、判决纠纷和实施判决、惩罚罪犯的权力。那么，官长或者说一国的统治者如何取得这样一种权力呢？这就涉及政治或公民社会的起源问题。在洛克看来，是每个人（数目不限）之间达成的社会契约使人们进入的公民社会，而契约的主要内容就是权力让渡，即人们同意把每个成员自然状态下都拥有的对自然法的执行权转移到共同的仲裁者即社会手中：“真正的和唯一的政治社会是，在这个社会中，每一成员都放弃了这一自然权力，把所有不排斥他可以向社会所建立的法律请求保护的事项都交由社会处理。”③

关于这个社会契约，有两个问题需要进一步讨论。第一，初看起来，以这种方式成立的政治权力似乎是不受限制的。既然人通过契约同意把自己执行自然法的权力交给了社会，既然社会是保护他们财产的唯一仲裁者，那么，人就必须彻底放弃自己在自然状态中所拥有的一切自由和权力。在公民社会里，“每一成员都放弃了这一自然权力，

---

① ［德］马克思：《哥达纲领批判》，载《马克思恩格斯选集》第 3 卷，人民出版社 1995 年版，第 298 页。

② ［英］洛克：《政府论》下篇，叶启芳、瞿菊农译，商务印书馆 1964 年版，第 4 页。

③ 同上书，第 53 页。

把所有不排斥他可以向社会所建立的法律请求保护的事项都交由社会处理。于是，每一个别成员的一切私人判决都被排除，社会成了仲裁人，用明确不变的法规来公正地和同等地对待一切当事人"①。而且，这种放弃必须是恒久不变的："凡是以明确的同意和明白的声明表示他同意属于任何国家的人，他就永远地和必然地不得不成为，并且始终不可变更地成为它的臣民，永远不能再回到自然状态的自由中去，除非他所属的政府遭受任何灾难而开始解体，或某些公共行为使他不能继续成为国家的一个成员。"② 不过，最后一段引文中的"除非"实际上是指向了这些政治权力的限制性条件。这个条件就是原来促使人们通过契约同意进入公民社会的那个原初意图，即公民社会必须保护他们的生命、自由和财产："不能设想，如果他们有权力这样做的话，他们竟会有意把支配他们人身和财产的绝对的专断权力交给一个人或较多的人，并给予官长以力量，由他任意地对他们贯彻他的毫无限制的意志。这是要把自己置于比自然状态更坏的境地，在自然状态中，他们还享有保卫自己的权利不受别人侵害的自由，并以平等的力量进行维护权利，不论侵犯是来自个人或集合起来的许多人。"③ 因此，洛克的意思是：政治权力既受限制又不受限制，但不是同时如此。也就是说，如果政治权力按照确定的、经常有效的法律进行统治，那它就是不受限制的，但如果政治权力被任意地、专断地行使，那它就会受到限制。

第二个问题涉及洛克的多数人统治学说。如上所说，政治社会的形成是全体成员一致同意建立一个共同体的结果，然而问题是，虽说这最初的同意是一致的，但很难在其他事情上继续保持这种一致。为了解决这个问题，洛克引入了他的多数人统治学说："当某些人基于每人的同意组成一个共同体时，他们就因此把这个共同体形成一个整体，具有作为一个整体而行动的权力。而这是只有经大多数人的同意和决定才能办到的。要知道，任何共同体既然只能根据它的各个个人的同意而行动，而它作为一个整体又必须行动一致，这就有必要使整

① ［英］洛克：《政府论》下篇，叶启芳、瞿菊农译，商务印书馆 1964 年版，第 53 页。

② 同上书，第 75—76 页。

③ 同上书，第 85 页。

体的行动以较大的力量的意向为转移，这个较大的力量就是大多数人的同意。如果不是这样，它就不可能作为一个整体、一个共同体而有所行动或继续存在，而根据组成它的各个个人的同意，它正是应该成为这样的整体的；所以人人都应根据这一同意而受大多数人的约束。”① 这个论证的核心是，当人们同意组成一个共同体时，这个共同体就形成一个整体，而且只能作为一个整体而行动，而整体的行动以较大的力量的意向为转移，而这个较大的力量就是大多数人的同意；其关键是：当人们同意组成一个共同体时，大多数人就是那个较大的力量。这就排除了我们都知道（洛克自己当然也知道）的一种情况，即大多数人并不总是那个较大的力量，在政治、经济和社会上存在着不平等的时候，有时一个人的力量无疑会更大一些。这种排除限定了洛克的多数人统治学说的特定作用，即人们借此实现从自然状态向公民社会，以及更重要的，公民社会向政府的过渡；因为公民社会作为一个整体所采取的第一个行动就是成立政府，没有政府的公民社会不可能继续存在下去，而成立政府就是要使人们让渡给公民社会的政治权力落到实处，即得到法律的保护，而一旦法律得到确定，它就只能根据法律而行动了。

人们在社会契约中所让渡的自然权力包括两种：第一，“在自然法的许可范围内，为了保护自己和别人，可以做他认为合适的任何事情”；第二，“处罚违反自然法的罪行的权力”②。它们是“公民社会的立法权和执行权的起源”：立法权基于被让渡的第一种自然权力，执行权基于被让渡的第二种自然权力，它可以细分为处罚这个社会中的人的执行权和处罚不属于这个社会的人的关于战争与和平的权力即对外权。③ 成立政府首要的工作就是确立立法权，依据谁掌握着立法权以及他如何掌握这种权力的不同，政府的形式可以有所不同，但无论如何，立法权的确立是由多数人决定的。“正如上面已经表明过的，当人们最初联合成为社会的时候，既然大多数人自然拥有属于共同体

---

① ［英］洛克：《政府论》下篇，叶启芳、瞿菊农译，商务印书馆 1964 年版，第 60 页。

② 同上书，第 79 页。

③ 同上书，第 54、89 页。

的全部权力，他们就可以随时运用全部权力来为社会制定法律，通过他们自己委派的官吏来执行那些法律，因此这种政府形式就是纯粹的民主政制；或者，如果把制定法律的权力交给少数精选的人和他们的嗣子或继承人，那么这就是寡头政制；或者，如果把这权力交给一个人，那么这就是君主政制；如果交给他和他的嗣子，这就是世袭君主制；如果是交给他终身，在他死后，推定后继者的权力仍归于大多数人，这就是任选君主制。”①

可以看出，在洛克这里，是多数人的委托或委派（不是同意）决定了政府的形式，但并不具体决定是哪一种政府形式；不过，不管哪一种政府形式，在其中，立法权都是这个国家中的“最高权力”，不仅如此，“当共同体一旦把它交给某些人时，它便是神圣的和不可变更的；如果没有得到公众所选举和委派的立法机关的批准，任何人的任何命令，无论采取什么形式或以任何权力做后盾，都不能具有法律效力和强制性。”② 这是问题的一个方面。问题的另一方面是，任何政府形式中的立法机关及其权力，既然是受委托所成立的就必须接受如下限制：其一，不能以临时的专断命令来进行统治，而只能以颁布过的经常有效的法律来进行统治；其二，其权力在最大的范围内，以社会的公众福利为限，对人民的生命和财产（广义上的财产概念）不享有专断权力；其三，未经本人同意，最高权力不能以任何方式（包括课税）取走任何人的财产（狭义上的财产概念）的任何部分；其四，不应也不能把制定法律的权力让给任何人，或把它放在不是人们所安排的任何其他地方。③ 很明显，这里存在着一个和政治权力既受又不受限制相类似的矛盾，然而，存在着类似的解决之道：“人民只有在无政府的社会中才能主动地行使至上权力。但当政府出现后，人们便把至上权力转移到了立法者手中。人民和立法者都是至上的，但并非同时是至上的。在政府之下，人民的至上权力完全是隐藏的，在政府

---

① ［英］洛克：《政府论》下篇，叶启芳、瞿菊农译，商务印书馆 1964 年版，第 80—81 页。

② 同上书，第 82 页。

③ 同上书，第 83—89 页。

由于灾祸或蠢事而终止存在前从不会行使。”[①]

政府不仅制定法律，而且还要判决纠纷、执行法律，前者是立法权，后者是执行权。洛克认为，不能让它们归于同一些人拥有，因为那样的话，“会给人们的弱点以绝大诱惑，使它们动辄要攫取权力，借以使他们自己免于服从他们所制定的法律，并且在制定和执行法律时，使法律适合于他们自己的私人利益，因而他们就与社会的其余成员有不相同的利益，违反了社会和政府的目的”[②]。这是洛克独特的分权理论，其独特之处在于：司法权并入执行权，而执行权又分为对内的和对外的执行权。在这种权力分工中，立法权是最高的，执行权隶属于它，但是，洛克接着补充道：“在有些国家中，立法机关不是常设的，执行权属于单独一个人，他也参与立法。在这种场合，广义说来，他也可被称为至高无上的权力者。”[③] 不仅如此，掌握执行权的人还拥有特权，即“在某些场合，由于发生了不能预见的和不稳定的状况，以致确定的和不可变更的法律不能运用自如时”，他可以“并无法律规定、有时甚至违反法律而依照自由裁处来为公众谋福利”[④]。可以看出，洛克对这种特权进行了一些限制，即这种特权的行使要“为公众谋福利”；但是，问题依然存在：如何判定拥有特权的统治者的实际意图是为公众谋福利呢？又由“谁来判定这个权力是否使用得当呢”[⑤]？

洛克先给出了第二个问题的答案，那就是：“人民应该是裁判者。”[⑥] 然后回答了第一个问题：人民的感觉将决定统治者的意图是不是为了公众的福利，人民的感觉将决定一个政府是否应该解体。人民的感觉所诉诸的不是任何明文法，而是上面提及的在政府正常运行时完全隐藏起来的至上权力，即根源于“先于人类一切明文法而存在并驾乎其上的”[⑦] 自然法而来的自然权力，其内容是判断对于他们的生

---

① ［美］施特劳斯、［美］克罗波西主编：《政治哲学史》，李洪润等译，法律出版社2009年版，第501页。

② ［英］洛克：《政府论》下篇，叶启芳、瞿菊农译，商务印书馆1964年版，第89页。

③ 同上书，第94页。

④ 同上书，第98、99页。

⑤ 同上书，第103页。

⑥ 同上书，第149页。

⑦ 同上书，第103页。

命、自由和财产的保护而言什么是必要的和有害的。因此，虽说人民并不倾向于制造麻烦，“人民很少会或决不会在细节上从事苛求或斤斤较量”[①]，一般说来，“对于统治者的失政、一些错误的和不适当的法律和人类弱点所造成的一切过失，人民都会加以容忍，不致反抗或口出怨言的”[②]，但是，“如果一连串的滥用权力、渎职行为和阴谋诡计都殊途同归，使其企图为人民所了然——人民不能不感到他们是处于怎样的境地，不能不看到他们的前途如何——则他们奋身而起，力图把统治者交给能为保障最初建立政府的目的的人们，那是毫不足怪的”[③]。“我承认，当统治者把政府弄到普遍为他们的人们所疑惧的地步时，无论什么政府都会遭到这种麻烦。这是他们所能陷入的最危险的状态，他们处在这一状态是不足怜惜的，因为这是很容易避免的”[④]。而一旦出现这种状态，那就意味着政府的解体，那时，人民将收回原已委托给统治者的一切权力，并由他们自己行使，于是，一切都将重新开始。

综上所述，我们可以看到，洛克的论证构成了一个完整的圆圈。自然状态中的人虽然是自由和平等的，但有诸多不便，人们出于保护自己生命、自由和财产的自然欲望而同意进入政治社会，并通过委托而组成了政府。政治权力的行使（其核心是制定法律、判决纠纷、执行法律）受到的唯一限制来源于人民，当人民感到自己的生命、自由和财产受到威胁并感到这种危险已经无法忍耐时，就会起而反抗统治者，收回他们委托出去的全部权力。

同其财产理论一样，洛克的政治权力理论也引起了热烈的争论。一方面，列奥·施特劳斯及其学派认为洛克和霍布斯一样，论证了开明专制政府的必要性。列奥·施特劳斯说，霍布斯和洛克论述了同一理论，即人由保存自己的欲望所推动而时刻准备着抛弃他们的自由而使自己服从完全享有权威的政府，人们很少注意到这一点是因为它在洛克的著作中通过谈论神圣地建立起来的平等主义的和正义的政治体制、通过审慎地引证《圣经》和胡克尔被掩盖了起来，“洛克本不能够承认任何严格

---

① ［英］洛克：《政府论》下篇，叶启芳、瞿菊农译，商务印书馆1964年版，第100页。
② 同上书，第136页。
③ 同上书，第136页。
④ 同上书，第127页。

意义上的自然法”，“洛克在很大程度上偏离了传统的自然法学说，走上了霍布斯所引导的道路”[①]。比施特劳斯走得更远的是考克斯（Richard H. Cox），他认为，洛克政治哲学的真正意思是：人就其本性来说是无政府主义的，他们惟有使自己顺从绝对权力而生存，不过洛克“将他的哲学论证适应于流行的政治、哲学和宗教气氛，而且是以部分隐藏他的激进的特征的方式来适应的”[②]。另一方面，威尔莫尔·肯达尔（Willmoore Kendall）则从人民感到受到危险时会起而反抗这一事实出发，得出洛克政治哲学是集体主义的结论。[③] 对此，我们的意见是，既然其财产理论是为资本主义辩护的，那么，其政治权力的思考就不可能是真正集体主义的；施特劳斯说人们牺牲了自己的自由而服从权威的政府既正确又不正确，洛克笔下的政府保护了有产者的生命、自由和财产，牺牲的只是无产者的生命和自由，因为他们没有财产。除了这个倾向性问题之外，洛克政府理论还留有一个具体的理论问题有待解决，那就是伯特·A. 戈尔德温所提出的“作为整体的社会的保存和其个体成员的保存能足够地和谐一致吗”？或者换句话说，“自我保存原则可以为爱国主义、一心为公的精神，特别地，为了保卫国家而放弃自己的财富，甚至生命的责任感提供基础吗”[④]？洛克自己曾经明言，政府解体除了可以由暴政或权力的滥用从内部造成，还可以由“外来的颠覆”[⑤] 造成，而他的解决之道只是：掌管执行权的人的自由裁处以及军队纪律的绝对性：“保护军队从而保护国家这一行动，要求绝对服从每一上级长官的命令；他们的命令纵然是极端危险或不合理的，如果不服从它们或对它们表示异议，处死也是应该的。……因为这种盲目的服从，对于司令官拥有他的权力的目的，即保护其余的人，是必要的。”[⑥] 但是，如果

---

① ［美］列奥·施特劳斯：《自然权利与历史》，彭刚译，生活·读书·新知三联书店2003年版，第225—226页。

② 转引自［英］阿龙《约翰·洛克》，陈恢钦译，辽宁教育出版社2003年版，第399页。

③ 同上书，第397—398页。

④ ［美］施特劳斯、克罗波西主编：《政治哲学史》，李洪润等译，法律出版社2009年版，第507页。

⑤ ［英］洛克：《政府论》下篇，叶启芳、瞿菊农译，商务印书馆1964年版，第129页。

⑥ 同上书，第87—88页。

人人都像洛克自己所说的那样，只考虑自己的生命、自由和财产，那么，有什么理由要求一个人为了“其余的人”而奋死战斗呢？遗憾的是，在洛克著作的任何地方，我们都看不到对于牺牲个人生命以保卫国家的义务的说明：“他经常谈及社会而很少谈及国家；经常谈及自然法，而很少谈及——如果谈到过的话——传统、习俗、制度；经常谈及权力而很少谈及义务；经常谈及‘人民’，而很少谈及民族。”①

①［美］施特劳斯、克罗波西主编：《政治哲学史》，李洪润等译，法律出版社2009年版，第507页。

第二章
公意、教育与自由：卢梭

如果说洛克和霍布斯等人一起，首次论证了现代社会的合理性基础的话，那么，卢梭则是对现代社会提出批判质疑的第一人。卢梭和现代的自由派先驱们有着广泛的一致，只是从这种一致出发，卢梭才开始了他自己的现代性批判。这种一致包括如下理论设定：人生而自由，也就是说，人应当并且能够顺从自己的倾向而做自己喜欢做的事情；人生而平等，也就是说，没有谁能够合理地居于其上发号施令，他没有义务，只有天赋的自然权利；自然状态和社会状态相区分，只有同意才能使自然状态向社会状态的过渡具有合理性。

从上述现代原则出发，卢梭的现代性批判广泛而深刻，是各种迥然不同的派别和运动得以产生的不竭源泉。他关心一种更高的非金钱的道德，这是康德道德哲学的基础；他批判现代经济学和私有财产制度，从而为马克思主义做了准备；他对现代社会失落了完整的人的判定成了浪漫主义的源泉；他对普世文明的攻击，为民族文化的发展铺平了道路；他坚持宗教对人民生活的核心作用，从而奠定了民族宗教的理论基础；他对现代自由社会中的新人的蔑视，成了现代社会发展摆脱不掉的阴影；他对社会化过程中人性所受伤害的考察，是新的心理学，特别是弗洛伊德心理学的主题；他对人类起源的考察，使人类学成了现代的一个核心学科；他对人从自然状态向社会状态转变的历史研究，对历史较之自然更具本质重要性的强调，与维柯一起成就了后来声势浩大的历史主义；他对现代社会政治与经济关系的严厉批判直接对托克维尔、并通过华兹华斯（Wordsword）对穆勒这些自由民主制度的支柱性人物产生了影响；甚至梭罗所体现的公民不服从、摆脱社会扭曲的生活方式也只是重新上演了让雅克·卢梭生活和思想的某一方面而已。[①]

卢梭广泛而深刻的批判带来的不仅有广泛而深刻的影响，还有着同样广泛而不一致甚至矛盾的解释。大多数解释者们不承认卢梭"拥有为激荡而诱人的修辞所支持的不可逾越的清晰心智"[②]，而认为"含混不清或自相矛盾是卢梭作品的特征"[③]，从而为他们的各取所需找到了借口。于是，"卢梭一会儿被称作理性主义者，一会儿又被称作非理性主义者；他的经济学被说成是社会主义的，又或是奠基于承认私有财产之上的；他的宗教观被视为自然神论的、天主教的或是新教的；他的道德学说被认为是清教徒式的，又或者是过于感情用事、宽松随便的"[④]。在政治理论方面，情况依然如此：早时候的反革命者迈斯特和狂飙突进运动的代表们，以及稍晚些时候的法国评论者如埃米尔·法盖（Emile Faguet）和亨利·塞等人都认为卢梭是一个典型的个人主义者；与此针锋相对，撰写《旧制度》一书的丹纳（Dana）、卡尔·波普尔（karl Popper）、欧内斯特·巴克爵士、亨利·梅因（Henry Maine）爵士等人则坚持认为卢梭是一个集体主义者、甚至是集权主义者；还有人则认为，卢梭的学说因其内在的矛盾而含混不清、支离破碎，如巴克（Bark）在认定卢梭的集体主义之后，也坦言卢梭的思想没有一个真正的核心，左派和右派都可以在其中找到自己的信条，约翰·莫利（John Moly）甚至嘲笑卢梭性情狭隘、急躁，假设荒唐透顶，理论毫无价值；这后一种明显不恰当的态度部分为C.E.伏汉的著作所抵消，他刊行了卢梭政治著作的定本，并在其颇具分量的导言中将卢梭在思想上的两种对立的倾向解释为一段从个人主义向集体主

---

① ［美］布鲁姆：《巨人与侏儒》，张辉选编，张辉等译，华夏出版社2007年版，第234—235页。

② 同上书，第236页。

③ ［德］卡西勒：《卢梭问题》"导言"，［美］彼得·盖伊编，王春华译，译林出版社2009年版，第2页。

④ 同上书，第4页。

义过渡的历程；最后，只是在上世纪初的时候，一小批学者才开始回到作为一个整体的卢梭著作中去从而得出结论说卢梭的思想基本上是一致的，这批学者包括古斯塔夫·朗松（Gustave Lanson）、E. H. 赖特（E. H. Wright）、恩斯特·卡西勒（Ernst Karle）、查尔斯·W. 亨德尔（Charles W. Handel）、罗贝尔·德拉泰等人。[①]

卢梭阐释史的上述回顾提醒我们，只有确立起卢梭思想的一致性才能真切地理解他的思想。在此，我们必须相信卢梭的真诚。在《忏悔录》中，卢梭这样说道："《社会契约论》里的所有放胆之言此前已写在《论不平等》中；《爱弥儿》里的所有放胆之言此前已写在《新爱洛伊丝》之中。"[②] 下文将在认真对待卢梭的这个自我评估的基础上阐释卢梭的自由思想，笔者认为，自由问题就是贯穿其所有著作的那个基本问题，自由的平等性就是贯穿其所有著作的那个基本原则。

一　自然状态与人类不平等的起源

卢梭认为，人在自然状态下是自由而平等的。现代的思想先驱们在对现代社会的基础进行说明时，几乎都觉得有必要向上追溯到其自然状态，但在卢梭看来，没有一个人真正地描绘了自然状态：格劳秀斯（Grotins）假定了自然状态中的人具有正义与非正义的观念；普芬道夫（Putendorf）和洛克等人假设自然状态中的人拥有保护属于自己的财产的自然权利；霍布斯则认为自然状态中的人处于战争关系之中，从而承认了强者对弱者的权力，并在此基础上推演出政府的产生。而之所以会是这样，那是因为这些人都在"喋喋不休地谈论需要、贪欲、压迫、欲望和自尊，把在社会中获得的一些概念搬到了自然状态，因此他们说的是野蛮人，描绘的却是社会中的人"[③]。因此，卢梭决定

---

① ［德］卡西勒：《卢梭问题》"导言"，［美］彼得·盖伊编，王春华译，译林出版社2009年版，第3—24页。

② 转引自［德］卡西勒《卢梭问题》"导言"，［美］彼得·盖伊编，王春华译，译林出版社2009年版，第1页。

③ ［法］卢梭：《论人类不平等的起源和基础》，高煜译，高毅校，广西师范大学出版社2002年版，第70页。

另辟蹊径，“根据人的本性本身、人的体质及人的状态”来说明这种“不再存在，也许根本就没有存在过，或许将来也不会存在的状态”，以期“对我们目前的状态做出适当的评价”①。

卢梭从生理的与形而上学和伦理的两个方面来描述自然状态中的人。从生理的方面来看，自然人完全是适应他所处的环境的。这是一个健康活泼的生灵，能够满足自己关于食物、异性和休息的基本需求。任何思考对他都没有用处，他的生理机能对他来说已经足够自卫。“人的思考状态是一种反自然状态，能思考的动物是一种堕落的动物”②。也就是说，他与野兽几乎毫无二致，因为“任何动物都不过是一架精巧的机器，大自然赋予它意识，让它能自己上发条，并能在一定程度上保护自己，免遭敌人的破坏和扰乱”③。

如果说生理的因素使自然人与兽类相混同，那么，形而上学和伦理的因素则把自然人与兽类区别开来。虽然人也是一部机器，但人与其他动物毕竟在下面这一点上不一样，即在野兽的活动中，大自然是唯一的施动者，而人则自由自在，随心所欲，是一个“自由的施动者”；与此相应，“还有一种非常特殊的性质能不容置辩地区分两者（人类与兽类，引者注）。这就是人的自我完善化能力，这种能力借助于环境渐渐开发人的其他一切能力，而且这种能力既存在于个体身上，也存在于全人类”④。然而，“可能令人悲哀的是，我们不得不承认，正是人的这种特殊而且几乎无限的能力成了人的一切不幸的根源。正是这种能力，随着时间的推移，渐渐使人脱离了原本可以安宁淳朴过日子的原始状态；正是这种能力，千百年来启迪了人的智慧，也引发了人的谬误，萌生了人的善恶，最终使人成为他自己和大自然的暴君”⑤。不过，从根本上说，这种自我完善化的能力是和理性相关的，而人的本性却是先于理性而存在的情感，主要有两种：“一种本性使

---

① ［法］卢梭：《论人类不平等的起源和基础》，高煜译，高毅校，广西师范大学出版社2002年版，第63—64页。

② 同上书，第77页。

③ 同上书，第80页。

④ 同上书，第81页。

⑤ 同上书，第81—82页。

人对自己的福利和自我保护极为关切，另一种本性使人本能地不愿目睹有感觉力的生灵（主要是人的同类）受难和死亡。”① 在自爱的作用下，自然人之间“似乎既没有任何伦理方面的联系，又没有明确的义务。因此，他们既不可能好，又不可能坏，既没有恶，又没有善”②。但这里需要说明的是，自然的野蛮人不是邪恶的，像霍布斯等人所认为的那样。他们不是恶人，正因为他们不知道什么是善；当然，阻止他们作恶的，“既不是人的智力的开发，也不是法律的约束，而是情感的平静和对邪恶的无知”，而在卢梭看来，“这些人对恶的无知比那些人对善的知晓更为有益”③。至于怜悯，卢梭认为那是“纯天然的感情，是不用思考就有的感情”，“是最堕落的品行都难于摧毁的力量”④。正是这种天生的怜悯心的力量，起到了克制人身上强烈的自爱情绪，促进人们之间的相互保护的作用，使人在见到别人遭受苦难时便毫不犹豫地去救助他；扩而广之，怜悯是大度、宽容、仁慈、友谊等一切类似的社会美德得以产生的人性根源。然而，理性的发展无情地改变了这一切。“是理性使人产生自尊心，思维又使之增强，是理性使人多考虑自我，也是理性使人远离烦扰折磨他的一切。”⑤ 一句话，是理性的发展使人脱离了原始的自然状态，进入了社会。“在自然状态中，人仅仅依靠本能就能获得生活所需；在社会中，人必须拥有发达的理性，才拥有生活所需的一切。”⑥ 接下来的问题是，这种发展带来的结果是好是坏呢？卢梭在谈到这一点的时候，情感热情奔放，论辩汪洋恣肆：“我非常希望有人指出，一个心神安宁、身体健康的自由人会遭受何种苦难。我要问，社会状态的生活和自然状态的生活，哪一种最令人难以忍受。看看我们周围吧，几乎无人不在抱怨生活，我们甚至看到许多人自己尽可能地不去享受这种生活，人类的法律和神的法律共同干预，都几乎无法阻止这种混乱局面出现。我要问，是否有人

① ［法］卢梭：《论人类不平等的起源和基础》，高煜译，高毅校，广西师范大学出版社2002年版，第66页。

② 同上书，第95页。

③ 同上书，第94页。

④ 同上书，第96页。

⑤ 同上书，第97页。

⑥ 同上书，第93页。

曾听说，一个自由的野蛮人想过要抱怨生活，想过自杀？因此让我们少带点虚荣心来判断一下，真正的苦难在哪一边吧。”①

不过，要为人的自然状态辩护还有一个自然不平等的问题需要解决。卢梭虽然致力于为平等进行辩护，但并没有否认即使在自然状态下人们之间也还是存在着不平等，他称之为“自然的或生理的不平等”，即由自然的因素如年龄、健康状况、体力以及心理和精神素质的差异所导致的不平等。② 但卢梭认为，人们“在自然状态下，几乎觉察不出不平等现象的存在，也几乎感受不到它的影响”，因为“在人与人之间几乎不存在任何关系的状态下，一些幸运儿得到好处对于其他人又有什么损害呢？在没有爱情的地方，美丽何益之有？不说话的人要聪明有什么用？与他人不打交道的人要计谋干什么？……假如有人要把我从一棵树上撵走，我就到另一棵树上去。假如有人不要我在一个地方待，他还能阻止我到别处去？倘若不巧我真遇到一个力气比我大，又非常坏、非常懒、非常凶的人，强迫我为他弄吃弄喝，而他却游手好闲，那他就得当心，他的眼睛必须时时刻刻盯着我，他必须把我捆牢后再去睡觉，以免让我跑掉，或者被我杀了。那就是说，他为自己找了一个别人唯恐避之不及的大麻烦，比给我造成的麻烦还要大得多”③。可以看出，在卢梭看来，自然状态下虽然存在着不平等，但它实质上是一种黑格尔所说的“有之非有”“存在着的无”，不会带来人们之间的从属和支配关系，因此也不会被他们感受到，当然也不会让人觉得难以忍受。但另一种不平等，即卢梭所说的“伦理或政治上的不平等”，也就是由人们进入社会状态时所同意确立的协约而来的不平等却是另一回事，它实质上是由某些人专门享受并且有损于他人的各种特权组成的④，它使自然不平等大大加深，并给人带来从属和支配关系：“一些人用暴力施行统治，其他人则为受到他们专

---

① ［法］卢梭：《论人类不平等的起源和基础》，高煜译，高毅校，广西师范大学出版社 2002 年版，第 92 页。

② 同上书，第 69 页。

③ 同上书，第 103、102—103 页。

④ 同上书，第 69 页。

横跋扈的奴役而呻吟，这正是在我们中间发生的情景。”①

问题是这种转变到底是怎样发生的呢？“下一步我就要揭示它的起源及其在人类思想不断发展中的演变过程。我还要指出，完善化能力、社会美德以及自然人的其他潜在能力，根本不会自我产生，而是需要许多可能从未有过的外界原因的偶然协同作用才会发生，如果没有这些协同作用，他可能永久地停留在原始状态。下一步就是考虑和比照各种偶然事件，这些偶然事件在使人堕落的同时，又使人的理性臻于完美，在使人变成爱交际的同时，又使他变坏，最终把那个遥远时代的人和世界变成了我们现在所看到的这副模样。”② 这些偶然事件包括土地、气候和季节等自然方面的差异，也包含人口增长这样的社会因素。在其共同作用下，人们开始经常关注其他动物，并在头脑中形成有关某种关系的粗浅认识如大小、快慢等，也开始彼此间的经常关注，并初步获得了有关相互义务以及履行这种义务的好处的粗略概念。在这些最初取得的进步的作用下，人类在其他方面的进步加快了速度：人的头脑越益开化，人的本领越益完善，不再满足于在树上或山洞中栖息，而开始想到搭建茅棚了。“这就到了第一次变革的时代。这场变革确立了家庭，产生了一种私有财产，由此也产生了纠纷和斗殴。”③ 不过，在这个时期，茅棚的搭建自身还不会引起纷争，因为最先搭建茅棚的似乎都是强者，而弱者不会企图去强占他们的茅棚，因为他们会发现，仿效强者建造茅棚会更容易也更安全，而另一方面，已经有了茅棚的强者也不会再去强占别人的，因为多了也没有用，而且也不可能不与那一家人进行一番生死搏斗就能占据人家的茅棚；与此相反，同居在茅棚内的一家人会发展出人类之间最甜蜜的情感，即夫妇之间的爱情和父母对子女的亲情。总的来看，这是一种最幸福安定因而也是最适合于人类的状态，在这种新状态中，人们生活简单而悠闲，生活需要也很有限，闲暇时间也会聚集在茅舍前、大树下跳舞唱歌，但这是爱情和闲暇的真正产物而不是我们所谓的娱乐，后者在

① ［法］卢梭：《论人类不平等的起源和基础》，高煜译，高毅校，广西师范大学出版社 2002 年版，第 103 页。

② 同上书，第 103—104 页。

③ 同上书，第 110 页。

我们的社会中已经变成了一项职业。[①]

接下来的发展是冶金和农业这两种技艺的出现，随之而来的是劳动分工，以及土地的耕种必然导致土地的分配，这就出现了真正意义上的私有财产最初和最重要的形式，即由他的劳动而来的对土地上的产品的所有权以及对所耕种土地的所有权。[②] 虽然茅棚的出现已是私有财产之“一种”，而且与现在出现的私有财产一样都处于不确定的事实状态之下，但因为那时人们没有强占他人茅棚的需要或欲望而甚少发生纷争和斗殴，而这时的私有财产则因为“语言的发展，人的才能的检验和运用，机会的不平等，财富的使用和滥用，等等”[③] 因素对每个人的命运都发生了直接的影响而变成了种种邪恶的根源。卢梭就此指出，“从某种意义上说，人变成了其同类的奴隶，即使他成了同类的主人也是如此。富了，他就需要别人为他服务；穷了，他就需要别人救济；不穷不富的，也离不了别人来生活。因此人需要不断地力求别人关注他的命运，要别人在为他的利益的服务中来获得他们自己的利益。这样，他就要对一些人进行欺骗和讹诈，而对另一些人表现出专横和冷酷，……最后，人人都怀有贪得无厌的野心，怀有增加个人财富的欲望，……它使所有的人产生一种损人利己的卑鄙的癖好和一种隐藏的嫉妒心。因为要想更保险地做坏事，就要经常带着慈善的假面具，所以这种嫉妒心更加险恶。总之，一面是互相竞争，一面是利益冲突，两者都带有秘而不宣的损人利己的欲望。所有这些都是私有制最初产生的后果，都是新产生的不平等的不可分割的伴生物”[④]。这是私有制下人们道德败坏的图画，除此之外，还有政治的不平等和社会的混乱：“根据富人和穷人各自不同的性格，开始产生支配和奴役，或者产生暴力和盗窃。……就是这样，最强者把他们的势力当作占有他人财产的权利，而最不幸的人也把他们的贫困当作这种权利，按照他们的说法，这种权利与所有权相当。平等被打破了，接

---

① ［法］卢梭：《论人类不平等的起源和基础》，高煜译，高毅校，广西师范大学出版社2002年版，第110—113页。

② 同上书，第114—116页。

③ 同上书，第117页。

④ 同上书，第118页。

下来就是最可怕的混乱。富人们巧取豪夺，穷人们盗窃抢劫，双方都怀有非常强烈的偏见，窒息了人的天然的怜悯，压抑了还很微弱的正义的呼声。……最强者的所有权与先占者的所有权之间不断爆发冲突，只有靠流血斗争来解决。刚刚形成的社会状态变成了最可怕的战争状态，人类腐败堕落，饱受折磨。"①

不是由于不确定的事实状态下的私有财产所导致的人类的道德败坏，而是由于其所导致的社会混乱和战争状态才迫使富人们"想出了一个人类头脑中前所未有的绝妙主意"②，即通过社会契约联合起来组建政治社会，以此来保障他们的财产不受攻击，其实质性条款可以概括为："你需要我；因为我富而你穷。那么，我们就来订立个契约。我给你一替我服役的光荣，条件是你把你所剩下的那点东西都交给我，以报偿我为使唤你而付出的精神。"③ 至于为此要说服穷人以征得他们的同意，在卢梭看来，这是再容易不过的事了。根本就不需要富人们和后来的理论家们编造那么堂而皇之的谎言，诸如使弱者免受压迫，使每个人都拥有自己的东西而不受他人侵犯，等等，因为他们"头脑简单，容易受蒙蔽"，"况且他们内部纠缠不清的问题太多，没有仲裁人就无法解决，而且他们的贪心和野心又太大，不能长期没有主子管教"。"因为他们的智力只能感受到政治制度的好处，却没有足够的经验预见到它的危险性"④。于是，人人都争先恐后地去迎接自己的镣铐，也就是通过同意加入契约进入政治社会。这就是法律和社会的起源，正如卢梭在《论人类不平等的起源和基础》第二部分开头所说的那样，"谁第一个圈出一块土地，大言不惭地说'这是我的'，并且找到了一些傻乎乎的人竟相信了他的话，谁就是文明社会的真正奠基人"⑤。

但这个社会却把整个人类推向了苦难的深渊。紧接着上引最后一

① ［法］卢梭：《论人类不平等的起源和基础》，高煜译，高毅校，广西师范大学出版社2002年版，第118—119页。

② 同上书，第120页。

③ ［法］卢梭：《论政治经济学》，王运成译，商务印书馆1962年版，第36页。

④ ［法］卢梭：《论人类不平等的起源和基础》，高煜译，高毅校，广西师范大学出版社2002年版，第121页。

⑤ 同上书，第106页。

段话，卢梭说道："假如这时有人拔掉树桩，或者填平沟渠，并向同胞们大声疾呼：'不要听信这个骗子的鬼话！如果你们忘了果实属于大家而土地不属于任何人，你们就全完了！'那么人类将免除多少犯罪、战争和谋杀，免受多少不幸和恐怖啊！"[①] 而之所以如此，是因为它是一个骗局，"它给穷人加上新的羁绊，使富人的势力更强。它永远取消了人的天赋自由，永远确立了少数野心家的利益"[②]。实际上，对私有制的批判不仅是《论人类不平等的起源和基础》的核心主题，也是卢梭其他著作中常常涉及的一个重要论题。在《论政治经济学》中，卢梭激烈批判了为这种私有制提供保护的法律和政治关系："它给富人的财富以强有力的保障，而几乎弄得穷人不能安保他们亲手搭起的草屋。""我看无论哪个穷人，只要他不幸而有一颗好心、一个美丽的女儿和一个强横的邻居，他就倒霉透顶了。"[③] 在《社会契约论》中，卢梭既对法律平等的表面下富人更富穷人更穷，法律总是有利于享有财产的人而有害于一无所有的人进行了揭露[④]，又对《论人类不平等的起源和基础》予以承认的由劳动所确立的最初的所有权提出了质疑："事实上，授予需要与劳动以最初占有者的权利，不就已经把这种权利扩展到最大可能的限度了吗？难道对于这一权利可以不加限制吗？难道插足于一块公共的土地之上，就足以立刻自封为这块土地的主人了吗？难道由于有力量把别人从这块土地上暂时赶走，就足以永远剥夺别人重新回来的权利了吗？"[⑤] 还与《爱弥儿》一起对私有制下的新人类型进行了批判性的描绘：这种人作为资产者或者"布尔乔亚"是一种新人，这种人既不是自然人也不是道德公民，"无诗、无爱、无英雄气"[⑥]；他们是社会中的个人主义分子，是把自己真实的个人企图隐藏在公意精神外表下的伪善者，其道德完全是金钱性质的，

---

① ［法］卢梭：《论人类不平等的起源和基础》，高煜译，高毅校，广西师范大学出版社2002年版，第106页。

② 同上书，第121页。

③ ［法］卢梭：《论政治经济学》，王运成译，商务印书馆1962年版，第34—35页。

④ ［法］卢梭：《社会契约论》，何兆武译，商务印书馆1980年版，第34页。

⑤ 同上书，第32页。

⑥ ［美］布鲁姆：《巨人与侏儒》，张辉选编，张辉等译，华夏出版社2007年版，第236页。

“他的灵魂成了财富的奴隶，用金钱去代替应履行的义务”①。在《爱弥儿》中，卢梭同样批判了财产对人的腐蚀作用：“使人们腐化堕落的，是财富。”“财产这个魔鬼，摸着什么东西就要败坏什么东西。”“财产玷污了美德。”②

不过，卢梭还是承认由劳动所确立的财产权利的，在《论人类不平等的起源和基础》中是这样，在《爱弥儿》中也是这样：在前者中，他写道：“很难设想所有权观念会从劳动以外的地方产生，所以这个起源就更加合乎情理了。因为我们不知道，人为了占有原本不是由他创造的东西，除了他的劳动外还能付出什么。”③ 在后者中，他通过种豆子这样一件事情教会了爱弥儿“这是属于我的”到底意味着什么，同时也教会了爱弥儿尊重别人的劳动以保护自己财产的重要性。④不仅如此，卢梭还在《论政治经济学》中明确了财产权对于人类社会的重要性，而这一点是他在《论人类不平等的起源和基础》中所暗中认可的，“财产权的确是所有公民权中最神圣的权利，……财产是文明社会真正的基础，公民事业真正的保障”，“社会契约的基础是财产”⑤。需要说明的是，卢梭的态度并没有矛盾，套用一句哲学的行话来说，他的态度是辨证的：一方面，承认财产对于人在社会状态中的道德自由的重要性；另一方面，也明确地认识到政治社会和法律保护下的私有制对于人的自由的破坏。解决方案是“防止财富分配的极端不平等”，而这，按照卢梭的理解，是“政府的最重要的任务之一”，并进一步解释道：“这并不是要从富人手中夺取财富，而是要从人人手中剥夺积累财富的手段；不是要给穷人设立济贫院，而是要保证人民免于贫困。”而是要“维持良好的道德、尊重法律、热爱国家以及

---

① ［法］卢梭：《爱弥儿》，李平沤译，商务印书馆1978年版，第669页；［法］卢梭：《社会契约论》，何兆武译，商务印书馆1980年版，第24页注释①；［美］布鲁姆：《巨人与侏儒》，张辉选编，张辉等译，华夏出版社2007年版，第236—237页。

② ［法］卢梭：《爱弥儿》，李平沤译，商务印书馆1978年版，第39、523、642页

③ ［法］卢梭：《论人类不平等的起源和基础》，高煜译，高毅校，广西师范大学出版社2002年版，第116页。

④ 参见［法］卢梭《爱弥儿》，李平沤译，商务印书馆1978年版，第104—107页。

⑤ ［法］卢梭：《论政治经济学》，王运成译，商务印书馆1962年版，第25、32页。

公共意志的影响力”①。

但这很难做到。在卢梭看来，法律和财产所有权的确立是社会发展的第一阶段，后来当人们发现这种政体存在着缺陷，即总是有人屡屡触犯法律而没有受到惩罚时，人们就开始想到要推举首领，也就是行政官来负责监督人民意愿的执行情况，这就是政府的成立，也是社会发展的第二阶段。但行政官也会滥用权力以牟取私利，这时就到了合法权力向专制权力的转变，也就是社会发展的第三阶段。卢梭认为，“第一阶段认可富与穷的分野，第二阶段认可强与弱的分野，第三阶段则认可奴隶主和奴隶的分野——这便是最大程度的不平等了，这个阶段是其他一切阶段的归宿，直到新的一轮变革彻底摧毁这个政府，或者恢复它的合法制度”②。这是一幅阴暗的历史画面。而实际上，这就是《论人类不平等的起源和基础》一书所提供给我们的全部东西。自然状态中或从自然状态向社会状态过渡的人是健康、自由和幸福的，而向社会的不可避免的过渡却使我们陷入了无尽的苦难的深渊，“因为使社会制度成为必要的缺陷，也就是不可避免地导致滥用社会制度的缺陷”。③ 顺便说一句，这种对社会、历史的悲观态度似乎是卢梭终其一生都在坚持的。《社会契约论》，特别是《爱弥儿》也许在这阴暗的底色上投下了些许亮色，但其最后离弃社会、返回自然，做一个孤独的漫步者的自我选择所投下的浓重阴影完全遮盖了这抹亮色。

二　公意与自由

从逻辑上说，《社会契约论》是接着《论人类不平等的起源和基础》写的。在《论人类不平等的起源和基础》中，卢梭依据传统的联合契约和从属契约概念描述了社会和政府的出现和创建，不过他很快就超出了这些理论，因为从他的措辞中可以看出：他认为双重契约是

① ［法］卢梭：《论政治经济学》，王运成译，商务印书馆 1962 年版，第 20—21 页；并请参见卢梭《社会契约论》，何兆武译，商务印书馆 1980 年版，第 68、69—70 页。

② ［法］卢梭：《论人类不平等的起源和基础》，高煜译，高毅校，广西师范大学出版社 2002 年版，第 132 页。

③ 同上。

有问题的，因为这会导致主权的分裂，但又在对专制制度的批评中与同样持主权不可分割立场的霍布斯分道扬镳。[①] 也就是说，卢梭自己并没有形成他自己的社会契约理论，而他自己也承认这一点："各种政府的基本公约的性质还有待研究，我现在对此暂不探讨。"[②] 而众所周知，这正是《社会契约论》的核心主题。因此，我们可以进一步说，《论人类不平等的起源和基础》对现代社会的批判只是历史的和经验的，最多是人类学的，只有《社会契约论》给出的批判才是理论的和逻辑的，或者说哲学的。而《社会契约论》"是以对照法写成的"一部大书。[③] 它通过公意概念描绘了人类社会自由、平等的可能前景，而与此同时，公意那"危险的不可操作性"[④] 却也表明，这种前景永远无法达到。其最终的结论用卢梭自己的话说就是，"人是生而自由的，但却无往不在枷锁之中"[⑤]。用茱迪·史珂拉（Judith Shklan）的评论的话说就是，"人类只不过是一个错误。人性只适合孤独，却又必然需要联合，二者不可调和"[⑥]。

《社会契约论》在开篇以一种更清晰的逻辑阐明社会秩序的形成不能出自于自然，也不是由于强权，而只能来自于约定之后提出了卢梭自己的社会契约理论。[⑦] 按照卢梭的理解，社会契约要解决的问题是："寻找出一种结合的形式，使它能以全部共同的力量来卫护和保障每个结合者的人身和财富，并且由于这一结合而使每一个与全体相联合的个人又只不过是在服从自己本人，并且仍然像以前一样的自

---

① ［法］卢梭《论人类不平等的起源和基础》，高煜译，高毅校，广西师范大学出版社2002年版，第129页注释②。

② 参见［法］卢梭《论人类不平等的起源和基础》，高煜译，高毅校，广西师范大学出版社2002年版，第129页。

③ ［美］茱迪·史珂拉：《政治思想与政治思想家》，左高山等译，上海人民出版社2009年版，第286页。

④ ［美］布鲁姆：《巨人与侏儒》，张辉选编，张辉等译，华夏出版社2007年版，第254页。

⑤ ［法］卢梭：《社会契约论》，何兆武译，商务印书馆1980年版，第8页。

⑥ ［美］茱迪·史珂拉：《政治思想与政治思想家》，左高山等译，上海人民出版社2009年版，第294—295页。

⑦ 参见［法］卢梭《社会契约论》，何兆武译，商务印书馆1980年版，第9—22页。

由。"[1] 而依据这一契约的性质，其条款可以总结为一句话，那就是："每个结合者及其自身的一切权利全部都转让给整个的集体。"[2] 对此，卢梭随后给出了三点说明：首先，每个人都把自己全部地奉献出来，没有人是例外；其次，每个人都把自己全部地奉献出来，没有任何保留；最后，每个人是向全体奉献出了自己，因此他就没有向任何人奉献出自己，而且还得到了自己所奉献出去的一切东西的等价物以及自己所有物的更好的保全。[3] 之后，卢梭得出了自己关于社会公约的如下公式："我们每个人都以其自身及其全部的力量共同置于公意的最高指导之下，并且我们在共同体中接纳每一个成员作为全体之不可分割的一部分。"[4]

这是一种特殊的公约。其特殊之处有二：第一，它永远不可能是不正义的或为人所滥用，因为既然所有人都服从公意并是全体中平等的一个组成部分，那么，就没有人有兴趣毁坏作为整体的共同体，而全体也只能为了全体而行动。当然，在事实上，每个个人都有其个别的意志，这是与其作为公民所具有的公意不同的，因此，社会公约实际上暗含着如下规定，即"任何人拒不服从公意的，全体就要迫使他服从公意"[5]。这是使社会公约不致沦为一纸空文的合法条件，没有它，社会公约将会是荒谬的并将导致最严重的滥用。第二，它把订约的人联合在一起，使他们不受任何人的支配和奴役，他们只服从公意，但因为"仅只有嗜欲的冲动便是奴役状态，而唯有服从人们自己为自己所规定的法律，才是自由"[6]，所以，这一公约并未使人失去自由，而只是用社会的约定的自由取代了人的天然的自由，并由此使人真正成为自己的主人；也就是说，它使人从一个受限于自己的激情、嗜欲、冲动的动物变成了一个有智慧、有道德的存在物，它使一个不知善恶的潜在的人实现为知善恶并自觉放弃一己私意而服从公意的现实的人。

---

① 参见［法］卢梭：《社会契约论》，何兆武译，商务印书馆 1980 年版，第 23 页。
② 同上。
③ 同上书，第 24 页。
④ 同上书，第 24—25 页。
⑤ 同上书，第 29 页。
⑥ 同上书，第 30 页。

依社会契约所成立的共同体作为人格，就其主动性而言就是主权者，而这个主权者就是共同体的全体成员，即通常所谓人民，主权则无非是公意的运用。这是从上述公式中可以直接推论出来的一个重要结论。这一结论具有诸多后果。主权无非是公意的运用意味着：首先，主权不可转让，因为“权力可以转移，但意志却不可以转移”①。因此，代议制是一种坏的政府形式，即使在一个领土广大的国度，代议制成为不得不然的选择，那也是不幸的，因为它削弱了公意的表达。②其次，主权不可分割，因为意志不可分割。因此，虽然只有最初的公约需要全体一致的同意，而后的决定只要求多数人的同意即可，但任何人的个别意志必须得到考虑，不管赞成还是反对，必须计算全部票数才不会破坏其公共性。③ 而主权在民则意味着人民的公意就是法律，从而遵守法律就是遵从自己的公意，就是自由，并且“一切合法的政府都是共和制的”，而“凡是实行法治的国家——不论它的行政形式如何——我就称之为共和国”④。在卢梭看来，在一个“能够洞察人类的全部感情而又不受任何感情所支配”的立法者的帮助下，在经过革命的洗礼而“重新获得青春活力”、而其“领土既不太大以致不能很好地加以治理，也不太小以致不能维持自己”、其人民“享有富足与和平”、“大人物节制财富和权势，而小人物节制贪得和贪求”的民族那里，是可以创建一个维护自由与平等的立法体系的。⑤

但一个政治体要想有所行动，光有立法权力是不够的，它是“决定行动的意志”，还不是“执行行动的力量”，因此还必须有行政权力，只有二者的结合才能有所行动。⑥ 不过必须注意的是，拥有行政权力的政府本身不是主权，它只是主权者的执行人，它的存在基于委托和任用，而不是契约，其目的只在于执行法律，而且只要主权者高兴，他就可以限制、改变或收回这种权力。据此，政府的力量必须足

---

① ［法］卢梭：《社会契约论》，何兆武译，商务印书馆 1980 年版，第 35 页。

② 参见［法］卢梭《社会契约论》，何兆武译，商务印书馆 1980 年版，第三卷第十五章。

③ 同上书，第 36 页。

④ 同上书，第 51 页。

⑤ 同上书，第 53、60、63、67、70 页。

⑥ 同上书，第 75 页。

够强大以便控制公民的个别意志，但又不能过于强大以致控制了公意或法律，而因为这种力量的大小与最高行政官的人数密切相关，所以政府的创制原则应该是：在小国实行民主制，在中等国家实行贵族制，在大国实行君主制，虽然一般讲来，民主制应该是最理想的政府形式，严格意义上的即选举的贵族制是最好的政府形式，而支持君主制的所有理由都难以成立。① 因此，寻求最好的政府形式是无济于事的，每一种政府形式在一种情形下都可能是最好的，而在另一种情况下又极可能是最坏的。关键的问题是：就政府而言，要努力促进其成员的生存和繁荣；就人民而言，要努力与既有的制度和法律达成妥协，像爱弥儿所做的那样。②

这就是卢梭借公意概念给我们描绘的人类自由、平等的良好愿景。这一愿景在《社会契约论》最后一卷的卷首得到了总结性的描绘，读之让人怦然心动："在全世界最幸福的人民那里，一群群的农民在橡树下规划国家大事，而且总是处理得非常明智。"③ 但公意本身具有的"危险的不可操作性"使事情变得异常复杂，并最终模糊了这一愿景。

社会公约永远不可能是非正义的或被人滥用的，但其限制性条件，即强迫人服从公意或者说强迫人在自由理论上与自由的任何可能含义相矛盾，在实践上则是暴虐和难以让人接受的。而没有强迫呢？没有强迫足以使社会公约成为一纸空文："事实上，每个个人作为人来说，可以具有个别的意志，而与作为公民所具有的公意相反或者不同。他的个人利益对他所说的话，可以完全违背公共利益；他那绝对的、天然独立的生存，可以使他把自己对于公共事业所负的义务看作是一种无偿的贡献，而抛弃义务之为害于别人会远远小于因履行义务所加给自己的负担。而且他对于构成国家的那种道德人格，也因为它不是一个个人，就认为它只不过是一个理性的存在；于是他就只享受公民的权利，而不愿意尽臣民的义务了。"④ 社会公约所导致的人们之间的联

① 参见［法］卢梭《社会契约论》，何兆武译，商务印书馆 1980 年版，第三卷第二至六章。

② 同上书，第三卷第八、九章。

③ 参见［法］卢梭《社会契约论》，何兆武译，商务印书馆 1980 年版，第 135 页。

④ 同上书，第 28 页。

合可以使人平等地获得社会的道德自由，但只有在理想情况下才是这样，“在坏政府的下面，这种平等只是虚有其表；它只能保持穷人处于贫困，保持富人处于据有。事实上，法律总是有利于享有财富的人，而有害于一无所有的人”①。

主权作为公意的运用，既不可转让也不可分割。但“事实上，纵使个别意志与公意在某些点上互相一致并不是不可能的，然而至少这种一致若要经常而持久却是不可能的；……那不会是人为的结果，而只能是机遇的结果”②。并且，一些会涉及共同体绝大部分人的最基本的政治决策不是由主权者决定的，而是政府的行为，宣战和媾和的行为就是这样。③ 更严重的是，公意虽然不可能犯错误，但它与众意实在是太难区分开了。“公意只着眼于公共的利益，而众意则着眼于私人的利益，众意只是个别意志的总和。但是，除掉这些个别意志间正负相抵消的部分而外，则剩下的总和仍然是公意。”④ 但如何“除掉”呢？卢梭对此并未给予说明。而且，当人们形成派别和小集团的时候，所得的结果就更会是缺乏公意的了。“因此，为了很好地表达公意，最重要的是国家之内不能有派系存在，并且每个公民只能是表达自己的意见。伟大的莱格古士（Lycurgue）的独特而高明的制度就是如此。但如果有了派系存在的话，那么就必须增加它们的数目并防止它们之间的不平等，就像梭伦（Solon）、努玛（Numa）和塞尔维乌斯（Servius）所做的那样”⑤。然而，令人遗憾的是，上面列举的四个人中只有梭伦是历史上真实的人物，其余三位都是传说中的神话人物。

立法是必要的。但立法的条件设置实在是太高了。首先，主权在民，但人民“常常是并不知道自己应该要什么东西的盲目的群众”，因此需要一个立法者，而这个立法者必须“与我们人性没有任何关系，但又能认识人性的深处；它自身的幸福虽与我们无关，然而它又

① 参见［法］卢梭《社会契约论》，何兆武译，商务印书馆 1980 年版，第 34 页注释②。

② ［法］卢梭：《社会契约论》，何兆武译，商务印书馆 1980 年版，第 36 页。

③ 同上书，第 37 页。

④ 同上书，第 39 页。

⑤ 同上书，第 40 页。

很愿意关怀我们的幸福”[①]。历史上有这样的非凡人物吗？没有。卢梭自己也承认：“要为人类制定法律，简直是需要神明。”[②] 正如茱迪·史珂拉所说，“立法者的形象是一项令人绝望的设计。他是人类无力为自己制定规则而需要的一种令人绝望的设计，但他并不存在”[③]。其次，根本就没有卢梭所规定的适宜立法的民族和人民。革命造成的适宜立法的条件“是非常罕见的，它们只是例外”[④]，而按照卢梭所列举的适宜立法的人民的品性和领土要求，整个欧洲只还有一个可以立法的国家，那就是科西嘉岛，但直到今天，这个小岛也没有因为完成立法而震惊全世界，像卢梭所预测的那样。[⑤]

使政治体得以有所行动的政府问题更大。首先，在行政官身上我们可以区分出三种意志，即个人固有的个别意志、政府本身的团体意志以及公意或者主权的意志，在“一个完美的立法之下”，其间的关系应该是公意第一，团体意志第二，而个别意志第三。但是，“按照自然的秩序”，其间的关系正好相反，即公意第三，团体意志第二，而个别意志则占一切之中的第一位。[⑥] 事实再一次与理想相背离。其次，各种形式的政府都是“必要的邪恶”[⑦]。民主制需要许多难以结合的条件，如领土狭小、风尚淳朴、地位和财产上的高度平等以及没有奢侈，在这些条件都具备的情况下，人们实际上已经根本不再需要政府，因此，严格意义上的民主制政府是一种没有政府的政府，它从来就不曾有过，而且永远也不会有，而在这些条件没有具备就去尝试民主政府的话，那等着它的就只能是无尽的内战和内乱了。[⑧] 选举的贵族制也许可以说是“最好的而又最自然的秩序”，但它极易沦为世袭

① ［法］卢梭：《社会契约论》，何兆武译，商务印书馆 1980 年版，第 53 页。

② 同上。

③ ［美］茱迪·史珂拉：《政治思想与政治思想家》，左高山等译，上海人民出版社 2009 年版，第 296 页。

④ ［法］卢梭：《社会契约论》，何兆武译，商务印书馆 1980 年版，第 60 页。

⑤ 同上书，第 68—69 页。

⑥ 同上书，第 83 页。

⑦ ［美］施特劳斯、［美］克罗波西主编：《政治哲学史》，李洪润等译，法律出版社 2009 年版，第 575 页。

⑧ 参见［法］卢梭《社会契约论》，何兆武译，商务印书馆 1980 年版，第 87—90 页。

的贵族制，后者却是一切政府中最坏的一种。[①] 无论如何，所有政府的行动都趋向于权利的紧缩和集中，没有几个人适合享有自由："自由并不是任何气候之下的产物，所以也不是任何民族都力所能及的。"[②] 再次，政府的滥用职权和蜕化是其"内在的、不可避免的弊病之所在，它从政治体一诞生起，就在不休止地趋向于摧毁政治体，就和衰老与死亡最后会摧毁人的身体一样"[③]。"如果斯巴达和罗马都灭亡了，那末，还有什么国家能够希望亘古长存呢?"[④] 最后的致命一击来自于对代议制政府的批评，因为主权不能转让与不可分割，所以也是不能代表的，"人民的议员不是、也不可能是人民的代表，他们只不过是人民的办事员罢了"，"代表的观念是近代的产物；它起源于封建政府，起源于那种使人类屈辱并使'人'这个名称丧失尊严的、既罪恶而又荒谬的政府制度"[⑤]。而那些还不曾出现代表的典范性的国度呢？很可惜，它们都完全属于古代，那就是罗马和斯巴达，而且在那里，自由是因为奴隶制而得以维持的，而在今天，奴隶制无论如何都不是合法的了。[⑥]

《社会契约论》第四卷以令人心动的政治民主画卷开始，但历史的证据并不让人欣慰。与那幅美好画卷相比，欧洲政治已经陷入绝境："公意永远是稳固的、不变的而又纯粹的；但是它却可以向压在它身上的其他意志屈服。"[⑦] 在这里，我们又一次被告知，"以抽签来进行选举"的"真正的民主制是根本就不存在的"[⑧]。而即使是在罗马，不管是以塞尔维乌斯所制定的法律为基础的罗马人民大会，还是保民官制、独裁制和监察官制都难以阻止这个伟大的堪称典范的政治体的解体。[⑨] 后来补写的"论公民宗教"一章对此也无济于事。在那里，卢

---

① 参见［法］卢梭《社会契约论》，何兆武译，商务印书馆 1980 年版，第 91 页。

② 同上书，第 103—104 页。

③ 同上书，第 112 页。

④ 同上书，第 116 页。

⑤ 同上书，第 125 页。

⑥ 同上书，第 126—127 页；并参见第一卷第四章。

⑦ 同上书，第 136—137 页。

⑧ 同上书，第 142、145 页。

⑨ 同上书，第四卷第四至七章。

梭告诉我们，“人民进入政治社会以后，就要靠宗教而维持。没有宗教，一个民族就不会、也不可能长久存在”[①]。但民族宗教虽然可以把对神明的崇拜与对法律的热爱结合在一起，从而有助于政治生活，但它建立在谬误和谎话的基础上，因而使人民迷信、盲从，使对神明的真正崇拜沦为空洞的仪式，并且还会因其排他性而使整个民族成为嗜血的和决不宽容的；普遍性的福音书宗教与政治体没有任何特殊的关系并有利于暴君的统治；而从牧师的宗教中只能产生一种无以为名的、混合的和反社会的权利。[②] 而卢梭为我们留下了最后的一点希望是一个国家“要有一篇纯属公民信仰的宣言”，其由主权者规定的条款应该很少，并且“简单，语句精确，无需解说和注释。全能的、睿智的、仁慈的、先知而又圣明的神明之存在，未来的生命，正直者的幸福、对坏人的惩罚，社会契约与法律的神圣性，——这些就是正面的教条。至于反面的教条，则我把它只限于一条，那就是不宽容”[③]。但这些条款“并非严格地作为宗教的教条，而只是作为社会性的感情”[④]而存在的，它提供的只是一种适宜于政治社会的宗教得以生长的外部环境，而不是那种宗教本身；就卢梭自己而言，这一“宣言”实际上是为《爱弥儿》所给出的自然宗教敞开了道路，但《爱弥儿》的结尾却是《社会契约论》，是爱弥儿与索菲的分离和游历，是政治学习，是以被教导的《社会契约论》评判人类社会。

至此，我们可以说：卢梭亲自拆解了他自己所提出的详尽的政治规划；没有合法而稳固的政治统治，仅仅因为那是不可能的。正如茱迪·史珂拉所说，“可悲的是，我们能想象一个比我们能创造的世界更加美好的世界。因此，我们能够评判现实，但却不能改善它”。“我们能够辨别好的事物，但我们太过软弱和愚蠢，以致不能按其行事。结果便是自欺欺人，并且像所有优秀的哲学家一样，卢梭意味着剥夺

① 参见［法］卢梭《社会契约论》，何兆武译，商务印书馆 1980 年版，第 170 页注释③。

② 同上书，第 177—184 页。

③ ［法］卢梭：《社会契约论》，何兆武译，商务印书馆 1980 年版，第 185—186 页。

④ 同上书，第 186 页。

我们幻想中的自我”①。

三　教育与自由

不过，我们关于卢梭的讨论必须延伸到《爱弥儿》。《爱弥儿》是一部政治学著作，而不仅仅是初看起来的教育学小说，因为在卢梭看来，“没有道德，何来自由；没有公民，就无所谓道德”②。《爱弥儿》是意在培养公民之作，意欲与柏拉图的《理想国》相竞争甚至取而代之。然而，“培养公民并非一日之功，打算培养公民，就一定要从儿童时代教育起来”③。因此，《爱弥儿》在结构上可以“被分成两大部分。一至三卷集中探讨如何培养有教养的野蛮人，他只关心自己，独立自足，没有违背其意图因而使他分裂的义务被强加给他，他的技艺和科学只是没有使其卷入公众舆论和劳动分工的系统。四至五卷则尝试凭借他的爱好和慷慨将这个单子式的个体引入人类社会并使其承担道德责任”④。我们将借助《爱弥儿》本身和布鲁姆的精彩评论简要地说明此书的总体意向，从而尽量完整而统一地领会卢梭的政治构想。

第一卷着重描述两岁前即幼儿期的教育。这个时期是孩子学习说话、学习吃东西、学习走路的时期，是人的教育的初始阶段，虽然在他是老师的学生之前就已经是大自然的学生了。这个时期的教育应该遵循如下准则：第一，“必须让他们使用大自然赋予他们的一切力量，这些力量，他们是不至于随便滥用的”。第二，“一切身体的需要，不论是在智慧方面或体力方面，都必须对他们进行帮助，弥补他们的不足”。第三，“在给他们帮助的时候，应当只限制在他们真正需要的时候才帮助他们，绝不能依从他们胡乱的想法和没有道理的欲望，因为，胡乱的想法不是自然的，所以即使不使它实现，也不会使孩子们感到

---

① ［美］茱迪·史珂拉：《政治思想和政治思想家》，左高山等译，上海人民出版社2009年版，第298—299页。

② ［法］卢梭：《论政治经济学》，王运成译，商务印书馆1962年版，第21页。

③ 同上。

④ ［美］布鲁姆：《巨人与侏儒》，张辉选编，张辉等译，华夏出版社2007年版，第264页。

难过”。第四，“应当仔细研究他们的语言和动作，以便在他们还不知道装样的年岁时，辨别他们哪些欲望是直接由自然产生的，哪些是由心里想出来的”①。按照这些准则，卢梭指出：母亲应该亲自喂养孩子，即使要选一个保姆的话，也应该选一个新近才坐过月子的、身心两健的保姆，而老师的选择尤为关键，要选一个不是要教给孩子什么东西，而是要指导孩子如何做人，如何自己去发现行为的准绳的老师；不要用襁褓包裹孩子，还要留意孩子在学会说话之前的发声、手势以及哭声，以便帮他们满足他们自己不能加以满足的自然需要，但当你不能解除他的痛苦，或者他们的需要不应该被满足的时候，就应该镇镇静静地让他们哭叫，切不可抚弄、娇惯或者吓唬他们。所有这些细小的措施及其背后的教育准则所贯彻的精神是：“多给孩子们以真正的自由，少让他们养成驾驭他人的思想，让他们自己多动手，少要别人替他们做事。这样，尽早就让他们养成习惯，把他们的欲望限制在他们力所能及的范围内，他们就不会尝他们力不从心的事情的苦头了。”②

第二卷着重描绘二至十二三岁即儿童期的教育。这一时期最重要的和最有用的教育法则纯粹是消极的，即“不仅不应当争取时间，而且还必须把时间白白地放过去”③。依此法则，这一时期的教育重点在于“锻炼他的身体、他的器官、他的感觉和他的体力，但是要尽可能让他的心闲着不用，能闲多久就闲多久”④。因为体力的柔弱和心智发展出的妄想相结合只会产生无尽的痛苦，而幸福只在于遭受较少的痛苦。最初，孩子由于体力柔弱，会摔倒、会受伤，但要让他学会忍受这些轻微的痛苦，这一方面是因为只有在这个过程中，他才能逐渐学会忍受更大的痛苦；另一方面是因为只有这样，他才会逐渐认识到大自然对他的限制，认识到把他的意志和他的能力相平衡的重要性。这时的孩子虽然受到自然的限制，但他依然在他的行动中感到是自由的，因为物的隶属是自然的，无害于人的自由，他只想他能够得到的东西，

---

① ［法］卢梭：《爱弥儿》，李平沤译，商务印书馆 1978 年版，第 58—59 页。
② 同上书，第 59 页。
③ 同上书，第 96 页。
④ 同上书，第 97 页。

只做他喜欢做的事情，他是一个真正自由的人。接着，随着孩子身体的成长，他的心智也在发展，但这时一定要记住，他还是一个儿童，而儿童时期是理性的睡眠期，因此，不要用理性去教育他，不要教他学习各种语言、地理、历史、哪怕是寓言，他们理解不了这些东西的；这个时期，还应该继续锻炼他的身体，使他的体力和智力同时成长，相互助益，要锻炼他的感官，训练他的感觉：通过频频地轻微接触物体而锻炼触觉；通过画他们看见的随便什么东西而锻炼视觉，通过把说话的声音、唱歌的声音与感伤的声音相结合而锻炼听觉，通过选择适合的食物来锻炼他的味觉（嗅觉因为是想象的感觉而不宜让其过分活动），通过用一种感觉去验证另一种感觉而学会如何通过感觉学会正确的判断。

至于道德观念比如义务、服从、权威等观念的培养，卢梭认为还不到时候："既然一个小孩子还不是社会中的活动分子，那么，这些概念对他们有什么用处呢？"[①] 不过，这时的孩子还是会有一些关系到他目前状况的道德概念的。他懂得自由、财产、契约、平等这些观念，他知道他的东西为什么是他的，不是他的东西为什么不是他的，他向一位国王请求帮助和向一位仆人请求帮助时态度是一样的。在这里，卢梭是通过种豆子这一事件让爱弥儿懂得财产观念的。孩子在乡间生活，自然会获得一些田间劳动的概念，而他自己也乐于把一颗蚕豆种在地里的，而在我们每天给蚕豆浇水，看着它慢慢长起来的时候，我就对他说："这是属于你的。"并解释给他说"属于"这个词是什么意思，使他认识到他在这里投入了他的时间、他的劳动以及他的人格，使他认识到在这块土地上有他自己的东西，任何人来侵犯，他都有权制止。但有一天，他发现所有的豆子都被人铲掉了，地也被人重新翻过，他的痛苦和愤慨可想而知。我们立即四处查问，最后发现是园主干的，而当园主发现我们为什么对他生气的时候，他却对我们生出更大的气来。原来是我们做错了事情：园主在地里种了马耳他瓜要给我们吃，结果我们竟把那些已经长起来的瓜给搞坏了。卢梭通过两种策略让在所难免的冲突得以化解：第一，爱弥儿想吃马耳他瓜，对豆子

---

① ［法］卢梭：《爱弥儿》，李平沤译，商务印书馆 1978 年版，第 206 页。

的注意力被转移了；第二，达成一个约定，另找一片地让爱弥儿种豆子。这样，爱弥儿就被教导了他人的财产权并予以尊重。[①] 这里没有说教，但是其结果是好的，爱弥儿通过自己的亲身经历从自己的情感出发懂得了财产权的含义。

第三卷描述的是十五岁之前即接近少年的童年教育。这一时期孩子的体力的增长超过了他的欲望的增长，是其相对体力达到最大的时期，因此也是人一生中最宝贵的一个时期，应该善加利用。在卢梭看来，这是“工作、教育和学习的时期”[②]，但要注意把他需要学习的东西限制在一个同现时的事物有关的范围之内，因为此时的他还只会从感觉的相互比较中被动地得到简单的观念，还不懂得从知觉或观念中产生主动的判断。因此，要从太阳的东升西落开始学习天文学，要从他居住的城市和他爸爸的乡间别墅开始学习地理，要从一松手石头就往下掉开始学习物理，等等。而且，还需注意的是，要留给他充分思考的时间，不要急于告诉他答案，因为“问题不在于教他各种学问，而在于培养他爱好学问的兴趣，而且在这种兴趣充分增长起来的时候，教他以研究学问的方法”[③]。引人注目的是，卢梭这时第一次引入了书籍“作为爱弥儿消遣和教育的读物”[④]，这就是《鲁滨逊漂流记》。由此，鲁滨逊一个人在孤岛上的生活成了爱弥儿此时学习的榜样：他全力以赴地思考他需要什么以维持生存并如何获得这些东西，他希望知道所有一切有用的东西而且也只希望知道这些东西，他可以操作自然的技艺却不知道工业的技艺，他拥有自己的劳动所得却不知道财物的分配和劳动的分工，更不知道随之而来的金钱、货币及一切社会关系，一句话，他“只具有自然的知识，而且纯粹是物理的知识。……他知道人和事物之间的主要关系，但他一点也不知道人和人之间的道德关系”[⑤]。不过，既然我们已经锻炼了他的身体和他的感官，又锻炼了他的思想和判断的能力，我们就训练了一个既能行动又能思想的人，接

① ［法］卢梭：《爱弥儿》，李平沤译，商务印书馆 1978 年版，第 104—106 页。
② 同上书，第 214 页。
③ 同上书，第 223 页。
④ 同上书，第 245 页。
⑤ 同上书，第 283 页。

下来要做的事情就不多了，只剩下“把他教育成和蔼与通情达理的人，也就是说，用情感来使他的理性臻于完善”①。

第四和第五卷被用以完成这个任务。要把孩子培养成道德的公民，关键之处在于，不要让自爱发展成自私。自爱是“原始的、内在的、先于其他一切欲念的欲念，而且，从一种意义上说，一切其他的欲念只不过是它的演变”②。从这一自然情感产生的第二个情感，就是爱那些同他亲近的人，由此还会养成爱他的同类的习惯，这些都是好的，但随着他的利害、他的需要、他主动或被动依赖他人的时候越来越多，他就开始注意到他同别人的关系，这时就要注意一定不要让自爱转化为自私，自私会促成我们与他人的比较，而一切偏执妒忌的性情都是来源于自私：它在伟人的心中变成骄傲，在小人的心中变成虚荣，使所有人都不断地想损人利己。卢梭通过引入性爱这一天性的冲动及其升华来避免这一错误倾向，并使自爱向好的方向发展。性爱的升华是卢梭引介给世人的，并通过弗洛伊德（Freud）在大众的头脑中得到了普及。但与卢梭从低级的事物中制造出高尚的事物不同，自弗洛伊德以来谈论升华的人却是将高尚的事物归结为低级的事物，这使我们丧失了对高尚事物独特尊严的把握。③

首先，这种升华的第一步就是怜悯心的培养。必须通过审慎的选择，让孩子在对自己满意的同时又关心他人，使他在其自然的、自爱的基础上成为一个温和仁慈的人。爱弥儿对人的第一次观察被引向了穷人、病人、被压迫的人和不幸的人。这让他在别人受到的伤害面前停了下来，自己也会以一种弱化的方式体验到那些伤害，但他马上会意识到这是另一个人而不是自己在受苦，并因而感到满意，而且，他还可以通过自己的帮助来显示自己的力量和优越性并在施与帮助时感到自己的自由与快乐。其次，爱弥儿通过读历史而注意到了那些有权有势的富人，这种历史的学习向爱弥儿揭示了那些英雄们的雄心的虚妄，并在他们悲剧性的失败面前感到失落，并由此使他鄙视英雄们对

---

① ［法］卢梭：《爱弥儿》，李平沤译，商务印书馆 1978 年版，第 275 页。

② 同上书，第 289 页。

③ 参见［美］布鲁姆《巨人与侏儒》，张辉选编，张辉等译，华夏出版社 2007 年版，第 274 页。

光荣的热望并怜悯他们悲惨的结局。不过，这种蔑视不是出于奴隶的嫉妒、愤怒和怨恨，而是出自一种对自身优越感的自信，这优越感包含了真诚的伙伴情感并且是怜悯的前提。最后，读书又一次成为完成怜悯教育的手段。这次的教材是包含道德学说的寓言故事，这是和历史书籍一样在第二卷中被束之高阁的东西。在那稍早的时候，孩子总会试图把自己等同于那只欺骗乌鸦的狐狸，因为他对虚荣知之甚少，而对奶酪却知之甚多；但在这稍晚的时候，在他自己也体会过被骗子欺骗的滋味之后，他就很容易把自己与那只乌鸦等同起来，并因此具有了某种程度的自我意识。就这样，爱弥儿先是认识到大多数人都是受苦者；接着又认识到伟人也是受苦者，因而和那些卑微的人一样；最后他认识到，自己也是一个潜在的受苦者。他因此成了一个社会的人，同时保持着健全的身心，但这远远不够，他必须继续接受教育，从一个完整的人成长为一个好的丈夫和好的父亲。[①]

这种升华的第二步也是最后一步，是性爱意义的揭示。不过，在此之前，卢梭插入了一段长长的萨瓦牧师的信仰自白。按照卢梭自己的解释，这段自白只是一个“例子”[②]，以说明在向学生讲解形而上学的观念时应该采用的态度，那就是从感觉和情感而不是从理智开始。按照布鲁姆的解释，此处的关键是要强调卢梭对性爱的揭示与萨瓦牧师对上帝的揭示之间的深刻差异，以理解卢梭的总体意图。卢梭的意图在于从自然中重新读出意义，而这种差异则表现在：“那牧师的学说是针对已败坏了的、年轻的卢梭的，而从没有教导给爱弥儿。而且，牧师教导了身体灵魂的二元论，这与爱弥儿所体现的统一迥异并冲突。与此一致的是，牧师瞩目来世，对自己的性欲充满罪感和鄙薄，而爱弥儿则属于这个世界，赞美性的渴望，视之为上帝的祝福并把人引向那祝福的上帝。爱弥儿的报酬是在这个世界，而牧师的则在天国。教区牧师是传统的牧师中最好的，而他只是卢梭在到达他的新西奈之前

---

① 参见［美］布鲁姆《巨人与侏儒》，张辉选编，张辉等译，华夏出版社 2007 年版，第276—279 页；［法］卢梭：《爱弥儿》，李平沤译，商务印书馆 1978 年版，第 303—350 页。

② ［美］卢梭：《爱弥儿》，李平沤译，商务印书馆 1978 年版，第 457 页。

穿越的沙漠中的一片绿洲。"① 结合卢梭的轻描淡写和布鲁姆的深奥解说，我们可以看到，卢梭借此要实现的实际上是对爱弥儿性爱的升华，这种升华是在爱弥儿认识到性爱渴望的顶峰是通过爱一个女人而达到对上帝的爱时达到的。在卢梭看来，良心是灵魂的声音，而欲念则是肉体的声音，当良心与欲念发生冲突的时候，按良心去做就是服从自然；一般而言，认识善的是理智，但爱善的是良心，良心直接关联着真正的宗教和道德的天职；而在性爱这一特殊场合，欲念想着的只是性交，而良心则向他的爱人提出了精神品质的要求，而正是这一点使单纯的性变成了爱，并使两者变得不可分割。

在被升华后的想象里，爱弥儿找到了与另一个人建立一种真正关系的可能，那就是两个平等的人在相互关爱和尊重的基础上，自由地建立一种持久的结合。这完成了爱弥儿从自然人向社会人的过渡，因为这样一个家庭的组建展示了一个社会应该如何构成。既然爱弥儿的主导动机变成了期待一个只存在于其想象中的对象，即美的理想的化身，那么，接下来的教育活动就变成了一个爱情故事。这个爱情故事包含三个阶段，即寻找他的爱人；找到并追求她；他们分别，他的游历以及最后他们的婚姻。②

在第一个阶段，卢梭把爱弥儿带进了社会，教给他社会上的人情世故，但并不担心他会被败坏，因为他知道自己要找的是什么。在这里，爱弥儿第一次接触到那些品味高贵、风度雅致的绅士名媛，得到了一种精致的感受和一种典雅的品位，他成了一个拥有健康而纯洁的审美判断力的有教养的人。在接下来的第二阶段，爱弥儿离开了城市，并在乡村找到了他的女人，即苏菲。在这里，卢梭论述了两性的差异以及他们之间的适当关系。卢梭认为，女性消极被动、身体柔弱，男性积极主动、身强体壮，因此可以说，女人生来就是为了取悦和从属于男人的；不过在这个取悦与从属的过程中，她知道如何以她的美貌与才能、温柔与体贴使他只去希望她所希望的，她由此而支配了男人。

---

① ［美］布鲁姆《巨人与侏儒》，张辉选编，张辉等译，华夏出版社2007年版，第280页。

② 同上书，第281—282页。

这样，男人和女人的意志都得到了保障，从而两个人的结合就成就了一个有机体似的完整存在，即家庭；在其中，男人和女人中的每一方都以对方为补充，从而完善了自己，因为每一方单独来看都是不完美的，爱是对自己不足的承认与完善。在接下来的最后一个阶段里，爱弥儿准备好了结婚，但卢梭却命令他与苏菲告别，去游历世界。这是《爱弥儿》中唯一一次出现命令的场合，也是爱弥儿的意志唯一一次受到抑制。这是意愿与权威的对抗。这是古老的道德问题的重演。但其最终的解决是与众不同的：爱弥儿接受了卢梭的教导、顺从了卢梭的权威，但并未失去他的自由。这是因为：首先，卢梭的权威源于他向爱弥儿解释性爱时爱弥儿自己做出的承诺，即如果他的老师在爱情的问题上给予指导，他将同意接受他的建议。其次，卢梭在解释自己的命令时将外在的权威和要求转化为爱弥儿自己内在的理想和要求，即现实中的苏菲可能与理想的苏菲不一样，如果苏菲不忠诚，那他的爱恋只能把他拖垮，因此，只有他听任苏菲成为她应该成为的样子，他才能经受命运的诡异和人生的无常。也就是说，与苏菲的分别是承担生活和组建家庭的前提，而立即与苏菲结合的愿望违背他自己的意志。于是，爱弥儿不得不在喜好和意志之间、在喜好和理想之间做出区分和选择。最后，对理想的投身完成了全部教育，爱弥儿因为遵从了自己的意志和理想而成为既自由又有德行的人。并且，对苏菲的责任的承担可以引向对家庭的责任的承担，而后者又可以引向对社会的责任的承担，因此可以说，爱弥儿对喜好与意志和理想的结合体现了政治社会所需要的个人意志与公意的可能结合，爱弥儿就是《社会契约论》中的理想人物和理想读者。事实上，爱弥儿的游历就是以《社会契约论》的标准对各种政府形式的考察，他知道何为法律何为理想的义务，而它们将指导他如何应对和处理文明社会强加于他的各种不甚理想的法律和义务。他变得成熟了，并最终迎娶了他的新娘，得到了他的幸福。①

① 参见［美］布鲁姆《巨人与侏儒》，张辉选编，张辉等译，华夏出版社 2007 年版，第282—288 页；［法］卢梭：《爱弥儿》，李平沤译，商务印书馆 1978 年版，第四卷后半部分、第五卷。

第三章
道德、政治与自由：康德

康德哲学的出发点是科学与道德的对峙关系。这是卢梭留下的著名议题。

一方面，康德坚信牛顿（Newton）创立的最为系统的现代物理学的科学性，沿着休谟开辟的道路继续为其奠定坚实的形上基础。“我坦率地承认，就是休谟的提示在多年以前首先打破了我教条主义的迷梦，并且在我对思辨哲学的研究上给我指出来一个完全不同的方向。”① 休谟认为，诸如因果联系这样的概念之所以对科学是有效的，其根源不在于我们的理性，而是由于我们的经验和出于便利的考虑，是我们的习惯联想造成的。康德接受了休谟对独断主义的否定，但不接受其对科学的经验主义解释，因为他认为，仅以经验的习惯联想为基础，科学就失去了它应有的科学性，并在实际上使科学知识成为不可能。康德在区别分析判断和综合判断的基础上认为，以直观和经验为基础的数学和物理学的综合判断之所以可能，是因为存在着先天的综合判断，这是具有普遍必然性的独立于经验之外并使经验得以可能的先天条件，并且这样的原则和条件并非只有因果联系一个，而是存在着一个知性范畴（因果联系是其中之一）和纯粹直观形式（时间和空间）的整全体系，是这一体系提供的先天框架使得包括数学和物理

① ［德］康德：《任何一种能够作为科学出现的未来形而上学导论》，庞景仁译，商务印书馆1978年版，第9页。

学在内的整个自然科学成为可能。

另一方面，康德深受卢梭道德优于知识学说的深刻影响。对此，他自己曾经说过："我的愿望是做一个学者。我对知识有着强烈的渴求，并在这方面有着贪婪的成就欲，同时也为在其中所取得的每次进步而感到满意。卢梭使我有了自知之明。幻想的差别消失了，我开始学会尊重人，而且如果我认为我所考虑的事情无助于确立一切人的权利和价值，我就会自认不如一个普通劳动者有用。"[①] 然而，科学和道德之间是相互冲突的，前者要求普遍必然性，后者却要求纯粹的道德良心和意志自由，如何处理二者之间的紧张关系就成了康德哲学需要解决的一个难题。康德通过把问题进一步尖锐化和激进化来解决这个问题。他的基本思路是划分现象世界和本体世界，从而分离科学领域和道德领域：科学作为关于现象世界的知识解决"我所能知者为何"[②]的问题，它无关乎自在之物或外在于我们的实在在己之物（thing - in - itself），是我们人类的理性能力自发的产物，其基础是对刺激我们和向我们显现出来的事物的感受性；而道德解决"我所应为者为何"[③]的问题，它开启的是本体世界即自在事物的世界，在其中理性获得了完全的自由，不受现象世界的制约和影响但能制约和影响现象世界，这种自由的能力在人的理性的自发性中有其根源但远远高于这种自发性，它在道德的人的自由或道德本身中达到顶点。道德的人的自由或道德本身是出于对法本身的普遍性的纯粹尊重而服从一个自我规定的法的自由，即自律。

然而，现象世界和本体世界的分离必然导致道德领域中幸福和美德的完全分离：幸福是我们所有一切欲望的满足，美德则是对道德律的服从，前者属于自然的序列，后者属于自由的序列。于是，问题就演变成了幸福和美德如何取得一致，其更一般性的表达是自由如何能接受自然、作用于自然甚至改造自然。这就是"我所可期望者为

---

① 转引自［美］施特劳斯、［美］克罗波西主编《政治哲学史》，李洪润等译，法律出版社 2009 年版，第 585 页。

② ［德］康德：《纯粹理性批判》，蓝公武译，商务印书馆 1960 年版，第 554 页。

③ 同上。

何”① 的问题。康德对于这一问题的回答分为两个方面：一是精心设计了实践理性的公设（上帝存在和灵魂不死），以回答人在彼岸世界可以期望什么；二是对政治和历史问题的讨论，以回答人在此岸世界能期望什么。这仍然会带来问题，即道德与政治是什么关系，历史所起的作用是什么。这最后两个问题是整个康德哲学最深层的问题。对此，康德自己曾经在《纯粹理性批判》的结尾处明言：“自然在其‘为吾人所备之贤明准备中’，即在吾人所有理性之本性中，其最后意向，惟在道德的利益，此则极为明显者也。”② 后来，罗尔斯也曾这样提醒我们：“我们不应该忽略康德观点所涉及的全部领域，必须也考虑康德的后期著作。……如果不想曲解康德学说的话，就不能忽略《判断力批判》、《理性限制范围内的宗教》以及他的政治著作。”③ 因此，本书主要讨论这两个问题，当然，是在与自由问题的关联中。

一　道德与自由

先验观念的第三个二律背反，即自由与自然的对立，不仅是康德《纯粹理性批判》中讨论自由问题的核心，也是其后继道德和政治哲学著作中研讨自由问题的基础。其重要之处有两点：第一，在就正面主张和反面主张的反复辩难中，康德虽然没有为自由的实在性给出证明，但为自由概念的可设想性留下了概念的余地：“设吾人为先验实在论之幻想所惑，则自然与自由将无一留存。”④ 第二，对自由之纯然先验的理念和自由之实践的概念的区分，并指出前者不含任何来自经验之事物，也不与其相关，后者乃脱离任何感性冲动而获得的意志独立，后者以前者为基础。⑤ 上述两点合在一起，共同为实践理性对自由的确证和演绎准备了地盘。

---

① ［德］康德：《纯粹理性批判》，蓝公武译，商务印书馆1960年版，第554页。

② 同上书，第551页。

③ ［美］罗尔斯：《正义论》，何怀宏等译，中国社会科学出版社1988年版（2003年10月重印），第250页注释①。

④ ［德］康德：《纯粹理性批判》，蓝公武译，商务印书馆1960年版，第401页。

⑤ 同上书，第395—396页。

随后的《道德形而上学的奠基》是康德的第一部道德哲学著作。这部著作的主题如标题所示，是为道德形而上学奠定基础，道德形而上学作为伦理学的理性的部分，区别于其经验性的部分即实用人类学，但本书不是道德形而上学本身，而是为其奠基，甚至这种奠基性的工作也还是不完备的，它的完备性只有在纯粹实践理性批判中才能达到。由此出发，康德进一步把《道德形而上学的奠基》的目标明确为“找出并且确立道德性的最高原则”，并指出“我在本书中采用的方法是这样的：如我相信，只要人们愿意分析地从普通知识到规定其最高原则的途径，再综合地采取从对这一原则的检验及其源泉返回到它在其中得到应用的普通知识的途径，那么这种方法，就是最恰当的方法”①。

《道德形而上学的奠基》前两章采取分析的方法，把我们从日常的道德判断引导到道德原则，并以不同的方式阐明了这一原则。从日常的道德生活中，我们可以知道，有很多东西如精神的各种才能和气质的各种属性都可以是善的，但这些都只是有条件的善，而不是绝对的善，绝对的善只有善良意志：“在世界之内，一般而言甚至在世界之外，除了一个善的意志之外，不可能设想任何东西能够被无限制地视为善的。”② 只有善良意志是无条件的绝对的善，它是我们日常道德判断的前提或条件，因此是为通常的道德意识所支持的；但不只如此，它还为大自然在我们人身上设置的理性所支持，因为理性并不比本能更容易使我们获得幸福，所以自然设置的目标就应该是产生某种更高的东西，这里就是无条件的善的意志。③

善良意志因为已经存在于健康的自然知性之中，所以并不需要被教导，而只是需要被启蒙。为此，康德引入了义务的概念，这个概念所包含的主观的障碍和限制有助于我们对其中所包含的另一部分即善良意志的认识。关于义务，康德提出了如下三个命题：第一，人类行为的道德性不是来自于“直接的偏好”，更不是出自于“自私的意

① ［德］康德：《道德形而上学的奠基》，载李秋零主编《康德著作全集》第 4 卷，中国人民大学出版社 2005 年版，第 399 页。

② 同上书，第 400 页。

③ 同上书，第 401—403 页。

图”，而是“出自义务”；第二，“一个出自义务的行为具有自己的道德价值，不在于由此应当实现的意图，而是在于该行为被决定时所遵循的准则”；第三，“义务就是出自对法则的敬重的一个行为的必然性”①。综合上述命题，康德得出了人类行为的道德原则的第一个公式，即“我绝不应当以别的方式行事，除非我也能够希望我的准则应当成为一个普遍的法则”②。康德借助说谎的例子指出，普通的善良人虽然不把这一道德原则变成抽象的公式，但在作出道德判断以及日常行为中实际上是应用着这一公式的。

普通人对幸福的欲求和道德的要求之间的矛盾和冲突迫使人们求助于哲学，这就从通俗的世俗智慧过渡到了道德形而上学。在对道德形而上学的初步探讨中，康德将上述道德原则的第一个公式称之为定言命令，并补充了人类行为的第二个方面，即质料方面。这一补充是："你要如此行动，即无论是你的人格中的人性，还是其他任何一个人的人格中的人性，你在任何时候都同时当作目的，绝不仅仅当作手段来使用。”③ 进一步，康德由上述普遍规律公式和自在目的公式推论出了第三个公式，即“只这样采取行动，即意志能够通过其准则同时把自己视为普遍立法者”④。这个公式说的是意志自律，它一方面使理性存在者通过共同的客观法则而形成一种系统结合，即目的王国，从而导出了道德原则的第四个公式：“要按照一个纯然可能的目的王国的一个普遍立法的成员的准则去行动。”⑤ 另一方面因为统合了普遍性的形式和理性存在者作为自在目的的质料，而成为“对一切准则的一种完备规定”，从而是“道德的最高原则”⑥。

《道德形而上学的奠基》第三章追问的是这些道德原则，即定言命令如何可能。康德认为，自由概念是说明意志自律的关键，因为自由就其消极的意义而言是“因果性在能够不依赖于外来的规定它的原

① ［德］康德:《道德形而上学的奠基》，载李秋零主编《康德著作全集》第 4 卷，中国人民大学出版社 2005 年版，第 404、406、407 页。

② 同上书，第 409 页。

③ 同上书，第 437 页。

④ 同上书，第 442 页。

⑤ 同上书，第 347 页。

⑥ 同上书，第 445、449 页。

因而起作用时的那种属性”，而就积极意义而言自由就是意志自律，“自由意志和一个服从道德法则的意志是一回事”①。不过，为此我们必须假设自由是一个理性事实，是一切理性存在者的意志的本质属性。这样，我们就必须从双重立场来看待我们自己以及我们的行为：一方面，把我们作为理智归入知性世界，从而我们的行为是自由的；另一方面，我们也是感官世界的一部分，从而我们的行为也遵循自然的必然性法则。那么，规定道德原则的定言命令如何可能呢？其可能性的根据在于：“知性世界包含着感官世界的根据，从而也包含着感官世界的法则的根据。”② 这是一个表述模糊并且难以解释的说法，但正是从这个说法出发，康德得出了如下结论，即道德规律的有效性，“产生自作为理智的我们的意志，从而产生自我们真正的自我；但是，凡是属于纯然显象的东西，都必然被理性置于事物自身的性状之下”③。康德进一步认为，这种双重立场是“一切道德研究的最高界限”，其规定和明确对我们具有极为重要的意义，它可以帮助我们摆脱道德研究中的经验主义的和神秘主义的理论陷阱：“一方面，它使理性不致于以一种有损道德的方式在感官世界里到处寻找最高的动因和一种虽可理解、但却是经验性的兴趣；而另一方面，它使理性也不致在对它来说空洞的、名为理知世界的超验概念之空间中无力地鼓动翅膀，而在原地不动，并迷失在幻象之中。”④ 由此得出的最后结论是：道德原则的必然性虽然是我们被迫要假设的东西，但我们却不可能理解它，因为它是无条件的绝对的，只是“理性的一个理念”，虽然“始终是一个有用的并且容许的理念”；但理性能够发现这样的与预设相容的理念也已经是够幸运的了，“这就是能够合理地对一门力求在原则中达到人类理性的界限的哲学所要求的一切”⑤。

这一论证存在着严重的理论困难。首先，“知性世界”是从与感

---

① ［德］康德：《道德形而上学的奠基》，载李秋零主编《康德著作全集》第4卷，中国人民大学出版社2005年版，第454—455页。

② 同上书，第462页。

③ 同上书，第469页。

④ 同上书，第471页。

⑤ 同上书，第464、471、472页。

官世界的否定性对比中界定的超感性领域，而“理知世界”是“作为物自身”的“理性存在者的整体”，是从肯定的意义上理解的超感官领域，二者并非完全一致[①]，因此其间的过渡必须予以说明；但康德于此关键之处却是一笔带过，完全未予说明：“一个知性世界的概念只是一个立场，理性发现自己被迫在显象之外采取这一立场，以便把自己设想成为实践的；……当然，这一思想造成了另一种秩序和立法的理念，不同于涉及感官世界的自然机械作用的秩序和立法，并且使一个理知世界的概念（也就是说，理性存在者的整体，作为物自身）成为必要。”[②] 其次，实践理性概念的含混：“鉴于意志和实践理性等同，理性存在者拥有意志这一主张可以意指：要么仅仅是说理性是实践的，要么是说纯粹理性是实践的。……前者与在此被刻画为‘单纯实践’者相关，后者则与真正的先验自由相关。于是，又一次显而易见的是，康德需要后一个较强的主张，但知性世界所提供的成员身份至多只是支持较弱的主张。”[③]

但正如阿利森（Henry E Allison）所指出的那样，康德自己对整个演绎中存在着的这些缺陷是敏感的，“一切道德研究的最高界限”就是明证；正是出于对整个演绎有可能失败的敏感，康德才主动修正了他论证的程序：与《道德形而上学的奠基》第三章把自由作为前提，并与演绎道德律的做法相反，《实践理性批判》把我们对道德律的意识视为理性的事实，并由此演绎自由的实在性。

“理性的事实”作为“事实”，实际上就是“我们对道德律作为最高权威者的普通意识”[④]。正如康德自己所说：“人们可以把这条基本法则的意识称为理性的一个事实，这不是因为人们能够从理性的先行资料出发，例如从自由的意识出发（因为这个意识不是被预先给予我们的）玄想出这一法则，而是因为它独立地作为先天综合命题把自己

① 参见［德］康德《纯粹理性批判》，蓝公武译，商务印书馆 1960 年版，第 217 页，对消极意义的本体和积极意义的本体的区分。

② ［德］康德：《道德形而上学的奠基》，载李秋零主编《康德著作全集》第 4 卷，中国人民大学出版社 2005 年版，第 467、466—467 页。

③ ［美］亨利·E. 阿利森：《康德的自由理论》，陈虎平译，上海教育出版社 2001 年版，第 345 页。

④ 同上书，第 348 页。

强加给我们，这个先天综合命题不是基于任何直观，既不是基于纯粹的直观也不是基于经验性的直观，……为了把这条法则准确无误地视为被给予的，人们还必须注意：它不是任何经验性的事实，而是纯粹理性的惟一事实，纯粹理性借此宣布自己是源始地立法的。”① 而这一“事实”之所以是“理性的”，其根据在于康德《反思录》中给出的如下论证，即：“在经验性被规定的理性与纯粹但仍然是实践的理性之间的区分，对于实践理性批判来说，乃是基础性的，实践理性批判要追问是否有后面一种理性存在。这种理性的可能性不能先天的得到把握，因为它所涉及的是实在的根据同其后一项（即其结果）之间的关系。某物因此必须被给予出来，它只能来源于它（此一实在的根据）；而其可能性（纯粹实践理性的可能性）就可以从这种实在性中推导出来。各种道德律就具有这种本性，这些道德律必须由某种方式加以证明，这种方式就是我们在证明空间和时间的种种表象是先天的时候所采用的方式，其间的差别只在于，后者是直观，而前者只是单纯的理性概念。这里的差别只是在于，虽然在理论认知的情形中，离开经验的对象，概念毫无意义，原则也毫无用处，但是在实践的领域中，它们则扩展得更深更远：即扩展到一般意义上的一切理性存在者，并且独立于所有经验性的规定根据。即使没有经验对象与之相对应，单纯的性格和基于原则的意向就已足够。”② 也就是说，从各种特殊的道德律的被给予性可以推出纯粹实践理性的可能性作为其所以可能的条件，正如从感性直观的被给予性之可以推出空间和时间的先天的普遍必然性作为其所以可能的条件；而且，正如我们不能解释空间和时间何以是和为何是人类的感性的直观形式，但却可以依此解释感性直观何以可能一样，我们虽然也不能先天地把握纯粹理性何以和为何是实践的，但它却可以成为建立道德律本身的理性凭证；而这已经足够，即从实践的观点来看已经足够，因为它证明了道德律是纯粹实践理性的产物。此处还需注意的一个要点是：这个论证初看起来类似于从道

① ［德］康德：《实践理性批判》，载李秋零主编《康德著作全集》第 5 卷，中国人民大学出版社 2007 年版，第 34 页。

② 转引自阿利森《康德的自由理论》，陈虎平译，上海教育出版社 2001 年版，第 354—355 页。

德意识出发而来的一个演绎，也即从此出发过渡到作为其可能条件的道德律，但实际上不是，康德这里给出的论证更像《纯粹理性批判》中对于空间和时间的“玄学的”和“先验的”阐明，而不是一个演绎。康德曾经就此明言：“就连道德法则也仿佛是作为纯粹理性的一个事实而被给予的，这个事实是我们先天地意识到的，而且是无可置疑地确定的，即使人们在经验中找不到严格遵守道德法则的实例。因此，道德法则的客观实在性不能由任何演绎，由理论的、思辨的或者得到经验性支持的理性的任何努力来证明。”①

接下来，康德从人们的道德意识这一“理性的事实”出发对自由的实在性进行了演绎。这种演绎本质上取决于康德的如下主张，即“自身不需要任何辩护理由的道德法则不仅证明了自由的可能性，而且在认识到这一法则对自己有约束力的存在者身上证明了它的现实性”②。康德认为，人们会从道德意识中产生一种道德关切，即对约束我们行为的道德律的尊重。出于这种尊重，“道德法则客观地和直接地在理性的判断中规定着意志”，并由此“把一切偏好，因而把对人格本身的赏识都限制在对其纯粹法则的遵循这个条件上”③。前者是出于意志自律的肯定的自由，后者是由限制一切偏好而来的否定的自由，其关系是：前者决定后者，并使后者成为可能，因为“没有这种惟一是先天实践性的自由，任何道德法则、任何按照道德法则的归责都是不可能的”④。

有必要强调指出的是：“事情在这里仅仅取决于意志的规定和意愿作为一个自由意志的准则的规定根据，而不取决于后果。”⑤ 也就是说，问题只在于人们对道德律的尊重的能力，而不在于获得任何一个具体目的的能力，只在于动机而不在于结果，更进一步地说，问题甚至不在于人们是否在事实上出于对道德律的尊重而行动，而只在于一

---

① ［德］康德：《实践理性批判》，载李秋零主编《康德著作全集》第5卷，中国人民大学出版社2007年版，第51页。

② 同上书，第51页。

③ 同上书，第84页。

④ 同上书，第103页。

⑤ 同上书，第49页。

个人是否可能如此行动。在一个著名的段落中，康德把这一点讲得极其明白：假设一个人有施淫欲的偏好，但“如果在他遇到这种机会的房子前面竖起一个绞架，在他享受过淫欲之后马上把他吊在上面，他在这种情况下是否还会不克制自己的偏好呢？人们可以很快猜出他会怎样回答。但如果问他，如果他的君王以同一种毫不拖延的死刑相威胁，无理要求他对于君王想以莫须有的罪名来诋毁的一个清白人提供伪证，此时无论他对生命的热爱有多大，他是否会认为有可能克服这种热爱呢？他是会这样做还是不会这样做，这是他也许不敢作出保证的；但他必定毫不犹豫地承认，这样做对他来说是可能的。因此他作出判断，他能够做某事乃是因为他意识到他应当做某事，并在自身中认识到通常没有道德法则就会依然不为他所知的自由”①。

可以很容易看出，这一从“理性的事实”出发论证自由的实在性的思路与《道德形而上学的奠基》的论证程序恰相反对：在《道德形而上学的奠基》中，论证从自由是一个理性事实，是一切理性存在者的意志的本质属性出发，确证了独立于一切经验性的否定的自由，然后才由此推导出意志的自律原则即肯定的自由；在《实践理性批判》这里，是对道德律的关切和尊重首先确定了肯定的自由以及“事物的一种理知秩序”②，然后才是否定的自由的确立。公正地讲，在一定程度上，这一论证克服了前面提到过的《道德形而上学的奠基》所具有的理论缺陷，因而可以说是成功的，这是问题的一个方面；但问题的另一方面是，《实践理性批判》的上述论证也还是“存在着一个内在的困难，一个不可能被忽略的困难”，即“为什么不偏不倚的、纯粹的实践理性的各种规定就应该具有最终的决定权，甚至假定康德所描述的那种道德律就是最终定论呢？易言之，难道就不能说，……以理性为根据的要求，它们虽有正当性，并且也提供了行动的理由，但总还是可能遭到忽视，至少是偶尔遭到忽视，以选择别的‘更深层的’

---

① ［德］康德：《实践理性批判》，载李秋零主编《康德著作全集》第5卷，中国人民大学出版社2007年版，第33页。

② 同上书，第46页。

利益和关切价值”①？这一困难并不因《实践理性批判》论证的成功而得到真正的解决，因为康德明言遵循道德法则的行为仅仅是“可能的”，而这种仅仅“可能”的性质并不会因其将之视为从实践观点来说的现实性而有任何实质性的改变。

二　政治与自由

也许正是在这种理论困难的逼迫下，康德才在后来的《道德形而上学》中对自由作了另一种划分，即基于法律的外在自由和基于道德的内在自由②，并基于此而对“法权论的形而上学初始根据”和“德性论的形而上学初始根据”做了详细的论述。“德性论的形而上学初始根据”作为《道德形而上学》的第二部分，主要讲的是人对自己和对他人所应尽的各种德性义务，其基本内容实际上并未超出《道德形而上学的奠基》和《实践理性批判》，因此在此略而不论。“法权论的形而上学初始根据”作为康德主要的政治哲学论著，集中讨论基于法律的外在自由。在这里，我们把它和康德的其他政治哲学著作，如《永久和平论》等一并加以考察。

法权论把人的自由落实为外在的法权，其原则有二：第一，普遍性。这是道德法则的普遍公式的改写：“如此外在的行动，使你的任性的自由应用能够与任何人根据一个普遍法则的自由共存。”③ 第二，与普遍交互强制的一致性。这是直接由上一原则推论而来的，因为法权不涉及任何德性的规定，普遍性直接要求普遍的交互强制，“法权和强制的权限是同一个意思”④。因此，“建立在全然的先天原则之上的”的自然法权即私人法权，必须过渡为“来自于一个立法者的意志”的实证法权即公共法权，因为前者直接与自然状态相对，后者乃

---

① ［美］亨利·E. 阿利森：《康德的自由理论》，陈虎平译，上海教育出版社 2001 年版，第 361—362 页。

② ［德］康德：《道德形而上学》，载李秋零主编《康德著作全集》第 6 卷，中国人民大学出版社 2007 年版，第 221、226 页。

③ 同上书，第 239 页。

④ 同上书，第 240 页。

与公民状态相关，而只有基于法制的共和政府“才使得自由成为原则，甚至成为一切强制的条件”[①]。

“法权论的形而上学初始根据”在“私人法权”部分系统论述了财产权问题。在那里，康德先是提出了一个“实践理性的法权公设”，即“要这样对待他人，使得外在的（可使用的）东西也能够成为任何一个人的‘他的’，这是一项法权义务”[②]。然后在此公设的基础上展开了一个繁复的“对一个外在对象的纯然法权的占有之概念演绎”，其要点如下：一个纯然法权上的占有概念虽不是经验性的，但仍然具有实践上的实在性，即必须可以运用于经验对象；而在自然状态中，一种现实的占有是可能的，但毕竟是暂时的，因此真正说来，一种纯然法权上的占有只有在公民状态即社会的法制状态下才是可能的。[③]接下来是对获得某种外在的东西，即财产获得的方式的详尽说明，其总的原则是：“某种东西，我（按照外在自由的法则）把它置于我的控制之中，并且有能力（按照实践理性的公设）把它当做我的任性的对象来使用；归根结底，我（按照一个可能联合起来的意志的理念）要使它成为‘我的’，这种东西就是‘我的’。”[④] 具体而言，财产权作为物品法权、人身法权和采用物的方式的人身法权分别通过单方面的任性行为即强占、双方面的任性行为即契约、全面的任性行为即法律而获得。[⑤] 然而实际说来，不单单是最后一项采用物的方式的人身法权由法律得来，其他两项财产权也需有法律的保障才能永久获得，在没有法律保障的自然状态下，所有财产权都是无法维持下去的。因此，从自然状态向法权状态的过渡就成为必需。

“为产生一个法权状态而需要公之于众的那些法律的总和”[⑥] 就是所谓的公共法权，它涉及国家法权、国际法权和世界公民法权三部分，并因此成就了康德政治哲学的核心思想：法制政府和永久和平。康德

---

① ［德］康德：《道德形而上学》，载李秋零主编《康德著作全集》第 6 卷，中国人民大学出版社 2007 年版，第 246、251、353 页。

② 同上书，第 253、259—260 页。

③ 同上书，第 257—265 页。

④ 同上书，第 266 页。

⑤ 同上书，第 268—294 页。

⑥ 同上书，第 321 页。

认为，人民建立国家的行为只能来自于“源始的契约”，据此契约，人民中的所有人都放弃自己的外在自由，以便作为一个共同体的成员而立刻重新接受这种自由；[①]“但是这一契约，作为人民中所有的个别私人意志的结合而成为一个共同的和公共的意志，却决不可认为就是一项事实（这样一项事实是根本就不可能的）……它的确只是纯理性的一项纯观念”，它的实践上的实在性只在于约束每一个立法者，使其尊重联合起来的人民意志。[②] 检验一个政府是否符合源始契约意即判断其合法性的标准就是政府内的分权。在康德看来，每个国家都有三种权力，即“立法者人格中的统治权（主权）、治理者人格中（按照法律）的执法权和审判者人格中（根据法律判定每个人的‘他的’）的司法权”[③]。其中，立法权作为主权只能归属于人民的联合意志：“只有所有人的一致和联合的意志，就每个人关于所有人，并且所有人关于每个人决定同样的事情而言，因而只有普遍联合起来的人民意志，才能是立法的。”[④] 而行政权应当归属于国家的摄政者，他服从法律并通过法律而对主权者即人民负责，并因而不能同时是立法者，如果他同时是立法者的话，那这个政府就是专制的；[⑤] 而司法权既不能由国家统治者来执行，也不能由国家的执政者来执行，它应当由那些自由选举出来的人民的代表即法官和陪审团来审判自己。[⑥]

根据国家权力和人民意志的关系，一个国家的政府形式即政体可以分为三种形式，即一个人统治的独裁制，一些人统治的贵族制和一切人统治的民主制。康德认为，上述关于国家形式的历史划分，“只是公民状态中源始立法的字面（littera）”，因而不是最重要的；重要

---

① ［德］康德：《道德形而上学》，载李秋零主编《康德著作全集》第 6 卷，中国人民大学出版社 2007 年版，第 326 页。

② ［德］康德：《论通常的说法：这在理论上可能是正确的，但在实践上是行不通的》，载《历史理性批判文集》，何兆武译，商务印书馆 1990 年版，第 190 页。

③ ［德］康德：《道德形而上学》，载李秋零主编《康德著作全集》第 6 卷，中国人民大学出版社 2007 年版，第 323 页。

④ 同上书，第 324 页。

⑤ 同上书，第 327—328 页。

⑥ 参见［德］康德《道德形而上学》，载李秋零主编《康德著作全集》第 6 卷，中国人民大学出版社 2007 年版，第 328 页；《永久和平论》，载何兆武译《历史理性批判文集》，商务印书馆 1990 年版，第 105—110 页。

的是那“源始契约的精神（anima pacti originarii）”，而这精神中包含着的却是“制宪权的责任”，因此，真正重要的区分是共和政府和专制政府的区分，在前者那里，“法律是专断的，不依附于任何特殊的人格”，而在后者那里，法律即公众的意志被统治者当作自己的私人意志来加以处理，也就是说依附于统治者特殊的人格。很显然，只有在共和政府中，才能永久地给予每个人他自己的自由、平等和独立，因而符合源始契约精神从而具有合法性的政府只能是共和政府。① “但是，任何真正的共和国都是并且只能是人民的一个代议制系统”②，在这方面，康德的意见是：“统治者数量越小，人民代表制越充分，整体就越能更完善地接近共和制，在这种制度中政府有效地代表人民，而人民自己是立法者或主权者。”③

上述康德的包含财产权理论和共和政府的思想，其基本的看法可以归属于近代霍布斯、洛克以来的自由主义的主流传统，甚至有过之而无不及，比如把婚姻和父母子女的关系径直归入财产权的范围之内，以及对于人民合法反抗权利的取消甚至是洛克也没有的。④ 在其深受卢梭影响之后，这样一种立场真是让人难以想象。

康德最富创见和最重要的政治学说当属其有关国家关系和永久和平的思想。康德在国际法权的名义下考察各国之间的关系，并认为在国家法权中，一个国家“有时以准备战争的法权为己任，有时以战争之中的法权为己任，有时以彼此强迫结束这种战争状态的法权，因而以确立持久和平的宪政，也就是说以战争之后的法权为己任”⑤。就一

---

① ［德］康德：《道德形而上学》，载李秋零主编《康德著作全集》第 6 卷，中国人民大学出版社 2007 年版，第 352—353 页。

② 同上书，第 353 页。

③ ［美］施特劳斯、［美］克罗波西主编：《政治哲学史》，李洪润等译，法律出版社 2009 年版，第 604 页。

④ 关于前者，请参见康德《道德形而上学》第一卷第三章；关于后者，康德说人民“没有暴动（seditio）的法权，更没有叛乱（rebellio）的法权”，相反，“人民有义务容忍对最高权力的滥用，即便这种滥用被伪称为是无法容忍的也要容忍它”，见［德］康德《道德形而上学》，载李秋零主编《康德著作全集》第 6 卷，中国人民大学出版社 2007 年版，第 331 页。

⑤ ［德］康德：《道德形而上学》，载李秋零主编《康德著作全集》第 6 卷，中国人民大学出版社 2007 年版，第 355 页。

个国家准备战争的法权而言，问题在于“国家对他自己的臣民有什么法权把他们用于对其他国家的战争，利用他们的财产，甚至生命，或者拿它们去冒险”，对此，康德的回答是：“公民不仅一般而言对于进行战争，而且对于任何特殊的宣战，都必须借助其代表作出自由的赞同，惟有在这一限制性条件下，国家才能支配他那充满危险的兵役。”① 战争之中的法权必定是这样的：“遵循这样一些原理进行战争，它们就总是还有可能从各国（在彼此的外部关系中）的那种自然状态中走出并进入一种法权状态。”也就是说，战争之中的法权必须以战争结束后建立持久和平的可能性为界限，因此，虽说对于一个被攻打的国家来说，任何方式的保卫手段都是被允许的，但一些阴险的足以破坏建立持久和平的信任基础的手段除外，比如利用自己的臣民做间谍，等等。② 战争之后的法权在于战胜者提出条件以与战败国达成一致并和平联合而订立条约的法权，它不包含提出赔偿、使战败国成为殖民地，甚至直接植入奴隶制度的法权，因为这会使国与国的战争成为惩罚战，而惩罚只能发生在一个上司和一个下属的关系中，但不能发生在国家之间的关系中；它包含无需赎金、不考虑人数对等的俘虏交换的法权，更重要的是订立和平条约的法权，其内容主要是：当邻国发生战争时中立的法权，保障已经缔结的合约继续有效的法权，以及多个国家相互结合成立一个普遍的国家联合体以保障和平的法权。这一法权以永久和平为其最终目的，而永久和平是一个理性理念，它在理论上不能证明（既不能证明其存在，也不能证明其不存在），但却可以在实践上为了某种道德目的而假设它的存在，而被假设的这一准则（即永久和平）却是一项义务，因为不应当有战争是道德实践理性的一条绝对命令，而以义务的强迫性为基础，对永久和平的不断接近作为一条政治学原理就应当是可以实现的。③ 关于永久和平，还需要说明的是：“对和平的这种普遍而持久的创建，不只构成了纯然理性界限内的法权论的一个部分，而是它的全部最终目的；因为惟有和

---

① ［德］康德：《道德形而上学》，载李秋零主编《康德著作全集》第 6 卷，中国人民大学出版社 2007 年版，第 356—357 页。

② 同上书，第 358 页。

③ 同上书，第 358—366 页。

平状态才是大量相互比邻的人中间‘我的’和‘你的’受法律保护的状态。”[①] 也就是说，永久和平虽然是国家法权的直接目标和世界公民法权的直接基础，但并不只属于国家法权和世界公民法权，而是整个法权论的最终目标。由此，康德“把对外政策置于内政之上：当和平的外部威胁依然存在时，特殊的国内法制肯定不能实现内部的和平”[②]。

在《道德形而上学》（1797 年）的上述论述中，清楚明白的是：只有在一个以永久和平为目标的国家联合体中，人的包括世界公民权利在内的一切法权才能得到切实的保障；永久和平是一个理性理念，在理论上不可证明，但在实践上却是一个有着实在性的理论公设，虽然不可最终实现但可不断接近；但不清楚的是：国家相互结合成立的国家联合体的性质到底是什么。康德一会儿说，这是“类似于一个民族借以成为国家的那种东西”，即马上明确说到的“联盟国家”，一会儿又说，这个联合体作为“常设的国家代表大会”“仅仅被理解为不同国家的一个任意的、在任何时候都可能解体的聚会，而不是这样一种（像美利坚合众国那样）建立在一种国家宪政之上，因此不可解体的结合”[③]。

追溯这一重要思想的发展线索，我们发现，这种模糊不清的情况不是暂时的也不是偶然的：在《世界公民观点之下的普遍历史观念》（1784 年）中，康德讲到一种理性的教导，那就是“脱离野蛮人的没有法律的状态而走向各民族的联盟。这时候，每一个国家，纵令是最小的国家也不必靠自身的力量或自己的法令而只需靠这一伟大的各民族的联盟，只需靠一种联合的力量以及联合意志的合法决议，就可以指望着自己的安全和权利了”[④]。在这里，国家联合体似乎是以联盟国家的形式被设想的。在《论通常的说法：这在理论上可能是正确的，但在实践上是行不通的》（1793 年）中，康德的态度则是矛盾的：一

---

① ［德］康德：《道德形而上学》，载李秋零主编《康德著作全集》第 6 卷，中国人民大学出版社 2007 年版，第 366 页。

② ［美］施特劳斯、［美］克罗波西主编：《政治哲学史》，李洪润等译，法律出版社 2009 年版，第 606 页。

③ 同上书，第 362 页。

④ ［德］康德：《世界公民观点之下的普遍历史观念》，载何兆武译《历史理性批判文集》，商务印书馆 1990 年版，第 12 页。

方面，明确支持一种松散的可随意解体的国家联盟观念："各个国家力图相互侵占和征服的经常不断的战争而来的需要""必定会迫使他们进入另一种状态，那种状态确实并不是什么在一个领袖之下的世界公民共同体，而是一种根据共同协议的国际权利而来的合法的联盟状态。"因为前者"对于自由变得更加危险，即可能由此导致最可怕的专制主义"①。但在另一方面，则又讲到：对于保障国家的独立和财产、解除战争不可能有别的办法，"除非是每个国家都要服从一种以配备有权力的公共法律为基础的国际权利（可以和个人之间的公民权利或国家权利相类比）"，这是"一种普遍的国际国家，每一个单独的国家都自愿地顺从它的威力，听从它的法律"②。在接下来的《纯然理性界限内的宗教》（1794年）中，关于这种世界公民体制的表述又有所不同。在那里，康德谈到了伦理共同体和政治共同体的不同和类似之处：就其差别之处而言，伦理的共同体作为伦理的—公民的社会是人们无强制的纯粹德性法则之下的联合，而政治共同体作为律法的—公民的社会则是人们强制的法权原则之下的联合；就其类似之处即都是共同体而言，伦理的共同体可以称之为一个"伦理的国家"，即"德性的国"；而二者之间的关系是："伦理的共同体可以处于一个政治共同体中间，甚至由政治共同体的全体成员构成（正如没有政治的共同体作为基础，伦理的共同体就根本不能为人们所实现一样）。"③这里有两点是明确的：一是，联合被设想为一个特殊的国家，即德性的国；二是，这一德性的国的实现要以政治共同体为基础。不明确的是，实现这一伦理共同体的政治共同体指的是什么：是一个政治共同体还是政治共同体的全体成员，政治共同体的全体成员是联盟国家还是自由国家的自愿联盟？这是一个未予说明的问题。《永久和平论》（1795年）中所表达的意思又有所不同。在那里，"永久和平第二项正式条款"即"国际权利应该以自由国家的联盟制度为基础"，其中

---

① ［德］康德：《论通常的说法：这在理论上可能是正确的，但在实践上是行不通的》，《历史理性批判文集》，何兆武译，商务印书馆1990年版，第206—207页。

② 同上书，第209页。

③ ［德］康德：《纯然理性界限内的宗教》，载李秋零主编《康德著作全集》第6卷，中国人民大学出版社2007年版，第94页。

明确谈到世界公民体制是“一种各民族的联盟，但却不必是一个多民族的国家”，“这一联盟并不是要获得什么国家权力，而仅仅是要维护与保障一个国家自己本身的以及同时还有其他加盟国家的自由，却并不因此之故（就像人类在自然状态之中那样）需要他们屈服于公开的法律及其强制之下”①。这是对联盟国家设想的明确拒绝。但康德马上又加上了这样一段论述，其中谈及多民族国家和联盟制度之间的关系：“国家之间的相互关系，由于无法律状态仅仅蕴含着战争，是不可能根据理性再有任何其他方式的，只有是他们也恰好像个体的人那样放弃自己野蛮的（无法律的）自由，使自己适应于公开的强制的法律，并且这样形成一个（确实是不断在增长着的）终将包括大地上所有民族在内的多民族的国家。可是他们按照自己的国际权利观念却根本不愿意这样，因而就在假设上抛弃了在理论上是正确的东西。于是取代一个世界共同体这一积极观念的（如果还不是一切都丧失尽净的话），就只能是以一种防止战争的、持久的并且不断扩大的联盟这项消极的代替品来扼制人类的害怕权利与敌对倾向的那种潮流了，尽管是不免有经常爆发战争的危险。”② 在这里，建立多民族国家（世界共和国）被视为惟一合乎理性的保障个人自由以及民族独立的方式，但这是为各民族国家所明确抛弃了的，因此不得不退一步，先把自由国家的自愿联盟视为当下可行的替代性选择。那么，是不是自愿的国家联盟最终将实现为多民族国家（世界共和国）呢？康德于此语焉不详。

综上所述，从其内在逻辑而不是从其思想发展的时间线索来说，康德的思路似乎是这样：法权论虽然是不以德性义务为立法动机的，但其最终目标却应该是永久和平这一根据于普遍的（道德—立法的）实践理性的“理念”，因为只有持久和平才能最终保障个人自由，而其实现（或准确地说，不断接近）必须在一个世界公民体制中才能获得；这一世界公民体制就其最终状态而言是“德性的国”，它以联盟国家这一政治共同体为基础，而联盟国家又以自由国家的自愿联盟为

① ［德］康德：《永久和平论》，载《历史理性批判文集》，何兆武译，商务印书馆1990年版，第110、113页。

② 同上书，第114页。

基础。这里当然存在着困难，但这一困难不在于皮埃尔·哈斯纳(Piene Hasner)所说的“道德和政治的含混性，不仅每一方自身而且双方的关系都是含混不清的”。因为在康德这里，道德与政治以及二者的关系都是清楚明白的，没有一丝含混，即政治以道德为目标，道德以政治为实现手段，虽然二者在本质上又是根本不同的：道德是权利学说本身，政治是作为应用的权利学说，正如哈斯纳自己所说，“一方面康德的政治必须在他的道德的基础上来理解；另一方面他的道德又须在他的政治基础上来理解。不仅如此，他的政治也必须被理解为是独立于他的道德的，而他的道德最终又依赖于超政治的条件”①。因此，真正的困难只在于：既然道德与政治在理论上是不同的，在实践中是分离的，那么，其一致与统一究竟是否以及如何可能？

三　道德、政治与历史

康德用他的历史哲学来解决这一问题，其总的思路是：现实中的道德与政治是分离的，但其一致和统一却是历史进步的方向。《永久和平论》的附录二根据公共权利的先验概念集中论述了道德与政治相一致的可能性。公共权利的否定的原则的先验公式是：“凡是关系到别人权利的行为而其准则与公共性不能一致的，都是不正义的。”② 据此可以认为，现行国际权利准则与公共性的不可调和最好地反映了政治与道德的不一致；但公共权利的肯定的原则的先验公式：“凡是(为了不致失误自己的目的而)需要有公开性的原则，都是与权利和政治结合一致的。”③ 却表明符合公众的普遍目的（即幸福）的联合一切人的目的是可能的：“如果实现公共权利状态乃是义务，尽管是只存在于一种无限进步着的接近过程之中，同时又如果它是一种很有根据的希望；那么永久和平就不是一个空洞的观念，而是一项逐步在解

① ［美］施特劳斯、［美］克罗波西主编：《政治哲学史》，李洪润等译，法律出版社2009年版，第583页。

② ［德］康德：《永久和平论》，载何兆武译《历史理性批判文集》，商务印书馆1990年版，第139页。

③ 同上书，第144页。

决并且在不断朝着它的鹄的接近的任务了。"①

《永久和平论》的附录一则从历史的角度对这种一致和统一的实现做了论述。附录一从道德与政治的分离和对立讲起："政治说：'你们要聪明如蛇。'道德（作为限制的条件）又补充说：'还要老实如鸽。'"② 但其论证却是指向了它们的一致和统一：政治作为应用的权利学说，必然要以道德作为其限制性条件，因为道德乃是纯正的权利学说本身。因此，虽然实践家可以行诡辩，如"做了再说""如果干了，就否认""分而治之"，等等，但无论如何，"诚实要比任何政策更好，则是无限地高出于一切反驳之上，而且确实是一切政策必不可少的条件"③。由此，真正的政治家应该是"道德的政治家"，他按照"哪怕世界毁灭，也要让正义实现"的原理采取政治行动，虽然在这样做时有可能以各种各样的方式违反了国家智虑，但这种经验"必定会从他们对大自然的这种违反那里，把他们一步一步地带到更好的轨道（永久和平的轨道，引者注）上来"；与此相反，试图让道德屈服于政治的"政治的道德家"则只会使得改善成为不可能并使权利的破坏永世长存。④

上述引文中的"大自然"是康德历史哲学的核心概念，在其他文本中，它或者被称为"命运"，就其"作为我们还不认识它那作用法则的原因的强制性而言"，或者被称为"天意"，就其"在世界进程之中的合目的性"而言。⑤ 下面对这些文本一并加以讨论，以勾勒出康德历史哲学的概貌及其对永久和平问题的历史解答。按照康德的目的论的理解，人是自然的最终目的，但作为自然最终目的的人只能是从本体来看的人，即一个理性存在者；⑥ 而人要成长为一个理性存在者

---

① ［德］康德：《永久和平论》，载《历史理性批判文集》何兆武译，商务印书馆 1990 年版，第 144 页。

② 同上书，第 130 页。

③ 同上书，第 133、134、130 页。

④ 同上书，第 132、137、133、132 页。

⑤ 同上书，第 118、119 页。

⑥ 参见［德］康德《判断力批判》，载李秋零主编《康德著作全集》第 5 卷，中国人民大学出版社 2007 年版，第 453—454 页。

需要“人类原始的禀赋之不断前进的、虽则是漫长的发展”①，其实现过程就是所谓人类历史。因此，人类历史从个体来看固然显得杂乱无章，但毕竟是一个合乎规律而且合乎目的的发展过程。“个别的人，甚至于整个的民族，很少想得到：当每一个人都根据自己的心意并且往往是彼此相互冲突地追求着自己的目标时，他们却不知不觉地是朝着他们所不认识的自然目标作为一个引导而在前进着，是为了推进它而努力着。”“根据这种自然的目标被创造出来的人虽则其行程并没有自己的计划，但却可能有一部服从某种确定的自然计划的历史。”② 这一确定的计划就是永久和平及其得以实现的普遍世界公民状态，就是“奠定一种对内的、并且为此目的同时也就是对外的完美的国家宪法，作为大自然得以在人类的身上充分发展其全部禀赋的唯一状态”③。

大自然甚至为此一计划的最终实现作出了诸多准备性安排，主要有：“1. 在大地上的每一个地方都照顾到人类得以在那上面生活；2. 通过战争把他们驱逐到各个方向，甚至于是最不堪居住的地方，使他们得以居住；3. 通过这同一个办法迫使他们进入或多或少的法律关系。”④ 值得注意的是，这里对战争所起作用的评价并未赋予战争以内在价值，更没有赞同战争，恰恰相反，康德是以批评战争结束此一讨论的，在那里，他引用了希腊人的一条格言，即“战争之为害，就在于它制造的坏人比它所消除的坏人更多”⑤。而且，这和《道德形而上学》出于道德实践理性的“不可抗拒的否决：不应当有任何战争”⑥是一致的；关键在于要认识到：战争虽然就其本身而言是对人的权利的直接蔑视，是非道德的，因此是不应当有的，但是，“在人类目前

---

① ［德］康德：《世界公民观点之下的普遍历史观念》，载何兆武译《历史理性批判文集》，商务印书馆1990年版，第1页。

② 同上书，第2页。

③ 同上书，第15页。

④ ［德］康德：《永久和平论》，载何兆武译《历史理性批判文集》，商务印书馆1990年版，第121页。

⑤ 同上书，第124页。

⑥ ［德］康德：《道德形而上学》，载李秋零主编《康德著作全集》第6卷，中国人民大学出版社2007年版，第365页。

所处的文化阶段里，战争乃是带动文化继续前进的一种不可或缺的手段”[1]。也就是说，战争本身是否定性的，不具任何价值，但战争的作用却可能是积极的，它能被大自然用来实现其最终目的。

对于战争的这种双重观点根源于如下认识：“大自然使人的全部禀赋得以发展所采用的手段就是人类在社会中的对抗性，但仅以这种对抗性终将成为人类合法秩序的原因为限。”[2] 在康德看来，人类有一种“非社会的社会性”[3]，即人有一种进入社会的社会化倾向，但与此同时，人又有一种非常强大的单独化或孤立化的倾向，这是一种经常威胁着要分裂社会的倾向；但正是由此对抗性出发，人才克服了自己的懒惰倾向，唤起了自己的全部能力，并在与同胞的竞争中发展了自己的自然禀赋，形成了文化与趣味，奠定了“把粗糙的辨别道德的自然禀赋随着时间的推移而转化为确切的实践原则”[4] 的思想方式，并终将促成普遍的世界公民状态的实现。

正是根据这一原则，康德还对科学与艺术，即一般而言的文化做了类似于对战争的理解。一方面，康德深受卢梭的影响，承认科学与艺术的发展造成了“人们中间的不平等”：“在这里，大多数人仿佛是机械地、为此不需要特殊的艺术而在为另一些从事着文化那些不大急需的部门即科学和艺术的人的舒适和闲暇操办生活必需品，并被后一些人保持在受压迫、辛苦劳累和少有享受的状态中。”[5] 除此之外，还有奢侈：“鉴赏的文雅化直至其理想化，甚至在作为虚荣的一种食粮的科学之中的奢侈，通过一大批由此产生的无法满足的偏好，把种种灾祸倾倒到我们头上。”[6] 但另一方面，康德又认为文化有一种“教化”作用，即把我们的意志从欲望的专制中解放出来，从而培养出一

---

① ［德］康德：《人类历史起源臆测》，载何兆武译《历史理性批判文集》，商务印书馆 1990 年版，第 75 页。

② ［德］康德：《世界公民观点之下的普遍历史观念》，载何兆武译《历史理性批判文集》，商务印书馆 1990 年版，第 6 页。

③ 同上书，第 18 页。

④ 同上书，第 19 页。

⑤ ［德］康德：《判断力批判》，载李秋零主编《康德著作全集》第 5 卷，中国人民大学出版社 2007 年版，第 450 页。

⑥ 同上书，第 451 页。

种对于自然最终目的的适应性，具体而言就是："美的艺术和科学借助于一种可以被普遍传达的愉快，借助于对于社交来说的磨砺和文雅化，虽然不能使人在道德上变得更好，但还是使人文明起来，它们从感官癖好的专制那里赢得了很多东西，并由此使人对惟有理性才在其中执掌权力的那种统治作好了准备。"①

由此出发，康德甚至认为永久和平时代的来临已经有了"微弱的迹象"②。主要包括：第一，现在的任何一个国家要想保持住自己的权威和影响就不得不提高其内部的文化水平，它自身虽因忙于战争或备战而没有余钱发展公共教育设施以及一般有关人民福利的一切措施，但它至少已经能够不再阻止它的人民自己在这方面的努力；第二，自然虽然用语言的不同和宗教的不同隔离了各个民族，但随着文化的发展特别是人的启蒙，一种对一切人在一切时代里都普遍有效的宗教，即纯然理性界限内的宗教却也是可期待的，从而使人民可以逐步接近更大原则的一致性以及对和平的谅解；第三，战争本身越来越人道化，并且逐步减少，因为战争不仅成了其结局对双方而言都是如此难以把握的行业，而且由于后患无穷（无法清偿的国债，其他国家的制裁，等等）而成了一桩如此可疑的行业；第四，商业精神终将支配每一个民族，因为在从属于国家权力的一切势力之中，很可能金钱的势力是最为强大的。而商业的发展必然会带来公民的自由，因为人不能以自己所愿意的、并和其他人的自由可以共存的方式去追求自己的幸福时，一切事业的生命力都将受到阻碍，特别是商业，并且，商业和贸易的发展迟早会联合起各个民族。③

到此为止，一切都好。不过，康德还提出了其他问题：大自然向我们提出的这一问题，即永久和平及其得以实现的普遍的世界公民状态问题，"既是最困难的问题，同时又是最后才能被人类解决的问

① ［德］康德：《判断力批判》，载李秋零主编《康德著作全集》第5卷，中国人民大学出版社2007年版，第450、452—453页。

② ［德］康德：《世界公民观点之下的普遍历史观念》，载何兆武译《历史理性批判文集》，商务印书馆1990年版，第16页。

③ 参见［德］康德《世界公民观点之下的普遍历史观念》《永久和平论》《重提这个问题：人类是在不断朝着改善前进吗?》，载何兆武译《历史理性批判文集》，商务印书馆1990年版，第16—18、127、162页。

题”，因为“它需要对一部可能的宪法的性质具有正确的概念，需要有经历许多世事而磨练出来的伟大的经验，并且超乎这一切的则是还需要有准备接受这一问题的善意”①。据此，概念、经验和善意是最终解决这一问题的三个必要条件，其中，概念可在道德实践理性中找到，经验可在历史中汲取，但善意呢？善意要到国家首脑中去寻找：“希望一个像我们在这里设想的国家产物有朝一日，无论它可能来得多么迟缓，能达到完美之境，那只是一场美妙的梦；然而不断地趋近于它则不仅是可以设想的，而且就其可能与道德法则相一致而言还是义务，但并非是国家公民的义务而是国家首脑的义务。”② 于此，历史的进步让位于善意的介入，而善意作为一种圣洁的道德意向需要一场革命：“要某人不是仅仅成为一个律法上的善人，而是成为一个道德上的善人（为上帝所喜悦的善人），即根据理知的特性（作为本体的道德）是有道德的，如果他把某种东西认作义务，那么，除了义务自身的这种观念之外，他就不再需要别的任何动机。这一点，只要准则的基础依然不纯，就不能通过逐渐的改良，而是必须通过人的意念中的一场革命（一种向意念的圣洁性准则的转变）来促成；他只有通过一种再生，就好像是通过一种重新创造，以及通过心灵的转变来成为一个新人。”③

由此看来，永久和平问题的最后解决实际上是一场“接力”，发生在道德与历史之间的一场“接力”。④ 首先，历史通过战争和商业，通过文化和启蒙、通过人类非社会的社会性，在对人的自然欲求的相互抑制和相互毁灭中不断接近自然的目标。其次，当概念已经明确，经验已经足够，下一步就到了“道德政治的动机开始表现于行动并开

---

① ［德］康德：《世界公民观点之下的普遍历史观念》，载何兆武译《历史理性批判文集》，商务印书馆 1990 年版，第 9、11 页。

② ［德］康德：《重提这个问题：人类是在不断朝着改善前进吗？》，载何兆武译《历史理性批判文集》，商务印书馆 1990 年版，第 160 页注释①。

③ ［德］康德：《纯然理性界限内的宗教》，载李秋零主编《康德著作全集》第 6 卷，中国人民大学出版社 2007 年版，第 47—48 页。

④ ［美］施特劳斯、［美］克罗波西主编：《政治哲学史》，李洪润等译，法律出版社 2009 年版，第 613 页。

始实现永久和平的理想时”[1]：届时，经历了意念革命的国家首脑的道德意向与普遍意志之间没有了距离，从而可以由“总意志或普遍意志——先验地赋予的——单独决定人间事物中何者是合法的”，而且，“如果我们连贯地处理我们的事务，总意志也可以是通过自然过程本身来产生预期结果的原因，同时又是使法的概念能够实现的原因”[2]。

① ［德］康德：《论永久和平》准备笔记，转引自施特劳斯、［美］克罗波西主编《政治哲学史》，李洪润等译，法律出版社2009年版，第612页。

② ［德］康德：《国内法》准备笔记，转引［美］自施特劳斯、［美］克罗波西主编《政治哲学史》，李洪润等译，法律出版社2009年版，第613页。

第四章
精神与自由：黑格尔

自由作为一个整全性的概念必然同时涉及其形上层面和政治哲学层面，这一点在黑格尔那里有着最突出、最明确的表现。黑格尔最重要的政治著作是《法哲学原理》和一些论文，如早期的《论自然法的科学探讨方式》《伦理体系》以及后期的《论德国法制》和《论英国改革法案》，等等。黑格尔政治哲学最重要的问题是自由，正如《法哲学原理》导论所言，“法哲学这一门科学以法的理念，即法的概念及其现实化为对象”，而“法的理念是自由”①。对此，黑格尔进一步解释道：“法的基地一般说来是精神的东西，它的确定的地位和出发点是意志。意志是自由的，所以自由就构成法的实体和规定性。”② 这段话点明了黑格尔法哲学的逻辑基础，必须首先加以透彻的理解。

一 康德、基督教与黑格尔

既然自由包含政治哲学和形而上学两个方面的含义，那么对自由的探索也就相应地有了“自下而上”和“自上而下”③ 两种途径。“自下而上”的研究路径在英国经验论者和法国启蒙思想家那里（比

---

① ［德］黑格尔：《法哲学原理》，范扬、张企泰译，商务印书馆1961年版，第1、1—2页。

② 同上书，第10页。

③ 王天成、程宇驰：《黑格尔自由观的基本路径》，《社会科学战线》2012年第9期。

如我们前面考察过的洛克和卢梭等）有着明确的表现，他们更注重社会、政治、历史等方面的自由思想的研究，但即使这种经验主义的研究也还是离不开某种特定的形上假设，“自然状态”假说充当的就是这一角色，虽然他们自认为这一假说是非形而上学性质的。黑格尔《法哲学原理》中对自由观的考察也属此类，但黑格尔的自由观就其总体而言却并非是“自下而上”的；恰恰相反，黑格尔的整个哲学其实是一个证明系统，而自由就是这个证明系统的核心理念，其任务就在于证明自由的真理性，以回答人为什么要追求自由以及怎样去追求自由。正是这一任务的设定使得黑格尔对自由的探究采取了一种可称为“自上而下的”的研究路径，即从绝对自由的理念出发，将人在家庭、社会、国家与历史中的现实的自由活动看成绝对自由理念本身的展现，最后落脚于绝对自由理念的完满实现，从而成就一个绝对自由理念自己证明自己、自己实现自己的圆圈。黑格尔哲学的这样一个证明系统与康德的批判哲学和他对基督教的理解有着密切的亲缘关系。本节试着阐明这种亲缘关系，下节讨论黑格尔对自由问题的系统证明。

如前一章所述，康德的批判哲学以揭示和批判传统形而上学的独断论为其基本要务，为此他写下了著名的“三大批判”。与之相适应，康德对自由问题的讨论也可以分为“先验自由”“意志自由”和“信仰自由”三个层面。其中，“先验自由”是本体论的基础，“意志自由”是先验自由在现实中的不完美实现，而“信仰自由”则是向先验自由的回归，其标志是首脑的善意作为一种道德意向需要一种向意念的圣洁性准则的转变。可以看出，康德论证自由的思路也是“自上而下”的论证思路，不过因为康德哲学不仅与近代的理性主义哲学家有着密切的联系，而且还与近代的经验论者和怀疑论者有着密切的联系，所以在其关于自由的三段式建制的每一个环节中都贯彻了批判精神。在这种批判的视野中，先验自由的确立只是其第三个二律背反的正题，而其反题同样可以成立；意志自由始终脱不开情欲、冲动等恶的牵制，因而在现实中仅仅变成了一个单纯的“应当”；信仰自由寄希望于首脑的善意，从而“至善”和“永久和平”的实现也就真的成了“希望”而已。可以看出，康德虽然清楚地知道完满的先验自由的确立是必要的，不如此就不能确切地说明人之追求自由的本性，但无奈受制于经验论的影响，认为完满的自由既无法被逻辑合理的证明，也不能在现实中得到坚实的确立，只能沦为一种出于人性的无力的应当和似真的希望，这就是康德哲学在其自由观问题上表现出来的矛盾，黑格尔就是要解决这一矛盾，将绝对自由证明为真埋，并将其在现实中切实地实现出来。

证明之前是确信，黑格尔是通过对基督教的理解和把握得到这一确信的。青年黑格尔在求学期间先是就读于斯图加特文科中学，后来进入图宾根神学院深造，当他通过了关于符腾堡教会史的论文答辩毕业时，他的文凭上写着老师们的评语："神学有成绩。"[①] 虽然在图宾根受到的神学教育引起了他的反感，而且出于各种众说纷纭的原因他毕业后也没有做神职人员，但是黑格尔一直对基督教保持着浓厚的兴趣，在通往成熟体系的道路上他的基督教观念无疑是至关重要的。"理性和自由是我们的口号，无形的教会是把我们联系在一起的共同目标"[②]，黑格尔在一封信中对谢林如是说。话虽如此，说的也是实情，但黑格尔真正把握住了基督教观念还是有一个过程的。开始的时候，因为宗教批判的时代氛围，黑格尔是坚决批判基督教的实证性的，标志性著作有伯尔尼时期的神学手稿《民众宗教和基督教》《基督教的权威性》以及《耶稣传》等。需要提及的是，这些批判著作中正悄然发生着一种细微的变化，即虽然都是批判基督教，但其所强调的重点却慢慢地从耶稣本人转向了耶稣的门徒，直到《耶稣传》中的耶稣已经成了说着生动德语的康德，耶稣的登山训众无非是康德实践理性的化身。[③] 结果是黑格尔自己的如下反思："许多世纪以来的信念，在这些世纪中千百万为之而生、为之而死的人认作义务和圣洁的真理的东西，至少就其主观方面来说，并不是单纯的毫无意义和不道德。"所以时代需要的"乃是根据我们现在所认识的人性的需要去推演出那

① ［苏］古流加：《黑格尔小传》，卞伊始、桑植译，商务印书馆1978版，第13页。

② 苗力田译编：《黑格尔通信百封》，上海人民出版社1981年版，第38页。

③ 参见王福生《求解"颠倒之谜"：马克思与黑格尔传承关系研究》，中国社会科学出版社2010年版，第167—175页。

些被抛弃掉了的神学教条，并揭示它们的自然性和必然性”①。

法兰克福时期的神学著作《基督教的精神及其命运》就是这样一个以求满足时代需要的文本。在这个文本当中，黑格尔对基督教精神的讨论直接蕴含着其思辨辩证法的思想萌芽，并使其成了黑格尔辩证法的真正“诞生地”：很多后来成为黑格尔辩证法的基本内容的思想，如异化、扬弃、和解、分而为二、外在反思、惩罚作为法律的颠倒、发展的圆圈等概念都已直接出现在这个文本及相关的《附录》之中。②在这个重要文本中，基督教的精神首先在与犹太教的精神的区分中得到初步规定，即与脱离当前，对抗包括自然、历史在内的整个世界的犹太精神不同，耶稣的纯粹教导则是要与尘世间的一切达成爱的和解。和解的关键在于道成肉身，这是对基督教精神的实质性规定。道成肉身说的是耶稣作为神的儿子同时又是人的儿子，以及耶稣的死而复生。作为神的儿子，耶稣与神具有同一的本质，因为父子的关系乃是活生生的人之间的关系，父亲与儿子都是相同的生命，而且是同一生命的特殊的表现形态，单独的每一个都是那个全体；作为人的儿子，耶稣是一种特殊的存在，一种有限制的东西，并因此获得根据神与人、无限与有限的对立进行审判的权力，如《约翰福音》第 5 章第 26、27 节中所讲的那样，“父怎样在自己有生命，就赐给他儿子也照样在自己有生命；并且因为他是人的儿子就给他执行审判的权力”。对于这种既是神的儿子同时又是人的儿子的“圣洁的神秘”，靠单纯肯定事物的分离与对立的反思作用是不可能理解的，要像耶稣要求他的门徒那样靠着信仰去理解：“你们应趁着有光，信从这光，使你们成为光明之子。”其实信仰本身并非不可理解，信仰作为对神的预感、认识和想要与神为一的渴望、对神圣生活的热烈企求，只有在信仰者本人也有神性（只是与之分离了）的条件下才有可能，即信仰者本人的神性在他所信仰的对象里重新发现了他自己的本性，即使他没有意识到他所发现的就是他自己的本性，因为狮子在鸟窠里是找不到住地的，

① ［德］黑格尔：《黑格尔早期神学著作》，贺麟译，商务印书馆 1988 年版，第 160 页。

② 同上书，第 335 页、第 321 页以下、第 312 页以下、第 444 页、第 324 页、第 370 页。

自己不是精神怎样能够认识精神呢？信仰是人作为有限的精神向往无限的精神的一种自然倾向和渴望。不过信仰只是感觉到神，信仰者的整个本质还没有为神性所充实，还不是对于圣洁的精神即圣灵的接受。然而，耶稣之死及其复活完成了他们的信仰，他们不得不停止对耶稣的依赖，转而依靠自身。这样，圣灵就在他们自身内持存着，充满并浸透了他们的意识的整个脉络，他们对世界的一切关系都因此受到神的调整。[①] 这就是道成肉身所具有的完整意义，黑格尔对此总结说："信仰的完成、回复到神性，从神性中降生了人，结束了人的发展的圆圈。一切事物都生活于神性，一切有生命的东西都是神的儿女，……小孩子开始于以恐惧的情绪相信神灵，直到他自己愈来愈通过他的行为，与神灵分离开了，但是他又在寻求与神合一的过程中回复到那原始的统一，但这现在已是发展了的、自我产生的、感觉到了的统一。并且现在他认识神了，这就是说，神的精神在他内部了，超出他自己的许多局限了，扬弃了特殊的形态，并且恢复了全体。圣父、圣子、圣灵。"[②] 也就是说，宗教是人由与神分离的状态重新恢复到与神合一的状态的发展过程；而且，必须经过分离（反思、对立），与神合一（爱）才是充实、活跃、生动的，才是"最像"而不"就是"小孩子的。这种爱与反思的结合一方面使得同一生命的多方面的特性取得谐和；另一方面使得不同生命间的谐和也成为可能，而不同生命通过爱的联合就构成天国。天国的理念是对耶稣宗教的全体的完成与总括。

可以看出，黑格尔通过"生命""爱""命运""和解""宗教"等概念阐释的基督教，既扬弃了分裂生命的康德批判哲学又保留了康德采取的自由的三段论式建制，就前者而言，康德的道德自由与犹太律法一起为耶稣教导的爱的和解所"完成"和"补充"，就后者而言，三位一体观念确立的人作为有限的生命与神的信仰关系的合理性最终确立了神作为无限的生命的真理性。不仅如此，他就此获得的宗教概

① 参见［德］黑格尔《黑格尔早期神学著作》，贺麟译，商务印书馆1988年版，第350—370页。

② 同上书，第370页。

念，即爱与反思的结合，所表达的生命的圆圈式的发展模式直接孕育着其思辨辩证法即整个哲学体系的萌芽，而黑格尔既承接又发展了的康德的自由观念将在其中得到系统而合理的证明。完成于1800年9月14日，共有四十七个印张但现在仅存两个印张的《1800年体系残篇》直接挑明了“生命”“上帝”“宗教”概念和黑格尔辩证法的核心概念即“精神”概念之间的因缘关系：“这种思维的生命，从有死的、变灭的形态中，从无穷地自己与自己对立、自己与自己斗争的形态中，提升出可以超脱消逝的有生命之物，提升出不是死的、不是互相残杀的多样性事物的关系，这种关系并不是一种单纯的统一，一种纯思维的抽象关系，而乃是全面活生生的、充满了力量的无限生命；这个生命就叫做上帝。”① “人的这种自我提高，不是从有限提高到无限，（因为这些规定只是单纯反思的产物，由于这样，两者的分离是绝对的），而是从有限的生命提高到无限的生命，这就是宗教。与僵死东西的抽象的杂多性相反对，我们可以把无限的生命叫做精神，因为精神乃是多样之物的活生生的统一，精神的这种统一性与多样性的对立乃是与它自己的表现形态相对立（这种形态构成了包含在生命的概念中的多样性），而不是与精神分离开了的、僵死的、单纯的杂多性相对立。”② 这里有两个要点：第一，经过统一、分离和对立、重新统一，也即走完发展的圆圈的实体是无限的生命，也就是上帝，同时还是精神；第二，精神的统一一定要包括多样性的对立，以对立的多样性作为自己的表现形态，否则就是一种单纯的抽象的统一而不是活生生的真实的统一。而这两个要点合在一起，正好就是黑格尔《哲学全书》中的辩证法体系本身：精神的实体性与真理性以及精神外化自身并从外化中回复自身的辩证发展过程。也正是因此，黑格尔才在1800年11月2日写给谢林的一封信中自信地宣布：“……我必须攀登科学的高峰。我必须把青年时代的理想转变为反思的形式，也就是化为一个

---

① 参见［德］黑格尔《黑格尔早期神学著作》，贺麟译，商务印书馆1988年版，第402页。

② 同上书，第402—403页。

体系。”①

二　自由的逻辑证明

黑格尔整个哲学体系，也即思辨辩证法②开端于“存在”概念，这一开端又清晰地显示了黑格尔哲学与基督教的密切关联。一方面，黑格尔自己关于“开端”的基本规定（更准确地说是“说明”）和他对基督教三位一体的思考具有高度的相关性：比如开端应是一切事物的开端，是本原，开端应是直接的抽象的东西但又不能停留在直接、抽象的阶段上，开端不应是间接和经过中介的东西但它又必须成为有中介的东西，所有这些繁复的思辨只要联系到基督教的三位一体就会变得非常容易理解。另一方面，在关于“必须用什么作科学的开端”这一重要问题的讨论行将结束之时，黑格尔看似不经意地在对上帝这个名词的补充性说明中说了这样一句，即“而且上帝或许有作为开端的最不容争辩的权利”③。说出这句话的形式和句子中的“或许”好像表示了黑格尔的不确定，不过，如果我们还没有忘记上一节所做的讨论，以及海德格尔的名篇“形而上学的存在—神—逻辑学机制”，那我们就很难怀疑这句话本身的严肃性了。

这一开端的重要性在于，神作为无限的生命是一切事物的本原，是它们的莱布尼茨（Gottfried Wilhelm Leibniz）意义上的“充足理由”，它的存在是绝对必然的，因而也就是自由的，这就确立了神的本体论意义；而神作为直接和抽象的东西却又不停留于抽象和直接的阶段，

---

① 苗力田译编：《黑格尔通信百封》，苗力田译编，上海人民出版社 1981 年版，第 58 页。

② “思辨辩证法”的命名意味着在黑格尔那里，辩证法不仅仅是一种哲学探讨的特殊方式，而是精神本身之对立统一的生产过程，是科耶夫所说的“实在的辩证法”，是本体论或存在之为存在的科学，其方法论的意义是派生性的；不错，黑格尔有时也直接称辩证法为“方法”，但要知道，在黑格尔哲学中，“方法”和“内容”是统一不可分的，或者如海德格尔所解释的那样，真正的“方法”是一切现实的基本特征，是“存在的灵魂”。关于这一点，读者可参考作者在《求解“颠倒之谜”：马克思与黑格尔传承关系研究》第 121—127 页中的详细讨论。

③ ［德］黑格尔：《逻辑学》（下册），杨一之译，商务印书馆 1966 年版，第 64 页。

作为非间接和非中介的东西却又能够成为有中介的、间接的东西，这本身就是矛盾，而矛盾就是内在否定性，这就使它有了发展的必然性和可能性。《逻辑学》描述的就是精神从“存在”开始，中经“本质”最后到“概念”的现实发展过程，而“概念是自由的原则，是独立存在着的实体性的力量”①。

在这一发展过程中，与自由观念直接相关的是“本质论”中关于“现实”从“实体关系”经“因果关系”到“相互作用”的进展，即作为绝对必然性的“实体”因为是绝对的力量并且是“作用着的”，所以是原因，并呈现自身为“因果关系”，不过这种“因果关系”并不能持续地无限进展下去，而是要在“交互作用”中被以一种真正的方式扬弃掉，亦即因果的直线超越活动被迫“弯向和回曲”到自身，从而呈现为纯粹的与自己本身进行的交替，而这实际上也就意味着“自因自果”，亦即一种现实的自我决定即自由。② 因为就其实质，康德自由观之问题主要在于必然性与自由的分裂，正是这种分裂使其作为起点的“先验自由”不可证明，作为终点的“信仰自由”无法落到实处。我们都知道，康德在其《判断力批判》中曾试图以自然的合目的性原理来克服这种对立，在那里，自然的必然性显现被自由精神作为一种内在的合目的性所贯穿，呈现为一种既是自然的又是自由的有机体或生命，进而实现了必然和自由的统一。但可惜的是康德仅仅将这种统一视为主观的调节性原理，而没有将其看作客观真理。黑格尔正是通过借鉴康德的这种合目的性的有机体概念，完成了对斯宾诺莎（Benedictus Spinoza）绝对必然性即自由和莱布尼茨单子论的个体性原则的创造性综合，从而实现了由必然性向自由的发展。在黑格尔看来，必然性有两种，一种是相对必然性，一种是绝对必然性。现实中的事物总有其外在的原因，因而它的必然性总是相对的和有条件的，而无条件的实体、神则不受任何外在条件的限制，它不但是现实中的一切事物的原因，而且是自己作为绝对实体的原因，是斯宾诺莎所谓的自

---

① ［德］黑格尔：《小逻辑》，贺麟译，商务印书馆1980年版，第327页。

② ［德］黑格尔：《哲学科学全书纲要（1817年版）》，薛华译，北京大学出版社2010年版，第52—55页。

因，这样的必然性就是绝对必然性，也就是自由。“但在斯宾诺莎那里，绝对必然性和相对必然性是割裂的，一方面实体（神）是自我决定，而万物作为样态则总处于他物决定中，二者不能合乎逻辑地过渡。”[①] 斯宾诺莎体系中的这一问题被莱布尼茨的单子论解决了。在莱布尼茨看来，个体性的单子具有内包性，从最低级的到最高级的任何一个单子都内在地包含着整个宇宙，是宇宙整体的一个缩影，所谓“一花一世界”。这就暗示了由现实中的具体事物到神、从相对必然性到绝对必然性是一个连续性序列，正是在这种连续性的基础上，黑格尔的思辨辩证法把神或整个宇宙把握为一个活泼泼的有机体，从而论证了由必然向自由的过渡或发展。

上述章节既是《逻辑学》对黑格尔自由观的直接论证，也是整个《逻辑学》概念推演的一个缩影。宏观地看，黑格尔的思辨辩证法作为概念的河流和活泼泼的概念有机体，一方面，每一个概念都是作为环节处于不同概念的制约之中，因而是必然的；另一方面，每一个概念都被自由的精神即精神的内在否定性贯穿，从而否定自身而运演到下一个概念。这样，思辨逻辑就既是必然性的逻辑，又是自由的逻辑，用黑格尔自己的话说就是，“真理是个全体”，而“全体的自由性”与“各个环节的必然性”[②] 是密切结合在一起的。实际上，《逻辑学》正是根据精神的矛盾即内在否定性本性，建构起了一个活泼泼的概念有机体，这个有机体在其自身发展中自己将自由确立为自由体。

三　自由的历史实现

在《逻辑学》完成了对自由的逻辑证明之后，接下来的就是自由如何在现实中实现自身的问题了。按照《哲学科学全书》的逻辑，它表现为自由的逻辑外化为自然并发展为精神，在人类的法律、道德、伦理、历史的领域中逐步实现自身，最后在绝对精神中逐步丰富和完善自身的过程。

---

① 王天成、程宇驰：《黑格尔自由观的基本路径》，《社会科学战线》2012 年第 9 期。

② ［德］黑格尔：《小逻辑》，贺麟译，商务印书馆 1980 年版，第 56 页。

（一）自然与自由

人们通常将自然看作是单纯必然性的领域，因而是与自由无关的存在。这是从近代开始流行开来的机械论自然观影响的结果，并在自然科学技术的迅猛发展中得到某种佐证和强化。但在古希腊哲学那里，自然本是活生生的有机体，是有生命的，而在中世纪的基督教传统中，自然则是作为上帝的形象和象征而存在的。黑格尔将自然看作绝对自由的理念的外化，实际上是对古希腊和中世纪哲学传统的继承和发展。这里首要的是要有一个正确的考察自然的方法。在这方面，他既批评了那种只从利己的欲望出发，利用、消磨、毁灭自然的片面实践态度，认为这种态度只和自然的个别事物或事物的个别方面有关，它所关注的其实只是“我们的目的，而不是自然事物本身”①，又批评了那种从感性知识出发，一味静观默想的片面理论态度，认为在这种态度中，我们获得了关于事物的普遍性的规定性，但却使“无限多样的自然丰宝贫乏了，自然界的青春生命夭折了，它的色彩变幻消失了”②。与这些方法不同，黑格尔把自己考察自然的方法规定为“概念的考察方式”③。通过《逻辑学》我们知道，概念作为存在与本质的统一，是一切事物存在的内在根据，当然也是自然存在的内在根据，因此，对自然的概念的考察才是唯一内在的和本质性的考察。

根据这种考察方式，黑格尔把理念和自然的关系比作我们前面讲过的“道成肉身”：“自然界是上帝之子，但不是作为上帝之子，而是作为滞留于他在中的东西而存在着——神圣的理念被固定为暂时处在爱之外。自然界是自我异化的精神。精神在自然界里一味开怀嬉戏，是一位放达不羁的酒神。在自然界里隐藏着概念的统一性。”④ 这一“道成肉身”的过程，始于绝对自由的理念的自由决定：“思辨的理念……在它自身的绝对真理性中，自己决定把它的特殊性环节或最初规定与他在的环节，把直接的理念，作为它的再现释放出来，把它自

① ［德］黑格尔：《自然哲学》，梁志学、薛华译，商务印书馆1980年版，第7页。

② 同上书，第10页。

③ 同上书，第6页。

④ 同上书，第21页。

己作为自然自由地从它自己内释放出来。”[①] 接下来是从最初的时间、空间的自然形式和领域、经无机自然到有机自然的形式和领域的不断转化和发展，并由后一个阶段得出它由以出现的那前一个阶段的真理。这个进展既不能被看作是自然地产生出来的，也不能被看作是一种外在的、现实性的创造，而是在内在的、构成自然根据的理念中产生出来的。自然是一个自在的生命体，它的进展是趋向于它的内在目的即自由：“自然的理念贯穿于自然阶段行程的运动，更切近地说，是在于把自己设定为自己自在地所是的东西；或者换句话说，在于从自己的直接性和外在性——这种外在性是死亡——回到自身之内，以便作为有生命的东西而存在，但理念在自己这一规定性内只是生命，进一步就在于同样扬弃这一规定性，并成为精神；精神是它的真理。”[②] 也就是说，多姿多彩的自然界作为一个整体，无非是理念实现自身、证实自身真理性的一个中介，其唯一的宿命就是死亡，或者换句话说，以自己的死亡创造精神的现实存在，就像传说中的不死鸟芬尼克斯那样，焚毁自己以使精神从中涌现出来。

（二）绝对自由

从自然之中涌现出来的精神“首先是理智；理智在从感情经过表象以达于思维这一发展中所经历的种种规定，就是它作为意志而产生自己的途径，而这种意志作为一般的实践精神是最近于理智的真理”[③]。这里重要的是意志与思维的区别与同一。具体说来，它们的区别在于：思维是使某种东西普遍化的精神活动，自身也就是普遍物，在思维中，自我的一切特殊性，如性格、天赋、见识和年龄等都被放弃了，自我成了一个空洞的、点状的、简单的自我活动性；反之，意志的规定是从思维开始的与自身的一种分离，是一种在外部世界设定差别的自我规定活动。不过这种区别不能这样被设想，即人一方面是思维，而另一方面是意志；他一个口袋装着思维，另一个口袋装着意

---

① ［德］黑格尔：《哲学科学全书纲要（1817 年版）》，薛华译，北京大学出版社 2010 年版，第 93—94 页。

② 同上书，第 99 页。

③ ［德］黑格尔：《法哲学原理》，范扬、张企泰译，商务印书馆 1961 年版，第 11 页。

志。实际上，二者的区别不过是理论态度和实践态度的区别，也就是说，意志不过是一种特殊的思维方式，即把自己转变为定在的那种思维，二者实际上是不可分割的，是一而二、二而一的关系。这就涉及二者关系的同一方面，即“理论的东西本质上包含于实践的东西之中”：第一，“我们如果没有理智就不可能具有意志”；第二，“人不可能没有意志而进行理论的活动或思维，因为在思维时他就在活动”①。在明确了这一前提之后，黑格尔继而规定了意志的自由性质：“意志而没有自由，只是一句空话；同时，自由只有作为意志，作为主体，才是现实的。”② 而意志实现自身的第一个环节就是“纯无规定性或自我在自身中纯反思的要素”③。在这种反思中，不管来自何处和通过何种方式获得的所有限制和一切内容都被废除了，因此是一种“绝对抽象或普遍性的那无界限的无限性，对它自身的纯思维”④。与此一规定相对应的就是绝对自由或否定自由即理智所了解的自由。

绝对自由是绝对的自由意志，这种意志作为对自身的纯思维，摆脱一切东西，放弃一切目的，从一切内容中抽象出来。在黑格尔看来，这是人和动物的根本区别：动物受制于自身的需要、冲动和欲望，因此始终只是消极的，它置身于并习惯于这种异己的规定；反之，人则不同，人可以驾驭这些直接满足自己需要、冲动和欲望的异己规定，并可以从中抽象出来而成为自我的无规定性，甚至可以自杀。⑤ 可以看出，这种自由是一种否定的自由，即从一切内容中的越出逃遁，但这种越出逃遁是自我之所以是自我的一个本质规定。因此，关于这种自由，黑格尔的基本判断是：“这种否定的自由或理智的自由是片面的，但是这种片面性始终包含着一个本质的规定，所以不能把它抛弃。不过理智有缺点，即它把片面的规定上升为唯一最高的规定。”⑥ 这也就是说，这一自由因为包含着意志的无规定性本身，因而也潜在地包

① ［德］黑格尔：《法哲学原理》，范扬、张企泰译，商务印书馆 1961 年版，第 13 页。
② 同上书，第 12 页。
③ 同上书，第 13 页。
④ 同上书，第 14 页。
⑤ 同上书，第 15 页。
⑥ 同上。

含了具体客观的现实的自由的本质性规定，因此是应该予以坚持的；但是，这种坚持绝不能把意志规定的第一个环节，即一种片面的规定膨胀、夸大为唯一最高的规定，否则不仅在理论上会导致抽象和片面，在实践中更会导向消极、空虚和恐怖。

黑格尔是通过考察印度人在宗教方面的纯沉思和法国革命在政治方面的狂热来说明这一点的。印度人理想中的无上境界是，坚执与自己单纯同一的朴素知识，从而无限地停留于内心生活的空虚的空间之中，拒绝现实生活中的一切活动、目的和想象。[①] 与此简明论述相比，黑格尔更侧重于对法国革命的批判性考察，认为绝对自由的上述积极的和消极的方面在其中有着更为具体的表现，影响也更为深远。黑格尔先是肯定了法国革命在西方历史发展中的巨大进步作用，表现在：法国大革命是"以'意志自由'的原则反抗着现行的'权利'"，是"自由的概念"，即"法律"的"理性"第一次作为最后的绝对任务而被提了出来，"所以这是一个光辉灿烂的黎明，一切有思想的存在，都分享到了这个新纪元的欢欣。一种性质崇高的情绪激动着当时的人心；一种精神的热诚震撼着整个世界，仿佛'神圣的东西'和'世界'的调和现在首次完成了"[②]。这也就是说，法国革命与现行制度的对抗，是意志的绝对否定的自由在社会政治生活领域的透彻表现，是自由的概念作为最高任务第一次在历史上的出现，因而开始了历史的新纪元。但是，黑格尔在为法国革命欢呼的同时，也敏锐地看到了这种意志的绝对自由在社会生活中所导致的狂热和恐怖："这一个时期是以战栗、震惊、势不两立，来对抗每个特殊物。因为狂热所希求的是抽象的东西，而不是任何有组织的东西，所以一看到差别出现，就感到这些差别违反了自己的无规定性而加以毁灭。"[③] 因为绝对自由的意志普遍性是一切特殊个人的意志的抽象共性，所以是不能容忍任何

---

① ［德］黑格尔：《法哲学原理》，范扬、张企泰译，商务印书馆 1961 年版，第 15 页。黑格尔这个例子的重要性在于，它明确无误地表明，这种自由形式不是现代所独有（如某些学者所倾向于认为的那样），而是在什么时代都屡见不鲜的。

② ［德］黑格尔：《历史哲学》，王造时译，上海世纪出版集团 2001 年版，第 440、441 页。

③ ［德］黑格尔：《法哲学原理》，范扬、张企泰译，商务印书馆 1961 年版，第 15 页。

一种一般的差异和特殊的社会差别如特权和等级制的，“于是，在这种绝对自由中，由整体分解而成的那一切精神本质，也就是说，一切社会阶层，就消除了；当初曾隶属于一个这样的集团并在其中行使意志和获得完成的那种个别的意识，于是扬弃了它的有限性；它的目的就是普遍的目的，它的语言就是普遍的法律，它的事业就是普遍的事业”①。然而问题是，绝对自由的绝对抽象性和它的普遍的事业是个不可调和的悖论，因为任何行动、即使是所谓普遍的事业也必然会马上带来某种秩序，即制度和个人的特殊化，而对否定的自由的自我意识正是从特殊化和客观规定的消灭中产生出来的。所以，绝对自由所想望的实际上不是任何事业，而只能是“破坏性的怒涛”：“于是，普遍的自由所能作的唯一事业和行动就是死亡，而且是一种没有内容、没有任何实质的死亡，因为被否定的东西乃是绝对自由的自我的无内容的点；它因而是最冷酷最平淡的死亡，比劈开一颗菜头和吞下一口凉水并没有任何更多的意义。”②

（三）所有权与自由

然而，意志的绝对抽象或普遍性的、无界限的无限性内在地具有否定性，因为它本身只不过是从一切内容和限制的越出逃遁而已，其本身并不是没有规定性的，所以其普遍性不是真正的普遍性或具体的普遍性，而只不过是被设定的东西。因此，思辨哲学的下一个步骤就是把握住这种普遍性的内在否定性，而这也就是意志发展自己的第二个环节，即“过渡”，从无规定性过渡到规定自身，即设定一种规定性作为自己的内容和对象，因为此时的意志不光是希求而已，而且是希求某事物。③ 而这种内容和对象有两种，一种是由自然给予的，一种是从精神的概念中产生出来的。我们先来看第一种情况，即所有权与自由。

---

① ［德］黑格尔：《精神现象学》下卷，贺麟、王玖兴译，商务印书馆 1979 年版，第 116 页。

② 同上书，第 119 页。

③ 参见［德］黑格尔《法哲学原理》，范扬、张企泰译，商务印书馆 1961 年版，第 16—17 页。

因为意志的绝对抽象性作为否定的实在性，是从一切方面（内部任性、冲动和情欲方面以及直接外部的定在方面）中的越出逃遁，所以当这种意志特殊化自身，要为自身获得一个内容的时候，只能“另外具有由各种特定目的所构成的内容，而且……这种内容对它说来同时又是外部的、直接在眼前的世界”①。在黑格尔看来，当人（Mensch）从一切内容方面抽象出来并把自身、即完全抽象的自我作为对象而具有自我意识的时候，就具有了人格（Person）。因此，人格是自我意识在意志单一性中的单纯自我相关，这种单纯自我相关使得我在被规定中和有限中能够知道自己是某种无限的、普遍的和自由的东西。具体说来，“人格一般包含着权利能力，并且构成抽象的从而是形式的法的概念、和这种法的其本身也是抽象的基础”②。但这种能力还只是一种可能性，因为人格作为抽象的、直接的意志还没有把特殊性，如情欲、需要、冲动和偶然偏好和动机、意图等包含在内，由此而来，这种抽象法也只局限于否定的方面，即不能侵害人格和任何从人格中产生出来的东西。③ 最后，人格作为“作出决定的和直接的单一性，是与眼前存在的自然界处于相互关系之中的”④，因之自然界是跟作为某种主观东西的那意志的人格对立的。但人是自身无限的和普遍的意志，只是使自然界成为主观的限制是不能忍受的和无意义的，因此，它必然要扬弃这种限制，使自己成为实在的，而这也就意味着人要把自然的外部定在变为自己的定在。这就是占有，即所有权，其中自由是作为一般抽象意志的自由、因而是仅仅对自己有关的单个人的自由而存在的；不过，人通过占有使自己从自在自为地存在的自身中区分出来的行为必然会与另一个人发生关系，而他们相互之间也只是作为所有人而存在。他们之间自在存在的同一性，使得所有权在他们之间的转移成为可能，不过这种转移有两种不同的方式，一是出于共同意志并在保持双方权利的条件下的所有权的合法转移，即契约；二是作

① 参见［德］黑格尔《法哲学原理》，范扬、张企泰译，商务印书馆 1961 年版，第 44 页。

② 同上书，第 46 页。

③ 同上书，第 46—47 页。

④ 同上书，第 47 页。

为特殊意志在与自在自为地存在的自身相殊异的对立条件下发生的转移，即不法和犯罪，而这种不法和犯罪也就意味着这种抽象法的解体和向道德的过渡。①

所有权是人对外物的权利，但人对物的权利不在于人用物来满足自己的情欲、冲动和需要，而在于“人为了作为理念而存在，必须给它的自由以外部的领域”②。也就是说，所有权的合理性只在于扬弃人格的纯粹主观性的需要。从思想史的角度来看，这是对近代以来霍布斯和洛克等人的自然权利理论的一种重新建构。③ 自然权利理论就所有权给出的影响深远的论证一般讲来就是，人为了满足自然本能的需要而合理地具有对外物的权利，即所有权是人的自然权利，而这种权利是人在社会状态下也不可被剥夺的，恰恰相反，国家的存在只是为了更好地保护它。在黑格尔看来，这种自然权利理论“把通常被称为经验的东西看作它们的科学原则，因而放弃了担当真正的科学的要求，并满足于由收集经验的认识来构成自身，请求使用知性概念，并不想断言某种客观的东西”④。然而，问题是：知性只是思想的主观方面，其中没有客观的东西可以容身的场所，因此并不符合真正的科学的要求。在黑格尔看来，科学只以理念作为自己的本质，而法哲学只以法的理念、即自由及其定在为其本质，因此，所有权只有从扬弃人格的纯粹主观、从而为人作为理念而存在提供一个外部领域的角度来加以理解才是合乎理性的。但由此出发，我们也就不难看到：人对物的所有权表达了人的自然自由，因为物作为外在的东西是“某种不自由

① 参见［德］黑格尔《法哲学原理》，范扬、张企泰译，商务印书馆 1961 年版，第 47—48、108—109 页及下文。

② 参见［德］黑格尔《法哲学原理》，范扬、张企泰译，商务印书馆 1961 年版，第 50 页。

③ 因为虽然人对物具有的权利的事实在古代世界中就已经普遍存在，但权利概念的出现却基本上是一个现代的事情，这正如麦金泰尔所说：“在中世纪临近结束之前的任何古代或中世纪语言中，都没有可以恰当地译作我们说的‘一项权利’的表达，也就是说，1400 年以前，在古典的或中世纪的希伯来语、希腊语、拉丁语和阿拉伯语中，没有任何恰当的说法可以用来表达这一概念，更不用说古英语了。”见麦金泰尔《德性之后》，龚群等译，中国社会科学出版社 1995 年版，第 88—89 页。

④ ［德］黑格尔：《论自然法的科学探讨方式》，《哲学译丛》1999 年第 1 期。

的、无人格的以及无权的东西"[①]，它自身不具有任何实体性的目的，而只能"从我的意志获得它的规定和灵魂"[②]。这种自然自由的具体实现就是占有："我把某物置于我自己外部力量的支配之下，这样就构成占有。"[③] 而且，由于我的意志作为单个人的意志是一个人的意志，因此，所有权就获得了私人所有权的性质；而所谓的共同所有权则是可分解的。[④]

黑格尔把所有权在意志对物的关系上所具有的进一步规定分为三种，即直接占有、使用和转让。直接占有是意志在作为肯定的东西的物内有其定在，具体分为直接的身体把握、给物以定形以及在物上打上标志，它们都是把我的意志体现在外物之中的具体方式，从而也是体现我的自由的具体方式；如果说直接占有是意志对物的肯定判断，并使物获得"我的东西"的性质的话，那么对物的使用则是意志对物的否定判断，"使用就是通过物的变化、消灭和消耗而使我的需要得到实现"[⑤]；意志对物的第三种关系是转让，因为物是我的，是体现着我的意志的东西，所以我当然有权放弃它而使之成为无主物，或委由他人意志去占有，这就是转让。但转让只限于某种外在的实物，那些构成我的人格的最隐秘的财富和我的自我意识的普遍本质的福利，如"我的整个人格，我的普遍的意志自由、伦理和宗教"[⑥] 则是不可转让的。但转让实质上涉及的是意志和意志的关系，而且一般讲来，"这种意志对意志的关系就是自由赖以获得定在的特殊的和真正的基础。这是一种中介，有了它，我不仅可以通过实物和我的主观意志占有财产，而且同样可以通过他人的意志，也就是在共同意志的范围内占有

① ［德］黑格尔：《法哲学原理》，范扬、张企泰译，商务印书馆 1961 年版，第 50 页。

② 同上书，第 52 页。

③ ［德］黑格尔：《法哲学原理》，范扬、张企泰译，商务印书馆 1961 年版，第 54 页。在这里，还可以看出黑格尔的所有权理论和自然权利理论的一个区别：在前者，是所有权构成占有的前提，所有权是占有中"真实而合法的因素"，而在后者，是占有构成所有权的前提。

④ 同上书，第 54 页。

⑤ 同上书，第 67 页。

⑥ 同上书，第 73 页。

财产。这种中介构成契约的领域”①。

在契约中，我通过共同意志而拥有所有权。因此，它的定在或外在性不再只是单纯的物，而且也包含了意志的环节在内。由此，契约关系作为中介使在绝对区分中的独立所有人达到了意志同一，具体表现在：在契约关系中，意志一方面放弃一个所有权；另一方面取得另一个原属于他人的所有权。由此可知，契约关系：1. 是以个别外在物为对象的。其所以必须如此的原因上已论及，即只有个别外在物才受当事人主观任性的支配而被割让，其他如“我的整个人格，我的普遍的意志自由、伦理和宗教”则是不可割让的。2. 是从任性出发的。这也就是说，特殊意志始终是契约的出发点，即使在共同意志的条件之下，特殊意志的主观性也依然保持着：“双方意志的这种同一（在这个阶段上）包含着这种情况，一方的意志并不与他方的意志同一，而且他自身是并且始终是特殊意志。”② 而这也就意味着 3. 在契约中达到定在的同一意志只是由双方当事人共同设定的，从而还不是自在自为的普遍意志，而只是共同意志。所以共同意志对特殊意志的约束力是有限的，特殊意志与自在自为的普遍意志是否相符合完全是偶然的事情，而这也就出现了早已存在于意志本身中的否定，即不法。

不法表明的是共同意志作为设定起来的普遍东西的不充分性，是特殊意志偶然符合自在在为的普遍意志这一现象如何成为假象。这一假象“或者是自在的或直接的假象，即无犯意的或民事上的不法，或者是被主体设定为假象，即诈欺，或者简直被主体化为虚无，即犯罪”③。不过，这一假象的真理乃是虚无的，法通过对自己的否定的否定而又返回于自身：如果不法作为对法的否定涉及的只是外在的定在或占有，那么否定的否定只是给被害人以民事上的补偿；如果不法不仅涉及外在特殊物，而且还涉及其中的普遍的东西和无限的东西即权利能力，那么否定的否定就不仅涉及民事赔偿而且还涉及了刑罚的正义。但是刑罚的正义不是复仇的正义，不是以窃还窃、以盗还盗、以

① ［德］黑格尔：《法哲学原理》，范扬、张企泰译，商务印书馆 1961 年版，第 80 页。

② 同上书，第 81 页。

③ 同上书，第 92 页。

眼还眼、以牙还牙，因为复仇只不过是一种新的侵害即不法行为，而其结果无非是陷入无限进程，世代相传以至无穷；与此不同，刑罚的正义“是要求从主观利益和主观形态下以及从威力的偶然性下解放出来的正义”[1]，而这也就是对这样一种意志的要求，即虽然是特殊的主观意志，但是它希求普遍物本身，但这种道德的概念不仅是被要求的东西，而且也是意志发展运动本身中显现出来的东西：“在犯罪中被扬弃了的直接性通过刑罚，即通过否定的否定，而导向肯定——导向道德。”[2]

（四）道德与自由

道德的原则是自为地无限的自由的主观性原则。黑格尔是在和前面讲过的自然自由相对照的语境下讲道德的主观自由的：“在抽象法中，意志的人格单单作为人格而存在，如今意志已把人格作为它的对象。这种自为地无限的自由的主观性构成了道德观点的原则。”[3] 意志把人格作为自己的对象是以自身为对象，用黑格尔的话说是“在自身中的反思”，而反思的意思是不停留在外物而要返回自身、考察自身。与自在存在的意志有别，这种返回自身的意志是主观意志，在这种意志中，自由或自在地存在的意志才能成为自己的对象或者说成为现实的。因此，从道德的观点出发，下面这样一种信念是有其合理性的，即“人都意愿别人对他按照他的自我规定来作出评价”[4]。

然而，意志的主观性自身同样是一种片面，要想成为真实的理念，这种主观性必须使自身达到定在。所以，道德的观点只是“抽象的、局限的、形式的”[5]。说它是抽象的，是因为这种形式的意志尚未设定与意志的概念的同一，只是一种应然和要求，即使人们设定了这种同一，设定了善，但也只是设定，而不就是实行；说它是局限的，是因

---

① ［德］黑格尔：《法哲学原理》，范扬、张企泰译，商务印书馆 1961 年版，第 108 页。

② 同上书，第 109 页。

③ 同上。

④ 同上书，第 111 页。

⑤ 同上书，第 112 页。

为主观性的自我区分同时设定了与外部定在的客观性的区别；说它是形式的，是因为意志的主观性承认某种东西仅仅是以这种东西是意志自己的东西为限，也就是说，仅以意志的自我规定为限。

意志的自我规定首先是意志在自身内部的一个设定，是意志自身的特殊化和给自己以内容（不论这种内容是从哪里来的），而这同时就是给自己以限制和否定；其次是意志努力扬弃这种界限的活动，即把这种主观内容转化为一般客观性和直接定在的活动；最后，在这种否定和否定之否定中的意志与自己的简单同一就是意志的目的。意志目的的实现，也就是意志的主观性表现于外时就是行为。但道德上的行为和法律上的行为（抽象法范围内的）不同的是，法律上的行为是意志在直接外在物中给自己以定在，所以这种定在与意志的主观性、意志自身的概念都没有明显的联系，也与他人的意志没有任何肯定的联系（只是在契约与不法中与他人意志发生的联系要么是任意的要么是否定的），与此相反，道德的行为与意志的主观性、意志的概念有其本质上的联系，也与他人的意志有本质上的联系（与我的意志的主观性并存的是他人的意志，而他人的意志是我给予了我的目的的实存，同时它对我来说是他物。所以，我的目的的实现包含着与他人意志的同一，也就是包含着与他人意志的肯定性联系）。

道德行为包含如下三个环节：第一，这一行为的形式原则。这是说“这种行为在直接定在中实施时的内容，一般说来是我的东西，从而它是主观意志的故意”[①]。然而，出自我的故意的行为完全可能发生遥远而生疏的后果，而这些后果与自为存在的行为是全然不同的东西，其联系完全是外在的。不过，“我固然不能预见到那些也许可以预防的后果，但我必须认识到个别行为的普遍性质”[②]。这就涉及从故意向意图的过渡，也即“我不但应该知道我的个别行为，而且应知道与它有关的普遍物。这样出现的普遍物就是我所希求的东西，就是我的意

① ［德］黑格尔：《法哲学原理》，范扬、张企泰译，商务印书馆 1961 年版，第 117 页。

② 同上书，第 121 页。

图"[①]。同时，它还直接涉及道德行为的第二个环节，即对行为之一般性格的自觉，这构成了行为的相对价值。由此，行为的内容作为我的特殊目的就是我的福利。不过在作为普遍意志而存在的东西即抽象的形式法，和我所给予这种意志的特殊内容即单个人的特殊福利之间存在着分裂：一方面，行为人给予意志以特殊内容的特殊化环节之被包含、实现于行为中，构成了更具体意义上的主观自由，也就是道德的主观意志的法在外在行为中得到实现和满足；但另一方面，这种特殊内容与普遍物、作为普遍意志而存在的东西之间是有区别的，它可能符合也可能不符合这种普遍物，即可能合法也可能不合法。为不法行为辩护的唯一理由是"直接现在的需要"[②]，即保全生命，因为生命作为自由的定在，具有对抗抽象法的权利。黑格尔在论及紧急避难时表明了这一点，他说："当生命遇到极度危险而与他人的合法所有权发生冲突时，它得主张紧急避难权（并不是作为公平而是作为法），因为在这种情况下，一方面定在遭到无限侵害，从而会产生整个无法状态，另一方面，只有自由的那单一的局限的定在受到侵害，因而作为法的法以及仅其所有权遭受侵害者的权利能力，同时都得到了承认。"[③]

这样，紧急避难就使法和福利的有限性及其偶然性得到了明白显示，并使二者的同一成为意志发展的下一个环节，即第三，道德行为的普遍价值。在这里，意志的自我规定"作为内在的东西而同时被提升为它的普遍物，被提升为自在自为地存在的客观性，就是意志的绝对目的，即善，在反思的领域中，伴随着主观普遍性的对立，这种主

① ［德］黑格尔：《法哲学原理》，范扬、张企泰译，商务印书馆1961年版，第121页。

② 同上书，第130页。在这之前不远的地方（第128页），黑格尔写道："我的和他人的特殊性，一般说来，只有在我是一个自由的东西时才是一种法。所以……不论是对我的还是对他人的福利的意图，都不能成为替不法行为作辩护的理由。"

③ 同上书，第130页。这是至关重要的一点。正是在这里，黑格尔以生命权的名义向由洛克等人奠定基础的私有财产权发出了强力的质疑和批判，从而将自己和主流自由主义划清了界限，而跟卢梭和马克思站在了一起；请参见张盾《财产权批判的政治观念与历史方法》，《哲学研究》2011年第8期。关于这一文本的未加修饰的版本和正式出版的版本之间的差异，即"一个快要饿死的人"的形象的自我剔除，可参见［意］洛苏尔多《黑格尔与现代人的自由》，丁三东等译，吉林出版集团有限责任公司2008年版，第5页。

观性时而是恶，时而是良心”[①]。因此，善作为意志概念和特殊意志的同一，是有内容的充实的东西，其实质是由法和福利构成的，在这个意义上，善是被实现了的自由。不过，就此一阶段而言，一方面善仍然是善的抽象观念，因为主观意志还没有被接纳于其中，还没有被规定为符合善的东西；另一方面主观意志仅仅以在见解和意图上符合善者为限才具有价值。所以，一方面，善需要发展自身，即以主观意志为中介而进入现实，其包括的三个环节是：我希求着善；我应自己说出什么是善，并发展善的特殊规定；在自己内部规定善本身并使之特殊化为良心；另一方面，主观意志应以善作为自己意志的本质，在善只是善的抽象观念的规定下，这种“应该”就是“为义务而尽义务”[②]。但义务作为一个抽象概念，其本身并不包含任何特殊内容和特殊目的，而任何行为无疑都要求这样一个内容和目的，所以，单纯形式的法则——“行法之所是，并关怀福利”——就只能沦为“空虚的形式主义”，进而成为一切不法的和不道德的行为借以畅行无阻的借口。[③] 由于善的抽象性状，理念的另一环节，是属于意志的主观性的，而当这种主观性“达到了在自身中被反思着的普遍性时，就是它内部的绝对自我确信，是特殊性的设定者，规定者和决定者，也就是他的良心”[④]。良心作为抽象的自我确信，在自身中形成了自己不受任何现存规定制约和干涉的意识，这是一种自为的、无限的和形式的自我意识。在这种意识中，权利、义务和定在等一切规定都被蒸发掉了，这固然是良心观点的崇高地位的显示，是近代世界较之过去意识只是感性意识的时代为更高时代的标志；但当一切规定都被贬低为空虚，而

---

① ［德］黑格尔：《法哲学原理》，范扬、张企泰译，商务印书馆1961年版，第117页。

② 同上书，第132—136页。黑格尔在这里明确指出：“着重指出义务的这种意义，乃是康德的实践哲学的功绩和它的卓越观点。”（第136页）

③ 同上书，第136—137页。这是黑格尔在批评康德，他说：“着重指出纯粹的不受限制的意志的自我规定，并把它作为义务的根源，这诚然很重要，又意志的认识——多亏通过康德哲学——只有通过它的无限自主的反思，才获得巩固的根据和出发点，这诚然也很真确，但是固执单纯的道德观点而不使之向伦理的概念过渡，就会把这种收获贬低为空虚的形式主义，把道德科学贬低为关于为义务而尽义务的修辞或演讲。”（第137页）更详尽的批评可参见黑格尔《精神现象学》第五章第三节。

④ 同上书，第139页。

自己也随之变成了纯内在性时，良心就有可能蜕变为矫作甚至为非作歹。[①] 由此，我们可以得出如下结论："善是自由的实体性的普遍物，但仍然是抽象的东西，因此它要求各种规定以及决定这些规定的原则，虽然这种原则是与善同一的。同样，良心作为起规定作用的纯粹抽象的原则，也要求它所作的各种规定具有普遍性和客观性。如果两者各自保持原样而上升为独立的整体，它们就都成为无规定性的东西，而应被规定的了。但是，这两个相对整体溶合为绝对同一，早已自在地完成了，因为意识到在它的虚无性中逐渐消逝的这种主观性的纯自我确信，跟善的抽象普遍性是同一的。善和主观意志的这一具体同一以及两者的真理就是伦理。"[②]

（五）伦理与自由

主观性的自我确信与善的抽象普遍性同一于伦理，伦理就在它们的同一中作为其自在存在的本质而存在，即作为自由的理念而存在：一方面，伦理作为在自我意识中具有它的知识和意志的善，是具体的实体并在自身内部设定了差异，其现实表现就是自在自为地存在的各种规章制度及其完整体系，这是客观存在的合理性和调整个人生活的本质力量；但另一方面，这种伦理性的实体对主观意志来说并不是某种陌生的东西，恰恰相反，主体的精神能够证明这些伦理力量是它所特有的本质，在其中主体感觉到的只是它自己的价值。由此，伦理性的实体、各种规章制度及其法律和权力，对个人说来就是一些义务，是拘束着他的意志的，但这种拘束只是对抽象的、没有规定性的主观自由以及一切任性的自然冲动或道德冲动来说才是一种限制，相反，就问题的实质来说，履行这些义务对个人来说毋宁是一种解放：在义务中，个人既摆脱了对自然冲动的依附状态与他的主观特殊性，又摆脱了没有规定性的主观性，这种主观性没有达到定在只停留在自己内部。总之，履行义务是个人得到解放而获得实体性的自由，义务所限

---

① ［德］黑格尔：《法哲学原理》，范扬、张企泰译，商务印书馆1961年版，第139—146页。

② 同上书，第161页。

制的并不是自由，而是自由的抽象，即不自由。在伦理性的东西与个人现实性的这种简单同一中，一方面，伦理性的东西表现为个人的普遍行为方式，即表现为一个民族和时代的风尚和习俗，并由此而达到它的法，法也由此获得它的实效，即主观性作为自由概念的实存适合于自由概念本身；另一方面，个人主观规定的权利以及对他特殊性的权利，也都在这种伦理的客观性中得到实现，因为这是概念必不可少的外部实存现象。由此，义务与权利也就合而为一了：在抽象法中，我有权利而别人则负有义务；在道德法中，我对自己福利和意志的权利与义务的一致还只是停留在“应该”的阶段；只有通过伦理性的东西，一个人享有的权利和负有的义务才能一致起来，也就是说，自由的理念才真正实现出来。在黑格尔的视野里，这种统一先是家庭里的自然的或者说直接的统一，然后是市民社会里的分裂和形式的统一，最后是国家里的实质性的统一。①

黑格尔对伦理问题的思考可以追溯到《论自然法的科学探讨方式》这篇早期论文。在这篇论文中，黑格尔用思辨的研究方法研究自然法，并用社会关系范畴取代了原子论的基本概念，正如他援引亚里士多德所说的那样：“民族天然先于个人；因为如果孤独的个人不是独立的，那么，他必定和处于一种统一中的整体相关，就像其他部分和它们的整体相关那样。但是，一个不能过集体生活的人，或由于独立而不需要集体的人，不可能是民族的一部分，因此，他或者是野兽或者是神。”② 民族作为出自血统和世系的全体，其国家形态是一个伦理的有机体：它先于其各个组成部分而存在，并在其自我区分、自我编排的过程中得到最终的实现。这是个体存在的特殊性不断被社会伦理关系所破坏并在进一步的发展中被不断修复的一个过程。黑格尔如此地强调发生在这个过程中的社会化和个体化的互动关系，以致人们（比如霍耐特）可以合乎逻辑地做出如下引申：从根本上来说，由此

---

① ［德］黑格尔：《法哲学原理》，范扬、张企泰译，商务印书馆 1961 年版，第 164—174 页。

② ［德］黑格尔：《论自然法的科学探讨方式》，《哲学译丛》1997 年第 3 期，并请参见［古希腊］亚里士多德《政治学》，吴寿彭译，商务印书馆 1965 年版，第 8—9 页；［德］霍耐特：《为承认而斗争》，胡继华译，上海世纪出版集团 2005 年版，第 19 页。

产生的国家的有机整体性就在于主体间对个体特殊性的相互承认。然而，一个民族尚未完全发挥出来的伦理潜能，以及它不断完善的社会互动关系究竟具有怎样的社会形式的问题依然悬而未决。[①]

黑格尔接下来撰写的《伦理体系》试图在重新解释费希特（Ficht）的承认理论和霍布斯的社会斗争概念的基础上来解答这个问题。费希特认为，只有主体间的相互承认，只有主体间彼此要求对方自由行动，同时又把自己的行为限制在对另一方有利的范围之内，才能够形成一种在合法关系中获得其客观有效性的共识。黑格尔在剔除上述观念的先验含义之后，直接把它运用到了主体间各种不同的交往行为之中，并由此解释了霍布斯提出来的一切人反对一切人的原始斗争模式：一个主体对其特殊存在的自我认同只有在得到其他主体承认的情况下才是客观有效的，而主体间存在的冲突和斗争则起因于他们认为他们的特殊认同没有得到真实而充分的承认。黑格尔就这样创造性地结合了费希特和霍布斯的观念，并从承认的基本形式出发开始了他对社会发展的哲学解释："自然伦理"作为承认的基本形式是人从自然决定性中解放出来，建立原始社会关系的最初阶段，接着，"犯罪"破坏了这些承认关系，但也只有通过这样一种中间状态，一种"绝对伦理"的社会整合状态才会在历史上真实地浮现出来。[②]

"自然伦理"的最初形式是"父母和子女"的关系，"在这种关系中，主体作为有生命力的、情感上有需要的存在而彼此承认"[③]。这是一种以家庭为单位、以情感为纽带的相互承认关系，其有限性是相当明显的。"自然伦理"的第二个形式是"通过契约调解的物主之间的交换关系"[④]，在这种关系中，主体作为独立的个人相互承认，并被赋予了"肯定"或"否定"一切提议的交换行为的形式权利。因为在交换关系中个体存在的特殊性完全没有被考虑，所以这种相互承认关系是纯粹形式的，依然被黑格尔视为"自然伦理"。

---

① 参见［德］霍耐特《为承认而斗争》，胡继华译，上海世纪出版集团 2005 年版，第 21 页。

② 同上书，第 21—23 页。

③ 同上书，第 23 页。

④ 同上书，第 23 页。

“犯罪”在与承认的上述“自然”形式相对立的结构中被考察，其类型主要是自然的破坏、抢劫他人和侵害他人名誉。自然的破坏是个体对已然形成的伦理的抽象经验所做出的无目的的反应，但它缺少法律上承认自由的社会前提，所以根本算不上“犯罪”。抢劫他人是个体有意违反随法律关系的建立而发展起来的普遍承认形式，在尚未树立国家威权的自然伦理阶段，对此一犯罪行为的唯一合适反应就是被伤害个人直接反抗侵害者。其结果必然是被伤害者在斗争中获得胜利，因为正如抢劫行为破坏的不仅是个人的所有权，而且还间接地使一个人整个地受到伤害一样，斗争于被伤害者一方来说不仅是取回原属于自己的东西，而且还事关整个人格的重新确立。可以看出，因抢劫他人而引起的主体间的斗争透显出两种关系，一种是由法律加以确认的经济关系，一种是超越法律所支持的诉求领域之外的伦理关系，二者在这里是交织在一起的。与此不同，在因侵害他人名誉而引起的“为名誉而进行的斗争”中，主体之间的斗争只有纯粹伦理的关系：冲突双方都致力于使对方切实承认自己的独特人格，从而重建被侵害了的名誉。黑格尔进一步断言，冲突双方只有在随时准备冒生命危险，敢于以死相拼的时候，他们才能实现其承认要求。[①]

在论述“犯罪”之后，黑格尔简单谈到了“绝对伦理”。这是主体间的承认关系从形式层面过渡到实质层面的一个阶段，也是社会伦理发展的最后一个阶段。在这个阶段中，在个体经受住犯罪行为强加在他们身上的挑战之后，个体开始“在每一其他个体中把他自己直观为他自己”[②]。这种“直观”为一直被法律关系分离的个体在某种伦理共同体、即国家中的重聚提供了可能的交往基础，黑格尔规定了为此所需要的政治制度的组织要素并因此而感叹德国人毕竟还是一个分裂的民族，德国已不再是一个国家了。

综上所述，《伦理体系》为我们揭示了三种承认关系：家庭的情感承认关系，在其中，个体作为具有具体需要的存在而被承认；法律

---

① 参见［德］霍耐特《为承认而斗争》，胡继华译，上海世纪出版集团2005年版，第24—27页。

② 同上书，第29页。

的形式承认关系，在其中，个体作为抽象的法人而被承认；国家中的实质承认关系，在其中，个体作为特殊的社会化主体而被承认。但是，因为《伦理体系》既没有说明人类历史的发展为什么必须以承认关系为主线来加以解释，又在犯罪是否具有明确的动机问题上左右摇摆，所以，我们上述跟随霍耐特而做出的阐释也就变得特别不确定了。

消除这种不确定性的是黑格尔接下来撰写的“耶拿精神哲学演讲”。在这一演讲中，黑格尔试图构建一个体系，以把此前获得的缺乏历史性的“总体视野”和关于社会历史发展的基本概念整合起来。这个体系以精神的自我实现为枢轴，依次分为“主观精神”“现实精神”和“绝对精神”三个部分，其结构方式和未来的成熟体系的结构方式完全一样，却和我们刚刚讨论过的《伦理体系》有别：前者把认识的三种媒介（“艺术、宗教和科学”），后者把国家生活中的伦理关系，视为精神发展的“绝对”参照。在这种新的结构安排中，虽然社会理论不再是整个分析的中心，但是因为体系的强制性要求，此前不甚确定的关于承认的思想第一次得到了系统的表达。

“精神哲学”作为一个体系，必须描述清楚精神通过反思从本质外化中向自我回归的整个过程，其出发点是主观精神对自我的充分经验，这种充分经验只有超越理论的认识而在实践的领域中才能获得。这种实践经验开始于人类精神的工具活动，在此劳动过程中，主观精神把自己作为一个具有能动性的“物”来加以认识。而随着机器对工具的取代，主体意识变成了“狡诈”，但是，因为任凭“其他人的活动互相承受”只是女性的特征，所以随着“狡诈”的出现，精神必然自我分化为男女“两极”，以两性之间的爱的关系来缓解其“存在的孤独”①。爱的关系较之工具活动的优越性在于主体之间相互自我认识的互惠性：由于在爱的关系中彼此都有“针对另一个欲望的欲望”②，两个主体就在对方身上认出了自己：当一方感觉到对方对自己的欲望时，它也就意识到自身同样是一个有着欲望的主体。值得注意的是，

① 参见［德］霍耐特《为承认而斗争》，胡继华译，上海世纪出版集团2005年版，第43页。

② ［法］科耶夫：《黑格尔导读》，姜志辉译，译林出版社2005年版，第7页。

黑格尔在这里第一次使用了“承认”概念，并在旁注中写道：在爱的关系中，“未开化的自然的自我”得到了“承认”。[①] 不仅如此，黑格尔还把家产和孩子视为这种爱的承认关系的活生生的客观表现媒介，认为它们直观地见证了夫妇双方对对方意向的相互认同。

然而，家庭不是独立地存在于社会之中，一个家庭的旁边矗立着很多别的家庭，这就产生了一种集体交往的生活状态，其间的社会竞争关系类似于自然法传统所描述的自然状态。但是，与传统自然法理论对自然状态和社会契约关系的处理不同，黑格尔认为社会契约的出现以及法律关系的形成不是从自然状态外面输入的，而是自然状态本身所固有的：“人必须被承认，也必须给他人以承认。这种必然性是他本身所固有的，因而并不是对立于这种实在内容的我们的思想中的必然性。作为承认行为，人本身就是运动，这种运动本身同时也取代了其自然状态：他就是承认。”[②] 在黑格尔看来，家庭不考虑他人的存在而排外地占有财产所引起他人的破坏行为，使得占有者第一次认识到：他的行为既有增加自己财产的经济意义，也有在他人和他人的认识中确认自我的社会意义，而这种自我的确认必须以承认他人为前提条件，否则只会遭到他人的反抗直至以死相拼。而在被排斥者这一方面，因为自己的被排斥、自己的未被考虑，他肯定对承认他人以赢得自己的被承认这一点有着更为直接的经验。由此，陷入冲突的双方都意识到了他们之间隐含的一致，并开始走出自然状态而过渡到由法律关系所调整的市民社会领域。

黑格尔在“现实精神”的标题下探讨了法律承认关系不断具体化的新形式，其第一步就是财产制度的确立。它使主体间彼此承认通过劳动创造和成为财产所有者的合法性获得了制度保障，并使交换行为成为可能，而交换是法人之间互惠行为的原型，其以语言为中介的反思形式就是契约。在契约中，现实的交换行为被清楚表达的相互之间的权利义务关系所取代，正如黑格尔所说，“它是一种公开宣布的交

---

① 转引自［德］霍耐特《为承认而斗争》，胡继华译，上海世纪出版集团2005年版，第44页。

② 同上书，第49页。

换，而不再是物与物的交换，却又与物本身一样重要”①。当然，法律承认关系的如此具体化也带来了非法的可能性，因为契约在形式上的保证和行动的实际完成之间存在着时间的裂口，这使得契约关系变得非常脆弱，时时受到违法犯罪的威胁。而一旦有违法犯罪行为真实地发生，那么针对这个以自我为中心而擅自退出契约关系的主体，唯一合适的对策就是法律强制力量的推行。这种法律强制力量的运用一方面是合法的，因为主体的毁约行为直接破坏了给予他法人地位的相互承认规则；但另一方面却也因为它的超越性而直接促成了“犯罪”，这正如黑格尔所说，“他虽然名不见经传，却不希望无足轻重，所以他蔑视公共意志而行使自己的意志”②。但是在黑格尔这里，犯罪行为不仅具有消极的意义，而且还具有积极的意义：它促使法律规范在实质内容和形式运用两个方面不断扩展和改进，以实现实质的平等承认，其相应的制度层面就是国家及其组织关系的确立。

不过，与《伦理体系》中国家被理解为一种主体间彼此承认其独特性并因而彼此和解的伦理领域不同，黑格尔在这里把国家理解为由“认识绝对意志，表达绝对意志”的“伟人高贵的力量建立起来的”③权威政权，并认为其最为适当的组织形式就是君主制。这个稍显突兀的论点其实是出于黑格尔精神哲学的概念框架的强制，在此概念框架下，整个“现实精神”的领域乃是精神向客观性的外化运动，国家及其组织关系的确立是这种外化的终点，精神由此从一切偶然的主观意志中解脱出来，第一次预感到它自己的“绝对意志”，由此出发，精神才可以从社会客观性返回到它自身的媒介当中，并最终在那里完成其自我认识和自我反思。也就是说，此前所讨论的法律承认关系不过是一种教化运动，其目标在于对国家的承认，用黑格尔自己的话来说就是，伦理关系“是教化个体服从共同体的运动”④。

这些论述直接构成了《法哲学原理》第三篇“伦理”部分的前

---

① 转引自［德］霍耐特《为承认而斗争》，胡继华译，上海世纪出版集团 2005 年版，第 57 页。

② 同上书，第 59 页。

③ 同上书，第 65 页。

④ 同上书，第 67 页。

史，后者是对前者更加系统化的理论加工。《法哲学原理》中论述家庭的部分与前述《伦理体系》和“耶拿精神哲学演讲”相同的地方在于，自由与家庭中所实现的情感承认关系密不可分。不同的地方在于：此时的黑格尔还讨论了“子女教育和家庭解体”[①]，并由此把家庭的最主要职能规定为培育未来市民社会的市民和国家的公民而不再是其中所实现的情感承认关系。在黑格尔看来，子女经教养而成为自由的人格，被承认为具有法律人格的成年人，这直接构成了家庭伦理上的解体和向市民社会的过渡。

关于市民社会，黑格尔写道：“这是各个成员作为独立的单个人的联合，因而也就是在形式普遍性中的联合，这种联合是通过成员的需要，通过保障人身和财产的法律制度，和通过维护他们特殊利益和公共利益的外部秩序而建立起来的。”[②] 可以看出，与前述《伦理体系》和“耶拿精神哲学演讲”相一致，市民社会首先是一个以个人私利为出发点的“需要的体系”[③]，但个人的需要并不能独自获得满足，只能遵循相互平等承认的利益交换原则在人与人的相互关系中得到满足。进而，市民社会还是一个法律的社会，一个“法权的体系”，因为只有通过“保障人身和财产的法律制度”才能解决其中不可避免的权利纠纷与矛盾冲突。总之，市民社会在形式上普遍地实现了人与人之间的相互承认，也就是说，为每个人普遍而平等地提供了一种形式上的自由。与前述《伦理体系》和“耶拿精神哲学演讲”不同的是，《法哲学原理》中的黑格尔认为市民社会有“警察和同业公会”存在的必然性。因为对于法来说，福利是纯然外在的东西，但这种福利在需要的体系中是一个本质的规定，所以，抽象的形式的法必须扩展自己，警察和同业公会就是这种扩展的现实化。“在市民社会中，正义是一件大事。好的法律可以使国家昌盛，而自由所有制是国家繁荣的基本条件。但是，因为我是完全交织在特殊性中的，我就有权要求，在这种联系中我的特殊福利也应该增进。我的福利、我的特殊性应该

① ［德］黑格尔：《法哲学原理》，范扬、张企泰译，商务印书馆 1961 年版，第 187 页。

② 同上书，第 174 页。

③ 同上书，第 204 页。

被考虑到，而这是通过警察和同业公会做到的。”① 很明显，黑格尔这是在用传统和风俗的习惯法来补充政治国家的成文法，将警察的外部秩序与同业公会对其特殊利益和公共利益的维护视为预防社会危险和保护生命财产的一种有效措施。不过，黑格尔同时也指出，这种补充只是“相对的”和“有限的”，因为警察和同业公会的职权是“相对的”和“有限的”，它们只有“在自在自为的普遍目的及其绝对的现实中，才具有它们的真理性”②。

与“耶拿精神哲学演讲”相一致，而与《伦理体系》不同的是，这个“自在自为的普遍目的及其绝对的现实”就是国家，只有通过国家的权威才能使形式普遍的法律承认关系，即形式的主观自由获得其实质性的实现。黑格尔写道：“国家是具体自由的现实；但具体自由在于，个人的单一性及其特殊利益不但获得它们的完全发展，以及它们的权利获得明白承认，而且一方面通过自身过渡到普遍物的利益，他方面它们认识和希求普遍物，甚至承认普遍物作为它们自己实体性的精神，并把普遍物作为它们的最终目的而进行活动。”③ 这里重要的是，黑格尔把对国家这一普遍物的承认规定为人在市民社会中实现自身自由的前提条件：只有人认识到国家是他们自身的实体性的精神，是他们的最终目的，从而自觉过渡到国家利益的时候，他们的特殊利益才能获得完全实现，他们的权利才能得到承认，他们的自由才能获得实质性的实现。

国家的理念在其直接现实性上就是国家制度或者说国家法，其中首先是内部国家制度。内部国家制度是“国家组织和国家内部关系中的有机生命过程；在这种关系中，国家把自己区分为自己内部的几个环节，并发展它们，使它们能巩固地存在”④。这几个环节分别是立法权，即确立普遍物的权力；行政权，即使特殊物从属于普遍物的权力；以及王权，即作为意志最后决断的主观性的权力。这几个环节作为合

① ［德］黑格尔：《法哲学原理》，范扬、张企泰译，商务印书馆 1961 年版，第 237 页。

② 同上书，第 237、252 页。

③ 同上书，第 260 页。

④ 同上书，第 283 页。

乎理性的国家制度的环节，每一个都在自身中包含着其他两个环节，并由此成就为君主立宪制。这是现代的成就，只有在现代，实体性的理念才获得了它无限的形式。①

在黑格尔看来，王权是君主立宪制的顶峰和起点。也就是说，王权的基本原则即绝对的自我规定是其余一切东西的最后归宿，也是其余一切东西的现实性的开端。所以，黑格尔对内部国家制度的考察从对王权的考察开始。② 因为国家的所有特殊职能和活动都必须从属于国家的整体（这构成国家的主权），而国家的整体作为简单自我，其主观性必须作为主体才能真正地存在，所以这个简单自我只能作为一个人而存在，这个人就是君主；而君主作为直接的单一性，其概念本身就包含着自然性的规定，也就是说，这个人凭借直接的自然方式，凭借肉体的出生而注定成为君主，这是王权的个别性的环节。其第二个环节是特殊性以及使特殊内容从属于普遍物的环节，最高谘议机关及其成员是其实存。其第三个环节涉及的是普遍物，从主观方面说就是君主的良心，从客观方面说是整个国家制度和法律。③

使特殊从属于普遍的事务是由行政权来执行的。行政权包括审判权和警察权，它们均与市民社会中的特殊物直接相关。因此，行使行政权的国家官吏及其最高谘议机关的人选是根据个人的“客观因素，即知识和本身才能的证明”从市民社会中选举并由国王批准而来的。他们奉召担任公职，并由此取得个人的生活资料及其特殊需要的满足，从而使他们能够摆脱其他一切主观因素的影响而专心致力于公职活动。当然，为了避免他们滥用职权，除了凭借这种客观的保障和他们自己的责任心之外，还必须有君主“自上的监督”和自治团体、同业公会“自下的监督”以及对他们进行“直接的伦理教育和思想教育”。④

立法权涉及的是法律本身，其对象简单地讲就是权利和义务。立法权作为一个整体，在其中起作用的首先是前面已经介绍过的两个环

① ［德］黑格尔：《法哲学原理》，范扬、张企泰译，商务印书馆 1961 年版，第 283—287 页。

② 同上书，第 287、292 页。

③ 同上书，第 293—307 页。

④ 同上书，第 308—314 页。

节，即君主权和行政权，它的最后一个环节是等级要素。等级要素作为中介机关，处于政府与分为特殊领域和特殊个人的人民之间，其作用在于沟通两者，使自在自为的普遍事务与作为经验普遍性的形式的主观自由都获得其实存。与直接具有政治意义和政治效能的普遍等级不同，等级要素中的等级只是私人等级，他们只能在其等级要素中才能获得政治意义和政治效能，主要有两个：建立在实体性关系上的土地占有者等级和建立在特殊需要与特殊劳动上的产业等级。不过，等级要素的使命并不在于使有关国家事务的讨论和决定做得更好，而是在于使不参与国家行政的市民社会成员的形式的主观自由达到它的权利，在这方面，公共舆论的作用值得重视。①

国家制度的第二个方面是对外主权，因为国家既然是个体性的、排外性的，就必然会和另一个单一体即另一个国家发生关系，这正像一个人必然会和另一个人发生关系一样。这种关系最主要的是战争关系，因为“个体性本质上是含有否定性的”②，所以正是在战争中国家的理念才得以最终实现出来。“这种否定关系是国家最特有的环节，国家的现实无限性，其中一切有限的东西都达到了理想性。正是在这个环节中，国家的实体——即对抗一切单一和特殊，对抗生命、财产及其权力，以及对抗其他集团的那国家的绝对权力——使这些有限东西的虚无性出现在定在和意识中。”③ 也就是说，相对于国家的理念这个更高的目标来说，财产权、包括生命权在内一切有限的东西都可以也应该被放弃，质言之，国家作为理念是对生命权和财产权的超越。这是一条超越近代主流意识形态的卓异思路，其价值有待重新评估。其中最重要的是，拒绝把个人权利视为现代政治的最终目标，虽然它不可避免的是现代政治的出发点：“有一种很谬误的打算，在对个人提出这种牺牲的要求这一问题上，把国家只看成市民社会，把它的终

① 参见［德］黑格尔《法哲学原理》，范扬、张企泰译，商务印书馆 1961 年版，第 315—338 页。

② 同上书，第 342 页。

③ 同上书，第 339 页。

极目的只看成个人生命财产的安全。”① 在黑格尔看来，市民社会是私人经济活动的领域，而国家则是代表具体自由的更高的政治领域，二者不可混淆，并且最终是国家决定了市民社会。

国家决定市民社会，这是黑格尔的一个决定性的思想。正是由此出发，黑格尔才坚持认为：“应该存在国家，这是上帝在现世中的道路。”（Es ist Gang Gottes in der Welt，daβ Staat ist. ）② 这句名言，和其他论证一起——如《历史哲学》中对腓特烈二世（Friedrich Ⅱ von PreuBen）的评价：他“可以算是在实践生活的范围内创始了一个新纪元的君主”，因为“他理解了‘国家’的普遍的目的，而且在君主中还是第一个”③ ——经常被用作证据来证明黑格尔对普鲁士王国的辩护甚或阿谀奉承。实际上，这是纯粹的误解甚或诽谤。在这种误解和诽谤中，不仅上述引文中的“应该存在（国家）”和腓特烈二世理解了其普遍目的的“国家”中的引号（“”）被有意无意地忽视，而且黑格尔的另一个石破天惊的断言：“德国已不再是个国家”④ 也已被人无情地遗忘了。实际上，上述文本清楚地表明，黑格尔哲学中的国家概念是一个纯粹在思想中建构起来的国家理念，虽然可以在某个现实的国家组织形式中看到其某一方面的影子，但绝不是现实世界中的任何一个国家，恰好相反，它是对现实的国家体制进行批判性思考的标准和尺度。

（六）历史与自由

然而，国家之间的这种战争关系以及其中蕴含的和平的可能性⑤

---

① 参见［德］黑格尔《法哲学原理》，范扬、张企泰译，商务印书馆 1961 年版，第 340 页。

② 同上书，第 259 页。不过，这里采纳的是徐长福教授的译文，参见马讷里《自由的三个概念：康德—黑格尔—马克思》，载刘小枫、陈少明主编《血气与政治》，华夏出版社 2007 年版，第 163 页；［加拿大］查尔斯·泰勒：《黑格尔》，张国清、朱进东译，译林出版社 2002 年版，第 560 页。

③ ［德］黑格尔：《历史哲学》，王造时译，上海书店出版社 2001 年版，第 435 页。

④ ［德］黑格尔：《黑格尔政治著作选》，薛华译，中国法制出版社 2008 年版，第 19 页。

⑤ 参见［德］黑格尔《法哲学原理》，范扬、张企泰译，商务印书馆 1961 年版，第 350 页。

“只能是一种外部关系，所以必须有第三者在它们之上，并把它们联系起来。现在这个第三者就是精神，它在世界历史中给自己以现实性，并且是凌驾于国家之上的绝对裁判官”[①]。这也就是说，只有在普遍的世界精神及其世界历史中，自由的理念才能被完满地实现，黑格尔的政治哲学就此直接通向其历史哲学。

有诸多考察历史的方法，如记述历史家亲眼所见的行动、事变的原始的历史和对以前所发生之事进行所谓反省的历史（对历史教训、历史著述的反省以及对各种部门的历史的分门别类的研究和普遍地研究历史，等等），而当反省的历史进到以普遍的观点为观点的时候，只要其立场是正确的，那么，它就涉及了一个民族历史的内部指导灵魂。这一指导灵魂就是精神，而要认识精神在这方面的指导推动之责就是黑格尔所谓对历史的哲学研究。[②]

对历史的哲学研究就是对历史的思想的考察，而哲学用以观察历史的唯一的思想就是理性概念。理性是世界的主宰，既是自然宇宙的主宰，也是“精神宇宙”即世界历史的主宰。[③] 世界历史是精神的领域，精神与物质相对，其根本属性是自由，就像物质的本质属性是重力一样。因此，世界历史无非是自由意识的进展，历史哲学无非是对这种进展的必然性的认识而已。[④] 而对这一点的认识就构成了历史哲学的第一个步骤。

历史哲学需要解决的第二个问题，是精神在世界历史中借以实现其自由原则的手段问题。自由原则、精神的本性和概念、历史的最终目的和使命最初都是内在的东西，其实现要借助于“意志”，黑格尔用此意指最广义的人类活动。而所有“人类的活动都发生于他们的需要、他们的热情、他们的兴趣、他们的个性和才能”[⑤]。因而，“这一大堆的欲望、兴趣和活动，便是‘世界精神’为完成它的目的——使

---

① 参见［德］黑格尔《法哲学原理》，范扬、张企泰译，商务印书馆1961年版，第259—260页。

② 参见［德］黑格尔《历史哲学》，王造时译，上海书店出版社2001年版，第1—8页。

③ 同上书，第8—9页。

④ 同上书，第16—19页。

⑤ 参见［德］黑格尔《历史哲学》，王造时译，上海书店出版社2001年版，第20页。

这目的具有意识，并且实现这目的——所用的工具和手段"①。其中的内在的机制，黑格尔称之为"理性的狡计"："特殊的东西同特殊的东西相互斗争，终于大家都有些损失。"② 原来是内在的自由原则、精神的概念和历史的目的终于得以实现。据此，黑格尔坚持认为："上帝统治着世界，而'世界历史'便是上帝的实际行政，便是上帝计划的见诸实行。"而"'理性'便是要领悟上帝的神圣工作"③。很明显，黑格尔的历史哲学是神正论，是康德对历史的目的论理解的彻底发挥。

历史哲学的第三个步骤是认识和理解自由原则、精神的概念和历史的目的在现实世界中的实现形态是什么。对此，黑格尔的看法是："法律、道德、政府是，并且只有它们是'自由'积极的现实和满足。"④ 和特殊的需要相关联的低级的和有限的自由只是放纵，它与普遍的意志的一致构成了道德，而国家就是那个道德的全体："要知道国家乃是'自由'的实现，也就是绝对的最后的目的的实现，而且它是为它自己而存在的。我们还要知道，人类具有的一切价值——一切精神的现实性，都是由国家而有的。"⑤ 至于国家理念由必不可少的法律和道德而来的详细发展过程则属于法哲学的范围，前面已有所讨论，此不赘述。

完成历史哲学的最后一步是理性地说明世界历史的进程。历史作为精神的形态，"采取事故的形式，即自然的直接现实性的形式"⑥。因此，其每一个发展阶段也作为直接的自然原则即采取民族的形式而存在，并由此成就一个个的世界历史性的民族。每个具有世界历史意义的民族都有着执行世界精神自我意识发展的某个环节的使命，正是这个使命使得它在世界历史的这个时期成为占统治地位的民族，而一

---

① 参见［德］黑格尔《历史哲学》，王造时译，上海书店出版社 2001 年版，第 25 页。

② 同上书，第 33 页。另请参见［德］黑格尔《法哲学原理》，范扬、张企泰译，商务印书馆 1961 年版，第 353 页。

③ ［德］黑格尔：《历史哲学》，王造时译，上海书店出版社 2001 年版，第 37 页。

④ 同上书，第 39 页。

⑤ 同上。

⑥ ［德］黑格尔：《法哲学原理》，范扬、张企泰译，商务印书馆 1961 年版，第 353 页。

旦这种使命宣告完成，世界精神的发展过渡到下一个更高的原则，这个民族的世界历史意义也就丧失了，而另一个民族就获得了这种世界历史意义。[①] 在世界精神自我意识发展的历史过程中，其所形成的原则共有四个：第一，精神最初作为直接的启示，以实体性精神的形态为其原则，其中个别性还沉没在它的本质中，没有获得其独立存在的权利；第二，美的伦理性的个体性原则，其中个体性和实体性精神直接地统一在一起；第三，抽象的普遍性原则，这是自为的个体性在自身中的深入，其代价是委弃了客观世界，从而导致了两方面的无限对立；第四，对立面的和解原则，精神从无限对立中返回自身，从它所产生的世界中认识到自身。依此四个原则，世界历史的进程可依次划分为四个王国，即东方的、希腊的、罗马的和日耳曼的。[②] 在《历史哲学》中，黑格尔形象地以太阳——光明——的路线来象征上述历史的路线，并明确表明："世界历史从'东方'到'西方'，因为欧洲绝对地是历史的终点，亚洲是起点。"[③] 其具体的表现在于：就世界历史作为自由的训练而言，东方世界只知道一个人是自由的，希腊罗马世界只知道一些人是自由的，只有日耳曼世界知道全体即所有人都是自由的；就历史上出现的国家体制而言，第一种是专制政体，第二种是民主和贵族政体，第三种是君主政体。[④]

世界历史的第一个王国是东方王国。在其中，基础是实体的精神性，而个人主观的意志和它最初发生的关系是信仰、信心和服从，其具体的表现形式就是政教合一的专制政体。这是世界历史的幼年和少年时代，一部非历史的历史（unhistorical history），因为它在内部是安静的，没有发展只有重复，而它在对外运动中所表现出的生气也只是原始的怒吼和破坏。[⑤]

世界历史的第二个王国是希腊王国。这是世界历史的青年时代，

---

① ［德］黑格尔：《法哲学原理》，范扬、张企泰译，商务印书馆 1961 年版，第 354 页。

② 同上书，第 356—357 页。

③ ［德］黑格尔：《历史哲学》，王造时译，上海书店出版社 2001 年版，第 106 页。

④ 同上书，第 106—107 页。

⑤ 参见［德］黑格尔《历史哲学》，王造时译，上海书店出版社 2001 年版，第 107—109 页；《法哲学原理》，范扬、张企泰译，商务印书馆 1961 年版，第 357—358 页。

在其中，拥有自由意志的个体已经形成，并且无反省地实行着“正义”和“法律”所规定的风俗习惯。主观的有限的意志和普遍的无限的精神的这种结合和统一成就了希腊世界的美，成就了其自由而明朗的伦理性。但这种结合和统一并没有被反省，因而是不自觉的和一时的，它只能作为神秘的基础而存在，从而意志的最后决断并不属于自为地存在着的自我意识的主观性，而是属于这种主观性之上和之外的一种权力，如神谕、苏格拉底所说的神灵之声、祭神牲畜的内脏、鸟的飞翔，等等，而且，一旦对这种结合和统一稍加反省，它也就濒临瓦解了，这也就是对苏格拉底的判决虽然显示了高度的悲剧性但又十分的公正的原因所在：希腊的民主政体确实禁不起苏格拉底式的反省。至于希腊世界的奴隶制度，那在一种美的民主政体下是必要的，奴隶制度非到意志已经无限地自己反省之后，也就是说，非到意志的自由原则已经为每一个人所具有之后，才能被废止。①

第三个王国是抽象的普遍性领域，这是罗马国家，也就是历史上的壮年时代的艰苦工作。在其中，由于精神从包含着它的自然因素即个人的特性中退回，并由此自己发展成为抽象的普遍性，罗马世界的伦理生活无限地分裂为抽象的普遍精神和同样抽象的私人的自由意识这两个极端。这种分裂从贵族制的实体性的直觉和采取民主制形式的自由人格的原则对立开始，最终发展为迷信、冷酷、贪婪、不惜用任何手段追求赤裸裸统治的掌权者和贱民的无尽争斗。其结果是普遍的灾祸和伦理生活的毁灭：民族的个体性消失在万神庙的统一之中，一切个人都被降格为私人，他们一律平等，并且平等地具有形式的权利，只有已经推进到惊人地步的抽象任性才能把他们联系起来。历史地讲，罗马世界乃是压服的命运，其目的和使命就在于以抽象的普遍性的名义毁灭各个民族和个人中间的一切具体的生活，驱使灵魂托庇于基督教所提供的超感官世界之中。②

精神和世界的一起丧失使得被逼退回自身的精神在这种绝对否定

① 参见［德］黑格尔《法哲学原理》，范扬、张企泰译，商务印书馆 1961 年版，第 358 页；《历史哲学》，王造时译，上海书店出版社 2001 年版，第 109、252—253、268 页。

② 参见［德］黑格尔《法哲学原理》，范扬、张企泰译，商务印书馆 1961 年版，第 358—359 页；《历史哲学》，王造时译，上海书店出版社 2001 年版，第 109—111、276 页。

性的极端上把握住其内部性质的无限肯定性，也就是说，把握住精神的本性和人的本性相统一的原则，即客观真理和自由相统一的原则。负有使命完成这一原则的是日耳曼民族，其所成就的是世界历史的完满和成熟，因此可以称之为历史的老年时代。这个日耳曼世界从基督教中一切矛盾的调和和解决开始，但这种和解最初还是抽象的，只存在于信仰、爱和和解之中，要经过长达八个世纪的时间才成长为一种世界的政治的形式，并在日耳曼世界中取得历史的具体的现实性，这是所谓“圣父的王国”。当然，即使是在这个世界里，“教会的帝国”中的精神原则与“世俗的帝国”中的粗鲁和野蛮的对立还依然存在，表现在：教会作为一种神权政体与国家作为一种封建的君主政体之间的对峙。这是所谓“圣子的王国”。在教会和国家长期的残酷斗争中，精神的王国逐渐从天国的实存降为地上的现世，从而蜕去了其彼岸色彩和偶然的权力要求，尘世的王国逐渐把它抽象的自为存在建成思想，建成合乎理性的法与法律的合理性，从而蜕去了其野蛮性和不法任性。于是，真实的调和就成为客观的了，这种调和把国家展示为理性的形象与现实，在国家中，自我意识在其有机发展中找到了它的实体性的知识，也找到了意志的现实性。这是所谓“圣灵的王国”即“精神的王国”。圣父、圣子、圣灵，圆圈闭合了，历史实现了它的目的：自由。①

（七）哲学与自由

但即使是到了上述发展的最后阶段即历史中，自由的实现也不是完满的实现，因为在那里，自由的实现也不是完全的自我决定，而是还要借助于“人类的激情”等外在的和有限的手段来实现自身。因此，还需要从历史中“走出来”，进入到直接以绝对自由理念为对象的世界中，即包括艺术、宗教和哲学在内的绝对精神中，才能在绝对精神的最后进展即哲学中达到绝对自由的完满实现。

---

① 参见［德］黑格尔《法哲学原理》，范扬、张企泰译，商务印书馆 1961 年版，第 359—360 页；《历史哲学》，王造时译，上海书店出版社 2001 年版，第 111—112、338—342 页。

绝对精神分为艺术、宗教、哲学三个阶段，三者的内容和对象都是绝对或绝对自由，区别在于认识的方式上，并由此呈现出不断发展的形态。艺术是在直接性中认识绝对，也就是说，在艺术中绝对显现于直接性之中，显现于外在的感觉对象之中。单纯的感性存在本身谈不上美，只有通过人的精神在特定的感性存在中认识到了其中的理念、绝对，它才算是美的东西。这就是黑格尔关于美的著名定义："美是理念的感性显现。"艺术对理念的这种感性显现，从象征型艺术经过古典型艺术到浪漫型艺术的发展，是越来越摆脱物质性、外在性、客体性而趋向精神性、内在性的过程，也是越来越趋向自由的过程。但只要停留在艺术领域，就总会有感性形式的局限性，即使是浪漫型艺术这一最高的艺术阶段也不能完全摆脱这个缺点。绝对是精神，感性形式终归不足以表达它，所以需要通过新的、更高的形式来表达它。最高的、最适当的形象是哲学的对象"纯思想""纯概念"，但在感性形式和"纯思想"之间还有一个中间的形式，这就是宗教的表象形式。表象既含有感性成分，又含有思想、概念的成分。"绝对宗教"即基督教作为宗教的最高形态，是无限与有限的统一，神与人的统一：基督是人，此人即是上帝；基督是上帝，此上帝即是人。哲学是以"纯思想""纯概念"的方式把握绝对。人到了采取"纯思想""纯概念"的方式时，也最为自由。在艺术里，精神没有摆脱外在感性的东西或客体；在宗教里，主体性表现为对绝对的内心虔诚态度，宗教意识吞噬了客体性；只有哲学的"纯思想"才既有艺术的客体性，又有宗教的主体性，因而是它们的统一性，并且自己知道自己是"自思维的理念"，其目的是自由，产生自由的方法则是思维本身。①

① ［德］黑格尔：《精神哲学》，韦卓民译，华中师范大学出版社 2006 年版，第 161—162 页。

第五章
永恒与自由：谢林

在国内德国古典哲学的研究中，康德与黑格尔获得了应有的关注，而谢林却一直被忽略。这是不应该的也是不合理的。谢林的哲学思考，绝不限于早期的先验唯心主义、自然哲学、同一哲学和艺术哲学，其后期的《对人类自由的本质及其相关对象的哲学研究》（1809 年）（这部著作经常被学界简称为《自由论文》，在下面的行文中，我们也同样处理）、《世界时代》（1811 年原稿，1813 年二版，1815 年残篇）以及《近代哲学史》（1833/34 年）甚至比此前的哲学思想更为重要。《自由论文》被海德格尔（Martin Heidegger）称为“谢林最大的成绩，它同时是德国哲学最深刻的著作之一，因而也是西方哲学最深刻的著作之一”[①]。而其从 1810 年底开始构思并最终以手稿形式留存下来的《世界时代》更是被他自己视为“我的这部伟大的著作”[②]，齐泽克则对其评价说：“可以论证的是，在其失败的地方，它们是德国唯心论的顶点，同时，它们是一个向未知领域的突破。”[③] 但令人略感遗憾或使历史饶有趣味的是，在谢林全力构思自己“世界时代哲学”[④] 的时

---

① ［德］海德格尔：《谢林论人类自由的本质》，薛华译，中国法制出版社 2009 年版，第 3 页。

② 转引自先刚《永恒与时间——谢林哲学研究》，商务印书馆 2008 年版，第 28 页。

③ ［斯洛文尼亚］齐泽克：《自由的深渊》，王俊译，上海译文出版社 2013 年版，第 16 页。

④ 根据先刚的研究，我们可以把 1811—1827 年这段时期看作谢林狭义的“世界时代哲学时期”，但也有理由将谢林的整个后期哲学视为广义的“世界哲学时期”，见其《永恒与时间——谢林哲学研究》，商务印书馆 2008 年版，第 31 页。

候，他的老朋友黑格尔陆续发表了奠定其哲学界领袖地位的《逻辑学》（1811—1816 年）和《哲学科学全书》（1817 年、1827 年、1830 年），而谢林的后期思想也就在这样的时代思想氛围中、在黑格尔的激烈批评中被遗忘了。然而，不只是黑格尔批评了谢林，谢林自己也在其《近代哲学史》中对其前期哲学做了深刻的自我反省和评价，当然也少不了对于黑格尔哲学同样激烈和精彩的批评。也许，认真体会这两位精神巨人之间的相互批评正是把握德国哲学后来发展走向的一个独特视角，或者说是关键所在。

一　永恒自由与善恶的可能性

谢林生前公开发表的最后一部哲学著作是 1809 年的《自由论文》，但其对自由问题的关注却并非自 1809 年开始。在 1795 年 2 月 4 日写给黑格尔的一封信里，谢林就曾写道："哲学必须从无条件者出发。……我认为所有哲学的最高本原就是纯粹的、绝对的自我，即那个单纯的、根本不以客体为条件，而是通过自由被设定的自我。所有哲学的开端和终结都是自由。"① 这段引文的重要性不止在于说明谢林关注自由问题的时间之早，而且在于：与其他德国古典哲学家们一样，谢林对自由问题的关注也是与从最高本原出发展开整个哲学体系的努力联系在一起的。在《自由论文》的结尾，谢林写道："眼前的这部著作将带出一系列其他论著，在这些论著中将逐步地阐述哲学观念部分的整体。"② 因此，我们将把 1809 年的《自由论文》与 1811 年之后的《世界时代》放在一起来读，也就是说，在其整个哲学体系中来理解和说明自由问题。

谢林哲学几乎总是从最高本原出发展开其哲学体系的，但他对最高本原有过很多不同的讲法，甚至在同一著作中的不同地方也使用过不同的称呼：在其早期，如 1795 年的《自我作为哲学的本原》和

① 转引自先刚《永恒与时间——谢林哲学研究》，商务印书馆 2008 年版，第 13 页。

② ［德］谢林：《对人类自由的本质及其相关对象的哲学研究》，邓安庆译，商务印书馆 2008 年版，第 137 页。

1800 年的《先验唯心论体系》中，“绝对自我”被确立为本原，并被规定为主观的东西和客观的东西统一的“绝对单纯、绝对同一的东西”“无条件者”，等等；在其短暂的同一哲学的辉煌时期，如在 1802 年的《布鲁诺对话》中，本原又被规定为“原型的自然”，作为观念的东西和实在的东西以及有限的东西和无限的东西的统一的“绝对”，“永恒”或“永恒东西自身”；自 1806 年以来，常用“上帝”“神性”“无欲意志”“永恒自由”“原初存在”原初本质”“绝对主体”“绝对精神”等称呼，但早先的“绝对者”或“无差别”等也有用到。这不是谢林思想的混乱，而是因为最高本原这样的超绝之物决不能固定在一个概念上面。黑格尔哲学的最高概念也是如此。对于我们来说，记住谢林对此的理论自觉是重要的，他说：“我认为，那个绝对者在我们这里不能被束缚在一个单纯的词语上面，只有自己通过努力获得的对于我们之内的理智事物的直观才能补救我们的语言的欠缺。”[①] 而这些词语所表达的谢林的直观总是涉及绝对者的理念，这个绝对者的理念不仅是其体系的基础，而且还是一个无所不包的大全和整体。

虽然很难说谢林关于最终本原的思想存在断裂，但由之而来对自由的理解还是有一个较为明显的变化的。在自我作为本原的先验唯心论时期，自由主要被理解为人的自由，而争取人的解放与自由正是时代进步的标志。《自我作为哲学的本原》中讲：“使人得到解放，脱离客观世界的恐怖，这是理性的一次大胆冒险；这次冒险是不会失败的，因为人将随着认识他自己和自己的力量，而变得更加伟大。如果让人意识到他现在是什么，他就会立刻知道自己应该是什么：让他在理论上重视自己，他就会紧接着在实践上重视自己。”[②] 那么，人现在是什么和应该是什么呢？自由。在接下来创立的“先验唯心论体系”中，谢林详细演绎了他的先验唯心论原理，并明确讲道：“这一哲学的开端和归宿是自由，是绝对不能加以证明的东西，这种东西只能由它自身来证明。在其他一切体系里使自由有濒于毁灭危险的东西，在这一

---

① 转引自先刚《永恒与时间——谢林哲学研究》，商务印书馆 2008 年版，第 105—106 页。

② 转引自［德］谢林《先验唯心论体系》，梁志学、石泉译，商务印书馆 1976 年版，译者序言。

体系里却是从自由本身推演出来的。”① 之所以这样说是因为作为本原的自我既不能被看成是个体的自我，也不能被看成是经验意识之内出现的自我，正如它既不是自在之物也不是现象之物一样；自我乃是一种活动，这种活动处于一切时间之外，赋予一切事物以存在，而自身根本不需要别的存在来支撑，因而就是存在本身，就是绝对和自由。先验唯心论原理作为这个本原的运动过程，因为需要一种纯粹理论的构造所以和理论哲学毗邻，又因为它是一种公设所以也和实践哲学毗邻，并因此同时成为理论哲学和实践哲学的基础而又超越于这两者成为更高的哲学，即对绝对自由的自我进行理智直观的艺术哲学。在这一哲学体系下，自由与必然性的统一，即“自由应该是必然，必然应该是自由”，这一“先验哲学的最高问题”② 在历史中得到了集中的表现，因为“自由决不应该是恩赐或一种仅仅象禁果那样可供享用的食品。自由必须以一种制度作保证，这种制度就象自然秩序那样昭然在目和不可移易”③。在此时的谢林看来，世界历史上出现的各种法律制度都是自由推动下的最大胆、最无拘束的表演，而这种自由的表演过程就是所谓历史，因而可以说“历史的主要特点在于它表现了自由与必然的统一，并且只有这种统一才使历史成为可能”④。此前引述的关于人的解放和时代进步的理论据此得到辩护。

不过，随着谢林对法国革命态度的转变，《先验唯心论体系》中原本所包含着的绝对自由不能简单地由人类历史来实现的想法逐渐占了上风，并由对艺术的推崇转向了对上帝或神性的思考。在《先验唯心论体系》完成两年之后的《关于科学研究方法的演讲》（1802 年）中，谢林明确讲到“所谓市民的自由，仅仅产生了奴役和自由的大杂烩，却决没有产生绝对的、正因为如此又是自由的生活”⑤。与此同时的《布鲁诺对话》（1802 年）则以“论事物的神性原理和本性原理”为副标题和主要

---

① 转引自［德］谢林《先验唯心论体系》，梁志学、石泉译，商务印书馆 1976 年版，第 4 页。

② 同上书，第 244 页。

③ 同上。

④ 同上书，第 243 页。

⑤ 同上书，译者序言。

探讨内容，从而完成了向后期《自由论文》和“世界时代哲学”的过渡。而从《自由论文》以来，谢林哲学中的自由问题已经从人的自由明确转向了上帝的自由或永恒自由：“自由，就其是自由的而言，只是在上帝之内；不自由，就其是不自由的而言，必然是在上帝之外。”①

但说自由、人和世界万物“只是在上帝之内”，这无疑是泛神论；而即使我们承认“理性的唯一可能的体系是泛神论”，但通常人们都会认为“泛神论不可避免地是宿命论”②，若果真如此，那么自由概念又如何与这一体系相容呢？这就是谢林转向永恒自由时首先要加以回答的问题，因为毕竟是他在一直坚持：虽然自由必定与体系相矛盾的断言不时出现，但实际上“我们在任何地方都没有发现从理性和认识自身的本质中所汲取的根据，所以，自由概念同世界观整体的联系，诚然将永远保持为一个必然的研究课题。不解决这一课题，自由概念本身将是摇摆不定的，而哲学也将会是完全无价值的了。因为唯有这个宏大论题，才是从最深到最高知识的所有追求的无意识的和不可见的内在动力；如若没有必然和自由的矛盾，不仅仅哲学不成其为哲学；而且，任何高级一点的精神欲求都会陷入死亡”③。解决之路在于正确地理解泛神论。首先，泛神论不是说“神与物完全等同”，恰恰相反，正是在泛神论中，特别是“被视为泛神论之经典的斯宾诺莎学说”④中才会有万物与神之最为完整的区别，即神是在自身之内存在并从自身而被理解的东西，而任何其他有限事物都是在他物中存在并从他物而被理解的东西。其次，泛神论也不是说“只有神在，而事物什么都

① ［德］谢林：《对人类自由的本质及其相关对象的哲学研究》，邓安庆译，商务印书馆2008年版，第59页。但这里要注意谢林著作中所谓的“拟人论问题”，即《自由论文》（包括《世界时代》）确实“只是时而顺便以强调方式关乎到人”，“毋宁说所谈的是绝对，是创世，是自然，是存在的诸本质环节，是泛神论和唯心论”，但即便如此，我们还是要看到“在一切中谈论的却都只是人，而那些最高的规定是在同人相应关系中获得的”。（［德］海德格尔：《谢林论人类自由的本质》，薛华译，中国法制出版社2009年版，第256页）也就是说，谢林之从人的自由转向神的自由，不是抛弃人的自由，而是想要深究人的自由之最高本原并为其奠基，因而这里没有思想的根本断裂，有的只是思路的继续推进。

② ［德］谢林：《对人类自由的本质及其相关对象的哲学研究》，邓安庆译，商务印书馆2008年版，第49页。

③ 同上。

④ 同上书，第51页。

不是”，从而取消了一切个体性，而整个概念体系也因之自行解体并归于虚无。这里涉及对同一律或系词“是”的本质理解，当它表示主词和谓词之同一性的时候，它并没有像通常的误解一样，认为主、谓词表示的两个东西是一样的，或者说两者有一种无中介的关系。举例而言，“善即是恶这个命题所要说的不过就是：恶没有通过自身而去存在的强力，在它之中存在着的是（自在自为地被看待的）善”①，而不是说法与非法、德行与恶行都是一样的；“或者假如在另一个将必然的东西和自由的东西解释为同一的习语中，其意义是：作为伦理世界之本质的东西（在归根结底的意义上），也就是自然世界的本质”②，而不是说自由的东西无非就是自然力，属于机械过程。从本质上而言，S是P并不表示S与P是一样的，而只是说S给P以根据，这里并没有取消P的独立性，虽然命题本身确实表达了P的依附性，因为如果P的独立性没有了，那么说S是P还有什么意义呢？

因此，真正意义上的泛神论“无非就是表示事物内在于神的学说”③，也就是说，它说的是事物与神之区别，以及与神之神圣性关联，在这种关联中事物以依附于神的形式获得了它的独立性存在和它的永恒性与神圣性。这里当然可以通向宿命论，具体表现为“在所有近代的体系中，无论是在莱布尼茨的体系中，还是斯宾诺莎的体系中，都缺乏真正的自由概念”，在他们那里，“自由存在于理智原则对感性原则和欲望的单纯统治之中”。④ 但实际上他们并非因为泛神论的缘故而是因为别的缘故而成为宿命论者的，比如斯宾诺莎（Spinoza），“他的体系的失误绝不在于，把事物置于神之内，而在于，神都是物——关于世界本质的抽象概念，甚至无限实体自身，对他而言都只是一个物。所以他对自由所作的那些论证完全是决定论的，而不是泛神论的”⑤。但问题在于，上帝自身绝不可能是一个（死）物，其本质理念

---

① ［德］谢林：《对人类自由的本质及其相关对象的哲学研究》，邓安庆译，商务印书馆2008年版，第53页。

② 同上。

③ 同上书，第50页。

④ 同上书，第57页。

⑤ 同上书，第61页。

乃是“一系列的创生活动”，正如莱布尼茨（Leibniz）所说，“是上帝的那位，同时被生”，或者相反地说，“是某人之子的那位，自身也是人”①。与此类似，“上帝不是一些死物的上帝，而是活物的上帝”，它们对上帝的依附性绝不取消其独立性，更不取消其自由，因为每个有限事物通过他物存在只是“作为一种被生成之物”通过他物存在，也就是说，“它是根据这种生成，而绝不是根据这种存在是依附的”②。举例而言，“个别的器官，如眼睛，只有在一有机组织的整体中才可能存在；尽管如此，它仍然具有一种自为的生命，甚至一种自由的方式，这种自由，明显地通过它能够生病而得到证明”③。因此，不是泛神论必然导致宿命论，而是不彻底的泛神论如斯宾诺莎的体系才会导致宿命论，任务只在于“通过动力学的自然观”对斯宾诺莎主义“从本质上加以改变”。④ 谢林早期的自然哲学研究就是如此，其基本意图就是努力使对自然的考察获得一种活的基础，具体途径则是在其体系中补入观念性部分（自由在其中占统治地位），“在这（自由的）部分里所断言的是，存在着最终的幂级化行动，通过这种行动，整个自然才在感觉中、在理智中、最终在意志中焕发出神采。——在这最终和最高的主宰中，除了意欲外没有其他的存在。意欲就是原始存在”⑤。而就1809年及以后的谢林而言，处在与斯宾诺莎的实在论相反一极的唯心论的问题也暴露了出来，即尽管“只是由于唯心论我们才有了第一个关于形式自由的完满概念。但是，就其自身来看，唯心论终归还远不是一个完成了的体系”⑥，也就是说，就其自身而言，单纯的唯心论既不能完全说明人类的自由（因为“作为实在的和有生命的概念，自由据称是一种善和恶的能力”⑦），也不能取消真正的泛神论（它只能纠正与单纯实在论相混淆的泛神论的失误，如用莱布尼茨纠正斯宾

---

① ［德］谢林：《对人类自由的本质及其相关对象的哲学研究》，邓安庆译，商务印书馆2008年版，第58页。

② 同上。

③ 同上。

④ 同上书，第61页。

⑤ 同上书，第63页。

⑥ 同上。

⑦ 同上书，第65页。

诺莎一样）。于是，通过结合实在论和唯心论以完善泛神论进而解决作为“哲学的唯一和全部”[①] 的自由问题就成了此时谢林的主要任务：“斯宾诺莎的实在论与莱布尼茨的唯心论一样抽象。唯心论是哲学的灵魂，实在论是哲学的肉体，只有两者的结合才能构成一个有生命力的整体。后者绝不可能给出原则，但它必须是基础和手段，使前者在其中实现自己，获得血和肉。”[②]

谢林从一个习以为常的说法，即没有什么东西可以在上帝之外或之前存在，开始他的讨论。从上帝的角度来看，这一命题意味着上帝在自身之内拥有其实存的根据。但谢林认为，通常理解的这个“根据”只是一个单纯的概念或说法而已，并没有使之成为某种实在的东西。与此相反，谢林认为“上帝在自身之内拥有的其实存的这个根据，不能被绝对地看作就是上帝，就是说，它只是实存着，因为它也只是上帝实存的根据，它就是上帝中的自然；一个虽然与上帝不可分离，但确有区别的东西”[③]，并以自然中的重力与光的关系对此加以类比的说明。从事物的角度来看，也可以导致实存与单纯实存之根据间的同样区分。前面已经说过，生成是唯一适合于事物本性的概念，但事物不能在上帝之内生成，因为绝对地看，事物与上帝是完全地或者更准确地说，无限地相区别的。由于这一区别，事物只能在不同于上帝的一个根据中生成，但又没有什么东西能在上帝之外存在，那么矛盾只能这样来解决，即“事物所拥有的根据，是在上帝自身之内但不是他自身的东西中，也就是说，在那个只是他的实存根据的东西中”[④]。

可以从实在论和唯心论两个方向来理解上帝自身之内的这一区分，因为“对于泛神论而言，究竟是那些个别的事物存在于一绝对实体中，还是同样地诸多个别的意志统括于一原始意志，作为这样的问题，完全是一样的。在第一种情况下，泛神论是实在论的，在另一种情况

① ［德］谢林：《对人类自由的本质及其相关对象的哲学研究》，邓安庆译，商务印书馆2008年版，第63页。

② 同上书，第69页。

③ 同上书，第71页。

④ 同上书，第72页。

下它则是唯心论的，但基本概念是相同的”[①]。从实在论的角度来看，上帝自身是纯粹的光明，但上帝实存的根据则是黑暗。从唯心论的角度看，上帝乃是理智，因为“理智真正地才是一切意志中的意志”，上帝实存的根据则是作为渴望的意志，是对理智的渴求和欲望，是“其中没有理智的意志”，因而也就是“不独立和不完善的意志”[②]。于是，谢林把实在论和唯心论二者结合起来，认为一切（包括上帝、人以及其他一切有限事物）都是从这黑暗作为对理智之光的渴望中诞生的，“一切诞生都是从黑暗向光明诞生，种子必须种入土地并在黑暗中死去，为的是让更美的光明形态成长起来，得以在阳光下发展。人也是在母体中成形，从无理智的黑暗（从感觉、渴望到知识的美丽之母）才成长出光辉的思想”[③]。不仅如此，包括人在内的有限事物即使是诞生之后也绝不可能取消作为其根据的黑暗，它永远在那儿，作为有限事物之“必然的一份遗产”，“唯有上帝，这位实存着的他自身，居于纯粹的光明中，因为只有他是从自己本身出发的”[④]。

但重要的是，上帝也有其诞生的一个过程。因为“上帝是一种生命，而不只是一种存在”[⑤]，单纯的存在等于静态的存在，而有生命力的存在总是生成着的存在。这是在《自由论文》中已有暗示，后来又在1810年的《斯图亚特私人讲演》，特别是之后的《世界时代》的几个“草案”中着意加以发挥的一个主题。按其所言，上帝在其第一（最初的）阶段是无知和冷漠的存在，因而也是纯洁和至福的存在。这种无知和冷漠不是对自己和事物的无知和冷漠，而是对他自身之内隐含的“抑止、阻碍和对抗发展”“向内返回”的力量和原则与“朝前冲、冲向发展”“自我膨胀”的力量和原则的极度无知和冷漠，因为这两种对抗的力量和原则还是处于“绝对无差别”的静止状态，它还是“以一种整体的和不可分的方式是这两者”，因此“它不是两个

---

① ［德］谢林：《对人类自由的本质及其相关对象的哲学研究》，邓安庆译，商务印书馆2008年版，第64—65页。

② 同上书，第73页。

③ 同上书，第74页。

④ 同上书，第73页。

⑤ 同上书，第122页。

不同的本质，而是在两种不同形式中的唯一本质”①。因其对两种力量的无知和冷漠，所以它只是“意愿虚无的意志”，但这种就是虚无的意志却是一切：“在它既不意欲成为活跃的、也不渴望现实性的程度上，它是虚无。它是一切，因为所有力量作为永恒自由都只源于它；因为它拥有一切在它之下的事物，因为它统治一切事物而不被任何东西统治。”② 不过需要注意的是，上帝的这种尚未自知，并不因此就是混沌的黑夜，就是昏沉和无救的存在，恰恰相反，这样一种原初状态正是因其无知而是纯洁和至福的存在状态：“你们看看婴儿吧，在自身内什么都混沌未分，你们将在婴儿身上认出一个最为纯粹的神性形象。通常，我们总是把最高的东西说成是主体和客体的真正绝对的统一，而这个最高的东西不是双方的，只有力才是双方的。它是尚未自知的自身内心的纯粹喜悦，是完全满足于自身且一无所思的泰然自得的狂喜，是对其不存在感到欢愉的静止的内在性。”③ 也就是说，上帝在其最初的存在中就拥有一切，但仿佛它并不拥有一切一样存在，就像一个婴儿拥有一切却像并不真的拥有它们一样存在一样，因此，此时的上帝就像一个婴儿一样并不知道存在之艰难而在自身之内拥有某种静观的极乐和至福。

然而，“没有实际上成为它的某种东西的一切，必定生来就寻找自己”④，因而上帝也要寻找自己从而实际地成为它自身。需要注意的是，这种“寻找自己”作为“神之亲在的最初的激动”或“第一激

① ［德］谢林：《世界时代·二版》，载［斯洛文尼亚］齐泽克《自由的深渊》，王俊译，上海译文出版社 2013 年版，第 129、132、148 页。关于这两种力量，谢林在其早期和晚期哲学中曾有过多种不同的表述，读者可参见谢林《对人类自由的本质及其相关对象的哲学研究》“德文版编者霍尔斯特·福尔曼斯的导论”第二节，我们这里舍其“现实的”与“观念的”、“存在”与“存在者”、“自性”与“爱”等诸多命名而只取其本质意涵。关于这两种力量原初的“绝对无差别”状态，还可参见谢林《对人类自由的本质及其相关对象的哲学研究》，邓安庆译，商务印书馆 2008 年版，第 126—127 页。

② ［德］谢林：《世界时代·二版》，载［斯洛文尼亚］齐泽克《自由的深渊》，王俊译，上海译文出版社 2013 年版，第 138—139 页。

③ 转引自［德］谢林《对人类自由的本质及其相关对象的哲学研究》，邓安庆译，商务印书馆 2008 年版，“福尔曼斯德文版注释”［6］，第 148 页。

④ ［德］谢林：《世界时代·二版》，载［斯洛文尼亚］齐泽克《自由的深渊》，王俊译，上海译文出版社 2013 年版，第 142 页。

动”，乃是无意识的：“我们能将磁石的两极想象为一种持续的、无意识的渴望状态，它们通过渴望努力抵达彼此，并渴望抓住可抵达彼此的任何方式。同样，我们可以将（存在与存在者）的永恒对立想象为一种相互的、无意识的渴望状态和对彼此的向往，尽管不知道彼此。”① 因此，如果我们能将上帝最初的存在看成休止的和冷漠的意志的话，我们就可以将处于这一阶段的上帝看成无意识的和自我寻找的意志。因为这种自我寻找是被神圣、预感和不可表达的渴望所驱使，而不是被知识和明晰的意识所驱使，所以它自身乃是发生在上帝自身之内的一个混乱事件：“它那莽撞的运动，如同波涛汹涌的大海，形同柏拉图的物质，遵循盲目不定的规则，不能为自己形成某种持久的东西。”② 不过这一无意识的过程产生的结果却是上帝达到了意识进而把握了自己：“但是，这一渴望作为尚且黑暗的根据，依然是神之亲在的最初的激动，与此相应，在上帝自身之内，产生了一种内在反映性的表象，通过这一表象，上帝在一肖像中看见了他自身，因为除了上帝之外，没有其他的表象对象。”③ 正是在这里，谢林像之前接纳了柏拉图的物质一样接纳了柏拉图的理念王国，把它把握为上帝诸思想的王国，并改传统中的静态把握为动态把握：这一巨大的等级化王国是从上帝自身之内种种强力的第一次激动中产生的，它们作为可能的、未来存在的形象向上帝自身显示了未来的现实存在的样板，而上帝则因此把握了自身。因此，上帝从无知而又纯洁的原初状态中被拉了出来并不只是损失，而同时也是获得，因而也“并非没有狂喜”，“它们在上帝之内创造的却是静观性的最纯粹的狂喜，在此狂喜中他的本质的奇迹向他启示出来”④。

接下来就是现实的创世了，因为神之最初的激动所产生的“这个

---

① ［德］谢林：《对人类自由的本质及其相关对象的哲学研究》，邓安庆译，商务印书馆2008年版，第74页；［德］谢林：《世界时代·二版》，载［斯洛文尼亚］齐泽克《自由的深渊》，王俊译，上海译文出版社2013年版，第141页。

② ［德］谢林：《对人类自由的本质及其相关对象的哲学研究》，邓安庆译，商务印书馆2008年版，第74页。

③ 同上。

④ ［德］谢林：《世界时代·原稿》，转引自［德］谢林《对人类自由的本质及其相关对象的哲学研究》“福尔曼斯德文版注释”［6］，第150页。

表象同时也是理智——那个渴望的道语——和永恒的精神，这一在自身之内同时在无限的渴望中感悟道语的精神，为爱所感动，它自身就是爱，说出了这样的道语：理智和渴望现在一起变成了自由创造的和万能的意志，并在原初无规则的自然中作为意志的元素形成它启示的工具"[①]。在这里，"道语"和"精神"乃是上帝自身之实存与其实存根据之本源的起结合作用的统一性，由此实存及其根据才可以作为两种既相互回避又相互从属、既不可分离又相互独立的力量而存在；但精神还不是最高的东西，"它只是精神，或者说只是爱的气息，而爱却是最高的东西"[②]，因此它必须"为爱所感动"进而"成为爱"才能"说出道语"，即作为意志而自由且现实地启示自身，亦即创世。关于这一点，首先要说的是，上帝创世是一种完全自由而有意识的行为，而非以盲目而无意识的必然性产生的行为。这在 1809 年的《自由论文》中是这样表达的，即上帝创世既是自由的又是必然的，而归根结底则是自由的，因为"必然与自由相互内在，并作为一个本质，只是从各种不同的方面来看，这个同一的本质才表现为这一个或另一个，自在的自由，形式上就是必然"[③]。在上帝自身之内隐含着的两种力量之中，作为实存根据的渴望的意志并不是自由的，因为它不是有意识的和反思相连的意志，但它"也不是完全无意识的、按照盲目的机械必然性运动的意志，而是按照中道自然运动的意志，和欲望或快乐一样，最可与一种生成中的自然的美丽冲动相比拟"，而"整个自然告诉我们，它绝不是由于一种单纯的几何学的必然性而存在于此；在它之内也不存在纯之又纯的理性，而是存在着人格和精神"[④]；而与根据相对、处于另一极端的爱的意志则是完全自由和有意识的意志，正是通过它的作用，道语被表达在自然中，而上帝自身成了有人格的上帝。由此而来的结论是，"由于在上帝中有一种与启示的意志相对抗的趋向，爱、善和共同交往必须占据主导地位，一种启示才得以存

---

① ［德］谢林：《对人类自由的本质及其相关对象的哲学研究》，邓安庆译，商务印书馆 2008 年版，第 74—75 页。

② 同上书，第 125 页。

③ 同上书，第 101 页。

④ 同上书，第 113 页。

在，而这一点，即决断，才真正完成启示的概念之为一种有意识的和道德上自由的行动”①。“创世不是［成就的］事件，而是一种行动。也不存在从普遍规律得来的成就，而是说上帝，也即上帝的人格，才是普遍规律，并且，所成就的一切，都是由于上帝的人格性而成就的；不是按照一种抽象的必然性成就的，就连我们在行动中都将不能忍受这种必然性，更别说上帝了”②。而当斯宾诺莎的魅力不断褪去之后，准确点说是从《世界时代·残篇》开始，上帝的绝对自由就以极其清晰的面目出现了，并最终从1827年开始了其明确的反黑格尔（黑格尔同样相信斯宾诺莎真正的自由同时就是内在的必然性这一观点）立场，其基本考虑是，既然自我启示的所有结果均已在上帝之内被看到被预见到了，那么世界的在与不在都不再能够为上帝自身带来任何本质性的新的东西，那么，创不创立世界最终对于上帝来说就完全是无所谓的了，也就是说完全听凭他的决定，他的自由：“超越争议的是，永恒者只通过其自由意志而存在，即通过一个自由行为，它将自身设置为存在的。”“如果没有决断，那么，就只有无声的永恒而没有启示的上帝。”③

不过，即使创不创立世界是出于上帝的完全自由，但创立一个什么样的世界却绝不能是自由的，也就是说，上帝只能按照在自身之内看到的自我启示的所有结果而创造。对此，谢林明确讲道：“至于说到可能世界的多样性，那么一种本来无规则的东西（这类东西按我们的解释就是根据的原始运动），就如一个尚未成型但易接受各种形式的质料，当然会表现出无限多的可能性，而且，假如更多世界的可能性应该建立在此类东西之上的话，那就只能提请注意，从它之中却终究不是鉴于上帝而得出这样的可能性，根据不能被称为上帝，而且上帝按其完满性而言只能意欲一个。……在上帝的灵智本身（作为上帝

① ［德］谢林：《对人类自由的本质及其相关对象的哲学研究》，邓安庆译，商务印书馆2008年版，第115页。

② 同上书，第114页。

③ ［德］谢林：《世界时代·二版》，载［斯洛文尼亚］齐泽克《自由的深渊》，第180—181页，同时参见谢林《对人类自由的本质及其相关对象的哲学研究》，邓安庆译，商务印书馆2008年版，“福尔曼斯德文版注释”［16］，第161—163页。

理想地在其中实现自身的原始智慧）中，正如只有一个上帝一样，也只存在着一个可能的世界。”① 在《世界时代·二版》中，谢林对此讲得更为明确。在承认了上帝创世或启示自身的绝对自由之后，谢林说：“永恒将要选择的特殊启示序列不取决于它的自由。即使永恒能选择根本不去揭示自身，情形也是如此。如果它希望最终目标是它自身的启示，那么，被给予的序列是必要的。”② 上帝在其原始智慧中看到的自身肖像就是上帝要现实地实现的那个唯一可能的世界或特殊启示序列之原型，而在现实地实现自身的过程中，这个原型通过分化、调节各种力并排除阻碍它或使之黑暗的无规则的东西而使潜能变为现实。对于这一过程，谢林给出了如下勾勒：“在自然中，理智的第一个作用就是区分各种力，因为只有通过这种区分，理智才能把在自然中如同在一粒种子中无意识的、但必然包含着的统一性展示出来。这就如同在人类之中要深入到那个黑暗的渴望中去才能创造点什么一样。在一堆混沌的思想中，［经过］思想的自我区分［后］，如今，在根据中隐藏的、在自身中包含的那些统一性就凸现出来了，因此，这时才出现了光。……因为这个（原初自然）本质，除了作为上帝实存的永恒根据之外，不可能是任何别的东西，所以，它必须把上帝的本质（仿佛是在黑暗的深渊中闪亮的生命之光）包含在自身之内，尽管只是以隐藏的方式。但是，渴望为理智所激动，更多的是力求保持在自身之内把握生命之光，并把它封存于自身之内，以便能永远保持为一个根据。因此，由于理智，或者设立在初始自然中的光，激起了返身内求的渴望去分化种种力（为了背弃黑暗），但正是在这种分化中，封存于被分离之物中的统一性，使隐蔽的闪光凸现出来了。于是，以这种方式首先形成了某种可把握的东西和个别的东西。而且，不是通过外在的表象，而是通过真正的想象，因为所形成的东西是被内在构形于自然中的。或者还更正确一点说，是通过唤醒，即理智把沉睡于被区别开来了的根据中的统一性或理念凸现出来。在这种分离中被分开

---

① ［德］谢林：《对人类自由的本质及其相关对象的哲学研究》，邓安庆译，商务印书馆2008年版，第117页。

② ［德］谢林：《世界时代·二版》，载［斯洛文尼亚］齐泽克《自由的深渊》，王俊译，上海译文出版社2013年版，第180页。

（但不是完全分崩离析）的那些力，都是随后肉体得以成形的材料，但是在此分离中，亦即由自然根据的深处形成的生命纽带（作为各种力的中心）则是灵魂。因为本源的理智把灵魂从一个独立于它的根据中作为内在核心的东西突出出来，所以，灵魂正因为如此是独立于理智的，作为一个特别的和自为地形成的本质。不难看出，渴望所进行的抵抗对于完善的诞生，是必要的，在这里，各种力量的最内在纽带只是在一个逐步发生的分化中，才分解开来。并且，在各种力量分解的每一阶梯上，都有一个新的存在物从自然中形成，它越多地分别包含在其他存在物中尚未分化的东西，其灵魂也就越完善。指明每个后继的过程何以更接近于自然的本质，直到在各种力量的最高区分中出现最内在的中心，这是一种完整的自然哲学的课题。”①

谢林的这一勾勒当然不是一篇上帝究竟如何创世、事情到底如何发生的事实报道，但其中最重要的东西还是讲得极为清楚：上帝创世是一种生成，这一生成是作为根据的渴望向上帝自身的生命之光的趋近；上帝创世有激动、区分、内在构形或唤醒、提升和分阶；每个被造物都是个体性的，也就是说，虽然依附于上帝的启示，但都具有其不可取消的独立性和自由；人的出现，等等。关于人及其出现，谢林写道：“由最深的中心向光明的提升，除了在我们人类中之外，并没有发生在我们可见的受造物中。在人类中存在着黑暗原则的整个强力，在人类中同样也存在着光明的整个力量。在人类中有着最深的深渊和最高的天空，或者说，两者的中心。人的意志是隐藏在永恒的渴望中，还只是在根据内存在的上帝的萌芽，是封存于深处的神性生命闪光，当它抓住了自然的意志时，上帝看见了它。……只有在人类中，才把在所有其他事物中尚被压抑的和不完整的‘道语’，完全地说出来了。”② 也就是说，人作为被造物，来源于还不是上帝本身的根据，因而在自身之内拥有了一种相对独立于上帝的原则，是区别于上帝的；但人通过把这个原则提升为光明，在他之内也就产生了一种高层次的

① ［德］谢林：《对人类自由的本质及其相关对象的哲学研究》，邓安庆译，商务印书馆2008年版，第75—76页。

② 同上书，第77—78页。

东西即精神，人作为精神性的存在物把在其余受造物中不完整的光明与黑暗的统一性（隐含的或部分凸现的），即道语完全地说出来了；人作为被完全说出的上帝的道语是精神，而精神在上帝之中，上帝作为现实实存着的上帝把自身在人类中启示出来只是意味着上帝完全地现实化了。

不难看出，光明与黑暗两个原则在上帝和人那里都是一样存在着的，但却有着重大的、质的区别。在上帝之内，这两个原则是不可分离地统一在一起的，也就是说，黑暗被从属于光明，或者更准确地说，被提升为光明。这是上帝的本质秩序，在自由而现实地启示自身的过程中从未被颠倒，所以上帝只为善而不作恶。但那个在上帝之内不可分离的统一在人类中必须是分离的，因为“假如现在两个原则的统一性，在人的精神中也像在上帝之内一样，是不可分离的，那就没有区别了，即上帝作为精神就不会启示出来了”①。但两个原则的分离即是善、恶的可能性，因为所谓“恶”就是“两种原则的一种确定关系的颠倒或逆转”②，就是把根据的黑暗原则提升到光明原则之上，把只是为中心（灵魂）而保持的精神运用到中心之外，从而颠倒两种原则本质上的等级秩序，而所谓“善”就是在自身内保持两种原则的合理秩序，进而“在上帝之内或与上帝同在”，人之自由就在于既可以为善也可以为恶。

这里必须加以申说的是：首先，人是有限的被造物，但其对上帝的依附性并不取消他的独立性和自由，恰恰相反，“一切自然存在物在根据中，……只有人是在上帝之中，并且正是通过这种在 - 上帝 - 中 - 存在，人才有能力自由。只有他才是一个中心存在物并因而也应保持在中心。一切事物都是在此中心内被创造的，恰如上帝只有通过人类也接纳自然，并与自身相联系”③。对此，谢林还进一步加以详细解释说，“在原初的创世活动中，人是一个未定的存在者——这种存在者从神话学上被描述为一种先行于这种生命的无罪状况以及原初的

① ［德］谢林：《对人类自由的本质及其相关对象的哲学研究》，邓安庆译，商务印书馆2008年版，第78页。

② 同上书，第81页。

③ 同上书，第131页。

极乐境界——；只有人自己才能决定自己。……人，虽然也是被诞生在时间中，但却是被创造在受造物的开端（中心）。使人的生命能在时间中被决定的行动自身，因而并不属于时间，而属于永恒。但这种行动也不是按照时间而发生在生命之前，而是作为一种按本性而永恒的行动贯穿时间（不被时间抓住）。通过这一永恒行动，人的生命一直达到了受造物的开端；人因此也是由于这一永恒行动而在被创造的东西之外，是自由的，并且本身是永恒的开端"[①]。其次，善恶完全不构成本原的对立，因而也极少构成二元性；二元性存在于别处，即两种原则（力量、意志）的对立之处，而正是在这一对立和矛盾中，善恶才会出现，自由才得以存在，取消了其中的任何一个，也就谈不上善恶，也谈不上自由了："两个意志都天生的重要，每一个都有相同的权利成为活跃的，必然真实的是，两者都没有在另一意志面前撤退。……如果没有矛盾，那就将没有自由。在力的紧张中，在生命悬而未决时，如其曾是，唯有行为能决断；因为两种意志不能被自然的必然性分开。"[②] 正是因此，谢林才会强调指出："正如在善中发挥效力的东西，绝不是自在的理智原则或光明原则，而是同自性联系在一起的，也即被提升为精神的原则一样，恶也不是产生于自为的有限性原则，而是产生于已同中心亲密无间的黑暗的或自性的原则。"[③] 实际上，这也正是对于动物而言根本无所谓善恶和自由，而只有人是能善能恶的自由存在者的原因所在：因为在动物那里，黑暗的原则诚然很有效力，但它在动物中并未像在人中一样是诞生在光明之中，而是以某种确定的和被决定的方式与有意识的东西不可改变地统一在一起的，因而它就还不是精神和理智，还不可能有两种原则之间的分离，也就是说，根本无所谓善恶和自由，而人之所以能随意撕毁诸力之间的永恒纽带，自由选择为善或者为恶，选择低于或者高于动物，正是因为

---

① ［德］谢林：《对人类自由的本质及其相关对象的哲学研究》，邓安庆译，商务印书馆 2008 年版，第 101—102 页。

② ［德］谢林：《世界时代・二版》，载［斯洛文尼亚］齐泽克《自由的深渊》，王俊译，上海译文出版社 2013 年版，第 174 页。

③ ［德］谢林：《对人类自由的本质及其相关对象的哲学研究》，邓安庆译，商务印书馆 2008 年版，第 87 页。谢林从不同角度对恶而做出的规定，如"私己意志的提升""趋向实存的原始根据"说的都是这个意思，见该书第 79、93 页。

在他之内诸原则的纽带不是必然的，而是自由的，他站在这一分界线上，必须进行选择并为之行动起来，因为不如此，上帝就无法启示自己，而在受造物中一般也没有什么东西能保持模棱两可。

由此出发，谢林反驳了哲学史上很多关于恶和自由的说法。针对奥古斯丁（Angustin）、莱布尼茨等人把恶归于人作为被造物的缺陷或褫夺的做法，谢林指出，被动、缺陷、局限、褫夺这样的说法根本就与恶的概念相冲突：因为稍加思索就可以看到，人在所有受造物中是最完善的，而只有人能作恶，这就说明了恶的根据绝不会是缺陷或褫夺；按照基督教的观点，惯于作恶的魔鬼根本不是最有局限的受造物而倒是最无局限的受造物；从恶的现实表现来看，恶在很多情况下是与一种卓越的个别能力相一致的，并且这种卓越性很少附着于善；如果说恶作为褫夺指的是整体的分裂，各种力量的不和谐或失调，那么这一概念本身就是不能令人满意的，“因为并非诸力的分离本身自在地看就是不和谐，相反，诸力的这种虚假的统一才是不和谐，这种虚假的统一性只有相对于真实的统一才可称之为真正的分离”①。针对柏拉图、康德等人的善来自纯粹理性、恶来自感性或动物性，而自由只在于理智原则对一切感性欲望及性好的单纯统治的想法，谢林指出，“依此方式可把握的是对于恶而言不存在自由（因为在恶这里性好占统治地位）；但更为正确地说，恶完全被取消了。因为理智原则的虚弱或无效虽然可以说是缺乏善行或德行的一种根据，但不能说它就是肯定恶行和违反德行的根据。……或者说，理性原则无法克服感性的强大的抗拒力量，那么它在此也就是纯粹的虚弱和缺陷，但绝不是一种恶。因此，按照这种解释，只存在单一的意志（如果它也能有不同的称呼的话），而没有双重的意志”②。而根据前面的论述，只有单一的意志、力量或原则的话，当然也就取消了善恶和自由。

不过，虽然恶和善一样有其原初的根据，在某种意义上还可以说与善是同一个东西，只不过是从不同的方面来看罢了，但“恶不是本

---

① ［德］谢林：《对人类自由的本质及其相关对象的哲学研究》，邓安庆译，商务印书馆2008年版，第85页。

② 同上书，第86页。

质，而是无本质，这种无本质只在对立中才有一种实在性，而绝对的同一性，爱的精神，正因为如此也比恶更早地存在着，因为恶只有在与爱的精神的对立中才能出现。所以，恶也不能被绝对的同一性所统括，而是永远受它排除和排挤”[①]。与其相联系，爱的精神也只有在与恶的对立中才能完满地实现，而这正是鉴于恶的存在而对上帝可能有的最佳辩护：“在上帝之内的自我启示，不必看作是一种无条件的任意行为，而应看作是一种伦理上必然的行为，在此行为中，爱和善克服了绝对的内在性，……所以，假如上帝真的为了恶的缘故而不把自己启示出来，那么恶就已经战胜善和爱了。莱布尼茨把恶作为必不可少的条件这个概念，能被应用到根据上，也就是说，由于根据激发出受造物的意志（这个恶的可能原则）作为条件，唯有在此条件下，爱的意志才能被实现。……假如上帝阻挠根据的意志，或者取消它，他就取消了自己实存的条件，也就是说，他将取消他自己的人格性了。因此之故，假如恶不存在，上帝自身也必定不存在。”[②]

那么，恶能被终止吗？是如何终止的？这与上帝创世时的终极意图有关。按照谢林的理解，“创世的终极意图就是：把不能自为地存在的东西，通过把它从黑暗（作为一个不依赖于上帝的根据）中提升出来达到定在，［变成］也仿佛是自为的。诞生和死亡的必然性就是由此而来。上帝给予的理念是，使那些曾在他之内没有独立生命的东西，以至在自性和非存在中的东西，从非存在中唤醒以取得生命，它们作为独立的实存者再次［在一切时间的终点］存在于他之内”[③]。也就是说，上帝创世是为了把从前在他自身之内隐含的潜在东西变为现实，但在上帝中现实存在着的虽然是在一切时间之前就已经理想地存在在那里的一切，但最终在一切时间的终点，它们是圆融在上帝之内而不是同所有其他的内在于上帝中的存在相分离的，也就是说，恶将在最终被从善中排除出去，从而“从根据中提高为永恒统一性的善与本原性的善被连结起来；这些从黑暗向光明诞生的出生者，也与作为

---

① ［德］谢林：《对人类自由的本质及其相关对象的哲学研究》，邓安庆译，商务印书馆 2008 年版，第 129 页。

② 同上书，第 122 页。

③ 同上书，第 124 页。

其肢体器官的理想原则紧密相连，在这些肢体器官中理想原则圆满地实现了，现在完全变成了有人格的存在物"①。这自然说的是基督，因为通过并且只有通过基督（"因为只有人格的东西才能拯救人格，上帝必须变成人，以便使人再通达上帝。"②）并与他一起归心向父，才能使包括人在内的一切被生成之物回归于上帝，像同一枝花朵的枝叶围绕着一个中心点聚集起来一样聚集在上帝身边，从而排除了人类之恶，拯救了已然沉沦的世界。因此，谢林接着说道："圣经这样说及基督：他必须统治，直到他把所有的敌人都踩在脚下。最后被清除的敌人就是死亡（因为死亡曾经只是必然地回到分离，善必须垂死，以便自身与恶分离，而恶必须垂死，为的是自身与善分离）。但是，如果一切都将臣服于他，那么圣子本人终究也将臣服于曾使一切都臣服于他的那位：众望所归的上帝据称是一切中的一切。"③ 这将是最后的和解，上帝在其原初存在中的宁静与至福将重新获得，最终者将被证明就是那个最初者，因为和解将是"最优秀和最完美的统一，因为冲突要素是自由的，并同时是一个东西，自由运动既没有取消统一，统一也没有取消自由运动。……如果我们想发现某种相似的东西，最合适的比较将可能是与在青年人的无辜中认识到的各种力量的统一。在那儿，所有力量事实上都在场，并处在它们之间自然的相互作用中，被温和的相互作用所激发；但没有特征，没有我性，尚没人开始支配和控制它们。……通过各种力量的最高斗争，我们将在最后的和解中又获得它。……这一统一类型将是未来统一的模式：生命将在不断的斗争中、在最高的变形中恢复统一"④。

二　自由的深渊，或齐泽克的拉康式解读

谢林如此思辨的自由阐释隐含了极为不同的可能政治选择，海德

---

① ［德］谢林：《对人类自由的本质及其相关对象的哲学研究》，邓安庆译，商务印书馆2008年版，第124页。

② 同上书，第95页。

③ 同上书，第125页。

④ ［德］谢林：《世界时代·二版》，载［斯洛文尼亚］齐泽克《自由的深渊》，王俊译，上海译文出版社2013年版，第150—151页。

格尔和齐泽克对谢林的不同诠释就是例证。这里只讨论齐泽克的拉康式解读所显明的左翼政治面相，而把海德格尔式解读所内蕴的右翼政治面相放在海德格尔那一章第二节加以说明。

齐泽克的《自由的深渊》是对谢林《世界时代》的拉康式解读。在《世界时代》中，一切都被把握在三个不同的“时代”中：在“过去”的世界时代，一切还在上帝之内；在“现在”的世界时代，是现实的世界及其历史的产生；而在“将来”的世界时代，一切都将回归于上帝。也就是说，这个“世界时代”的总体方案意欲描绘的是存在的轮回之道，即事物如何从上帝之内产生，以至最后有朝一日重新回归于上帝，不是再次沉没于上帝之内，而是在经历了两种力量（原则、意志）的矛盾、冲突之后回归上帝，“与上帝同在”。可以说，《世界时代》是把《自由论文》中稍加勾勒的东西进一步系统化的一种努力，而其主题也与自由之谜、创世之谜和时间之谜密切相关，就此而言，齐泽克的解读既涉及《自由论文》又以“自由的深渊”为题是合适的。

《自由论文》谈的虽然是创世、是上帝，但实际上所有一切谈论的却都是人类，与此相似，《世界时代》的“方法论意图”也是“为了解释‘就人而言的’东西”①。齐泽克正是由此入手，直接将谢林的泛神论体系改写成了拉康的人类学形式：实存根据与实存之间的区分被改写成了实在界、本能的真相与象征界、道/逻各斯的观念之间的区分，创世被理解为世界从自我封闭的本能的旋转运动中出现，或者换句话说就是，被理解为从本能到欲望、从真相到象征的进展，进而上帝的绝对自由被分解为自由之无主体的深渊和上帝的被迫选择的自由，人在－上帝－中－存在的自由则被转换为象征化的强迫选择，而所有这一切都被改写为激进的意识形态批判。

谢林在实存根据和实存之间所做的区分是齐泽克拉康式解读所瞄准的基点。在齐泽克看来，既然根据是作为不可取消、不可穿透的本能之旋转运动存在的，那么根据与实存的对立就并不与可能性与现实

① ［德］谢林：《世界时代·二版》，载［斯洛文尼亚］齐泽克《自由的深渊》，王俊译，上海译文出版社 2013 年版，第 117 页。

性的对立重叠（因为那样的话，根据就不能从内部侵蚀实存的自我同一性了），而是与完善与不完善的对立相适合的。更重要的是，“主体是站在作为不完善的根据一面的”，而且“主体性在其最基本的维度中、以一种前所未闻的方式是‘女性’的”，一句话，谢林在此的基本洞见是，“主体是纯粹的‘自我之黑夜’‘存在的无限缺失’”①。“女性”“存在的无限缺失”说的是对一切被建构的现实性（包括男权与父权制统治）的否定，这种抽象的否定亦即黑格尔的疯狂概念和所谓“世界之夜”的核心，而主体只有通过从现实世界撤退的疯狂之路才得以形成，只有“穿越可怕的黑夜”才能“寻找到人类的本性”②。这里透露了齐泽克对谢林解读的关键之处，即主体或主体性问题。在齐泽克看来，谢林所讲的绝对的永恒自由或“意愿虚无的意志”的冷漠不是任何一个主词的谓词，因而也不是上帝这个主词的谓词，而是无主体的自由深渊，盲目本能的无限旋转，因此严格说来，“作为尚未吸收存在之纯粹自由的上帝并不存在”③。当“在其非存在中喜乐”（当然，由于本能的盲目，这种快乐只能是“痛苦中的快乐”）的上帝④，以道/逻各斯为中介，通过无意识的区分和决断行为，将模糊、混乱、盲目的本能旋转运动压入永恒的“过去”，从而突破本能封闭的旋转和循环而进入时间连续性中之时，创世开始了，而这也就意味着，上帝作为主体出现了。这里需要注意的是，第一，“上帝的自由也是一种被迫选择的自由，是自由地假设一种强加之必然性的姿态”⑤。上帝正是因为不能忍受“在其自我论疯狂中的上帝”才决意开始创世的，也就是说，上帝是“作为遭受和忍受本能之敌对主体存在”的。⑥ 第二，世界的出现是以道/逻各斯的象征秩序为中介的，而这也就意味着“‘现实’是内在易碎的，是随时能激发极端之一的收

---

① ［斯洛文尼亚］齐泽克：《自由的深渊》，王俊译，上海译文出版社 2013 年版，第 20—21 页。

② 同上书，第 21 页。

③ 同上书，第 29 页。

④ 同上书，第 28、30 页。

⑤ 同上书，第 97 页。

⑥ 同上书，第 30 页。

缩与膨胀间平衡的结果"[①]，犹如电影的放映只能以适当的速度进行才可以在观众中产生一种"现实印象"，而过快的速度只能使印象变得模糊不清，过慢的速度则无法提供印象的连续性一样。第三，退回自我成为主体与建构符号世界之间的辩证关系：一方面，退回自我可以说是在建构象征世界之后出现的，这个象征世界是主体补偿那个直接失去的、作为前符号真相世界的一个替代形式；而另一方面，只有在绝对收缩进或撤退到一个真实人格（上帝或人类）时，象征秩序作为理念的世界才变为现实。齐泽克由此得出的结论是，主体（上帝和人类）的构成是一个强迫选择的问题，要么在其纯粹性中坚持自己，并因此在其空洞而盲目的旋转和重复中失去自己，要么走出自己，通过吸收或接纳一种指示特征外化并因此而异化自己。因而，关键在于维持那种成就现实（世界和作为主体的自己）的易碎的平衡，因为作为根据之本能与作为道/逻各斯的象征秩序对于世界的存在与主体的构成都是不可取消的。

这就敞开了由谢林的形上思辨转入齐泽克的意识形态批判的通道："他对普遍理想观念之不可超越的真实根据的强调……能使他预期到马克思主义者的意识形态批判。"[②] 人们通常认为的普遍理想观念并不真的是普遍的，在这普遍性之下总有一根联结它与一种特殊内容的剪不断的脐带。因而，揭露普遍理想观念之普遍性的虚假性是意识形态批判的基本程序。但齐泽克更进了一步，"一种意识形态批判不得不做的事情，不是将普遍性简单地还原到一种在其之下的偶然特殊内容，而是使得作为空洞框架的普遍性与填充它的特殊内容永远分离开来的鸿沟可见，即肯定作为'空洞能指'的普遍性，为了占有其空洞的霸权斗争的战场"[③]。因此，齐泽克借由谢林提供的思想洞见而展开的意识形态批判涉及面极广，而且极具冲击力。

比如对"丑陋之物"的重新审视。与通常把丑陋想象为美的欠缺或扭曲形式不同，齐泽克从存在论的角度来看待美丑："丑陋的存在

---

① ［斯洛文尼亚］齐泽克：《自由的深渊》，王俊译，上海译文出版社2013年版，第30页。

② 同上书，第64页。

③ 同上书，第65页。

论前提是对象与其占有的空间之间的鸿沟，或者换种不同的方式说，(被其表象捕获的）对象之外在（表面）与其内在（无形式的质料）之间的鸿沟。"[①] 由此而来，丑陋被规定为存在超过表象的多余，亦即原料的过剩，比如卡夫卡（Franz Kafka）小说之奇形怪状的建筑，一旦进入就会发现它们远比从外面看起来的要大，希区柯克（Alfred Hitchcock）电影《海外特派员》中的自由女神像因为距离太近也会令人厌恶，大卫·林奇（David Lynch）电影中照相机过于接近的对象也会变得恶心。而严格说来，原料的过剩与幽灵形式的过剩密切相关，比如应该在那儿却并没在那儿的鼻子同样会使"歌剧的魅影"变得特别丑陋。[②] 如此理解的"丑陋之物"在当今世界男权主义或种族主义情形中具有其特定的意识形态功能："女人的经期不是那种丑陋内在溢出的范例吗？就其被经验为太多、太近而言，非洲裔美国人的在场不是被看作威胁吗？回想一下种族主义者的黑色头脸之漫画式的陈词滥调足已：由于眼睛突出、嘴巴太大，仿佛外边几乎不能容纳突破威胁的内在。对如何处理粪便的关心，不也是一种如何除掉出现的内在的情形吗？确切地说，主体间性的最终问题是我们准备在其内在的真相中接受他者——我们的（性）伴侣吗？（看一看这一难以置信的程度：在她存在的'丑陋'享乐中，詹姆斯·乔伊斯准备接受他的妻子娜拉）"[③] 在齐泽克—拉康看来，他者存在的证据就是他者的享乐，其基本特征就是质料的过剩、不可忍受和污秽，而主体间的遭遇作为与真相的遭遇总是创伤性的，也就是说，在其周围总是有某种最小化的污秽丑陋的东西是我无法将其整合进我的世界的。因而，根本没有哈贝马斯（Jürgen Habermas）等学者所说的"理想言说情境"，在那里，因为没有真相的因素加入，他者作为被放大的策略推论的纯象征主体乃是一种纯粹的虚构。出于类似的虚构和想象，文化多元主义对他者的创伤性核心进行了悬置，通过将其还原为一种超然的民俗学主体而接受/宽容/认同了它。不过，力图取代"文化多元主义"的"种族多

① ［斯洛文尼亚］齐泽克：《自由的深渊》，王俊译，上海译文出版社2013年版，第35页。

② 同上书，第35—37页。

③ 同上书，第38—39页。

元主义”也可能会有这样的问题，或者更坏，因为任何真实的他者因其内核都存留于其享乐的规则之中而有滑向原教旨主义的可能。实际上，所有这些都是晚期资本主义社会的症状和自由民主之意识形态谋划的内在矛盾的显露而已。[①]

比如对虚拟现实和网络赛博空间的分析。创世总是以道/逻各斯为中介的，所以创世“不但是道的出现，而且是不能被还原到身体现实的纯伪装的幻觉空间的出现”[②]。齐泽克以科幻文学和电影的标准场景，如在萨吉（Sagi）的著名短篇故事《窗》、罗兰·艾默瑞奇（Roland Emmerich）的科幻电影《星门》、奥森·威尔士（Orson Welles）改编自卡夫卡同名小说的电影《审判》中的“窗”或“门”为例，说明了它们作为进入幻觉维度的通道而存在的重要性，因为只有借助这一幻觉，人们才构建了自己的象征世界，才与自身之外的他者建立了联系：“没有幻觉空间，就没有象征秩序，没有幻觉幽灵能出现的伪物质的、‘虚拟的’他者场景，就没有逻各斯的理想秩序，或者，正如谢林指出的，没有各种精灵，就没有精神，没有‘各种精灵’的淫秽的、天上的、幻觉的肉体（不死者、幽灵、吸血鬼……），就没有纯粹精神的理念世界。”[③] 在齐泽克看来，这种幻觉空间的营造不仅出现在文学和电影中，它还在现实社会生活中广泛地存在：比如政治运动和宣传之越来越转向候选人效果意象的营造而非候选人本人，生产过程本身成了迷恋其在场的拜物教而掩盖、牺牲了产品本身，计算机和金融系统中所谓的虚拟记忆或存储，即它能仿制较它实际具有的更大的记忆或存储。[④] 这里的问题在于，幻觉空间虽然不能不存在，但终究是虚幻的，他者的场景永远是虚拟的，是通达一种片面观点的失真的一瞥，一旦人们“误以为真”，一旦它从必不可少的“通道”变为要追求的“目的”本身或可以加以利用的“手段”，那就值得警惕了。前者如巴拉德短篇故事《昏暗正午的蒙娜丽莎像》中的主人

① ［斯洛文尼亚］齐泽克：《自由的深渊》，王俊译，上海译文出版社 2013 年版，第 39—42 页。

② 同上书，第 75 页。

③ 同上书，第 79 页。

④ 同上书，第 79—81 页。

公，从眼疾中康复过来的他在海边折椅中休养，因为绷带蒙住了双眼而使他听到海鸥的叫声就能在心中激起一个半遮半掩的女人形象，而当他就要揭开这个女人身份的时候总是会醒过来。最后，眼疾痊愈了，医生拆去了绷带，于是场景不再出现，绝望中的他竟然中午走了出去直视太阳直至弄瞎自己的双眼为止，而这一惊人的举动只是希望能够再一次看到那个女人。[①] 后者比如赛博空间在人们生活中的介入，一方面，它的存在确实能够强化我们的身体体验，使我们拥有更多器官的新身体，拥有新的感性甚至新的性别；但另一方面，它也为一种对人的操纵提供了可能：操纵机器的人掌握、控制了我们自己（虚拟）身体的赛博空间，也就使我们被控制和操纵了，而这正是“依附化”观念所表达的东西。“政治依附化的大师是拿破仑，他将权力的外表留给被征服的君主，而他们不再能有效地行使它。在一种更一般的层次上，人们能说，那一君主的‘依附化’规定了立宪君主制……并且，在其增长的虚假伪装下，在我们的日常生活计算机化的过程中，主体也越来越‘依附化’，被不可察觉地剥夺了权力，……在我们的身体被依附化（陷在电子媒体网络中）时，它同时被暴露给了一种彻底‘无产阶级化’的威胁：主体被潜在地还原到纯粹的 $ 上，因为甚至我自己的个人经验都能被像机器一样的他者所偷窃、所操纵、所规定。”[②]

问题在于，面对如此境况，我们究竟应该怎么办呢？首先可以明确的是，齐泽克拒绝了谢林的和解方案。因为在他看来，谢林在其神圣的第三“世界时代”即“将来”中的唯心论幻想，即在爱的支配下达成“过去”与“现在”的最终和解的幻想，无异于“新时代的技术唯灵论”[③] 的幻想，即通过现实的完全技术复制而实现精神逆转的幻想——“通过将意识‘下载’到机器中，线圈主体割断了使主体隶属于物质身体，并转变成在赛博空间之轻飘飘的物质性中自由漂浮之精

① ［斯洛文尼亚］齐泽克：《自由的深渊》，王俊译，上海译文出版社 2013 年版，第 75 页。

② 同上书，第 84—85 页。

③ 同上书，第 87 页。

神的联系”[①]。但问题随之而来：当某个时候，比如机器出了故障的时候，主体要被迫离开赛博空间而重新跌落到我们身体存在的悲惨境地，那又会怎样呢？面对这一问题，齐泽克选择了另一个方案，即“坚持绝对的模糊性”[②]。这是一个类似于詹姆逊的解决方案的方案（当然是在一个完全不同的理论基础上，而齐泽克的理论基础之一正是谢林对实存与实存根据的区分），即一个表面上相互反对的双重肯定：一方面，肯定在其中立性或不可判定性中的质料/享乐/本能/真相/身体，它们不是自在的好的或坏的、反动的或进步的，而是一种可以被不同社会政治态度灵活挪用的中性材料；另一方面则是肯定每一“普遍”的伦理政治立场都奠基于某一特殊的“病理学”社会认同。这一詹姆逊—齐泽克的解决方案的价值在于颠倒了传统的标准态度，深刻揭示了“享乐的病理学内核是‘普遍的’；‘普遍的’社会政治态度奠基于一种特殊选择之中”[③]，从而为（理论的和实践的）介入易碎的现实提供了入口，这是齐泽克意识形态批判的基本纲领，值得深思。

---

① ［斯洛文尼亚］齐泽克：《自由的深渊》，王俊译，上海译文出版社 2013 年版，第 97—98 页。

② 同上书，第 86 页。

③ 同上书，第 43 页。

第六章

解放与自由：马克思

马克思的政治哲学以及一般哲学的思考直接地和黑格尔哲学相联系。如果说马克思在其《博士论文》阶段虽然也有其独立的思考，但总体上仍然接受黑格尔哲学的话，那么，一旦接触到德国社会现实，马克思就开始对黑格尔哲学产生了强烈的质疑。由此，与黑格尔哲学的争辩就成了马克思一生思想道路的抹不去的阴影和背景。这种质疑和争论的直接产物就是《黑格尔法哲学批判》。这种质疑和批判，按照马克思自己事后的回顾，得出了这样一个结果："法的关系正像国家的形式一样，既不能从它们本身来理解，也不能从所谓人类精神的一般发展来理解，相反，它们根源于物质的生活关系，这种物质的生活关系的总和，黑格尔按照18世纪的英国人和法国人的先例，概括为'市民社会'，而对市民社会的解剖应该到政治经济学中去寻求。"① 由此出发，马克思把几乎全部的精力都用在了对政治经济学的批判上面，并终于在反对近代占主流的自由主义政治设计方案这一由卢梭所开启的伟大事业中，探索出了一条和黑格尔迥然不同的思想道路。

---

① ［德］马克思《〈政治经济学批判〉序言》，载《马克思恩格斯选集》第2版第2卷，人民出版社1995年版，第32页。

一　无产阶级与人的解放

马克思对黑格尔法哲学的批判主要针对黑格尔的国家及其与市民社会的关系理论。当然，其批判的触角所及也顺便涉及黑格尔关于“抽象法”和“道德”的理解。我们先来看后面两方面的内容，然后回过头来讨论前面那个要点。

在黑格尔谈到政治的等级要素的第一个等级，即实体性的土地占有者等级时讲道：“这个等级是为了政治地位和政治意义按照比较确定的方式构成的，因为它的财产既不依赖于国家的财产，又和职业没有保障无关，和利润的追逐及财产的任何可变性无关，因为它的财产既不仰仗行政权的恩宠，也不仰仗于群众的青睐。它的财产甚至不为它自己的任性所左右，因为这一等级的成员都负有政治使命，他们不像其他市民一样有权自由处理自己的全部财产，有权把财产一视同仁地在身后遗给自己的子女。这样，他们的财产就成为不可转让的长子继承的世袭领地。”① 马克思摘引了这段话，并尖锐地指出：这里表现出私有制和财产之间的对立——地产作为道地的私有财产，其私有性表现为它既不依赖于国家的财产、行政权的恩宠，也不依赖于社会的财产、一群人的恩宠，因此，它是特立独行的，与社会、甚至家庭的神经联系都被割断了，长子继承权不过是其冷酷本性的外在表现而已。由此，马克思得出结论说：“长子继承权并不像黑格尔所说的那样，是‘给私人权利的自由带上的枷锁’，相反，它是‘摆脱了一切社会枷锁和伦理枷锁的私人权利的自由’。‘这里最高的政治结构是抽象的私有财产的结构。’”② 接着，马克思又援引黑格尔本人在论及私法领域时所说的“我可以转让我的财产”，但“我的一般人格，我的普遍自由、伦理和宗教”等实体性规定则不可让渡的论述，在对比中得出结论说：“私有财产的‘不可让渡’同时就是普遍意志自由和伦理的

---

① ［德］黑格尔：《法哲学原理》，范扬、张企泰译，商务印书馆 1961 年版，第 324 页。

② ［德］马克思：《黑格尔法哲学批判》，载《马克思恩格斯全集》第 3 卷，人民出版社 2002 年版，第 125 页。

‘可以让渡’。”① 再往下，马克思又引述了一段黑格尔关于从所有权向契约的过渡的论述，并质问道：“黑格尔在这里谈私法时，把私有财产的可以让渡及其对共同意志的依赖理解为它的真正理想主义，可是在谈国家法时则相反，与‘职业的无保证、利润的追逐、占有物的可变性、对国家财产的依赖性’相对照，一种无依赖性的所有权的虚假光彩却得到他的赞扬。连私法的理想主义都不能忍受，这还算什么国家！私有财产的独立性在私法中的意义竟不同于在国家法中的意义，这还算什么法哲学！”②

由此可以猜测，马克思对于黑格尔有关私法领域的相关论述还是比较认可的。马克思对所有权等基本人权的批判是在之后不久的《论犹太人问题》中集中进行的。而且，就是在《论犹太人问题》中，马克思还是把“自由、平等、财产”等基本人权的取得看作政治解放的巨大历史成就的。马克思只是指出，自由作为基本人权（其实际应用就是私有财产这一人权）无非是市民社会成员的自然权利而已，也就是说，无非是利己的人的权利、同其他人和共同体相分裂的人的权利，无非是人作为孤立的、退居于自身的单子的自由而已。在马克思看来，这种权利和自由的最大问题在于，它是与人作为公民所具有的权利和自由相分裂的，而这也就是政治解放并不彻底的根源所在，由此逻辑而来，政治解放必须推进到人的解放，但无论如何，政治解放及其所取得的成果必须是先行的。③

而关于黑格尔的道德理论，马克思则写下了这样一段论述：“黑格尔由于自己对道德的阐释而一再遭到人们的攻击。可是，他只不过是阐释了现代国家的和现代私法的道德而已。人们想使道德进一步同国家分离，想使道德进一步得到解放！他们这样做证明了什么呢？只是证明：现代国家同道德分离是合乎道德的，道德是非国家的，国家是非道德的。相反，黑格尔给现代道德指出了它的真正的地位，这可以说是他的一大功绩，虽然从某一方面（即这一方面：黑格尔把以这种道德为前提的国家冒充为伦理

① ［德］马克思：《黑格尔法哲学批判》，载《马克思恩格斯全集》第3卷，人民出版社2002年版，第126页。

② 同上书，第127页。

③ ［德］马克思：《论犹太人问题》，载《马克思恩格斯全集》第3卷，人民出版社2002年版，第182—189页。

生活的实在观念）来说是不自觉的功绩。”① 这是马克思对黑格尔道德理论的正面评述，表达的意思清楚明白毫无疑义，因此也无须赘言。

下面转入马克思《黑格尔法哲学批判》的主体部分，即对黑格尔的国家理论及国家与市民社会关系理论的批判性分析。总的批判是：“家庭和市民社会都是国家的前提，它们才是真正活动着的；而在思辨的思维中这一切却是颠倒的。”② “国家划分为家庭和市民社会，这是理想的，就是说，是必然的划分，是国家的本质所在。家庭和市民社会是国家的现实的构成部分，是意志的现实的精神存在，它们是国家的存在方式。家庭和市民社会使自身成为国家。它们是动力。可是，在黑格尔看来又相反，它们是由现实的观念产生的。把它们结合成国家的不是它们自己的生存过程，而是观念的生存过程，是观念使它们从它自身中分离出来。就是说，它们才是这种观念的有限性。它们的存在归功于另外的精神，而不归功于它们自己的精神，它们是由第三者设定的规定，不是自我规定。”③ “政治国家没有家庭的自然基础和市民社会的人为基础就不可能存在。它们对国家来说是必要条件。但是，制约者被设定为受制约者，规定者被设定为被规定者，生产者被设定为其产品的产品。”④ 上引三段话都指出了一种所谓“颠倒”，即家庭和市民社会决定和产生国家被思辨的“颠倒”为国家决定和产生家庭、市民社会，其中的第二段话指出了这种“颠倒”的根由所在，即观念变成了主体的神秘主义。这是马克思和黑格尔不同的思想方案的根基所在，需要加以详细阐明。

在手稿中，马克思首先揭露的就是这种神秘主义。上述三段引文针对的是“集法哲学和黑格尔整个哲学的神秘主义之大成”的《法哲学原理》第 262 节，而当接下来面对讨论政治信念和政治制度的第 267、269 节的时候，马克思先是抄录了这两节的原文⑤，然后评述道：

---

① ［德］马克思：《黑格尔法哲学批判》，载《马克思恩格斯全集》第 3 卷，人民出版社 2002 年版，第 134—135 页。

② 同上书，第 10 页。

③ 同上书，第 11 页。

④ 同上书，第 12 页。

⑤ ［德］马克思：《黑格尔法哲学批判》，载《马克思恩格斯全集》第 3 卷，人民出版社 2002 年版，第 14、15 页；另可参见［德］黑格尔《法哲学原理》，范扬、张企泰译，商务印书馆 1961 年版，第 266、268 页。

“在这里主体是‘理想中的必然性’，‘观念自身内部’，而谓语则是政治信念和政治制度。……重要的是黑格尔在任何地方都把观念当作主体，而把本来意义上的现实的主体，例如，‘政治信念’变成谓语。而发展却总是在谓语方面完成的。”① “本来的思想是：国家或政治制度向各种差别及各种差别的现实性的发展是有机的发展。前提、主体是政治制度的现实的差别或各个不同方面。谓语是这些不同方面作为有机的东西而具有的规定。观念反而成了主体；各种差别及各种差别的现实性被设定为观念的发展，观念的产物，其实恰好相反，观念应当从现实的差别中产生。”② “事实上，黑格尔所做的无非是把‘政治制度’消融在‘机体’这个一般的抽象观念中，但是从表面看来而且按照他自己的意见，他已经从‘一般观念’中发展出某种确定的东西。他使观念的主体的东西成为观念的产物，观念的谓语。他不是从对象中发展自己的思想，而是按照自身已经形成了的并且是在抽象的逻辑领域中已经形成了的思想来发展自己的对象。这里涉及的不是发展政治制度的特定的观念，而是使政治制度同抽象观念建立关系，把政治制度列为它的（观念的）发展史上的一个环节。这是露骨的神秘主义。”③ “‘概念’是‘观念’的即圣父的圣子；它是动因，是决定性的和有辨别力的原则。‘观念’和‘概念’在这里是独立自在的抽象。”④ 而且，这绝不是孤证。实际上，对黑格尔哲学神秘主义的这种揭露在手稿中随处可见。比如，在黑格尔讨论诸如国家的目的是普遍利益自身、国家制度是合乎理性的、君主拥有主权、等级要素的使命、行政权作为中介环节而存在、长子继承权特有的任意等地方，马克思都条分缕析地指证了这种神秘主义，这种主体与客体的神秘颠倒，此不赘述。⑤

---

① ［德］马克思：《黑格尔法哲学批判》，载《马克思恩格斯全集》第3卷，人民出版社2002年版，第14页。

② 同上书，第15页。

③ 同上书，第18—19页。

④ 同上书，第19页。

⑤ ［德］马克思：《黑格尔法哲学批判》，载《马克思恩格斯全集》第3卷，人民出版社2002年版，第21—23、24、31—32、36—37、45、51—52、54、77、78—79、98—99、109、125、132、133、136—138页。

马克思接着指出了这种神秘主义所带来的严重的理论后果，即黑格尔法哲学的非批判性。比如，在黑格尔谈到君主"作为最后决断的主观性"无须承担任何责任的时候，马克思立刻尖锐地指出："显然，一旦某一个体成了任意这一神圣的、被认可的存在，那'最后决断的主观性'、纯粹的主观性、纯粹的任意就不是客观的，从而也就不能够证明客观性，也就不能承担责任。如果从立宪的前提出发，黑格尔的证明还是可信的，但是，黑格尔是从这些前提的基本观念来分析这些前提的，因而他没有证明这些前提。"[①] 另外，当黑格尔谈到同业公会精神、市民爱国心的秘密、国家行政人员的混合选拔、政治上的等级要素使公众意识的经验普遍性获得存在的特殊使命时，马克思都指证了这种法哲学的非批判性及其思辨的伎俩，主要在于：把观念的东西、普遍的东西本身变成一种独立的、有自主性的东西之后，就把它与一种纯粹经验的东西直接混淆起来，并立即把这种有限的、偶然的、肤浅的、鄙陋的东西视为观念真正的、符合其内在本质的外部表现。[②] 更深入的是，马克思还指认了黑格尔法哲学的神秘性和非批判性的具体理论表现形式，即其虚构的国家和市民社会的虚假同一。这是马克思整部手稿的核心部分，我们且多做一些停留。正如我们已经知道的那样，在讨论行政权的时候，黑格尔将其规定为把特殊和个别从属于普遍的权力。马克思认为，黑格尔在这里设想了市民社会和国家之间的三种同一关系，它们分别是：首先，区乡组织和同业公会负责人的混合选拔，即选举和最高当局批准、任命相混合；其次，每个市民依其知识和才能等客观因素都有可能成为国家官员；最后，奉召担任官职的个人以其恪尽职守为其收入的来源，也就是说，官员的薪俸或国家职务同时保障其经验存在的可靠性。但这是一种什么样的同一呢？对此，马克思揭露道：首先，混合的选拔方式本身就是一种肤浅的同一，因为它是大杂烩，是"混合"；其次，说每个市民都有可能成为国家官员，这具有非常肤浅的和二元论的性质，其实质和说每个天主

---

① ［德］马克思：《黑格尔法哲学批判》，载《马克思恩格斯全集》第3卷，人民出版社2002年版，第48页。

② 同上书，第55、62、77、80—81、104页。

教徒都有可能成为神父一样可笑；最后，官员的薪俸作为黑格尔所构思的最后的合题，其意思不过是说，与市民社会的成员不同，只有官员的生存才能得到保证。[①] 随后，马克思更为深刻地指出，行政权或者说官僚政治的实质在于“作为形式主义的国家”：因为官僚政治以“国家”同“市民”社会、“特殊利益”同“自在自为地存在着的普遍东西”的分离为基础，以“同业公会”及“同业公会精神”为前提，所以黑格尔完全没有阐明官僚政治的特有内容，而只是以官僚政治自身之外的某种内容为依据对官僚政治的“形式的”组织做了一些一般的规定而已；这些官僚政治之外的内容一方面是国家，一方面是市民社会、同业公会，它们之间的关系可以概略表述如下：“同业公会是官僚政治的唯物主义，而官僚政治则是同业公会的唯灵论。同业公会构成市民社会的官僚政治，官僚政治则是国家的同业公会。因此，官僚政治实际上把自己即‘国家的市民社会’，与同业公会即‘市民社会的国家’对立起来。”[②] “同业公会是市民社会企图成为国家的尝试，而官僚政治则是那种确实使自己变成市民社会的国家。”[③] 于是，结果就变成了如下这般模样：“在‘官僚政治’成为一项新原则的地方，在普遍的国家利益开始成为自为的‘独立的’因而也是‘现实的’地方，官僚政治就反对同业公会，就像任何结果总是反对自己的前提的存在一样。可是，一旦现实的国家生活苏醒，市民社会由于自己固有理性的推动而逐渐摆脱同业公会，官僚政治就要竭力复兴同业公会，因为‘市民社会的国家’一旦衰落，‘国家的市民社会’也就衰落。”[④] “官僚政治把同业公会贬低为假象，或者力图把它贬低为假象；但是，它又希望这种假象存在并希望这种假象相信自己的存在。”[⑤] 也就是说，官僚政治作为“形式的国家精神”，到处把自己“形式的”目的冒充为实质性的内容，结果立即与“实在的”目的相

---

① ［德］马克思：《黑格尔法哲学批判》，载《马克思恩格斯全集》第3卷，人民出版社2002年版，第62—67页。

② 同上书，第58页。

③ 同上书，第59页。

④ 同上书，第58页。

⑤ 同上书，第59页。

冲突；这是一个幻想，一个任谁也跳不出的圈子，在其中，上层与下层相互指望，结果双方都失算。

当写作从关于行政权的论述进行到关于立法权的论述的时候，批判的风暴就愈加猛烈了。在这里，马克思先后讨论了黑格尔法哲学中立法权与国家制度的二律背反、“作为形式的普遍东西”与“作为内容的普遍东西”的对立、等级要素的中介作用、市民生活与政治生活的虚假统一、私人等级与普遍等级的实际分离、立法权内部的二律背反以及议会选举等重要内容，以揭露黑格尔法哲学和整个哲学的非批判性与神秘性。我们这里暂且选择几点略为疏解。

第一，立法权与国家制度的二律背反及其虚假的解决。马克思先是抄录了黑格尔法哲学的第 298 节，即“立法权涉及的是法律本身——因为法律需要进一步规定——以及那些按其内容来说十分普遍的国内事务。立法权本身是国家制度的一部分，国家制度是立法权的前提，因此，它本身处于立法权的直接规定之外，但是，它通过法律的不断完善和由于一般政府事务的前进性质，得到进一步的发展”①。然后评述道：这一节从关于立法权和国家制度的规定的对立开始，并且强调这种对立，最后再试图解决这种对立。然而，黑格尔只是深刻地指出了这种对立，即立法权既高于又从属于国家制度，他并没有真正地解决这个对立，因为“国家制度本身处于立法权的直接规定之外，但是，它通过法律的不断完善和由于一般政府事务的前进性质，得到进一步的发展”，这就把立法权的实际行动置于同立法权的合法行动相矛盾的境地，把立法权的实际作用置于同立法权的本质使命相矛盾的境地，但这也就意味着，一个新的对立代替了原有的对立，而问题依然存在。②

第二，“作为形式的普遍东西”与“作为内容的普遍东西”的对立。《法哲学原理》第 301 节讲的是“等级要素的使命”，即“使普遍事务不仅自在地而且还自为地在等级要素中获得存在”。而且普遍事

---

① ［德］马克思：《黑格尔法哲学批判》，载《马克思恩格斯全集》第 3 卷，人民出版社 2002 年版，第 69 页；另可参见［德］黑格尔《法哲学原理》，范扬、张企泰译，商务印书馆 1961 年版，第 315 页。

② 同上书，第 69—71 页。

务作为公众意识、作为“众人的观点和思想的经验普遍性”自为地获得存在。就此，马克思强调了如下四点：首先，这里的主体是“普遍事务”，因而不是主体对象化为“普遍事务”、不是主体需要“普遍事务”作为自己的真正的事务，而是“普遍事务”需要主体作为它自己的形式的存在。其次，“普遍事务”有“自在存在”和“自为存在”之别，单纯“自在存在”的“普遍事务”并非真正的“普遍事务”，真正的“普遍事务”还需要通过等级要素获得“自为存在”，而这也就意味着：自在地存在着的普遍事务不是真正的普遍事务，而真正经验的普遍事务只是形式的。再次，黑格尔使自在和自为、实体和主体相互分离既是又不是他应受责难的地方，说他不应受到责难，是因为现代国家本来就是这个样子，说他应受责难，是因为他用这种现存的东西冒充为国家的本质、国家的观念。最后，黑格尔之所以需要等级要素这一纯粹的奢侈品，只是为了迎合逻辑：普遍事务作为主体，其自为存在需要实现出来，需要一个定在，等级要素碰巧充当了这个可以融入逻辑范畴的经验存在，但其存在的可悲与充满矛盾说明了它不是“普遍事务的自为存在”的恰当实现。①

第三，私人等级与普遍等级、市民社会与政治社会的实际分离。黑格尔在《法哲学原理》第303—307节进一步对等级要素做出了详细的规定，马克思对此进行了抄录，并做出了如下评述：按照黑格尔的规定，等级要素是私人等级即市民社会的等级（或者说市民社会）的政治意义，私人等级的这种政治意义与其实际意义不同，因而是一个矛盾；但从这个矛盾中可以看出，黑格尔是以市民社会和国家的实际分离为出发点的，这是他的著作中比较深刻的地方；他的错误在于克服这种分离的方式只是形式的，并把这一形式视为事情的本质，而实际上，这种解决形式即政治上的等级要素，不外是国家与市民社会的现实关系的实际表现，也就是说，不外是它们的分离的实际表现；因为一个私人或者说市民，要想获得政治意义和政治效能，就必须抛弃自己的等级，即抛弃市民社会、抛弃私人等级，而与此同时，立法

① 参见［德］马克思《黑格尔法哲学批判》，载《马克思恩格斯全集》第3卷，人民出版社2002年版，第77—81页。

权的等级要素恰巧负有使命设定私人等级、市民社会是不存在的。[①]

具有建设性意义的是，马克思在进行上述批判的同时还正面表明了自己的理论立场：不是国家是家庭和市民社会的前提，而是家庭和市民社会是国家的前提；不是观念是主体，而是人是主体；历史不是观念自身内部的发展，而是现实的个体的社会特质的新规定的展现；自由不是承认的过程和结果，而是人的创造的过程和结果。不过，所有这些正面规定都是以对黑格尔法哲学的批判和颠倒为其外在标志的。

当黑格尔把国家主权作为简单自我最终通过主观性和人格的现实性落实为君主的时候，马克思先是摘录了黑格尔的如下原文："一个所谓的法人，即社会团体、区乡组织、家庭，不管它本身如何具体，它所包含的人格只是在它本身中是抽象的环节；人格在法人中达不到自己存在的真理性。国家则正是这种总体，在总体中概念的各个环节都按照各自特有的真理性达到现实性。"[②] 然后评述道："这个命题极为混乱。法人、社会团体等等都被称作抽象的东西，也就是说，正是一些类形式被称作抽象的东西，现实的人借助这些类形式实现他的现实内容，使自己客体化，抛弃'人本身'的抽象。黑格尔不承认人的这种实现是最具体的，反而说国家有这样的优点：'概念的环节'、'单一性'达到某种神秘的'定在'。合乎理性的东西，并不是指现实的人的理性达到了现实性，而是指抽象概念的各个环节达到了现实性。"[③] "黑格尔不是把国家推崇为人的最高现实，推崇为人的最高的社会现实，而是把单一的经验的人，把经验的人推崇为国家的最高现实。这种把主观的东西颠倒为客观的东西，把客观的东西颠倒为主观的东西的做法，必然产生这样的结果：把某种经验的存在非批判地当作观念的现实真理性。要知道，黑格尔所谈的不是把经验的存在归结为它的真理性，而是把真理性归结为某种经验的存在，这样一来，随

① 参见［德］马克思《黑格尔法哲学批判》，载《马克思恩格斯全集》第3卷，人民出版社2002年版，第88—97页；另可参见［德］黑格尔《法哲学原理》，范扬、张企泰译，商务印书馆1961年版，第322—325页。

② 同上书，第36页；另可参见［德］黑格尔《法哲学原理》，范扬、张企泰译，商务印书馆1961年版，第297页。

③ 同上书，第36—37页。

便哪一种经验的存在都可以解释为观念的实在环节了。这样也就造成了一种印象：神秘和深奥。……说国家观念是直接生出来的，这种观念通过君王的出生而生出自己并且成为经验的存在，这种说法颇为深奥，令人惊奇。”①

在批判黑格尔“国家的各种特殊职能和活动”“以外在的和偶然的方式同这种特殊的人格本身联结在一起”的思想时，马克思写下了这样一段话：“国家的各种职能和活动同个人发生联系（国家只有通过各个人才能发生作用），但不同作为肉体的个人，而是同作为政治的个人发生联系，同个人的政治特质发生联系。因此，黑格尔说它们‘是以外在的和偶然的方式同这种特殊的人格本身联结在一起’，这是可笑的。相反，它们通过实质性的联系，通过个人的基本特质而同个人联结在一起。它们是个人的基本特质的自然行动。之所以会有这些谬论，是因为黑格尔抽象地、孤立地考察国家的各种职能和活动，而把特殊的个体性看作与它们对立的东西；但是，他忘记了特殊的个体性是人的个体性，国家的各种职能和活动是人的职能；他忘记了‘特殊的人格’的本质不是它的胡子、它的血液、它的抽象的肉体、而是它的社会特质，而国家的职能等等只不过是人的社会特质的存在方式和活动方式。因此不言而喻，个人既然是国家各种职能和权力的承担者，那就应该按照他们的社会特质，而不应该按照他们的私人特质来考察他们。”②

在讨论君主主权和人民主权的地方，马克思写道：“不是君主的主权，就是人民的主权——问题就在这里。……二者之中有一个是不真实的，虽然已是现存的不真实。”③“民主制是君主制的真理，……在民主制中，任何一个环节都不具有与它本身的意义不同的意义。每一个环节实际上都只是整体人民的环节。”④“在君主制中，整体，即人民，从属于他们的一种存在方式，即政治制度。在民主制中，国家

① ［德］马克思：《黑格尔法哲学批判》，载《马克思恩格斯全集》第3卷，人民出版社2002年版，第50—51页。

② 同上书，第29—30页。

③ 同上书，第38页。

④ 同上书，第39页。

制度本身只表现为一种规定，即人民的自我规定。在君主制中是国家制度的人民；在民主制中则是人民的国家制度。民主制是一切形式的国家制度的已经解开的谜。在这里，国家制度不仅自在地，不仅就其本质来说，而且就其存在、就其现实性来说，也在不断地被引回到自己的现实的基础、现实的人、现实的人民，并被设定为人民自己的作品。国家制度在这里表现出它的本来面目，即人的自由产物。"① "黑格尔从国家出发，把人变成主体化的国家。民主制从人出发，把国家变成客体化的人。正如同不是宗教创造人，而是人创造宗教一样，不是国家制度创造人民，而是人民创造国家制度。"②

综合上面的引文可以清楚地看出，马克思的思想是从人开始，以人为核心的：人客观化自身，将自身的社会特质展现为家庭、市民社会和国家，国家等作为人的社会存在方式，是人的本质的实现，因而也是人的现实普遍性。更为深刻的是，马克思历史地看待这一切。比如，当黑格尔把市民社会和国家的分离作为他考察现代国家的出发点的时候，马克思是肯定甚至赞同黑格尔的，他只是不同意黑格尔对问题的虚假的和形式的解决而已。马克思指出："历史的发展使政治等级变成社会等级，以致正如基督徒在天国是平等的，而在尘世则不平等一样，人民的单个成员在他们的政治世界的天国是平等的，而在社会的尘世存在中却不平等。从政治等级到市民等级的真正转变过程是在君主专制政体中发生的。……只有法国大革命才完成了从政治等级到社会等级的转变过程，或者说，使市民社会的等级差别完全变成了社会差别，即在政治生活中没有意义的私人生活的差别。这样就完成了政治生活同市民社会的分离。"③

马克思同时还指出，与此分离相伴随，市民社会的等级本身也发生了变化。在同政治社会分离的市民社会中，等级差别既不以政治也不以需要和劳动为原则而划分，而是以金钱或者说以享受和享受能力为原则而划分。因此，医生在市民社会中并不构成任何特殊的等级，

---

① ［德］马克思：《黑格尔法哲学批判》，载《马克思恩格斯全集》第3卷，人民出版社2002年版，第39—40页。

② 同上书，第40页。

③ 同上书，第100页。

而一个商人与另一个商人相比，可能分属不同的等级，处于不同的社会地位。市民社会中的等级是任意划分开来的群众，是仓促形成的、流动的和不固定的。而这也就意味着：现代等级对个体的实体性劳动、对个体的现实地位毫无现实关系。由此，市民社会与政治社会的分离具有了如下重要意义，即市民社会的成员在自己的政治意义上脱离自己的等级、脱离自己的私人地位，从而获得人的意义。因为现代市民社会作为实现了的个人主义，只以个人的存在为最终目标，活动、劳动等人的本质的对象化都只是手段，他在市民社会中的一切规定对于他来说都只是外在的和非本质的规定，所以他只能脱离自己的私人地位，脱离自己的等级，他的作为国家成员、作为社会存在物的规定才能表现为他的人的规定，但这种政治生活，正如黑格尔所揭示的那样，只是空中的生活，是超越市民社会的尘世的政治世界的天国。①

值得注意的是，在这里，马克思还暗示了无产阶级的存在及其在市民社会中的特殊地位。他说："这里的特点只是，丧失财产的人们和直接劳动的即具体劳动的等级，与其说是市民社会中的一个等级，还不如说是市民社会各集团赖以安身和活动的基础。"② 当然，此时的马克思还没有意识到无产阶级的这种特殊地位所蕴含的重大历史意义，对人的分裂、市民社会与政治社会的分离的问题也还没有提出什么具体的解决方案。不过，当马克思随后来到巴黎，"发现了纯政治的谎言、阶级斗争、有血有肉的资本主义和组织起来的无产阶级"③ 之后，解决问题的远景就逐渐清晰起来了。体现这一点的主要文本是发表在《德法年鉴》上的《论犹太人问题》和《〈黑格尔法哲学批判〉导言》。

《论犹太人问题》讨论的是政治解放与普遍的人的解放的关系问题。政治解放是历史的一大进步，表现为两个方面：其一，是打倒了封建统治者的权力，建立了政治国家；其二，是摧毁了一切等级、同业公会、行帮和特权，消灭了市民社会的政治性质并使其分解为独立的个体。但这种解放又把人本身分裂了，即"现实的人只有以利己的

① 参见［德］马克思：《黑格尔法哲学批判》，载《马克思恩格斯全集》第3卷，人民出版社2002年版，第99—102页。

② 同上书，第100—101页。

③ ［法］阿尔都塞：《保卫马克思》，顾良译，杜章智校，商务印书馆1984年版，第61页。

个体形式出现才可予以承认，真正的人只有以抽象的公民形式出现才可予以承认”[①]。所以，政治解放必须继续推进为人的解放，而“只有当现实的个人把抽象的公民复归于自身，并且作为个人，在自己的经验生活、自己的个体劳动、自己的个体关系中间，成为类存在物的时候，只有当人认识到自身‘固有的力量’是社会力量，并把这种力量组织起来因而不再把社会力量以政治力量的形式同自身分离的时候，只有到了那个时候，人的解放才能完成”[②]。

然而，应该怎样实现、靠什么力量来实现人类解放？马克思在《〈黑格尔法哲学批判〉导言》中对这个问题做出了如下初步回答：无产阶级将最终实现人类的解放。文章开始于对费尔巴哈的批评。马克思承认，费尔巴哈最终结束了“对宗教的批判”，对“其他一切批判的前提”的批判。马克思把这种批判总结在一句话里，“反宗教的批判的根据就是：人创造了宗教，而不是宗教创造了人”。但马克思接下去就展开了对费尔巴哈的批评：“但是，人不是抽象的蛰居于世界之外的存在物。人就是人的世界，就是国家，社会。这个国家、这个社会产生了宗教，一种颠倒的世界意识，因为它们就是颠倒的世界。……宗教是人的本质在幻想中的实现，因为人的本质不具有真正的现实性。因此，反宗教的斗争间接地就是反对以宗教为精神抚慰的那个世界的斗争。……宗教是人民的鸦片。废除作为人民的虚幻幸福的宗教，就是要求人民的现实幸福。要求抛弃关于人民处境的幻觉，就是要求抛弃那需要幻觉的处境。……因此，真理的彼岸世界消逝以后，历史的任务就是确立此岸世界的真理。人的自我异化的神圣形象被揭穿以后，揭露具有非神圣形象的自我异化，就成了为历史服务的哲学的迫切任务。于是，对天国的批判就变成对尘世的批判，对宗教的批判就变成对法的批判，对神学的批判就变成对政治的批判。”[③]

在马克思看来，对宗教的批判自称本身具有消除人类异化的力量，

---

① ［德］马克思：《论犹太人问题》，载《马克思恩格斯全集》第3卷，人民出版社2002年版，第188页。

② 同上书，第189页。

③ ［德］马克思：《〈黑格尔法哲学批判〉导言》，载《马克思恩格斯全集》第3卷，人民出版社2002年版，第199—200页。

这是费尔巴哈（Feuerbach）和鲍威尔（B. Bauer）共有的幻想。宗教确实是“虚幻的”，但它毕竟是这个“无情世界”仅有的一点“感情”。宗教确实是毒害人的“鸦片”，却也会像鸦片一样给人以“精神慰藉”。所以，废除宗教、夺去人民“虚幻的幸福”应该继之以“现实的幸福”，抛弃“关于自己处境的幻觉”应该继之以“抛弃那需要幻觉的处境”，扔掉那些“虚构的花朵”应该继之以能够“伸手摘取新鲜的花朵”。否则的话，人就必须忍受双重的贫困，那不是太残忍太无情了吗？所以，只停留于宗教批判的宗教批判本身必须受到批判。

因此，马克思在揭穿宗教批判的妄想之后，重复了他对德国现状的看法。在德国，仅有的革命向来只是哲学的革命，因为它是一种政治上落后于时代的国家，只有它的哲学，特别是黑格尔的哲学，才是符合时代水平的。因此，德国人不仅要对现存的德国制度开火，而且还要对德国哲学进行批判，而正是后者才“恰恰接触到了当代所谓的问题之所在的那些问题的中心”①。然而，要批判哲学就必须实现哲学，而哲学只能在物质行动的领域内实现自身：“批判的武器当然不能代替武器的批判，物质力量只能用物质力量来摧毁。”② 革命所需要的这个被动因素、物质基础就是无产阶级：“一个被戴上彻底的锁链的阶级，一个并非市民社会阶级的市民社会阶级，一个表明一切等级解体的等级，一个由于自己遭受普遍苦难而具有普遍性质的领域，……一个若不从其他一切社会领域解放出来从而解放其他一切社会领域就不能解放自己的领域。”③ 因此，无产阶级的解放意味着人类解放的最终实现，而“这个解放的头脑是哲学，它的心脏是无产阶级。哲学不消灭无产阶级，就不能成为现实；无产阶级不把哲学变为现实，就不可能消灭自己”④。

---

① ［德］马克思：《〈黑格尔法哲学批判〉导言》，载《马克思恩格斯全集》第3卷，人民出版社2002年版，第205页。

② 同上书，第207—208页。

③ 同上书，第213页。

④ 同上书，第214页。

二　政治经济学批判

在继续下面的讨论之前，必须说明的一点是，在青年马克思和晚年马克思之间并不存在阿尔都塞（Louis Althusser）所指认的“断裂”[①]。马克思的思想确实有个发展的过程，但其基本思想是连续的。实际上，本文所要着力讨论的自由，就是为其著作提供连续性的几个基本概念之一。[②] 从上面讨论过的文本来看，我们认为，马克思确实很早就具备了他思想中的绝大部分要素：现代的国家形式和法律关系是政治解放的宝贵成果，但还不是人的解放的最后形式；就其现实性而言，这些国家形式和法律关系是维护资产阶级统治的工具，而包括黑格尔法哲学在内的已有的全部国家学说和法哲学都只是这种统治的修饰，因而属于资产阶级的意识形态；要想真正实现人的自由，必须通过无产阶级这个具有普遍性质的阶级的解放，而革命之后的国家制度将是民主制的，因为民主制是君主制的真理，是人民的自我规定（实际上正是出于这个原因，当代意大利马克思主义哲学家埃内斯托·斯库瑞潘蒂才提出了如下评论：《法哲学批判》是马克思共产主义的政治理论的可供参照的最早文本；如果它不是这一理论的建立，至少也是它的直接前提：此一文本中的“民主”也就是后来马克思著作中的“共产主义”[③]）。当然，我们也乐于承认，这些思想在这一时期还主要是从哲学，即与黑格尔思辨哲学不同的人的哲学出发得出的；但必须马上指出，这不是什么思想不成熟的表现，而是为后继更为科学的政治经济学批判提供了任何一种社会与政治理论都不可或缺的理论前提。

马克思特有的关于人、人之本性的哲学理解及其与政治经济学批

---

① ［法］阿尔都塞：《保卫马克思》，顾良译，杜章智校，商务印书馆1984年版。

② O' Rourke James J., *The Problem of Freedom in Marxist Thought: An Analysis of the Treatment of Human Freedom by Marx, Engels, Lenin and Contemporary Soviet Philosophy*, D. Reidel Publishing Company, 1974, p. 11.

③ Screpanti Ernesto, *Libertarian Communism: Marx, Engels and the Political Economy of Freedom*, Palgrave Macmillan, p. 124.

判的关联简单说来是这样的：第一，人直接是自然存在物，是对象性的、感性的存在物，需要运用自己的自然力和生命力去改造外在于自己的对象并以此来满足自己；但是，人不仅是自然存在物，而且还是人的自然存在物，是类存在物，意识特性作为人的类特性，使这种满足自己需要的生命活动是受到意识制约和引领的，人因此从本性上来说才是自由自觉的；而且，人在意识的制约下满足自己需要的生命活动是在社会当中进行的，社会构成了人的现实。然而，这有两种情况：一是当我们"为了作为人的人而从事生产"①，进而"人对世界的关系是一种人的关系"② 的时候，我们就为自己创造了不能将其视为抽象的东西而与个体对立起来的真正意义上的社会，即"是人同自然界的完成了的本质的统一，是自然界的真正复活，是人的实现了的自然主义和自然界的实现了的人道主义"③ 的社会。而在这真正的社会中，人与人之间、个体与类之间、人与自然之间的矛盾得以最终解决："自然界的人的本质只有对社会的人来说才是存在的；因为只有在社会中，自然界对人来说才是人与人联系的纽带，才是他为别人的存在和别人为他的存在。"④ 第二，当社会并不是按照人的方式组织起来的时候，人的作为自由的生命表现的劳动就被无情地异化了，而当这种异化的劳动在私有财产中凝固起来之后，人的异化状况就更为深重了，其最后和最高的发展阶段就是现代资本主义社会，一个应该在理论上加以批判并在实践上加以改造的人的现实；而正是在批判这一现实的过程中，马克思引入了作为"消灭现存状况的现实的运动"⑤ 的共产主义，其主要内容是消灭私有财产，其理论位置是通向人之真正自由的中介环节："共产主义是私有财产即人的自我异化的积极的扬弃，因而是通过人并且为了人而对人的本质的真正占有；因此，它是人向自身、向社会的即合乎人性的人的复归。"⑥

① ［德］马克思：《1844 年经济学哲学手稿》，人民出版社 2000 年版，第 180 页。

② 同上书，第 146 页。

③ 同上书，第 83 页。

④ 同上。

⑤ ［德］马克思、［德］恩格斯：《德意志意识形态》（节选本），人民出版社 2003 年版，第 31 页。

⑥ ［德］马克思：《1844 年经济学哲学手稿》，人民出版社 2000 年版，第 81 页。

让我们回到马克思的政治经济学批判。黑格尔法哲学批判的结果是使马克思认识到，国家形式和法的学说根源于人们的物质生活，而对市民社会的解剖应该到政治经济学中去寻求。《1844 年经济学哲学手稿》就是这种政治经济学研究的最初成果。在这部后来影响极大的手稿中，马克思补上了对私有财产的批判性分析，从而完整了自己的思想图谱。这种批判分析包括两个方面：第一，私有财产和异化劳动的关系。人在社会中满足自己需要的生命活动，在“贫困”和“需要”的压迫之下，出于人的“意识”，而被变成了“仅仅维持自己生存的手段”①，因此，私有财产不仅是一个事实，而且是一个应该加以说明的事实：它是异化劳动的产物而非异化劳动的前提，虽然在私有财产产生之后，二者就是相互作用的关系了。② 而一旦把私有财产的根源归结于劳动及其异化，我们就会得到很多重要的结论：首先，国民经济学虽然从劳动是生产的灵魂出发，但没有为劳动提供任何东西，而是为私有财产提供了一切，它把私有财产当作一个事实来接受，并未对这个事实加以解释和说明，即使是蒲鲁东所要求的工资平等也还是没有脱离开这个事实，因为工资和私有财产是同一的，都是异化劳动的必然结果。其次，社会从私有财产中解放出来要通过工人解放这种政治形式来实现，因为工人的解放包含着普遍的人类解放，而之所以如此，是因为私有财产制度因而整个人类的奴役制度就包含在工人与其生产的异化关系之中。③ 最后，共产主义“是人的解放和复原的一个现实的、对下一段历史发展来说是必然的环节”，“是最近将来的必然的形式和有效的原则”④。

第二，私有财产的内部关系。在这里，马克思最重要的洞见是“私有财产的关系潜在地包含着作为劳动的私有财产的关系和作为资本的私有财产的关系，以及这两种表现的相互关系”⑤。这是对近代占主流的政治哲学传统的突破，在那里，财产问题在其核心处被理解为

---

① ［德］马克思：《1844 年经济学哲学手稿》，人民出版社 2000 年版，第 172、57 页。

② 同上书，第 61 页。

③ 同上书，第 62 页。

④ 同上书，第 93 页。

⑤ 同上书，第 67 页。

劳动，财产权被规定为个人意志对物的支配权利。而在马克思这里，财产被明确地规定为一种关系，而且不是一般的人际关系，而是阶级关系。正是在这里，上面由异化劳动所刻画的有产和无产的对立，才获得了其更为深刻的规定。“无产和有产的对立，只要还没有把它理解为劳动和资本的对立，它还是一种无关紧要的对立，一种没有从它的能动关系上、它的内在关系上来理解的对立，没有作为矛盾来理解的对立。”① 从这一逻辑来看，国民经济学的观点表达的是资本主义的本质精神和对人性的片面理解，因为随着把劳动抽象为一般劳动，也就把人抽象为财产主体，而这也就意味着“既使人成为本质，又同时使作为某种非存在物的人成为本质”②。其现实的表现是：财产作为“积累起来的劳动”是资本，而资本作为财产又是“对他人劳动力的支配”，在这种支配下，“人类的大多数变成了‘没有财产的’人”，变成了无产阶级；而阶级对立的必然结果是爆发社会革命，而且这一革命不是要“重新分配劳动”，而是要“消灭劳动，并消灭任何阶级的统治以及这些阶级本身”，因为无产阶级已经不再是一个阶级，而成了现今社会一切阶级、民族等等解体的表现。③

让人感到惊奇和叹服的是，马克思不仅规定了私有财产自身的内部关系，而且还简要地提示了这个关系所必定要经历的运动：“二者直接的或间接的统一”“二者的对立”“二者各自同自身对立”即资本和劳动的自身分解与敌对性的相互对立。④ 之所以说让人感到惊奇和令人叹服，因为这一描述简直就是对《1857—1858 年经济学手稿》中“资本主义生产以前的各种形式”和《资本论》的明白预告。当然，这也是对阿尔都塞及其追随者所强调的“断裂”的一个明确无误的反驳。

“资本主义生产以前的各种形式”是马克思《1857—1858 年经济学手稿》特别重要的一个篇章。正是在那里，马克思集中表达了他对

① ［德］马克思：《1844 年经济学哲学手稿》，人民出版社 2000 年版，第 78 页。

② 同上书，第 75 页。

③ ［德］马克思、［德］恩格斯：《德意志意识形态》（节选本），人民出版社 2003 年版，第 47、28、30、35 页。

④ ［德］马克思：《1844 年经济学哲学手稿》，人民出版社 2000 年版，第 72 页。

财产权问题的历史性理解，从而揭示了资本主义经济的历史起源，打破了资产阶级国民经济学家、蒲鲁东式的社会主义者们关于资产阶级经济关系的永恒性和自然性的迷梦。而这一点在《资本论》中是被大大压缩了的，变成了“所谓原始积累”一章的隐秘背景。

“资本主义生产以前的各种形式”以历史的角度描述了私有财产的关系，即劳动和资本的相互关系。最初，劳动者就是所有者，二者是直接或间接的统一的。劳动者把“他的生产的自然条件看作是属于他的、看作是自己的、看作是与他自身的存在一起产生的前提”，而这就是财产的原初含义。因为最重要的原初生产条件是土地，所以财产权也就意味着“把大地当作劳动的个人的财产来看待”[①]。当然，这种关系要依存于一定的政治条件，即以个人是其共同体成员为前提，不管是在东方的（亚细亚的）、古典古代的（希腊和罗马的）、还是在中世纪日耳曼的社会形式中，孤立的个人都是不可能拥有土地和财产的，人把土地等等视为自己的财产必须以共同体为中介，不管这种中介关系是何等直接或微弱。马克思接着指出，只有在这种劳动和财产相统一的原初形式中，劳动创造财富并确立财产权（“通过劳动过程而实现的实际占有”）这一现代资本主义的最高信条才是有效的，因为在这些社会形式中，“经济的目的是生产使用价值，是在个人对公社（个人构成公社的基础）的一定关系中把个人再生产出来”，从而个人之间不多的经济关系才是真正的“等价物的交换”。[②]

接下来，这种抽象的同一性必然否定自身而进入对立。“生产本身，人口的增长（这也属于生产）”“战争和征服的影响”“贫困化”“奴隶制的发展、土地占有的集中、交换、货币关系、征服等”都会促使这种原始的社会形式走向解体。[③] 这种解体是一个历史的过程，马克思对此描述如下：首先是劳动者把土地当作生产的自然条件的那种关系的解体，即自由劳动的小农土地所有制的解体，其次是劳动者是工具所有者的那种关系的解体，即手工业的行会制度的解体，最后

---

① ［德］马克思：《1857—1858 年经济学手稿》，载《马克思恩格斯全集》第 30 卷，人民出版社 1995 年版，第 484、476 页。

② 同上书，第 467、476 页。

③ 同上书，第 478 页。

是劳动者的人身被当作生产条件被人占有的奴隶制和农奴制的解体。[①]这种解体的结果：一方面使得一个民族等大批个人脱离其财产，即其客观的生产条件，而成为可能的或真正的自由雇佣工人；另一方面，使所有生产的客观条件作为他人财产，即作为自由雇佣工人的“非财产”而与其相对立，而且这些客观条件作为“价值”（“独立的价值”）是可以交换的，可以购买活劳动并被其所占有。这实际上就是劳动和资本的分离，活劳动与积累起来的劳动的分离。它产生的是资本主义的生产关系，在这种生产关系中，是交换价值及其生产而不再是使用价值的生产成了占主导地位的。[②] 关于这种历史研究的意义，张盾的评论一语中的：“在这种劳动和财产、活劳动和对象化劳动的否定关系中，人类的财产权观念发生了一次最彻底的巨变，即财产权的实现从简单公正的等价物交换规律变成了以赢利为目标的价值增值规律。”[③]

价值增值规律在《资本论》中有着最为系统的表达。《资本论》是马克思对资本主义生产方式的科学分析。从全书的结构上来看，理论部分的三卷构成了一个完整的整体：资本的生产过程、资本的流通过程、资本主义生产的总过程即生产过程和流通过程的统一。其中，第一卷的核心是对“资本现在实现的条件”的研究，它与上面讨论的对“资本产生的条件”[④] 的研究一起构成了马克思对现代财产权的批判研究的完整画面；而其余两卷则构成了这第一卷的必要补充和发展：它同样清晰地阐明了这剥削的果实怎样被资本家现实地占有，以及它怎样被资产阶级全体“公正”地分配。

在生产者和其客观的生产条件分离，即劳动和资本分离的基点上，

---

① ［德］马克思：《1857—1858 年经济学手稿》，载《马克思恩格斯全集》第 30 卷，人民出版社 1995 年版，第 490—496 页。

② 同上书，第 496—497 页。

③ 张盾：《财产权批判的政治观念与历史方法》，《哲学研究》2011 年第 8 期。

④ ［德］马克思：《1857—1858 年经济学手稿》，《马克思恩格斯全集》第 30 卷，人民出版社 1995 年版，第 452 页。《资本论》和《1857—1858 年经济学手稿》的关系当然不是如此泾渭分明：“资本现在实现的条件”在《1857—1858 年经济学手稿》中也有研究，正如“资本产生的条件”在《资本论》中也有研究一样，但同样不可否认的是，前者更具历史感而有失于系统化，后者长于系统性而少了些许历史感，这也是我们如此行文的根据所在。

资本主义的生产开始了。接下来的问题是，资本家是怎样发财致富的呢？是出于他们的慷慨投资、贤明的管理，还是他们欺骗和盗窃了工人们的劳动成果？马克思并没有去辩护资本家们的公道，像一些资产阶级经济学家们所做的那样，也没有去谴责他们的不公道，像一些马克思之前的社会主义学派所做的那样。马克思通过对资本主义生产过程的价值关系方面的冷静分析，科学地说明了财富是怎样流进资本家们的钱袋中去的。

从价值关系的方面来看，劳动不但是一个创造使用价值的过程，而且还是一个创造价值的过程。资本主义的商品生产过程也是这样一个双重过程。但是，资本家们只关心价值的创造过程，价值理论也因此成为马克思整个科学分析的理论基石。和李嘉图一样，马克思认为商品的价值与生产商品所耗费的劳动量成比例，只要这种劳动是社会必要劳动。马克思正确地指出，为了解决问题就必须撇开欺骗、盗窃等肯定存在着的偶然因素，也就是必须假定资本主义生产过程是完全按照价值规律进行的：资本家按照生产资料的价值预付资本，工人得到符合他们价值的工资，然后资本家按照生产出来的商品的价值来收回资本（经过多个中介环节，如第二、三卷所表明的）。但是，如此收回的资本还是增值了，流进资本家钱袋的财富仍然远远多于他们曾经拿出的。之所以会出现这种情况，是因为工人这种商品是一种特殊的商品，这种商品的使用创造价值，而且可以是工人在这个时间内为赡养他们自己所需的产品（的价值）更多的价值，也就是说，他们不但可以再生产他们自身的价值，而且可以生产超过这个价值以上的剩余价值。换言之，变形为生产资料的那部分预付资本和变形为劳动力的那部分预付资本是不一样的，前者只是在生产过程中改变了形态而价值并没有发生变动，是不变资本，后者的价值可以发生变动，是可变资本。事实上，资本家们正是利用后者价值变动的可能性而发财致富的，他们通过延长剩余劳动时间而赚取绝对剩余价值，通过提高劳动生产率而赚取相对剩余价值。

这就是资产阶级“不通过交换却又在交换的假象下占有他人的劳动”① 的真相，其更简洁的表达就是：剥削。从此出发，马克思指出，资产阶级所有关于“自由”“平等”“所有权”的宏论都不过是对这种经济剥削的政治修辞，从而都属于资产阶级意识形态：“劳动力的买和卖是在流通领域或商品交换领域的界限以内进行的，这个领域确实是天赋人权的真正乐园。那里占统治地位的只是自由、平等、所有权和边沁。自由！因为商品例如劳动力的买者和卖者，只取决于自己的自由意志。他们是作为自由的、在法律上平等的人缔结契约的。契约是他们的意志借以得到共同的法律表现的最后结果。平等！因为他们彼此只是作为商品占有者发生关系，用等价物交换等价物。所有权！因为每一个人都只支配自己的东西。边沁！因为双方都只顾自己。……一离开这个简单流通领域或商品交换领域，……就会看到，我们的剧中人的面貌已经起了某些变化。原来的货币占有者作为资本家，昂首前行；劳动力占有者作为他的工人，尾随于后。一个笑容满面，雄心勃勃；一个战战兢兢，畏缩不前，像在市场上出卖了自己的皮一样，只有一个前途——让人家来鞣。”②

但工厂立法使任意延长劳动时间成为不可能，资本家为赚取剩余价值只能不断提高劳动生产率，劳动生产率的增加使不变资本以可变资本为牺牲而增加起来。资本有机构成的这种革命性的变化在资本积累和集中过程中带来的是：科学技术的自觉应用于生产，土地的有计划的使用，逐渐扩大的劳动过程的协作形式，和由之而来的生产资料的共同使用，以及由于这种使用而发生的生产资料的经济化。但这种资本的积聚在使得垄断这种演变过程中一切利益的资本巨头的数目逐渐减少的同时，也相应地扩大了产业后备军，加深了他们的贫困、退化和受压迫、受剥削的程度，与此同时他们却也由于资本主义生产过程自身的机构而被训练、被联合和被组织了。于是，“资本的垄断成了与这种垄断一起并在这种垄断之下繁盛起来的生产方式的桎梏。生

① ［德］马克思：《1857—1858 年经济学手稿》，载《马克思恩格斯全集》第 30 卷，人民出版社 1995 年版，第 505 页。

② ［德］马克思：《资本论》第 1 卷，人民出版社 1975 年版，第 199—200 页。

产资料的集中和劳动的社会化，达到了同它们的资本主义外壳不能相容的地步。这个外壳就要炸毁了。资本主义私有制的丧钟就要响了。剥夺者就要被剥夺了"[①]。其结果是把由个人劳动而创造出来的个人财产在协作和对一切生产资料的共同占有的基础上重新归还给个人。这是否定之否定，是"劳动者就是所有者"这一原始统一性在更高阶段上的重建。

三 自由人联合体作为新的制度安排

敲响资本主义制度丧钟的是社会主义革命，其首要的一步就是夺取政权，建立过渡性的无产阶级专政。其必要性在于：现在的资产阶级财产关系，靠国家权力来维持，而要废除资产阶级生产关系，夺取资产阶级的全部资本，也只能靠国家权力。"因此，哪里的政权落到资产阶级手里，哪里的无产者就必须将它推翻。无产者本身必须成为权力，而且首先是革命的权力。"[②] 其过渡性在于：在阶级存在的经济基础被消灭的时候，它将让位于巴黎公社所创造的委员会制度，而这也就标志着社会主义革命实现了自己的使命，因为"公社的真正秘密在于：它实质是工人阶级的政府，……是终于发现的可以使劳动在经济上获得解放的政治形式"[③]。也就是说，公社是一个真正的共同体，其中没有压迫和剥削，有的只是人们在自己的社会联合中的表现其多样才能的自由自觉的生命活动，以及公社"对物的管理和对生产过程的领导"[④]，而这种管理和领导将不再是压迫性的，而是纯粹事务性的："公社是由巴黎各区通过普选选出的市政委员组成的。这些委员是负责任的，随时可以罢免。其中大多数自然都是工人或公认的工人阶级代表。公社是一个实干的而不是议会式的机构，它既是行政机关，

---

① ［德］马克思：《资本论》第一卷，人民出版社 1975 年版，第 831—832 页。

② ［德］马克思：《道德化的批判和批判化的道德》，载《马克思恩格斯选集》第 1 版第 1 卷，人民出版社 1972 年版，第 171 页。

③ ［德］马克思：《法兰西内战》，载《马克思恩格斯选集》第 2 版第 3 卷，人民出版社 1995 年版，第 58—59 页。

④ ［德］恩格斯：《反杜林论》，载《马克思恩格斯选集》第 2 版第 3 卷，人民出版社 1995 年版，第 631 页。

同时也是立法机关。警察不再是中央政府的工具，他们立刻被免除了政治职能，而变成公社的负责任的、随时可以罢免的工作人员。所有其他各行政部门的官员也是一样。从公社委员起，自上至下一切公职人员，都只能领取相当于工人工资的报酬。"①

公社委员会制度作为一种新社会制度安排的构想实际上是马克思"自由人联合体"思想的制度性实现，在其中，人的自由能够得到真正的实现和切实的保障。马克思逝世以后，当有人问及未来共产主义社会的特征的时候，恩格斯援引《共产党宣言》中的下面这段话以回答他："代替那存在着阶级和阶级对立的资产阶级旧社会的，将是这样一个联合体，在那里，每个人的自由发展是一切人的自由发展的条件。"② 实际上，"自由人联合体"是马克思一贯的思想主张，始终引导着马克思的全部批判工作，因而在其几乎所有的重要文本中都有反复提到，虽然差不多都是极其简略和一般性的：在《1844年经济学哲学手稿》中，马克思尚未明确提出"自由人联合体"的思想，而只是在哲学人类学的层面上谈到共产主义作为私有财产的扬弃所具有的"普遍性质"是"社会性质"，而"社会"不再是"同个体对立"的"抽象的东西"，因为"人的存在即社会的存在" "社会主义是人的……积极的自我意识"，因而"社会是人同自然界的完成了的本质的统一，是自然界的真正复活，是人的实现了的自然主义和自然界的实现了的人道主义"③。在《德意志意识形态》中，马克思把"自由人联合体"视为"真正的共同体"，以与国家等"种种冒充的共同体"相对立，并把这一共同体"实质上具有的经济的性质"规定为"联合起来的个人对全部生产力总和的占有"，这种占有因为"把个人的自由发展和运动的条件置于他们的控制之下"，所以能够"在自己的联合中并通过联合获得自己的自由"④。在成熟时期的主要著作中，马克

① ［德］马克思：《法兰西内战》，载《马克思恩格斯选集》第2版第3卷，人民出版社1995年版，第55页。

② ［德］马克思、［德］恩格斯：《共产党宣言》，载《马克思恩格斯选集》第2版第1卷，人民出版社1995年版，第294页。

③ ［德］马克思：《1844年经济学哲学手稿》，人民出版社2000年版，第82—84、92页。

④ ［德］马克思、［德］恩格斯：《德意志意识形态》（节选本），人民出版社2003年版，第63、66、74页。

思对“自由人联合体”的描述依然十分简略，但却更明确地集中在所有制和分配原则这两个关键环节中。比如在《共产党宣言》中，马克思恩格斯提出了将“全部生产集中在联合起来的个人的手里”的十点措施。[①] 在《资本论》中，马克思进一步对自由人联合体中的所有制和分配原则做出了明确的规定：在这一联合体中，人们将“用公共的生产资料进行劳动，并且自觉地把他们许多个人劳动力当作一个社会劳动力来使用。……这个联合体的总产品是社会产品。这个产品的一部分重新用作生产资料。这一部分仍旧是社会的。而另一部分则作为生活资料由联合体成员消费。因此，这一部分要在他们之间进行分配。……劳动时间……是计量生产者在共同产品的个人可消费部分中所占份额的尺度。在那里，人们同他们的劳动和劳动产品的社会关系，无论在生产上还是在分配上，都是简单明了的”[②]。在多年之后的《哥达纲领批判》中，马克思在对按劳分配原则进行了“资产阶级权利”的指认之后讲到：“但是这些弊病，在经过长久阵痛刚刚从资本主义社会产生出来的共产主义社会第一阶段，是不可避免的。”这体现了马克思严谨的科学态度。但尽管如此，马克思还是相信，在他所构想的全新社会制度充分发展的“高级阶段”，在“个人的全面发展，他们的生产力也增长起来，而集体财富的一切源泉都充分涌流之后”，共产主义社会一定能够“完全超出资产阶级权利的狭隘眼界”，“在自己的旗帜上写上：‘各尽所能，按需分配！’”[③]

这一全新的制度构想曾经遭到巴枯宁的激烈反对而最终导致国际破裂。巴枯宁的反对意见主要是：在马克思的思想中有着对国家的崇拜，公社委员会制度实际上是人民国家（People’s State），而在这个人民国家里，普选和监督并不能使人民代表真正代表人民，因为控制的习惯和内在于权力中的两个因素即对大众的蔑视和对自己美德的过高估计肯定会败坏他们，由此，将会出现一个新的阶级，一个由真正

① ［德］马克思、［德］恩格斯：《共产党宣言》，《马克思恩格斯选集》第2版第1卷，人民出版社1995年版，第293—294页。

② ［德］马克思：《资本论》第1卷，人民出版社1975年版，第95—96页。

③ ［德］马克思：《哥达纲领批判》，载《马克思恩格斯选集》第2版第3卷，人民出版社1995年版，第304—306页。

的或伪装的科学家和学者组成的新等级制度，而这将带来新的统治而非自由。[①] 对此，我们要说的是：马克思在这里提出的新的社会制度构想是一种“制度的精神”，而非一套“制度的实务”。[②] 这在上面大量引文的简要和一般性中都可以清楚地看到，而公社委员会制度所源出的巴黎公社起义也是出乎马克思的意料的，《法兰西内战》不过是事后的理论总结和升华而已。可以说，马克思正是出于科学的精神和务实的态度才提出这种新制度构想的。这种构想，至少比巴枯宁不通过任何类型的政治组织形式如委员会制度的“最高的和保护性的行动”，而只靠“劳动和集体所有权的自发组织、在各区域自由组织和联邦化了的生产的联合、各区域的平等的自发联盟”在世界上建立自由的无政府主义的空想要现实得多。[③]

与巴枯宁从政治方面提出的异议相近，阿伦特（Hannah Arendt）曾经从经济问题出发提出过类似的异议。她就马克思所说的“自由的领域是在劳动终结的时候开始的”这一论断大做文章，认为“所有的人都成为工人的时候，自由的领域完全消失”，而这一结论是令人“绝望的”。[④] 这样的说法根源于阿伦特对人之境况和能力的独特见解及其所隐含的精英主义立场，我们后面会详细谈到，就目前的问题而言，我们需要注意的是，上面阿伦特所引的那句话并不完整，因此可能存有误解。马克思的完整表述是：“这个自然必然性的王国会随着人的发展而扩大，因为需要会扩大；但是，满足这种需要的生产力同时也会扩大。这个领域的自由只能是：社会化的人，联合起来的生产者，将合理地调节他们和自然之间的物质变换，把它置于他们的共同控制之下，而不让它作为一种盲目的力量来统治自己；靠消耗最小的力量，在最无愧于和最适合于他们的人类本性的条件下来进行这种物质变换。但是，这个领域始终是一个必然王国。在这个必然王国的彼

① 参见 Bakunin, *Mikhail Aleksandrovich*: *Marxism*, *Freedom and the State*, London: Freedom Press, 1950, p. 29、37—38、15.

② 张盾：《马克思的六个经典问题》，中国社会科学出版社 2009 年版，第 358 页。

③ Bakunin, *Mikhail Aleksandrovich*: *Marxism*, *Freedom and the State*, Lonolon: Freedor Press, 1950, P. 18.

④ ［美］阿伦特：《马克思与西方政治思想传统》，孙传钊译，江苏人民出版社 2007 年版，第 45 页。

岸，作为目的本身的人类能力的发挥，真正的自由王国，就开始了。但是，这个自由王国只有建立在必然王国的基础上，才能繁荣起来。工作日的缩短是根本条件。”① 这一论述经常被人引用，但很少被人完整地从而正确地理解。实际上，马克思说的是：人的自由是有限的，但可以逐渐扩展自由的范围；这种扩展指的不是一部分人的自由以另一部分人的自由的牺牲为代价的扩展，因为社会联合和共同控制将“迫使每一个体力适合于工作的人为保证自己的生存而工作”②；因而，它说的是每个人的自由的渐进的扩展，而这种扩展的实际可能性就在于工作日的缩短；自由王国这一“彼岸”并不遥远，在人们的劳动时间大大缩减，闲暇时间大大增加的情况下，人类能力的自由发挥将获得越来越广阔的空间，马克思所说的自由王国的彼岸和必然王国的此岸之间并没有基督教世界中此岸与彼岸之间的不可跨越的鸿沟，它们之间具有一种甚至是可以计算的比例关系。这是一种实际但不失让人充满希望的自由理念。

① ［德］马克思：《资本论》第三卷，人民出版社 1975 年版，第 926—927 页。

② ［德］马克思：《纪念国际成立七周年》，载《马克思恩格斯选集》第 1 版第 2 卷，人民出版社 1972 年版，第 443 页。

第七章
权力意志与自由：尼采

尼采对20世纪有着无与伦比的重大影响，无论是在西方，还是在中国。在西方世界，他宣判了传统理性主义哲学和基督教道德的终结，并以对生命、意志的绝对推崇影响了后来的生命哲学、存在主义、弗洛伊德主义、解构主义，等等，可以说，没有尼采和他的著作，20世纪的西方思想舞台也许就是另外一种景象了。在中国，尼采及其著作的命运比较坎坷，几乎可以说是随时代变化而变化：在新文化运动时期，尼采被引介过来当作解放思想和破坏旧秩序的有力武器；而在20世纪30年代之后则因背上了法西斯哲学先驱的恶名而声名暗淡，除了简单粗暴的几声谩骂之外，尼采研究几陷停顿；改革开放初期，又顺势出现了"尼采热"，但随后又很快沉寂下去，但这不是正说明了尼采著作的超时代性和超乎寻常的影响力吗？

不过，与此无可辩驳的重大影响力而言，对尼采的研究和评述却总是充满了各种歧义。在西方世界，海德格尔、雅斯贝尔斯、哈贝马斯、德里达（Derrida）、福柯（Foucault）、巴塔耶（Bataille）、德勒兹（Deleuze）、列奥·施特劳斯、卡尔·洛维特（Karl Löwith）等大师们的解读迥然不同。就中国思想界而言，海德格尔的存在论解读无疑有着广泛而深远的影响。海德格尔的解读紧扣《查拉图斯特拉如是说》《权力意志》以及《快乐的科学》等文本，思路清晰、根基深厚，但也有其明显的弊端，那就是对尼采哲学的政治含义的忽略。在"谁是尼采的查拉图斯特拉？"中，海德格尔写道："尼采是从狄奥尼索斯精神的角度来解说和经验他那最深邃的思想的。这一点只能说明，尼采依然不得不在形而上学上、而且仅仅以形而上学方式来思考他这个思想。"[①] 尼采是在形而上学层面上思考永恒轮回和超人的，但这种思考本身毫无疑问有其政治意涵，虽然这种意涵本身并不具有确定性。很明显，施特劳斯的论断——"第三次浪潮的政治涵义已经被证实为法西斯主义"[②] ——需要我们仔细辨析，但他的另一个论断——"在某种意义上，对尼采的任何政治利用都是对其教诲的滥用"[③] ——很可能是恰当的，虽然这种滥用几乎不可避免。就此而言，也许德勒兹、施特劳斯、鲁迅，甚至莎乐美（Salomé）的尼采解读也会比海德格尔的尼采解读更合理、更可取一些。不过就我们的论题而言，我们的解读将更多依据尼采自己的文本来进行，并时时注意其形而上学和政治哲学两个层面。

一　自由意志与权力意志

尼采是激烈的反传统的，对自由问题的讨论也是如此。从某种意义上说，罗伯特·皮平（Robert Pippin）的如下评论是正确的，即"自由不是尼采喜欢用的一个词，更多时候，他用的是'真实地生活'或'如其所是地认识自己的生命'等等"[④]。这是因为，与传统哲学多在"自由意志"的问题意识下讨论自由问题不同，尼采是在"自我克服"的意义上讨论自由问题的，而"自我克服"意味着权力意志的真正实现。在尼采看来，真实生活中显示出来的真实问题不是意志的自

---

① ［德］海德格尔：《谁是尼采的查拉图斯特拉?》，载孙周兴译《演讲与论文集》，生活·读书·新知三联书店 2005 年版，第 131 页。

② ［美］施特劳斯：《现代性的三次浪潮》，载贺照田主编《西方现代性的曲折与展开》，吉林人民出版社 2002 年版，第 101 页。施特劳斯认为，现代性作为世俗化了的圣经信仰，即不再渴求天堂生活，而是要凭借纯粹人类自己的手段在尘世上建立天堂，始于马基雅维利宏大开阔的意图，进而分别为开始于卢梭、尼采的现代性批判激烈推进，这就是我们现在仍然深陷其中的现代性的三次浪潮。

③ 同上书，第 100 页。

④ Robert Pippin, "How to Overcome Oneself: Nietzsche on Freedom", *Nietzsche on Freedom and Autonomy*, edited by Ken Gemes and Simon May, New York: Oxford Univ. Press, 2009, p. 80.

由与不自由，而是意志的强与弱，是后者的区分与争论。“意志——此乃解放者和令人愉快者的名称：我的朋友们啊，我曾这样教导你们！现在也请学着这一点吧：意志本身还是一个囚犯。”[①] 尼采借查拉图斯特拉之口所说的这段话有着指导性的意义，它能让我们明白尼采对传统哲学及其自由理解的批判和他自己对自由的全新理解：权力意志是解放者和传递喜讯者，但意志的传统理解即自由意志却囚禁了意志，也就是说，自由被以自由意志之名废除了。

“哲学家们习惯这样谈论意志，仿佛它是世界上最为人所知的事情，叔本华曾经提示说，唯有意志是我们真正、完全、不多不少地认识了的东西。而鄙意向来认为，叔本华在这件事上并未脱去哲学家们的习气：他继承并夸大了民众成见。”[②] 我们都知道，尼采从叔本华（Schopenhauer）的意志哲学中受益颇多，但对意志的理解却决然不同，他与叔本华的分道扬镳正是从这里开始的。在尼采看来，以往的哲学家们包括叔本华在内都错误地理解了意志，而这构成了一个大的“错误的历史”的一个部分。这个错误的历史始于古希腊哲学对于“理念”的追求，理念的最古老形式还比较简单、巧妙且令人信服，它作为“真实的世界”可以为哲人、虔诚和有德行的人所达到，其公式被尼采概括为“我，柏拉图，就是真理”。后来，理念的进步变得更为精致，但也更困难和更难以理解，因而哲人、虔诚和有德行的人也无法达到，但据说还是被允诺给他们了，正如基督教所说的那样：“允诺给忏悔的罪人。”而当历史发展到基督教也受到质疑和批判之后，也就是那个理念所代表的“真实的世界”既无法达到，也无法证明和无法允诺之后，人们该怎么办呢？人们该从何处获得安慰，获得继续活下去的勇气和理由呢？意志，自由的和善良的意志。康德如是劝慰他的那个因其主人杀死上帝而痛哭流涕的仆人。但理念这样一种“崇高的、苍白的、北方式的、哥尼斯堡式的”变形其实并没有多大用处，因为自由意志所遵循的绝对律令和义务“其实还是旧的太阳，

① ［德］尼采：《查拉图斯特拉如是说》，载孙周兴译《尼采著作全集》第4卷，商务印书馆出版社2010年版，第222页。

② ［德］尼采：《善恶的彼岸》，载程千帆译，孙周兴校《尼采著作全集》第5卷，商务印书馆2015年版，第34页。

只不过被浓雾和怀疑笼罩着”而已。①

在尼采看来，康德的这种哲学乃是“后门儿哲学”②，而“伟大的康德”——自由意志的最有力辩护者则是一个“有史以来最为畸形的概念残疾人”③，像一切把事物都制成概念木乃伊，并以处理和崇拜这些木乃伊为自己主要任务和乐趣的哲学家们一样，把一切真实的活的东西都变成苍白无力的了，没有任何东西可以活着脱离他的魔爪。更重要的还在于，如此划定理性界限的康德，一直以来都被视为理智诚实的典范，但实际上正好相反，“这不是理智诚实的典范”④，而是理智伪善的典范，尼采将其概括为如下公式，即“康德：或作为理智特性的伪善”⑤。伪善之处在于：生活是整体，而康德宣扬的是分离，即“理性、感性、情感和意志的相互分离”⑥；意志是复杂的，而康德宣扬的则是同一性，以其律令和义务概念判定了感性、情感的非法性和非真实性。这是“自由意志的谬误”，它作为第四大谬误直接规定了其他三大谬误，即“混淆原因和结果的谬误”“一种虚假因果关系的谬误”和“虚构原因的谬误”，而这些声名狼藉的神学家和哲学家们的虚构只有一个目的，那就是发现人们有罪的愿望以便为他们实施惩罚的权利找到借口：意志作为原因（意识和自我作为原因都是后来才出现的）是自由的，因此你的行动是自愿的，你要为此负有责任，而这直接意味着你要为此接受惩罚和判决，而掌握这些权利的人则是这整个“意志心理学”⑦ 的创立者即处于社会上层的僧侣、神学家、道德学家和哲学家们。那么，这些人为什么要寻求惩罚，而一般人为什

① ［德］尼采：《偶像的黄昏》，载孙周兴等译《尼采著作全集》第6卷，商务印书馆2015年版，第97—98页。

② 同上书，第152页。

③ 同上书，第134页。

④ 同上书，第152页。

⑤ 同上书，第135—136页。

⑥ 同上书，第190页。

⑦ 同上书，第117页。尼采习惯于把哲学家们的哲学立场归结为心理症状，并在《善恶的彼岸》中径直将心理学称为“科学的女主人”（见《尼采著作全集》第5卷，程千帆译，孙周兴校，商务印书馆2015年版，第43页）。在这方面，他把蒙田、帕斯卡尔、拉罗什复科（La Rochefoucauld）引为同道，并与蒙田最为接近，因为在其看来，蒙田诚实并富有自由精神。

么又都乐意接受这种惩罚呢？因为面对新的、未曾经历的和陌生的东西，他们感到害怕、不安和忧虑，“任何意义上的错误都是本能退化和意志瓦解的结果”①，而“我们现代的‘自由’概念更多的是本能退化的一个证据”②。

这里的关键之处在于尼采对意志的独特理解。首要的是尼采眼中的“意志”是“某种复合物，某种只是作为词语才是一个单一体的东西”③。具体而言，意志是感觉、思考和情绪的杂合体，而其中的每一个都是杂多：“对离某处而去的状态的感觉，对自某处而来的状态的感觉，对这种‘去’和‘来’本身的感觉，然后还有一种相伴随的肌肉感觉。”④；伴随每一个不同的意志行动都有一个不同的思想在发布指令；而意志本质上总是一种情绪（Affekt），下指令的情绪、服从的情绪的复杂结合。“其实，导致叔本华最终否定意志的主要原因在于他相信意愿的一致性。……一旦自认为在所有表现形式中具有一致性，意志将否定自己，自囚于怜悯、德行和苦行中。”⑤ 因此，这里正是尼采和叔本华真正发生分歧的地方，也是尼采批评叔本华在意志问题上仍受制于哲学家们和民众成见的根据所在。不过更重要的是，复合性与多元性作为本质特征只能为力所有，故而意志总是权力意志，这是尼采意志学说中需要注意的另一本质之点。力是多元的，我们占有、控制事物的力是多元的，而被占有、控制的客体或现象本身也是力，是某种力的表现，其本身也是多元的。力之所以是多元的，是因为没有一种力可以单独存在，“各种力在一定距离之内相互作用、相互感应，而距离是每一种力包含的、借以与其他力相互关联的区分性因素”⑥。而这种形式中的力就是尼采所说的意志，“意志（权力意志）

① ［德］尼采：《偶像的黄昏》，载孙周兴等译《尼采著作全集》第6卷，商务印书馆2015年版，第110页。

② 同上书，第180页。

③ ［德］尼采：《善恶的彼岸》，载程千帆译，孙周兴校《尼采著作全集》第5卷，商务印书馆2015年版，第34页。

④ 同上书，第34页。

⑤ ［法］德勒兹：《尼采与哲学》，周颖、刘玉宇译，社会科学文献出版社2001年版，第10页。

⑥ 同上书，第9页。

是力的区分性因素”[①]。也就是说，尼采眼中的意志总是权力意志，但反过来说则是不正确的，权力意志并非直接就是力，而是力的区分性因素。力的区分是就力与力之间关系的性质而言的，而不是就力的量而言的。毫无疑问，力是具有量度的，可以进行量化，但只寻求量的解释的“机械论观点”是不够的：“力隐藏在质中，可见机械论只能描写事件，而不能说明事件。”[②] 而所谓质，无非是处于关系中的力的量的差异，真正实现其权力的激情的差异：“质是我们不可超越的范限；我们不可能受任何妨碍，把单纯的量的差异感受为某种与量根本不同的东西，亦即感受为不再能相互还原的质。”[③] 因此，力被尼采区分为高等的起支配作用的能动力和低等的被支配的反动力：“什么是‘被动的’？抵抗和反应；什么是‘主动的’？向权力伸展。”[④] 而这种由量差决定的能动力和反动力的性质差异构成一个等级体系：任何一个由力的关系而构成的身体，无论是化学的、生物的还是社会的、政治的身体，它作为多元现象的统一体从来都是“支配的统一”，即一种力支配另一种力的统一。这样我们就触及了尼采权力意志概念的最重要特征，即力是所能，而权力意志是所愿。这在下面这个被德勒兹称之为“尼采解释权力意志最重要的文本之一”的文本中得到了明确的表述，这个文本就是“力的胜利概念——我们的物理学家用它来创造上帝和世界——仍然需要完善；必须把一种内在的意志赋予它，我把它称之为‘权力意志’”[⑤]。也就是说，因为任何力的关系（甚至上帝与宇宙也不例外）[⑥] 从概念上说只能是支配与被支配的关系，所以

① ［法］德勒兹：《尼采与哲学》，周颖、刘玉宇译，社会科学文献出版社 2001 年版，第 10 页。

② ［德］尼采：《权力意志》，孙周兴译，商务印书馆 2009 年版，第 114 页。

③ 同上书，第 276 页。

④ 同上书，第 244 页。

⑤ ［德］德勒兹：《尼采与哲学》，周颖、刘玉宇译，社会科学文献出版社 2001 年版，第 73 页。

⑥ 尼采把我们所有的人类现象、包括生物现象甚至物理现象都解释为权力意志的外化和分化：“这个从内部来看的世界，这个从它的‘智识特征’来规定和标志的世界——它或许就是‘权力意志’。此外无它。”见尼采《善恶的彼岸》，载程千帆译，孙周兴校《尼采著作全集》第 5 卷，商务印书馆 2015 年版，第 65 页；“无条件的权力意志的特征在整个生命领域里现成存在着”，见《权力意志》，孙周兴译，商务印书馆 2009 年版，第 20 页。

力就其本质而言是一个胜利的概念；然而，胜利的概念需要一种内在意志的补充，没有这一补充就无所谓胜利与否，因为没有权力意志作为力的区分性因素加入其中，力的关系将始终处于悬而未决状态；正是权力意志的加入，力才得以战胜、支配或指挥其他的力，也正是通过权力意志，力才在关系中屈服，它只通过权力意志才屈服。当然，服从和支配一样，都是力的性质，并都与权力相关，即使是支配力也承认在对手那里真正的权力并未消失、合并或瓦解，即使是被支配的力也不曾失去自己的力，不曾失去自己力的量，它们同样都是实现生命所必须的条件。不过生命的完善不在于自我保存，而在于自我提高或扩张："生命不是一种自我保存的意愿，而是一种增长的意愿。""自我保持只不过是自身扩张的后果之一"；"'完善'概念：不只是更大的复杂性，而是更大的权力（——不只是需要成为更大的量——）。"[①] 因此，权力意志不仅起着诠释的作用，即确定给予事物意义的力的作用，而且起着评价的作用，即确定给予事物价值的权力意志的作用。也就是说，正如力有能动和反动的性质之别，权力意志也有肯定和否定的性质之别，与反动力也是力类似，否定意志也仍然是权力意志："……一个求虚无的意志，一种对生命的不愿意，一种对生命那些最基本前提的抵制；不过它是而且始终是一个意志！"[②] 这里重要的是要注意两种性质的区别与联系，即力的能动与反动，以及权力意志的肯定与否定之间的区别与联系，这是尼采哲学的核心之处。对此，德勒兹有过精彩的论述，包含了其中所含有的全部实质性内容，现全文引在下面："在能动与肯定、反动与否定之间，存在深刻的亲和性和共谋关系，但绝不能把它们混为一谈。一旦确定它们的亲和性，将会带动整个哲学艺术。一方面，我们很清楚，每一种能动中含有肯定，每一种反动中也含有否定；但另一方面，能动与反动更像是手段，像是肯定与否定的权力意志的手段或工具，正如反动力是虚无主义的工具。此外，能动和反动需要肯定和否定作为超越它们和实现其目的

① ［德］尼采：《权力意志》，孙周兴译，商务印书馆 2009 年版，第 182、108、114 页。

② ［德］尼采：《论道德的谱系》，载程千帆译，孙周兴校《尼采著作全集》第 5 卷，商务印书馆 2015 年版，第 508 页。

不可或缺的前提。更深刻的是，肯定与否定之所以能超越能动与反动，是因为它们直接体现了生成本身的性质。肯定不是能动，而是趋向能动的权力，它体现的是反动趋向能动。否定也不是简单的反动，而是趋向反动。肯定和否定对于能动和反动而言既像是内在的又像是超验的；它们用力之网构造了生成之链。肯定把我们领入酒神的辉煌世界，即生成之在；否定却把我们猛然推入反动力浮现的令人忧虑不安的深渊。"①

正是以权力意志的上述谱系学和类型学划分为根据，尼采对自由意志和现代的自由概念展开了激烈的批判，既在形而上学方面，又在政治方面，既针对个人，也针对民族：

对于自由或善良意志：

> 对自由、独立性的要求，也是对均衡、和平、协调的要求；隐居者亦然，"精神自由"；在最低等的形式中：意求此在的一般意志，"自我保存欲望"。
>
> 迄今为止，也许没有比这种求善的意志更为危险的意识形态、更巨大的心理学胡闹了：人们把这个最惊人作呕的类型、这种不自由的人拉扯大了，把这种伪君子抚养成人了；人们教训说，唯有作为伪君子，人才能踏上通向神性的正确道路，唯有一种向伪君子的转变才是一种神性的转变……②

对于现代自由概念以之为出发点的新教自由：

> "新教的自由"、"鉴于本己良心的责任"，路德的这些美好的伪善：根本上是"权力意志"的最胆怯形式。
>
> "在各色被压迫者、奴隶那里，显现为求"自由"的意志：似乎唯有摆脱才是目标（道德的和宗教的："对自己的良心负

① ［法］德勒兹：《尼采与哲学》，周颖、刘玉宇译，社会科学文献出版社 2001 年版，第79—80 页。

② ［德］尼采：《权力意志》，孙周兴译，商务印书馆 2009 年版，第 315、1224 页。

责”；“新教自由”等等)”

个体也想借宗教改革求得自由；“人人皆为自己的教士”也只不过是放荡生活的一个公式而已。实际上有一个说法就够了——即“福音自由”——而且一切有理由隐而不显的本能就像野狗一样冲出来，极其粗暴的需要一下子获得了对于自身的勇气，一切似乎都是完全合理的……人们小心堤防，不想知道人们根本上指的是何种自由，人们视而不见……然而，人们闭上双眼，用狂热的说辞来湿润双唇，这并没有阻止人们在能抓住某物的地方采取行动，并没有阻止人们把肚子变成“自由福音”的上帝，并没有阻止复仇欲和嫉妒欲在贪得无厌的愤怒中得到满足……这种情况持续了一阵子：然后就出现了衰竭，与在南欧出现的衰竭完全一样；而且在这里又出现了一种粗野的衰竭，一种普遍的甘受奴役……有伤风化的德国世纪到了……①

对于作为现代自由之基底的个人主义：

请注意！只要人们尚未拥有权力，人们就意愿自由。如果人们拥有了权力，人们就意愿优势；如果人们争不到优势（若人们还过于虚弱而达不到优势），人们就意愿“公正”即平等的权力。

演戏。现代人的五花八门及其魅力。本质上是躲藏和厌烦。

众所周知，表示“平庸”的光荣字眼是“自由”……②

对于在现代社会中占主流的自由主义以及民主的欧洲：

自由主义机构一经建立，它们马上就不是自由主义的了：此后，就对自由的损害而言，没有比自由主义机构更严重和彻底的了。人们知道它们都做了些什么：它们暗中破坏权力意志，它们把拉平山峰与山谷抬举为道德，它们使人卑贱、懦弱、耽于享

① ［德］尼采：《权力意志》，孙周兴译，商务印书馆2009年版，第472、479、1164页。

② 同上书，第576、143、1106页。

乐，——通过它们，群居动物总是获胜。自由主义：用德语说就是使人群动物化……

我们的机构不再有任何用处，对此人们业已达成共识。但过错不在它们，而在我们。在我们丧失了那些机构由之生长的全部本能之后，我们也就彻底丧失了那些机构，因为我们对它们不再有用。民主主义过去始终是组织性力量的衰退形式：在《人性的，太人性的》第一卷第318节，我已经把现代民主制连同其半成品——比如“德意志帝国”——刻画为国家的衰败形式。为了能够有机构，必须有一种意志、本能和律令，它们的反自由主义到了几乎恶毒的地步：必须有要求传统、权威、长久责任和世代团结的意志。如果有了这种意志，那么，某种类似于罗马帝国或俄国的东西就会被建立起来。俄国是当今唯一有生命活力、可以期待、尚可许诺一些东西的势力，——俄国与不幸的欧洲割据和紧张不安形成对照，随着德意志帝国的建立，这种割据和紧张不安步入了一个紧要关头……整个西方不再具有机构和未来由之生长的那些本能：也许没有什么东西如此不符合其“现代精神”的了。人们得过且过，急功近利，不负责任，而人们恰恰把这叫做“自由”。那使机构成为机构的东西，遭到鄙视、仇恨和拒绝：只要“权威”一词的声音一大，人们就会觉得陷于一种新的奴役的危险之中。我们的政治家、我们的政党，其价值本能中的颓废如此严重：以致他们本能地偏爱导致崩溃、加速毁灭的东西……①

二　超人与自由

尼采的上述批判，是从生命的观点出发，对否定的权力意志类型的批判，也就是说，“自由”、自由意志、自由主义以及与之相联系的所有其他事物，都是对生命的一种诋毁、贬低，是本能退化、生命颓废的标

① ［德］尼采：《偶像的黄昏》，载孙周兴等译《尼采著作全集》第6卷，商务印书馆2015年版，第175—176、177—178页。

志。与此相反，尼采呼吁的是权力意志的另一类型，即肯定的类型，着眼于生命的提高和更高类型自由之人的诞生和培育。“——人类最可怕的和最彻底的要求，人类追求权力的欲望，——人们称这种欲望为‘自由’——必须最长久的被限制起来。因此，伦理学以其无意识的教育本能和驯化本能，一直以来都旨在限制权力欲望：它诋毁专横的个体，并且以其对集体忧心和祖国之爱的颂扬来强调群氓的权力本能。”① 这段论述集反面的批判和正面的表述于一身，很好地表达了尼采所要处理问题的复杂性和困境所在。实际上，尼采自己的真正追求是在于“推论出人类的发展：完善在于最强大个体的产生，最大的量成为后者的工具（而且作为最聪明和最灵敏的工具）”②。也就是说，以本来意义的等级制为定向，即不是以反动力和否定的权力意志的胜利和传播以及由此导致的等级制，而是以能动高于反动、肯定高于否定的等级制为定向，围绕着权力的程度，即一个人或另一个人应该对其他人或所有人行使的权力的程度，而不是所谓“自由”的程度，设想一种更高等级更高类型的强大个体的产生和培育。

实际上，尼采也有自己的自由概念。在“我的自由概念”的标题下，尼采写道：“什么是自由？就是一个人有自己承担责任的意志；就是一个人坚持把我们彼此分开的那种距离；就是一个人对于艰辛、困苦、贫困甚至生命变得愈加冷漠。就是一个人准备为了自己的事业牺牲人类，包括他自己。自由意味着男性的、好战好胜的本能支配其他本能，例如‘幸福’本能。自由的人——更不用说自由的精神了——鄙视小商贩、基督徒、母牛、女人、英国人和其他民主主义者所梦想的那种可鄙的舒适。自由的人是战士。——根据什么衡量个人和民族的自由呢？根据必须加以克服的阻力，根据保持支配地位所花费的努力。人们必须到最高的阻力不断被克服的地方去寻找自由之人的最高类型：距暴政咫尺之遥，濒临受奴役的危险。”③ 也就是说，尼采眼中的自由之人是个斗士，他是自我负责、自我统治、自我做主的；

---

① ［德］尼采：《权力意志》，孙周兴译，商务印书馆 2009 年版，第 14 页。

② 同上书，第 114 页。

③ ［德］尼采：《偶像的黄昏》，载孙周兴等译《尼采著作全集》第 6 卷，商务印书馆 2015 年版，第 176 页。

他对艰难困苦、贫困、甚至生命本身都漠不关心；他拒绝常人所梦想的“幸福”，只追求恒常的自我克服以至人的最高类型。

令人震惊的是，尼采同时还明确宣称，是“战争培育了自由。”[①]这里我们必须谨慎，仔细体会尼采所说的“战争”到底是什么意思。在1888年9月30日为《偶像的黄昏》撰写的“序言”中，尼采这样写道：“——重估一切价值，……对于这样的使命来说，任何手段都是正当的，任何‘事件’都是一件幸事，特别是战争。战争曾经始终是所有过于内向、过于深沉的精神的伟大智慧。甚至在伤害中也有疗效。长久以来，下面这句格言一直是我的座右铭，我向博学的好奇心隐瞒了它的出处：生气藉创伤增加，活力藉创伤增长。”[②] 可以看出，这里的“战争”更多的是指精神领域内所发生的战争（他常说的是“自由的精神”），而且是作为手段出现的。那么，目的是什么呢？重估一切价值。其实这也不是最终目的，最终目的是达致人的最高类型。而且，考察尼采的全部著作，我们还会发现，这种精神性的战争一开始可能只是尼采一个人的，只是后来被他扩展到了整个人类文化的形态，因为正如露·莎乐美所说：“他从根本上只想自己，为自己而写作，因为他只是写自己，让他本身的自我在其思想中成为现实。”[③] 在她看来，尼采并非徒然地在《善恶的彼岸》的“终曲”中这样写到自己：“我是不是另一个人？是不是对自己也变陌生？/是不是从自己这里跃出？/一个摔跤手，太经常地自己把自己扳倒？/太经常地用自己的力顶住自己，/用自己的胜利把自己扭伤，绊倒？”[④] 也许，自我伤害的本能、自己与自己战争的本能深植于尼采的内心，他持久的忍耐和伤害促成了他对未知世界，特别是对他自己尚未枯竭的可能性的探索，直到在他最后的孤独寂寞中我们没能再跟上他。可以说，正是内心精神的苦痛与战争成就了他（以及他的事业），也毁了他，最后的

---

① ［德］尼采：《偶像的黄昏》，载孙周兴等译《尼采著作全集》第6卷，商务印书馆2015年版，第176页。

② 同上书，第66页。

③ ［德］露·莎乐美：《情遇尼采》，王书祥、杨祖群译，社会科学文献出版社2002年版，第1页。

④ ［德］尼采：《善恶的彼岸》，载程千帆译，孙周兴校《尼采著作全集》第5卷，商务印书馆2015年版，第304—305页。

结果就是他成为了他自己，而我们还是停在原处，停在“把我们彼此分开的那种距离”之外。

不过，尼采的自由概念除了个人、文化的一面之外也确实包含着政治一面。紧接着上面引用的关于自由概念的说明之后，尼采写道：“如果人们在此把‘暴君’理解为唤起最大程度权威和自我约束的冷酷而可怕的本能，那么，上述一点在心理学上就是真实的——最好的典型就是尤利乌斯·凯撒；如果人们回顾一下历史，那么，上述一点在政治学上也是真实的。……那些培育强者、培育有史以来最强者的巨大温室，即罗马和威尼斯那样的贵族团体，恰恰是在我所理解的自由一词的意义上理解自由的：它是人们既拥有又不拥有的东西，是人们所要求的东西，是人们赢得的东西……”[①] 不过首先要注意的是，相比政治而言，尼采更看重精神和文化：

> 德国人现在厌倦于精神，德国人现在不信任精神，政治耗费了一切对于真正精神性事物的严肃性。
>
> 德国越来越被视为欧洲的浅薄之国。
>
> 文化和国家是敌对者……而主要的事情始终是文化。
>
> 教育、教养本身是目的——而不是“帝国”——
>
> 人们必须学习看，人们必须学习思，人们必须学习说和写：所有这三个任务的目标都是一种高贵的文化。[②] ……

其次要知道的是，即使从政治层面理解尼采所说的自由，那尼采也是明确反对帝国政治（特别是德意志帝国政治）的，正如他明确反对民主政治一样：

> 德意志帝国远离于我，而且对我来说没有任何理由，让我对一个如此远离的东西采取友好或敌意的态度。

---

① ［德］尼采：《偶像的黄昏》，载孙周兴等译《尼采著作全集》第 6 卷，商务印书馆 2015 年版，第 176—177 页。

② 同上书，第 127、129、130、131、133 页。

请注意！反对雅利安血统和闪米特血统。种族混杂之处，乃伟大文化的源泉。

我越来越觉得，我们并不浅薄，并没有足够的好心肠，不足以为这个边陲的容克祖国助一臂之力，并且赞同它那恶狠狠的愚昧口号："德国，德国，高于一切。"

我们置身于民族性癫狂症的危险狂欢节之中，所有比较精细敏锐的理性都悄悄躲到一边去了，最粗野的刁民们的虚荣心叫嚷着要特殊生存和专断的权利——

俾斯麦的时代（德国愚昧化的时代）在这样一种沼泽地里生长，多么陈腐，真正的沼泽地植物亦然，例如那些反〈犹太主义者〉

在欧洲，祖国之爱乃是某种新鲜的东西，还是站不住脚的：它很容易倒掉！人们切不可被它造成的鼓噪所欺骗：小孩子们叫得最响。① ……

实际上，尼采是在教育和培育更高类型的人或种族的意义上谈及自由的政治方面的，文化或美学政治的色彩明显多于武力统治：

——圣徒乃最强大的人（通过自我克制和自由、忠诚，等等）

——一个伟人，他感到有权利牺牲人类，犹如一个统帅牺牲人类；并不是为某个"理念"效力，而是因为他要统治。

唯以统治执政为己任的不光是一个主人种族；而是一个具有自己的生命领域、具有一种力之过剩（对于美、勇敢、文化、风度乃至于最精神性的东西而言的力）的种族；一个肯定性种族，它可以给予自己任何大奢侈……，强大得足以不需要德性命令之暴行，富有得足以不需要节俭和拘泥，处于善恶的彼岸；一座适合于挑选出来的特殊植物的温室。

从现在起，对于更广大的支配性构成物，将出现一些前所未

---

① ［德］尼采：《权力意志》，孙周兴译，商务印书馆2009年版，第46、47、60、77、193、201页。

> 有的有利条件。而这还不是最最重要的；国际种族联合体的形成已经变得有可能了，它们为自己设定的任务是把一个主人种族培育起来，那就是未来的“地球主人”；——一个全新的、巨大的、在最严厉的自我立法基础上建造起来的贵族政体，在其中，哲学暴徒和艺术家暴君的意志将获得超过几百年的延续：——那是人的一个更高种类，他们由于自己的意志、知识、财富和影响方面的优势，把民主欧洲当作他们最顺从和最灵活的工具来加以利用，目的是为了掌握地球的命运，是为了依照“人”的形象把自身塑造为艺术家。够了，人们要重新学习政治的时代到来了。[①] ……

很明显，尼采所说的人的更高类型和更高等级就是所谓的“超人”。超人并非在生命的顺序上用什么接替人类，就像人类接替动物一样的问题，而是应该培育和要求什么种类的人，作为更有价值、更有生命尊严、更有前途的人的问题。超人，和自由一样，“是人们既拥有又不拥有的东西，是人们所要求的东西，是人们赢得的东西”，超人就是尼采眼中真正的自由之人。超人之超越是对人的超越，正如查拉图斯特拉对民众所说的那样：“我来把超人教给你们。人类是某种应当被克服的东西。……迄今为止，一切生物都创造了超出自身之外的东西：而你们，难道想成为这一洪流的退潮，更喜欢向兽类倒退，而不是克服人类吗?”“人是一根系在动物与超人之间的绳索，——一根悬在深渊之上的绳索。……人身上伟大的东西正在于他是一座桥梁而不是一个目的：人身上可爱的东西正在于他是一种过渡和一种没落。”[②] 因而，超人虽然也是对人的超越，但不是像传统哲学和基督教所讲的否定的超越，即否定人而走向神圣的彼岸，而是一种肯定的超越，是人的自我超越和克服，是从人现在的状态向更有价值、更有生命尊严和活力的状态的超越，是跨过人这座“桥梁”而向超人“过渡”。

在尼采看来，自我克服的过程或状态是狄奥尼索斯式的消解和超

---

① ［德］尼采：《权力意志》，孙周兴译，商务印书馆 2009 年版，第 41、42、487、102 页。

② ［德］尼采：《查拉图斯特拉如是说》，载孙周兴译《尼采著作全集》第 4 卷，商务印书馆出版社 2010 年版，第 9—10、13 页。

越边界的状态，而不是阿波罗式的沉思和陶醉的状态；与智识与情爱态度不同，也就是说，类似苏格拉底、斯多葛、斯宾诺莎式的关于人类善或必然性的知识不能使人自由，一种精神的紧张、对自己的不满和蔑视才能使这一自我超越和自我克服成为可能。它看上去更像是一种不可消除、无法阻止的生命内在需要得到心理实现的过程，而自我克服的需要之所以不可消除、无法忽视的根源在于权力意志自身，即组织起一个不断进化和发展的生命冲动和本能的等级制以使其能认同于自我立法的价值：自我克服的必然性在《道德的谱系》中是作为"生命的法则"而出现的。但自我克服、自我蔑视并非是由个人意志创造的，而是历史的和社会的："迄今为止，大众和哲学家所理解的个人或'个体'无疑是一个错误：他决不是自为的，不是一个原子，不是'链条的一环'，决不仅仅是以前的遗传物，——他还是到他为止人的一整条路线本身……"[①] 因此，要想实现自我克服进而赢得自由，一个人就必须克服虚无主义，即求虚无的意志，因为虚无主义就是迄今为止人的那整条路线本身。

虚无主义中的"虚无"并非指不存在，它首先指的是虚无的价值，而一旦生命被否定、贬抑和取消，它便具有了虚无的价值；在这个意义上，虚无主义中的"虚无"实际上意指作为权力意志本质之否定（是而且只是权力意志在进行诠释和评价）。因此，"在其首要的、最基本的意义上，虚无主义指生命所具有的虚无价值，赋予生命这一价值的关于更高价值的虚构，以及在这些价值中所表现的虚无的意志。"[②] 除此含义之外，虚无主义还有一种更通俗和更为人所熟知的含义。它不是指一种否定，而是指一种反动，即反对超感性世界和更高的价值，否定它们的存在，取消它们的有效性。这不再是借更高价值之名来贬低生命，而是对更高价值本身的贬低；这里的"虚无"不再指生命具有虚无的价值，而是指价值的虚无，更高价值的虚无。在这个意义上，虚无主义者否定上帝、至善乃至真理本身，上帝已死。而

---

① ［德］尼采：《偶像的黄昏》，载孙周兴等译《尼采著作全集》第6卷，商务印书馆2015年版，第166—167页。

② ［法］德勒兹：《尼采与哲学》，周颖、刘玉宇译，社会科学文献出版社2001年版，第217页。

当这种反动发展到认为没有什么是善的，没有什么是真的之时，意志的虚无也就不再仅仅是虚无的意志的症候，而是变成了对一切意志的否定，其情景一如尼采诗意的如下描述："人们看到的是一道悲伤、强硬但是决断的目光，——一只朝外张望的眼，就像一个与世隔绝的北极旅行者那样朝外张望：这里是冰雪，这里生命是喑哑的；这里最后的鸦群在大噪，喊道'干什么？''没用的！''何必呢！'——这里不再有什么东西在蔓延生长。"① 这是虚无主义的第二层含义，实际上是从第一种含义中派生出来的，并与第一种含义一起历史地构成了虚无主义发展的两个或三个不同阶段（对虚无主义的第二层含义再加划分）："否定的虚无主义"阶段，设定无条件者和更高价值，并以此认定生命具有虚无的价值；"反动的虚无主义"阶段，更高价值和无条件者本身被否定，更高价值本身的虚无；"被动的虚无主义"阶段，意志的虚无和否定，生命的倦怠和疲乏，被动地消逝。② 从根本上讲，这是一个虚无的意志和反动力合谋贬低生命，而后胜利的反动力又取代将它们带向胜利的否定的权力意志，最后反动生命不得不宁静地死掉、被动地消逝的过程。换一种讲法就是，反动的人将上帝处死，因为反动生命无法忍受高于生命的任何价值，所以也无法忍受给予这种更高价值的上帝："他的同情不知羞耻：他爬进我最肮脏的角落里了。这个最好奇者、过于纠缠者、过于同情者必定要死去。……上帝看见一切，上帝也看见了人类：这个上帝必定要死去！人类不能容忍这样一个证人活着。"③ 那么，杀死上帝取得胜利的反动力会走多远呢？那个"疲惫不堪的预言家"宣告了上帝死亡的后果："所有井泉都为我们枯涸了，连大海也已经退去。整个的地基要撕裂开了，而深渊却不愿吞咽。……真的，我们已然厌倦于死亡了；现在我们依然醒着而且

---

① ［德］尼采：《论道德的谱系》，载程千帆译，孙周兴校《尼采著作全集》第5卷，商务印书馆2015年版，第500页。

② ［法］德勒兹：《尼采与哲学》，周颖、刘玉宇译，社会科学文献出版社2001年版，第218—230页。

③ ［德］尼采：《查拉图斯特拉如是说》，载孙周兴译《尼采著作全集》第4卷，商务印书馆出版社2010年版，第425页。尼采的上帝死于同情还有另一个版本（第417页），即上帝死于年老力衰："他坐在那儿，干瘪无力，在火炉角落里，因为自己虚弱的双腿而忧虑，厌倦了世界，厌倦了意志，而且某一天终于窒息于自己太过伟大的同情了。"

活下去——在墓室里！”[①] 悲伤和倦怠就这样席卷了人类，直到“末人”的出现：没有意志最好，不要价值最好，做一个活死人最好，“人们不再变得富有，也不再变得贫困：两者都太辛苦了。谁还愿意统治啊？谁还愿意服从啊？两者都太辛苦了。没有牧人，而只有一个牧群！人人都要平等，人人都是平等的”[②]。需要注意的是，虽然我们这样划分虚无主义的类型及其发展阶段，但要时时记得，在尼采那里，虚无主义从来都不是一个历史事件，而是迄今为止的人类历史的源动力，也就是说，虚无主义就是历史本身，迄今为止的历史一直都是而且总是虚无主义的历史，直到最后的末人出现：价值可以改变和更新，甚至取消和消失，但不会改变、不会消失的是自始至终支配这一历史的虚无主义视角。

那么，虚无主义能否被克服、又怎样被克服呢？答案也许要比我们想象的来得简单。首先，虚无主义是指作为权力意志性质的否定，权力意志出现在人身上往往以虚无意志的面目出现。但如果我们不把握住虚无意志、虚无主义在怨恨、内疚、禁欲和苦修理想中的表现的话，我们对它们知道些什么呢？为什么尼采会花那样大的力气批判它们呢？因为“虚无主义、虚无意志不仅仅是一种权力意志，不仅仅是权力意志的一个性质，而且是整体权力意志的认知原则”[③]。也就是说，虚无主义能够使我们认知权力意志，但只是在一种形式，即否定的形式中认知权力意志。但这反过来说不就意味着，权力意志还有我们尚未认知的另一面，即肯定的一面吗？而且，与否定的角色类似但方向相反，“肯定并不仅仅是一种权力意志，不仅仅是权力意志的一种特性，它是整体权力意志的本质原则，因此是将否定从这意志中赶走的原则，恰如否定是整体权力意志的认知原则（因此也就是将肯定从对此意志的知识中驱除的原则）”[④]。由此看来，虚无主义将否定的

---

① ［德］尼采：《查拉图斯特拉如是说》，载孙周兴译《尼采著作全集》第 4 卷，商务印书馆出版社 2010 年版，第 213—214 页。

② 同上书，第 18—19 页。

③ ［法］德勒兹：《尼采与哲学》，周颖、刘玉宇译，社会科学文献出版社 2001 年版，第 253 页。

④ 同上书，第 254 页。

性质表达为权力意志的认知原则，同时也就把肯定的性质作为权力意志的本质原则召唤出来了，所要的只是一种嬗变，将否定转变为肯定，将苦难与折磨转变为喜悦和幸福。面对阿里阿德涅（Ariadne）的哀怨之问："为何要——折磨我，/你这幸灾乐祸的未知的上帝啊？/哈哈！/你悄然到来了/在这般午夜时分？……/你想要什么？……/啊，回来吧/我未知的上帝！我的痛苦！/我最后的幸福……"狄奥尼索斯回答道："如果人们要相爱，不是必须先相恨吗？……"[①] 其次，虚无主义的演进靠的是虚无意志和反动力的合谋，在它们取得对生命的胜利后就分道扬镳了，最后是反动力继续推进其事业到最后的末人出现。但在这演进的最后过程中，虚无意志哪里去了呢？因为最后的末人只是反动的人、反动生命的后果，而不是虚无意志的后果。其实，虚无意志在其与反动力分道扬镳之后也在继续其事业，"但这回是静悄悄地，超越于反动的人。……它在人身上激起了一种新的倾向：毁灭自身，然而是能动地毁灭。尼采所谓自我毁灭、能动毁灭……是选择的结果，这一选择确定无疑地经过最后的人，但并不就此停留"[②]。能动毁灭经过最后的末人并超越他而走在通往超人的路上："我爱那人，他活着是为了认识，他要求认识是为了让超人有朝一日活起来。他就这样意愿没落。我爱那人，他辛勤劳动和发明，从而为超人建造起居所，为超人准备大地、动物和植物：因为他就这样意愿没落。"[③] 查拉图斯特拉的这些话可以解释为，我爱那个人，他认识到虚无主义乃是权力意志的认知原则，但他在权力意志中却因此发现了本质原则，从而克服了虚无主义并以自己的能动毁灭和意愿没落为超人的到来做好准备。

查拉图斯特拉的能动毁灭不是末人的被动消逝，后者是倦怠于意愿的反动生命保存自己的最后手段，前者是虚无主义被克服、否定被

① ［德］尼采：《狄奥尼索斯颂歌》，载孙周兴等译《尼采著作全集》第 6 卷，商务印书馆 2015 年版，第 519—523 页。

② ［法］德勒兹：《尼采与哲学》，周颖、刘玉宇译，社会科学文献出版社 2001 年版，第255—256 页。

③ ［德］尼采：《查拉图斯特拉如是说》，载孙周兴译《尼采著作全集》第 4 卷，商务印书馆出版社 2010 年版，第 14 页。

转变为肯定（嬗变）的那一点、那一刻，是牺牲自己而自我超越到超人之中，以及肯定一切而进入永恒回归的生成之中的选择与意愿。就此而言，查拉图斯特拉是永恒回归的原因和超人之父，也就是说，他构成了超人出现和永恒回归的先决条件。那意愿没落的人，那要求被征服被超越的人，是超人的祖先和父辈："也许并不是你们亲自创造超人，我的兄弟们啊！但你们可以把自己改造为超人的父亲和祖先：而且这就是你们最佳的创造！——"[①] 同样，精神的三种变形，即骆驼、狮子和小孩，为永恒回归准备了条件：精神之强壮要求重负和至重者，而所有的一切重负都由负重的精神承担起来，"就好像满驮着赶向沙漠的骆驼，负重的精神就这样赶向自己的沙漠"；而在最寂寥的沙漠中，"精神想要夺取自由而成为自己的沙漠的主人"，精神于是变成狮子，虽然"创造新的价值——即便狮子也还不能：但为着新的创造而为自己创造自由——这是狮子的权力所能的。为自己创造自由，也包括一种对义务的神圣否定：兄弟们，这是需要狮子的"；然而，神圣之"不"的狮子何以要变成小孩呢，还有什么是小孩能做而狮子做不到的呢？"小孩乃是无辜和遗忘，一个新开端，一种游戏，一个自转的轮子，一种原始的运动，一种神圣的肯定。的确，兄弟们，为着创造的游戏，需要有一种神圣的肯定：精神现在意愿它自己的意志，丧失世界者要赢获它自己的世界。"[②] 然而，查拉图斯特拉是永恒回归的原因，但却推迟了由其产生的效果，他犹豫不决，退缩不前："是的，我知道这个，但我不愿意说！""'啊，查拉图斯特拉，你当行进，作为必定要到来者的阴影：于是你将命令，而且在命令之际前行。'——我回答道：'我害羞呢。'"[③] 他是超人之父，但只是一个孩子已然成熟自己却尚未成熟的父亲，一个尚未完成最后一次变形的狮子："啊，查拉图斯特拉，你的果实成熟了，但对于你的果实，你还没有成熟！""你还必须变成孩童，毫不害羞。"[④] 因此，虽然整个查拉

---

① ［德］尼采：《查拉图斯特拉如是说》，载孙周兴译《尼采著作全集》第4卷，商务印书馆出版社2010年版，第130—131页。

② 同上书，第31—32页。

③ 同上书，第233、235页。

④ 同上书，第235页。

图斯特拉是肯定性的，即使他尚未走出狮子的神圣之“不”也是如此，但他终究不是全部的肯定，也不是肯定之中最深刻的那个。

最深刻的那个是狄奥尼索斯与阿里阿德涅，他们代表的是双重肯定，服务于更深的谱系学和一种新价值的创立，没有他们，由查拉图斯特拉所代表的先决条件就无法决定永恒回归并使超人出现。在尼采看来，肯定不是一种接受和忍受，不是一种对现存事物的肯定，像骆驼或驴子的“是呀”之声，正像永恒回归不是情感或认知上的承认与忍受命运，这样一种虚假的肯定仍是一种人的自我保存的方法。真正的肯定不是接受，而是自我克服，是释放和创造，正如生命的更高类型不是人而是超人一样。但尼采想要说的其实更多，不但是对活生生的生成和永不停歇的自我克服的肯定，而且还要把肯定本身作为对象加以肯定，也就是说，从生成中抽象出存在。“尼采并未抛弃存在的观念。他提出了存在的一个新概念。肯定就是存在。……肯定本身就是存在，只有存在才是肯定的全部内涵。”① 生成与生成之在，这就是狄奥尼索斯与阿里阿德涅的形象所代表的含义：狄奥尼索斯是第一重肯定，是生成，是作为第二重肯定的对象的肯定，而阿里阿德涅则是第二重肯定，是狄奥尼索斯想要的未婚妻，“难道不正是我，是你想得到的吗？整个的我？……”② 但这同时也就是永恒回归：永恒回归不是忍受和承认命运，而是热爱和肯定命运，忍受和承认只是对权力意志之生成运作的一次不甚合格的答卷，只有热爱和肯定命运的永恒回归才堵死了从世界/时间/苦难中退却的最后一个出口。这样理解的永恒回归有两个侧面：第一，它作为物理学说（“能量守恒要求永恒轮回”③）展现的是一种思辨意义上的综合，即生成和存在的双重肯定的综合，多样性与多样性展现的综合：“一切皆轮回，这是一个生成世界向存在世界的极度接近——此乃观察的顶峰。”④ 以掷骰子的游戏为例，掷出的骰子是生成以及多样性的肯定，但落回来的骰子则必然

① ［法］德勒兹：《尼采与哲学》，周颖、刘玉宇译，社会科学文献出版社2001年版，第272页。

② 同上书，第275页。

③ ［德］尼采：《权力意志》，孙周兴译，商务印书馆2009年版，第239页。

④ 同上书，第359页。

要肯定使骰子回落的点数与命运（这不是由多投几次骰子而靠着概率产生的结果，而是一个高明的游戏者在综合了各种偶然因素，把多样性的偶然碎片重新整合起来之后，就足以获得一次机会肯定偶然，以产生使骰子回落的点数），“永恒回归就是这第二个时刻，它是骰子掷出的结果，是对必然的肯定，是那个整合偶然各部分的数。但它同时又是第一个时刻的回归，是投掷的重复，是偶然本身的再生与再肯定”①。第二，它作为伦理思想，展现的则是一种新的实践综合形式，即意愿必然性，这有面向过去和未来两个方面，对前者而言，是将“曾是”重新创造为“我意愿如此”，把过去否定生命的事实转变为肯定生命的价值；对后者而言，则是无论你意愿做什么，你应该以这种形式去意愿，即意愿它的永恒回归，“同一个事物，同一种关于节点的逻辑和非逻辑”②。作为物理学说，永恒回归肯定了生成之在；作为伦理思想，永恒回归又将这一生成之在确定为选择（“意愿”）趋向能动、向超人过渡的自我克服过程，而这也就意味着自由及其实现。

---

① ［法］德勒兹：《尼采与哲学》，周颖、刘玉宇译，社会科学文献出版社 2001 年版，第 42 页。

② ［德］尼采：《权力意志》，孙周兴译，商务印书馆 2009 年版，第 1248 页。

第八章
存在与自由：海德格尔

海德格尔作为20世纪（即使不是整个西方传统）的伟大哲学家之一，可以说是世所公认的，其思想和著作在世界范围内发生着并将继续发生巨大而深远的影响。但那桩以“海德格尔事件”闻名的政治丑闻也确定无疑地影响着人们对海德格尔及其著作的接受，这些问题先是由法里亚斯（Fanias）、德里达（Derrida）、奥特（Ott）相关著作的发表，最近又因海德格尔“黑色笔记本”的出版问世而引起热烈的讨论与争执。我们无力也无意介入所有这些问题。我们的目标在于以此为背景讨论海德格尔哲学中的自由问题。海德格尔对自由问题的直接讨论不多，1936年对谢林《自由论文》的诠释已经是比较系统的了，但就像他对其他哲学家的诠释一样，对谢林自由思想的诠释是和他对存在论问题的独特理解密切相关的，也是从中得到其解释原则的。因此，从海德格尔对存在论问题的长期探索中比单纯从其谢林诠释中理解其自由思想更为重要和基本。更为重要的是，只有这样我们才能展示出海德格尔对自由问题的“无法理解”和“无力把握”① 及其特定的政治时刻与其关于存在论问题的形上思考密不可分：“他同政治权威达成妥协正是基于他自己学说的……最深刻的缺陷之中。”②

① 理查德·沃林和雅斯贝尔斯语，参见［美］理查德·沃林《存在的政治——海德格尔的政治思想》，周宪、王志宏译，商务印书馆2000年版，第193页。

② 马克思语，同上书扉页。

一　此在、存在与自由

雅斯贝尔斯和理查德·沃林（Richard Wolin）之所以说海德格尔对自由问题“无法理解”和“无力把握”，实际上是着眼于人的自由，着眼于人在道德、伦理以及政治生活中的个人自由选择。这是有一定道理的，特别是考虑到海德格尔的政治时刻，那就更是如此了。但同样有道理的是，道德、伦理以及政治生活中的自由问题虽然重要，但还不够源始；只有对自由之本质有了更为源始的理解，我们才能够对现实社会生活中的自由问题有更为透彻的把握。而这，可能正是海德格尔理解自由问题的思路。存在，或存在与人之本质关联，是海德格尔终生用力之处，他所理解的自由植根于他的这种存在之思。

《存在与时间》以重提存在问题为己任，其基本思路是从此在——唯一能够进行这种提问的某类特殊存在者——的生存论分析入手，展露一种解释一般存在意义的视野，在这一视野中，时间与存在之本质关联得以显现。本书给人印象最为突出的部分是对此在的生存论分析，而需要说明的是，它不是人类学或人道主义的，恰恰相反，现代主体形而上学正是其论争对象。海德格尔《存在与时间》之后的康德研究、与卡西尔的达沃斯论辩等无不说明了这一点。海德格尔认为，“康德的著作引发了西方形而上学的最后一次转向”，在这次转向中，康德努力在主体性中，而且唯有从这个主体性而来为形而上学重新奠基；但与此同时，康德却没有深究主体之有限性的存在论后果，从而并没有真正实现这一任务，而《存在与时间》正是接着康德的思路往下做的，它因揭示出“唯从人能够进入其中的那个此之在而来，历史性的人才得以临近于存在之真理”而完成了这一任务，但这已经是属于“对形而上学的克服”了，因为在其中，“一切人类学和作为主体的人的主体性都被遗弃了”①。

---

① ［德］海德格尔：《论真理的本质》，载孙周兴译《路标》，商务印书馆2000年版，第230、232—233页。关于海德格尔的康德研究与《存在与时间》的关系，可参见下文以及张祥龙《海德格尔传》，商务印书馆2007年版，第217、222—226页。

此在的在世结构，即“在世界之中存在”构成了《存在与时间》中此在的生存论分析的核心。这有此在与世界、此在与他人、此在与自身三个方面之间的关系。就此在与世界的关系而言，这不是一个传统的主体与客体之间的认识论关系，也不是胡塞尔意义上的意向性主体与意向对象之间的构成性关系，而是一个没有预设任何存在者现成存在的完完全全的相互构成的关系。“‘在之中’并不意味着现成的存在者在空间上‘一个在另一个之中’；就源始的意义而论，‘之中’也根本不意味着上述方式的空间关系。”就其生存论意义而言，“在之中”意味着“居而寓于……同……相熟悉”，但“居而寓于……同……相熟悉”绝不能作两个现成的存在者“比肩并列”来理解，如日常语言中常说的那样，比如“桌子‘依’着门”，“凳子‘触’着墙”，等等。[①]“居而寓于……”意味的是此在与世界在相互缘起中的同时构成，绝没有一个没有此在的世界单独存在，也绝没有一个没有世界的此在单独存在。“同……相熟悉”意味的是此在在世界中与世界中的存在者打交道，而最切近的打交道的方式并非传统上主客体对立的认识论方式，而是“操作着的、使用着的操劳——操劳有它自己的‘认识’”[②]。就此在与他人的关系而言，也不是传统中所熟悉的两个主体之间的关系，而是此在与此在之间的相互构成和生存论意义上的相互沟通的关系：“‘他人’并不等于说在我之外的全体余数，而这个我则从这个全体余数中兀然特立；他人倒是我们本身多半与之无别、我们也在其中的那些人。这个和他人在一起的‘也在此’没有一种在一个世界之内‘共同’现成存在的存在论性质。这个‘共同’是一种此在式的共同。这个‘也’是指存在的同等，存在则是寻视着操劳在世的存在。……由于这种有共同性的在世之故，世界向来已经总是我和他人共同分有的世界。此在的世界是共同世界。‘在之中’就是与他人共同存在。他人的在世界之内的自在存在就是共同此在。”[③] 就此在与自己的关系而言，本质上就是此在本身与它的“此”之间的关

---

① ［德］海德格尔：《存在与时间》（修订译本），陈嘉映、王庆节译，生活·读书·新知三联书店1999年版，第63—64页。

② 同上书，第79页。

③ 同上书，第137—138页。

系：此在“这个存在者在它最本己的存在中秉有解除封闭状态的性质。‘此’这个词意指着这种本质性的展开状态。通过这一展开状态，这种存在者（此在）就会同世界的在此一道，为它自己而在‘此’”①。也就是说，此在以是它的“此”的方式存在，“此”本身就是澄明（明敞、Lichtung）的，唯在这一澄明之中，现成的东西得以在光亮中通达，在晦暗中有所掩蔽，一句话，此在得以携带着它的“此”而存在。

此在去是它的“此”有两种同等源始的组建方式，即“现身”和“领会”。因为此在既然是敞开和掩蔽了什么的存在者，那么此在就总是会发现自己处在某种现身情态之中，而且总是以某种非反思、非认识的方式对自身的这种现身情态有所领会。这就引出了海德格尔对怕作为现身情态，领会、解释和人的其他各种语言活动的现象学描述。而正是在这种描述中，海德格尔给出了此在日常在世的非本真状态的细致规定，如“闲言”“好奇”“两可”，等等。对于这种此在之沉沦，海德格尔强调指出：“非本真或不是本真绝不意味着‘真正不是’，仿佛此在随着这种存在样式就根本失落了它的存在似的。非本真状态殊不是指不再在世之类。它倒恰恰构成一种别具一格的在世，这种在世的存在完全被‘世界’以及在常人中的他人共同此在所攫获。……这种不存在必须被领会为此在之最切近的存在方式，此在通常就保持在这一存在方式之中。”② 既然非本真状态指的并非是不再在世，而是正好相反，指的是此在的最切近的存在方式，那么从非本真的生存状态转向本真的生存状态就只能靠着此在在世的构成方式的调整来获致了；而这种调整，按照海德格尔的说法也就是“把此在作为整体置入先有之中”，进而揭示出“这一存在者的能整体存在”③。“把此在整体置入先有之中”说的是把此在从任何现成存在者的包围中解放出来而使其自构成本性得以完全彰显，这使得此在不会为“常人”所左右，能够在“畏”“向死存在”“良知”和“决心”等存在

---

① ［德］海德格尔：《存在与时间》（修订译本），陈嘉映、王庆节译，生活·读书·新知三联书店1999年版，第154页。

② 同上书，第204页。

③ 同上书，第269页。

方式中最终赢获自己的本真存在。

死亡是此在不得不承担下来的存在可能性，是此在本身向来最可畏者。随着死亡，此在本身将陷入完完全全的存在不可能性。但死亡乃是“悬临”[①]，而且随着死亡“悬临”自身之际，此在与其他此在、与世界的一切关联都被解除了，此在之最本己的能在就被充分地指引出来了。这种被指引出来的此在之最本己的能在在世界中的体现就是所谓“良知”现象。良知乃是呼唤，而“良知的呼唤具有把此在向其最本己的能自身存在召唤的性质，而这种能自身存在的方式就是召唤此在趋往最本己的罪责存在”[②]。这种存在论意义上的有罪责存在是一切道德善恶（自由选择）之所以可能的根据，但又比它们更为本源。按此分析，良知的呼唤作为一种话语方式，与常人之间的“闲言”不同，虽然不传达任何具体信息，但它并不“模棱两可”，而是清楚明白、有着明确指向的，即指向自己的最本己存在。而这种最本己的存在之所以是“罪责存在”，乃是因为“首先，它参与了自身的构成，对自己的实际处境负有责任；其次，它并不完全局限于任何实际处境，而是从根底处悬欠着、有待进一步构成”[③]。而且，良知的呼唤作为此在向此在自身的呼唤，甚至不需要借助物理声音的存在而常是无言和静默的，但这并不引起“好奇”而只是需要倾听、领会和实行。“与良知的呼唤相应的是一种可能的听。对召唤的领会展露其自身为愿有良知。而在愿有良知这一现象中就有我们所寻找的那种生存上的选择活动——对选择一种自身存在的选择。我们按照其生存论结构把这一选择活动称为决心。”[④] 但需注意的是，决心这一本真自身存在并非从世界的隐退或撤离，并非把自身隔绝在一个漂浮无据的“我”中，而是恰恰相反，决心之为本真的展开状态乃是本真的在世，亦即解放自己、自由地面对世界，并让与其

① ［德］海德格尔：《存在与时间》（修订译本），陈嘉映、王庆节译，生活·读书·新知三联书店 1999 年版，第 288 页。

② 同上书，第 309 页。

③ 张祥龙：《海德格尔传》，商务印书馆 2007 年版，第 192—193 页。

④ ［德］海德格尔：《存在与时间》（修订译本），陈嘉映、王庆节译，生活·读书·新知三联书店 1999 年版，第 309—310 页。

一道存在的他人也在他们自己的最本己能在中存在，即本真的共处。也就是说，此在的本真存在也是一种“为它自己而在‘此’”，只不过此种境遇下的“此”已然不再是常人中的“两可状态”，而是被断然朝向其自身的决心打开为“处境”了。正是通过对“处境”的分析，海德格尔抵达了“理解存在的视域”的边缘，并由此展开了他那著名的“时间性”分析。对此，我们不再赘述，因为我们要讨论的是自由问题。

而就自由问题而言，关键是决心作为“对选择一种自身存在的选择”而存在，因为这意味着决心的选择活动并非一个主体面对诸多可能性的选择，而是比这更为源始的选择自身存在，也就是说，只有在决心这一“选择”、这一“缄默的、准备畏的、向着最本己的罪责存在的自由筹划”① 之后，传统所理解的主体以及主体性的意志自由才能出现。按照后来《世界图像的时代》（1938 年）中的解释，现代的主体自由作为新的自由，开始于人的解放，在这种解放中人摆脱了基督教的启示真理和教会学说的束缚，而成为以自己为准绳的立法者，成为自由的人。而笛卡尔（Descartes）以“我思故我在”的命题为这种“作为自身确定的自我规定的自由”奠定了形而上学的基础。但思维作为表象，是与被表象者的表象关系，而这意味着从自身而来把某物摆置到面前来，并把被摆置者确证为某个被摆置者。② 因此，第一：这种表象行为并非是最源始和最本源的，它总是以在场者之无蔽即敞开状态为前提的，因而它所确证的主体自由也并非是最源始和最本源的，而是派生于此在决心以某种方式存在的自由筹划；第二，不同于朝向自身最本己存在之决心的“为……而自行解蔽”，表象作为“对……的把捉和掌握”，是一种计算，是“挺进着、控制着的对象化”，并在其后的突飞猛进之中，“在以技术方式组织起来的人的全球化帝国主义中”，达到了它的登峰造极的地步，“人由此降落到被组织的千篇一律状态的层面上，并在那里设立自身。……现代的主体性之

① ［德］海德格尔：《存在与时间》（修订译本），陈嘉映、王庆节译，生活·读书·新知三联书店 1999 年版，第 343 页。

② ［德］海德格尔：《世界图像的时代》“附录九”，载孙周兴选编《海德格尔选集》，上海三联书店 1996 年版，第 917—918 页。

自由完全消融于与主体性相应的客体性之中了”①。也就是说，作为向自己解放自身的主体性自由最终在其后继发展中走到了自己的对立面，人被困于现代及其自由的本质的命运之中而无力挣脱或中断之。实际上，这也正是《存在与时间》竭力反对现代主体性形而上学的原因所在。就此而言，虽然海德格尔在进行此在的生存论分析之际确实大量使用了诸如“自我”“我”以及“我性”等传统哲学术语，但“此在”因其纯粹的构成性也确实并不直接就是传统哲学所讲的作为“主体”的人，而且，此在的生存论分析大概会同样适用于中古和现代，但在中古时期，“主体”却并不曾像现代这样局限于人。因此，理查德·沃林所指认的“《存在与时间》的逻辑总是在赞成和反对哲学主观主义的遗产之间摇摆不定”② 就显得不确切了，倒是本节开始时所引用的海德格尔关于《存在与时间》已经超越人类学和人道主义的自我声明更为可信一些。

《存在与时间》以及其中的决心作为“自由筹划”的“困难”是在别处。前面讲过，良知呼唤作为通向本真决心的途径和前提，是超越道德善恶的自由选择的，但它是否同时超越了真假呢？或者说，决心究竟如何保障自己趋向本真存在而不是非本真存在呢，如果非本真存在的状态与本真存在的状态之间的坚硬区分如《存在与时间》中所显示的那样不可逾越？实际上，正是这一情况“使得海德格尔在《存在与时间》中时而讲缘在的真态使它的不真态可能，人从根本上就在真理之中；时而又讲缘在的不真态一点也不比缘真态更少本源性，后者只是前者的变式”③。当然，海德格尔对此也有其解释和说明，那就是其关于决心不确定性的分析，但这一分析与其视为对这一困境的解决，还不如说是这一困境的又一例证：“但此在下决心之际是向什么方向作决定？此在应为何作决定，只有决定本身能提供回答。人们要

---

① ［德］海德格尔：《世界图像的时代》“附录九”，载孙周兴选编《海德格尔选集》，上海三联书店 1996 年版，第 918—922 页。

② ［美］理查德·沃林：《存在的政治——海德格尔的政治思想》，周宪、王志宏译，商务印书馆 2000 年版，第 53 页。

③ 张祥龙：《海德格尔传》，商务印书馆 2007 年版，第 195 页。引文中的“缘在”是张祥龙教授对 Dasein 的独特翻译，即本书所用的“此在”。

是以为决心现象只不过是把提交出来的、推荐出来的可能性取来抓住，那可就完完全全误解了决心现象。决定恰恰才是对当下实际的可能性的有所展开的筹划与确定。此在的一切实际被抛的能在都具有不确定的性质，而这种不确定性必然属于决心。决心只有作为决定才吃得准它自己。但决心的这种不确定性，这种生存上的每次只有在决定中才得到确定的不确定性，却正具有其生存论上的确定性。"① 在这里，为了强调决心趋向的能在的纯粹构成性，海德格尔将决心的自由筹划与现代性主体的自由选择明确区分开来，这无疑是合理的；但说"只有决定本身"才构成或提供了"为何作决定"的回答，实际上是远远不够的，如果说这真的算得上一种"回答"的话，因为这样的一种"不确定性"究竟如何与陷入沉沦中的常人们的"两可"及其相伴随的"无决心"相区别呢？

《存在与时间》中的非本真状态与本真状态的区分在后来也即从1930年的《论真理的本质》开始得到克服。不过在谈到这里所谓的"转向"之前，我们还要对海德格尔《存在与时间》之后的康德研究有所交代，因为"海德格尔自由思想的一个核心要素是他对康德的研究，这种研究在1920年代后期以及1930年代早期表现得尤为热烈"②。在海德格尔看来，康德的《纯粹理性批判》有力地揭示了人的有限性，这就为生产性想象力提供了存在论基础，而生产性想象力又为知性范畴提供了先验图型的时间性直观，并通过其自由的"自我给予"或源始展现而将存在作为一个整体呈现出来。如果说《存在与时间》作为《纯粹理性批判》的接续，从人的有限性出发重新为形而上学进行了奠基的话，那么《论根据的本质》则将《纯粹理性批判》把存在作为一个整体而呈现的做法接续过来，在将其解释为"向世界的超越"的同时将"在世界之中存在"的此在之为此在的生存论结构与自由直接联系起来。一方面，"世界作为某个此在之缘故的当下整体性，是通过这个此在自身而被带到这一此在自身面前来的。只要此在

① ［德］海德格尔：《存在与时间》（修订译本），陈嘉映、王庆节译，生活·读书·新知三联书店1999年版，第340－341页。

② ［美］理查德·维克利：《论源初遗忘——海德格尔、施特劳斯与哲学的前提》，谢亚洲、杨永强译，华夏出版社2016年版，第125页。

应当能够置身于存在者中间而与存在者相对待，则这种把世界带到自身面前就是对此在之可能性的源始筹划。但世界之筹划，即便它并未特地抓住被筹划者，它也始终是被筹划的世界对存在者的笼罩。这种先行的笼罩才使得存在者之为存在者自行敞开出来。此在之存在从中自行产生的这种筹划着的笼罩事件，就是‘在世界之中存在’。”① 另一方面，引起世界之筹划的乃是作为有限存在者的此在的有限自由，“自由就是筹划着和高抛着让世界起支配作用。……这种自由构成超越……”，而“超越就是世界筹划，而且筹划者也已经为它所超逾的存在者协调地贯穿并且支配了。随着这种归属于超越的为存在者所占取的状态，此在就在存在者那里取得了基础，赢获了根据”②。但世界筹划作为对它自身之可能性的筹划，在其中之一种可能性被实际端呈出来之时，此在的其他可能性也就同时被抽离了，而且正是这种抽离才使那剩下的筹划在此在的生存领域赢获了其运作力量。在海德格尔看来，这是此在之自由的有限性的一个先验证据，所以他做结论说：“自由乃是此在之深渊。”这并非指个别的自由行为是无根据的，而是说自由在本质上讲乃是有限的，“自由作为超越把作为能在的此在置入可能性之中，而这种可能性就是在它的有限选择面前、亦即在其命运中暴露出来的可能性”③。这是准确的，也是海德格尔一直想说的。但我们似乎也可以将其视为《存在与时间》中所讲的决心之不确定性的一个旁证：因为“深渊”（Abgrund）按其本意而言，实即“根据之缺失”，所以“自由作为此在之深渊”，亦即自由作为此在对自身可能性之筹划缺乏必要之根据。可以看出，海德格尔的康德研究与《存在与时间》是连续和一致的，无论在为形而上学奠基的意义上，还是在对自由之理解上都是如此。

让我们回到“转向”。1930年的《论真理的本质》是海德格尔所谓“转向”的标志。基本思路如下：从流俗之真理概念的“符合”的内在可能性开始，追溯到陈述之“正确性”的内在可能性，进而追溯

---

① ［德］海德格尔：《论根据的本质》，载孙周兴译《路标》，商务印书馆2000年版，第185页。

② 同上书，第192—193页。

③ 同上书，第202—203页。

到作为其“根据”的“让存在”之自由，而这个绽出的自由的本质开端就在作为遮蔽与迷误的真理之中。流俗的真理作为陈述与事情的符合一致，只有当存在者在一个敞开领域中作为所是和如何是的存在者向表象性陈述呈现自身，以至于后者服从于指令而如其所是地言说存在者之际，才是可能的。而存在者在一个自行开放的敞开领域作为如其所是的存在者而自行开放出来就是自由，从而“真理的本质乃是自由”①。对此，海德格尔明确指出，这并非是把真理委诸人的随心所欲，但要真正明了此一论断，需要破除诸多先入之见，其中“最为顽冥不化”的一个就是“自由是人的一个特性”。② 在海德格尔眼中，自由既不是出现在选择中的或偏向于此或偏向于彼的主观任意，也不是对行为的可为和不可为的不加约束，还不是对任何必需之物和必然之物的准备，“先于这一切（‘消极的’和‘积极的’自由），自由乃是参与到存在者本身的解蔽过程中去。被解蔽状态本身被保存于绽出的参与之中，由于这种参与，敞开域的敞开状态，即这个‘此’，才是其所是。在此之在中，人才具有他由之得以绽出地生存的本质根据”③。也就是说，不是人作为主体占有自由因而自由成了人的思想或意志的某种属性，而是反过来，自由占有人，因为自由乃是参与到敞开域及其敞开状态中去，而这也就意味着“让存在”④。正是在这种参与和让存在中，历史性的人的绽出的生存、对存在者以及存在者整体的原初解蔽以及两者之间的关联才被允诺、才被端呈出来：“是自由，即绽出的、解蔽着的此之在占有人，如此源始地占有着人，以至于唯有自由才允诺给人类那种与作为存在者的存在者整体的关联，而这种关联才首先创建并标志着一切历史。”⑤ 在别的地方，海德格尔也曾求助于谢林和尼采的权威来表达同样的意思。在《谢林论人类自由之本质》中，海德格尔曾以赞同的口吻谈到谢林《自由论文》的核心要点

① ［德］海德格尔：《论真理的本质》，载孙周兴译《路标》，商务印书馆 2000 年版，第 214 页。

② 同上书，第 215 页。

③ 同上书，第 218 页。

④ 同上书，第 217 页。

⑤ 同上书，第 219 页。

是在于“自由并非人的属性，而是人是自由的所有物”：“自由是有容括和贯通作用的本质，人反过来置于这一本质，人才会成为人。这乃是要说一点：人的本质建立在自由之中，而自由本身是整个真正的存在的高于一切人性存在的一种规定。就人是作为人，人就必须分有存在的这一规定，而人之是，也是以人完成对自由的这种分有而言。”[①] 而在20世纪30年代，海德格尔还曾借助于尼采的思想构想过一种所谓“更高的自由”[②]。但这些并不构成这里所谓的“转向”，从实质上来看，这只是对之前自由是决心之自由筹划，或超越着的世界筹划，或此在之深渊等论断所意涵者——人之历史性生存根源于“此之在”，而“此之在”只有从一个敞开域及其敞开状态才能取得根据——的进一步深化和明朗化；这里不变的是人作为此在与存在之敞开及其敞开状态的本质关联，所不同的只是先前更侧重于从此在来谈这种关联，而现在及以后则更多是从存在来谈这种关联罢了。

真正的“转向”是将《存在与时间》中的非本真状态与本真状态的区分消融掉，将遮蔽与迷误作为真理之“非本质”一并纳入真理的“本质”中去，纳入存在之敞开及其敞开状态中去的做法。因为一旦自由作为真理之本质并非人的属性这一点得以明了，那么即便作为真理之非本质的遮蔽与迷误也就并非是事后来源于人的纯然无能和疏忽了，遮蔽与迷误和存在的敞开及其敞开状态必然是本质地联系在一起的。就遮蔽而言，“让存在总是在个别行为中让存在者存在，对存在者有所动作，并因之解蔽着存在者；正是因为这样，让存在才遮蔽着存在者整体。让存在自身本也是一种遮蔽。在此之在的绽出的自由中，发生着对存在者整体的遮蔽，存在着遮蔽状态”[③]。不仅是遮蔽，而且还有对遮蔽的遮蔽：“这一对于遮蔽的姿态却同时自行遮蔽，因为它

---

① ［德］海德格尔：《谢林论人类自由的本质》，薛华译，中国法制出版社 2009 年版，第 13 页。

② ［美］理查德·维克利：《论源初遗忘——海德格尔、施特劳斯与哲学的前提》，谢亚洲、杨永强译，华夏出版社 2016 年版，第 148—149 页。

③ ［德］海德格尔：《论真理的本质》，载孙周兴译《路标》，商务印书馆 2000 年版，第 222 页。

一任神秘之被遗忘状态占了上风，并且消隐于这种遗忘状态中了。”[①]这就是所谓“存在的遗忘”的漫长历史，其中尤以技术统治的现代图像的时代最为突出，所以海德格尔后期很重要的一部分工作就是对这一遗忘的历史的考察以及对于技术作为座架的批判，其中无不隐含着对存在、真理与自由、遮蔽与解蔽之本质联系的说明和分析。比如，“自由掌管着被澄明者亦即被解蔽者意义上的开放领域。解蔽（即真理）之发生就是这样一回事情，即：自由与这种发生处于最切近和紧密的亲缘关系中。一切解蔽都归于一种庇护和遮蔽。……自由乃是澄明之际遮蔽起来的东西，在这种东西的澄明中才有那种面纱的飘动，此面纱掩蔽着一切真理的本质现身之物，并且让面纱作为掩蔽着的面纱而显现出来。自由乃是那种一向给一种解蔽指点其道路的命运之领域”；“解蔽之命运总是贯通并支配着人类。但是命运决不是一种强制的厄运。因为，人恰恰是就他归属于命运领域从而成为一个倾听者而又不是一个奴隶而言，才成为自由的”[②]。就迷误而言，“对被遮蔽的存在者整体的遮蔽支配着当下存在者的解蔽过程，此种解蔽过程作为遮蔽之遗忘状态而成为迷误”[③]。由此来看，迷误同样归于敞开域及其敞开状态，只不过是作为本质性真理的对立面而敞开自身罢了，所以迷误并非错误，而是错误的敞开之所和根据所在。解蔽之命运因为必然伴随遮蔽，所以解蔽总有陷入迷误之危险，“迷误通过使人迷失道路而彻底支配着人”。但海德格尔同时认为，“使人迷失道路的迷误同时也一道提供出一种可能性，这是一种人能够从绽出之生存中获得的可能性，那就是：人通过经验迷误本身，并且在此之在的神秘那里不出差错，人就可能不让自己误入迷途”[④]。这也就是海德格尔后来总是引用荷尔德林（Hölderlin）“但哪里有危险，哪里也有救”所要说明的意思，也是强调即使是技术作为一种解蔽方式现在以座架的方式宰

---

① ［德］海德格尔：《论真理的本质》，载孙周兴译《路标》，商务印书馆2000年版，第224页。

② ［德］海德格尔：《技术的追问》，载孙周兴选编《海德格尔选集》，上海三联书店1996年版，第943页。

③ ［德］海德格尔：《论真理的本质》，载孙周兴译《路标》，商务印书馆2000年版，第227页。

④ 同上。

制了存在和人类，但其本质“在一最高意义上是两义的”[1] 的根据所在。

就海德格尔而言，人不误入迷途而迷失道路的自由存在方式乃是“诗意的栖居”，因为“自由”一词意味着防止损害和危险，即保护，而“真正的保护是某种积极的事情，它发生在我们事先保留某物的本质的时候，在我们特别地把某物隐回到它的本质之中的时候，按字面来讲，就是在我们使某物自由的时候。栖居，即带来和平，意味着：始终处于自由之中，这种自由把一切保护在其本质之中”[2]。人作为终有一死者活在大地之上，而这同时也就意味着活在天空之下，两者一道意指着人在神面前的持留，于是，天、地、神、人“四方”源始地归属于一体，但这不是松散的组合，而是“出于统一的四重整体的纯一性而共属一体。四方中的每一方都以它自己的方式映射着其余三方的现身本质。同时，每一方又都以它自己的本质映射自身，进入它在四方的纯一性之内的本己之中。……映射在照亮四方中的每一方之际，居有它们本己的现身本质，而使之进入纯一的相互转让之中。以这种居有着-照亮着的方式映射之际，四方中的每一方都与其它各方相互游戏。这种居有着的映射把四方中的每一方都开放入它的本己之中，但又把这些自由的东西维系为它们的本质性的相互并存的纯一性。……天、地、神、人之纯一性的居有着的映射游戏，我们称之为世界”[3]。可以看到，早期的“在世界之中存在”变成了现在的“在四重整体中存在”，一如现代形而上学中的“理性的生物”变成了现在的“终有一死者”，这里显示了海德格尔前后期思想的区别与联系，此不赘述。重要的是其不变的方面，那就是对自由的问题，亦即意义的问题，亦即筹划领域的问题，亦即敞开状态的问题，亦即存在之真理的问题，亦即诗意的栖居的问题的持续追问。在这里，自由在诗意

---

① ［德］海德格尔：《技术的追问》，载孙周兴选编《海德格尔选集》，上海三联书店1996年版，第951页。

② ［德］海德格尔：《筑·居·思》，载孙周兴选编《海德格尔选集》，上海三联书店1996年版，第1192页。

③ ［德］海德格尔：《物》，载孙周兴选编《海德格尔选集》，上海三联书店1996年版，第1180页。

的栖居的意义上得到最终的刻画，即把一切都保护在其本质之中，即“拯救大地、接受天空、期待诸神、伴送终有一死者”①。按照海德格尔的理解，诗、思以及筑造都归属于栖居：筑造建立位置，位置为四重整体设置一个场所从而允纳和安置、聚集和保藏着四重整体，比如一座桥；诗作为一种有所带来和有所带出的解蔽，把真理带入美的光辉之中，比如《如当节日的时候……》；思与诗乃是近邻关系，同样归属于栖居，比如对技术的追问，等等。

二　海德格尔的政治时刻

如果说诗意的栖居呈现了海德格尔关于自由的形上之思的最终面相，那么决心作为《存在与时间》中所说的“自由筹划”，或《哲学论稿》中所说的“自由的必然实行方式”②，就构成了海德格尔由这一沉思走向其特定政治时刻的一个枢纽。虽然整部《存在与时间》只有第 74 节才简要地将对天命（一个共同体或民族在其本真决心中的源始演历）的肯定与一个民族的历史链接起来，而且并未赋予德意志民族以任何特殊的角色和位置，整个分析明显是在用一种普遍的甚至永恒的方式来处理人之生存处境，但实际上，理查德・沃林、卡尔・洛维特、马尔库塞（Marcuse）等人都倾向于把海德格尔的政治失误追溯到《存在与时间》还是有其道理的：海德格尔的政治失误源于其自身学说最内在的缺陷之中，这一点随着世界局势的不断发展越加清晰地显示了出来。

因为事关自由，我们从 1936 年的《谢林论人类自由的本质》开始，它毕竟是海德格尔较为系统的关于自由问题的论述。虽然海德格尔在其“结论性看法”中明言谢林《自由论文》关于人类自由之本质的探讨只是在很少的地方专门谈到人，整体而言，“毋宁说所谈的是

---

① ［德］海德格尔：《筑・居・思》，载孙周兴选编《海德格尔选集》，上海三联书店 1996 年版，第 1201 页。

② ［德］海德格尔：《哲学论稿（从本有而来）》，孙周兴译，商务印书馆 2012 年版，第 112 页。

绝对，是创世，是自然，是存在的诸本质环节”①，然而即便如此，《谢林论人类自由的本质》却是从对德意志民族的神圣罗马帝国不再存在，以及作为“精神国家”的“普鲁士－德国”的重新崛起的深情回忆开始的。这种令人震惊的反差不得不让人想到如下政治形势：1871 年无比辉煌的德意志帝国在一战之后同样是“消失了”的，而当希特勒摆出强硬姿态攫取权力的时候，海德格尔必然和绝大多数德国人一样对他充满了希望，即希望他像“精神国家”的重新崛起一样为德国重新赢回“自由”的命运。实际上，正是如此这般的思想背景和政治背景才使海德格尔对谢林的《自由论文》不吝夸赞，说它是“谢林最大的成绩，它同时是德国哲学最深刻的著作之一，因而也是西方哲学最深刻的著作之一”②，虽然骨子里海德格尔对谢林的真实评价可能更是其 1929 年时的如下看法，即“谢林的后期作品并不具备贯彻到底的内在力量和严肃性，这些东西也是谢林的各种著作里一贯缺乏的，尽管它们另一方面包含着许多突然兴起的令人惊讶的洞察和预见”③。其实不只是《谢林论人类自由的本质》，海德格尔从 1933 至 1945 年间的所有著作实际上都可以解读为一种论证，其核心就是德意志民族的使命问题，而这恰好构成了他走向其特定政治时刻的内在根据：他对西方历史的哲学阐释是由其关于德国命运的一种宏大的形而上学图景建构起来的，而德国命运则被视为某种扎根于土壤中的事物，因而具有一种民族－政治性的原生性（autochthony）。④

在明显充满政治意味或政治意图的 1933 年的校长就职演说《德国大学的自我主张》中，海德格尔直接就是围绕民族、德意志民族、民族共同体、人民、大地和鲜血的力量、追随者和领袖、命运、使命、困难和困境等概念展开演讲的：“这个开端（希腊哲学的觉醒，引者

① ［德］海德格尔：《谢林论人类自由的本质》，薛华译，中国法制出版社 2009 年版，第 256 页。

② ［德］海德格尔：《谢林论人类自由的本质》，薛华译，中国法制出版社 2009 年版，第 3 页。

③ 转引自先刚《永恒与时间——谢林哲学研究》，商务印书馆 2008 年版，第 72 页注释②。

④ 参见［美］C. 巴姆巴赫《海德格尔的根——尼采、国家社会主义和希腊人》，张志和译，上海书店出版社 2007 年版。

注）仍在。它并不作为遥远的过去而在我们身后，毋宁说，它就在我们前面。……这个开端已强行闯入了我们的未来之中，它就在那儿，就像是来自遥远的深旨，我们再次领略了它的伟大。”因此，“我们希望我们德意志民族实现它的历史使命，我们把希望寄托在我们自己身上”，而“教师的岗位意味着始终处于对世界没有把握的危险之中，大学全体教师们必须在这样的岗位上切切实实地向前推进”，具体而言就是，“意志和思想的所有能力，心灵和肉体的一切力量都必须通过斗争来得到展现，在斗争中得到加强，并作为斗争而加以保存”①。其实不只是内容本身，而且演讲所用的修辞更是将文化批判或形而上学批判的哲学语言和国家社会主义所鼓吹的“斗争风暴”隐喻直接结合起来，这就更具有鼓动性而容易“深入人心”了，正如卡尔·洛维特所指出的那样：“这篇把纳粹的花言巧语与古典哲学的语言交织起来的文章是如此地异乎寻常，以至于最终‘听众怀疑自己是应该开始读一读前苏格拉底哲学，还是应该加入纳粹冲锋队。’”②

在1935年的弗莱堡演讲《艺术作品的本源》这样一个看上去与政治相距甚远的“美学”③ 文本中，海德格尔提到了希腊与德意志民族的历史性此在及其肩负的历史使命。希腊神庙对那些道路和关联的嵌合敞开了神的现身在场，扩展和勾勒了一个神圣的领域，而这正是一个“历史性民族的世界。出自这个世界并在这个世界中，这个民族才回归到它自身，从而实现它的使命”④。这是西方历史的开端，而当艺术重回本源，亦即艺术让真理再一次脱颖而出的时候，历史将“重又开始”⑤。实际上，正是为了寻回历史“重又开始”的契机，才有了

① 转引自［美］理查德·沃林《存在的政治——海德格尔的政治思想》，周宪、王志宏译，商务印书馆2000年版，第111、110、113、115页。

② 同上书，第109页。

③ 这个演讲最初是1935年11月13日在弗莱堡艺术科学协会上做的，后于1936年分别在苏黎世和法兰克福又重做过四次，这篇演讲通常被视为海德格尔典型的“美学”文本，虽然这在海德格尔所反对的艺术“体验”的意义上来讲可能是不合适的，但在关于艺术之本质的形而上学沉思的意义上来讲则应该没有问题；参见［德］海德格尔《林中路》，孙周兴译，上海译文出版社1997年版，第384、63页。

④ ［德］海德格尔：《艺术作品的本源》，载孙周兴译《林中路》，上海译文出版社1997年版，第25—26页。

⑤ 同上书，第61页。

这次关于艺术之本质的追问，而其寄予厚望以承担此一历史使命的正是德意志民族。演讲是以下述言辞结束的：“我们追问艺术的本质。为什么要做这样的追问呢？我们做这样的追问，目的是为了能够更本真地追问：艺术在我们的历史性此在中是不是一个本源，是否并且在何种条件下，艺术能够是而且必须是一个本源。这样一种沉思不能勉强艺术及其生成。但是，这种沉思性的知道却是先行的，因而也是必不可少的对艺术之生成的准备。……在这种只能缓慢地增长的知道中将做出决断：……对于这种或此或彼的抉择及其决断，这里有一块可靠的指示牌。诗人荷尔德林道出了这块指示牌，这位诗人的作品依然摆在德国人面前，构成一种考验。荷尔德林诗云：依于本源而居者/终难离弃原位。”①

实际上，赋予艺术以创造世界和为历史奠基或重新奠基的使命，是海德格尔后期的艺术之思和荷尔德林阐释的基本主题（之一）。在《艺术作品的本源》中，与艺术并列，被海德格尔视为“真理之现身运作”的原始方式的还有“建立国家的活动”“本质性的牺牲”和“思想者的追问”，与此相对待、处在对立位置的则是科学。② 在1936年的罗马演讲《荷尔德林和诗的本质》中，海德格尔解释了他为何钟情于荷尔德林诗歌的阐释。他说：“历史地看来，荷尔德林所创建的诗之本质在最高尺度之中，因为它先行占有了一个历史性的时代。而作为历史性的本质，它乃是唯一本质性的本质。这个时代是贫困的时代，……然而诗人坚持在这黑夜的虚无之中。由于诗人如此这般地在对他的规定性的最高具体化中保持于他自身，所以诗人具有代表性地因而真正地为他的民族谋求真理。那首题为《面包和酒》的哀歌的第七节昭示出这一点。”③ 而且与《艺术作品的本源》一样，在另一个关于荷尔德林的演讲中，海德格尔也是把诗（艺术）的本质与历史的（重新）开端、国家的建立（者）直接联系在一起了：“各民族的历史

① ［德］海德格尔：《艺术作品的本源》，载孙周兴译《林中路》，上海译文出版社1997年版，第62页

② 同上书，第45页。

③ ［德］海德格尔：《荷尔德林和诗的本质》，载孙周兴选编《海德格尔选集》，上海三联书店1996年版，第324—325页。

此在——其起源、昌盛和衰落——起源于诗歌；诗歌中（产生）了哲学意义上的本真的知识；从这两者出发，一个民族作为民族便通过国家——政治而得以实现。因此，民族起源的历史时期，就是诗人、思想家和国家奠基者的时期，亦即那些本真地奠定民族的历史此在的根据并使之确立起来的那些人的时期。他们是本真的创造者。……存在者的存在是作为存在而被领悟和安排的，由此最早为思想家所揭示；……由适合于其本质的国家的国家奠基者通过创造而完成的。”[①] 由此可以清楚看出，海德格尔是把诗人（荷尔德林）、思想家（他本人）与国家奠基者（希特勒）本质性地联系在一起的：诗人和思想家“揭示”一个民族历史性此在的本真性真理，国家奠基者的任务则是去“完成”它。实质上，后期海德格尔惊人的——既在数量上，也在质量上——“存在历史”阐释内在包含明显的政治结论的根源就在于此，就在于确立自己本真性思想家和本质性创造者的身份和地位，以与诗人和国家奠基者鼎足而三。

在1936—1938年完成的《哲学论稿（从本有而来）》，这部海德格尔后期最为重要的全面而“系统”的著作，也是在其思想道路中占据突出位置的著作中，虽说海德格尔自称是在进行“一种要质朴地道说存在之真理的尝试”[②]，但其中的历史－政治诉求昭然若揭：人们不会否认“一个民族的哲学”，因为作为西方哲学的伟大开端的不就是希腊民族的哲学，而作为西方哲学的伟大终结的不也就是德意志民族的哲学吗？但是，问题在于：“1. 一个民族究竟是什么？2. 这个或那个民族是什么？3. 我们本身是什么？”答曰：“对于民族性因素的沉思乃是一个本质性的通道。我们切不可错认这一点，同样十分要紧的是，我们要知道，如果要掌握一个‘民族原则’，并且使之作为历史性此－在的尺度而发挥作用，那就必须已经争得了一个最高的存在等级。只有当民族中最独一无二者到来，并且开始预感时，这个民族才成为

① ［德］海德格尔：《荷尔德林的赞美诗〈日耳曼人〉和〈莱茵河〉》，转引自［美］理查德·沃林《存在的政治——海德格尔的政治思想》，周宪、王志宏译，商务印书馆2000年版，第162页。

② 1946年《关于人道主义的书信》作者边注，见［德］海德格尔《路标》，孙周兴译，商务印书馆2000年版，第366页。

民族。于是，这个民族对于它的法则而言才变得自由——它必须夺取这种法则，作为它的最高时机的终极必然性。”就这样，“我们”即德意志民族——通过“争得一个最高的存在等级”“到来的最独一无二者”“最高时机”等短语而得到刻画和勾勒——成了“守护存有之真理”的“这个民族”。[①] 不仅如此，《哲学论稿》还顺道批评了占据主流地位的以虚假的“自身可靠性”为其内在本质的自由主义、以“无根和自私”为特征的大众自由，并明确以“新德国意志”与之相对待。[②] 更令人瞠目结舌的是，海德格尔居然以“总体动员”为题写下了整整一节，即 74 节。其中，总体动员被赋予了掏空现今依然“持存着的教育所具有的全部传统内容”的“优先性”，而其后面更为真实的意味则是“强求人的一种全新类型”，虽然这一点“从来不是‘目标’”（目标之设定必然要从开端而来），而只是一种“反结果”[③]。

在对“存在历史”的诸多阐释中，海德格尔极为关注古希腊，特别是前苏格拉底哲学和尼采哲学，这是因为它们分别关涉所谓的“开端”和“终结”，而“终结”又意味着新的“开端”。问题的关键在于，人们能够很容易地看到海德格尔对希腊哲学与尼采哲学所代表的西方哲学的开端与终结的执着诠释，但却不能同样容易地看到海德格尔如此眷顾前苏格拉底哲学与尼采哲学的真正指向。从实质上来说，所有的这些诠释都是在指向新的历史、哲学开端，指向新国家的奠基。实际上，在 1946 年的论文《阿那克西曼德之箴言》中，海德格尔就曾明确讲道：“如果说我们是如此执著地坚持要以希腊方式思希腊思想，那么，我们这样做绝不是要在某些方面更适当地塑造出作为一个消失了的人群的希腊人整体的历史画像。我们寻求希腊的东西，既不是为希腊人的缘故，也不是为了完善科学，甚至也不只是为了达到一种更清晰的对话；相反，我们唯独着眼于此种对话想表达出来的东

① ［德］海德格尔：《哲学论稿（从本有而来）》，孙周兴译，商务印书馆 2012 年版，第 47 页。

② 同上书，第 59 - 60、67 页。

③ 同上书，第 152—153 页。这不是孤证，在 1938 年的演讲《世界图像的时代》（当时演讲的标题是“形而上学对现代世界图像的奠基”），海德格尔同样赞扬了荣格尔的《总体动员》，认为它是一种比单纯肯定技术“无可比拟地更本质性的态度”，见［德］海德格尔《林中路》，孙周兴译，上海译文出版社 1997 年版，第 94 页。

西——如果这东西是从自身而来达乎语言的话。这东西就是那个同一者，它命运性地以不同方式关涉到希腊人和我们自己。”[①] 显然，这个“同一者”就是西方哲学所一直关注的“存在”，这也是海德格尔终其一生都在思考的问题。海德格尔并且认为，“希腊、基督教、现代、全球和上述意义上的西方——对于这一切，我们都是根据存在的一个基本特征来加以思考的”，这个特征就是“存在之澄明的自身遮蔽”，由此而来，“有所显明之际，存在以迷途来迷惑存在者。……在此迷途中，存在者簇拥着存在，使存在走投无路，并从而创建着迷误之领地。迷误乃是历史的本质空间。……倘没有迷途，也就没有任何命运与命运的关系，也就没有历史”，结论因此就是，“我们既不在一种与希腊的东西的大距离中，也不在一种与希腊的东西的小距离中。不如说，我们在迷途中走向希腊的东西”[②]。这就是说，历史是存在的历史，既是存在开显自身的历史，也是存在遮蔽自身的历史，因而历史是一个迷途，这一迷途由希腊开端，而现时代的使命则在于在迷途中走向希腊的东西，也就是走向历史的另一个开端，一个新的开端。

从 1936 年到 1942 年间，在战乱的喧嚣声中，海德格尔在弗莱堡大学做了六个尼采专题讲座，内容没有一点重复，大师做派十足。为什么要这样做？为容易被轻薄的尼采正名，弄清尼采哲学的“真实面目”肯定是一个目标，但其最终目标无疑是通过与作为西方形而上学之终结（完成）的尼采形而上学的争辩，而在“存在历史”的意义上为“另一开端”做“准备”。海德格尔在 1939 年开始其夏季学期课程“作为认识的强力意志”时讲道：“尼采，这位强力意志思想的思想家，乃是西方的最后一个形而上学家。在尼采思想中展开其完成过程的这个时期，即现代，乃是最后一个时代。这意思就是说：它是这样一个时期，在其中，在某个时候以某种方式出现了一种历史性的决断——要决断这个最后时代究竟是西方历史的终结，还是另一个开端的对立面。把尼采通向强力意志的思想道路经历一遍，意思就是：去

① ［德］海德格尔：《阿那克西曼德之箴言》，载孙周兴译《林中路》，上海译文出版社 1997 年版，第 343—344 页。

② 同上书，第 344—345 页。

洞察这样一种历史性的决断。”① 由于巴姆巴赫的工作，现在大家都清楚的是，海德格尔自己的“把尼采通向强力意志的思想道路经历一遍”，既是对西方“存在历史”的形而上学解释，也是把尼采哲学做国家社会主义的解释，至少是分享了这样一种解释的很多东西②，而其由此所“洞察到的这样一种历史性的决断”无非是向领袖致敬，与国家社会主义政治联姻，虽然海德格尔自己后来在接受《明镜》记者采访的时候还在坚持说：“所有当时能够听课的人，都听到了，这是一次和纳粹主义的分手。”③

当然，理解海德格尔这一特定政治时刻的一个关键，无疑是他在1935年的演讲《形而上学导论》中做出的那个区分，即“国家社会主义的内在真理与伟大”和“今天作为国家社会主义哲学正在宣传的东西”之间的区别与对立。④ 这一区分是合理的和有说服力的，但我们还是要问：如果说“正在宣传”“今天作为国家社会主义哲学的东西”的是领袖或国家奠基者的追随者们，实践“国家社会主义的内在真理与伟大”的无疑是领袖或国家奠基者，那么，海德格尔的位置在哪儿呢？在准备就任弗莱堡大学校长之际，海德格尔对当时形势的判断是：“就我所能判断事物的范围看来，只还有一种可能性，就是和确实还有生气的有建设能力的人物一起来试图掌握未来的发展过程。”⑤ 在其校长就职演说中，海德格尔就希特勒被任命为国务总理一

---

① ［德］海德格尔：《尼采》，孙周兴译，商务印书馆2002年版，第470页。

② 参见［美］C. 巴姆巴赫《海德格尔的根——尼采、国际社会主义和希腊人》，张志和译，上海书店出版社2007年版，第407—415页。

③ ［德］海德格尔：《“只还有一个上帝能救渡我们”》，载孙周兴选编《海德格尔选集》，上海三联书店1996年版，第1300页。

④ 海德格尔的评论原文如下：“所有这些著作都自命为哲学。尤其是今天还作为纳粹主义哲学传播开来，却和这个运动（即规定地球命运的技术与近代人的汇合的运动）之内在真理与伟大性毫不相干的东西，还在‘价值’与‘整体性’之浑水中摸鱼。”参见［德］海德格尔《形而上学导论》，熊伟、王庆节译，商务印书馆1996年版，第198页。其中，评论中的“这个运动”是海德格尔在1953年再看这个演讲的清样时对“国家社会主义”所做的事后修改，参见［美］理查德·沃林《存在的政治——海德格尔的政治思想》，周宪、王志宏译，商务印书馆2000年版，第242页注释⑨。

⑤ ［德］海德格尔：《“只还有一个上帝能救渡我们”》，载孙周兴选编《海德格尔选集》，上海三联书店1996年版，第1290页。

事的评价是“此次破晓的庄严伟大”①。在1933年秋天，海德格尔还说过：“任何原理和理想都不是你们的存在的准则。元首本人而且只有元首本人是今天的与未来的德国现实及其法则。”② 综合上面的论述可以看出：海德格尔无疑是一名国家社会主义的追随者，但又自认为是一个极为特殊的追随者，特殊就特殊在他通过对存在历史的深沉思考理解了“国家社会主义的内在真理与伟大”，而这既是他与其他国家社会主义追随者们区别开来的地方，更是他与国家元首本质性地联系在一起的地方。只是这种联系的结果竟是，本想与元首“一起来试图掌握未来的发展过程”却与元首“一起”坠入了深渊，本想引导元首却反过来被元首误导了，正如海德格尔常说“尼采毁了我！”或“尼采把我弄坏了！”③ 但实际上正是他毁了尼采，弄坏了尼采一样。

---

① ［德］海德格尔：《“只还有一个上帝能救渡我们”》，载孙周兴选编《海德格尔选集》，上海三联书店1996年版，第1292页。

② ［德］海德格尔：《“只还有一个上帝能救渡我们”》，载孙周兴选编《海德格尔选集》，上海三联书店1996年版，第1294页。

③ 据伽达默尔等人回忆，海德格尔晚年常常哀叹：“尼采毁了我！”“尼采把我弄坏了！”参见［美］理查德·沃林《存在的政治——海德格尔的政治思想》，周宪、王志宏译，商务印书馆2000年版，第162页；洪汉鼎：《世纪哲人寄望东方——伽达默尔访问记》，《新华文摘》2001年第11期。这当然可以视为一种自我批判与反思，即知道自己错了因而被毁掉了，但更可能是一种洗刷和漂白自己的行为，即洗刷掉他自己哲学中的思想对其政治参与所应负有的责任。

第九章 正义与自由：罗尔斯

20 世纪 70 年代以来，政治哲学的兴起是西方哲学史上最重大的历史事件。历经半个世纪，政治哲学各种派别之间的争论推动了它的进程和发展。其中，罗尔斯《正义论》的出版及其受到挑战之后的理论回应是一个主导线索。《正义论》是罗尔斯积近二十年努力思考的心血之作，出版不久就被誉为“第二次世界大战后伦理学、政治哲学领域中最重要的理论著作”，而且很快就进入了经典著作行列。虽然正如很多论者指出的那样，《正义论》及其相关著作的发表意味着西方政治哲学界最重大的理论进展，那就是实现了从自由到平等的主题转换，但实际上我们还是得承认，在罗尔斯那里，自由是优先于平等的，他被称为新自由主义者是准确的。究其实质，罗尔斯的政治哲学研究是对自由主义在新的历史背景下的一次重新辩护。

一　正义原则与自由的优先性

《正义论》的主要目的是提出一种正义观。这是出于正义的重要性，毕竟“正义是社会制度的首要价值，正像真理是思想体系的首要价值一样”①。罗尔斯是通过将先前存在的社会契约论，如洛克、卢梭

① ［美］罗尔斯：《正义论》，何怀宏等译，中国社会科学出版社 1988 年版（2003 年 10 月重印），第 3 页。

和康德的社会契约论提高到一个更为抽象的水平上来做到这一点的。这就是罗尔斯著名的“原初状态”理论。在罗尔斯这里，原初状态相当于古典社会契约理论中的自然状态学说。它既不是实际存在的一种历史状态，也不是文明之初的一种真实的原始状况，而只是一种纯粹假设的理论条件，其目的就在于提出某种确定的为社会存在和发展所不可或缺的正义观。罗尔斯对这种原初状态进行了如下规定：第一，“没有一个人知道他在社会中的地位——无论是阶级地位还是社会出身，也没有人知道他在先天的资质、能力、智力、体力等方面的运气。我甚至假定各方并不知道他们特定的善的观念或他们的特殊的心理倾向”①。第二，“它把处在原初状态中的各方设想为有理性的和相互冷淡的”②。“有理性”意味着处在原初状态中的各方是平等的，“作为道德主体、有一种他们自己的善的观念和正义感能力的人类存在物之间的平等”③；“相互冷淡”说的不是各方都是一些只是关心自己利益的利己主义者，而是说他们对对方的利益保持冷淡，也就是说，原初状态中的人缺少一种“强烈和持久的仁爱冲动”④。基于上述规定，罗尔斯认为平等的原初状态给出了人们选择某种正义观念的合理限制条件。这些限制性条件包括，“在选择原则时任何人都不应当因天赋或社会背景的关系而得益或受损”；“不允许把原则裁剪得适合于个人的特殊情形”；“被采纳的原则不受到特殊的爱好、志趣及个人善恶观的影响”⑤。这些限制条件之所以是合理的，是因为它们避免了使人们在选择原则时可能陷入争吵、使自己受自己偏见指引的任何偶然因素的影响，从而保证了这些实际上是处于“无知之幕”之下的人们对其所需要的正义观念的选择是合理的。他们是通过所谓的“反思的平衡”来进行这种选择的，“反思的平衡”是指这样的反复来回：“有时改正契约环境的条件；有时又撤销我们的判断使之符合原则。”⑥ 罗尔斯相

① ［美］罗尔斯：《正义论》，何怀宏等译，中国社会科学出版社 1988 年版（2003 年 10 月重印），第 12 页。

② 同上书，第 13 页。

③ 同上书，第 19 页。

④ 同上书，第 14 页。

⑤ 同上书，第 18 页。

⑥ 同上书，第 20 页。

信，通过这种办法，他对平等的原初状态和无知之幕的描述以及最后所达成的正义观念必定“既表达了合理的条件，又适合我们所考虑的并已及时修正和调整了的判断”[①]，因而是极具合理性的。

罗尔斯认为，我们很难给平等的原初状态中的人们列出所有可供选择的正义观念，只能大致提供一个简短的清单或表格，其中的选项包括他自己的两个正义原则，古典目的论的正义观念（包括古典功利主义和平均功利主义，至善论等），直觉主义的正义观念，利己主义的正义观念和其他混合观念。罗尔斯相信，他的两个正义原则将在人们的理性选择中胜出。关于这两个原则，通过几次过渡性的陈述（第11、13、39节），罗尔斯在《正义论》的第46节给出了最后的全面陈述：

> 第一个原则
>
> 每个人对与所有人所拥有的最广泛平等的基本自由体系相容的类似自由体系都应有一种平等的权利。
>
> 第二个原则
>
> 社会和经济的不平等应这样安排，使它们：
>
> (1) 在与正义的储存原则一致的情况下，适合于最少受惠者的最大利益；并且，
>
> (2) 依系于在机会公平平等的条件下职务和地位向所有人开放。
>
> 第一个优先原则（自由的优先性）
>
> 两个正义原则应以词典式次序排列，因此，自由只能为了自由的缘故而被限制。这有两种情况：
>
> (1) 一种不够广泛的自由必须加强由所有人分享的完整自由体系；
>
> (2) 一种不够平等的自由必须可以为那些拥有较少自由的公民所接受。

---

① ［美］罗尔斯：《正义论》，何怀宏等译，中国社会科学出版社1988年版（2003年10月重印），第20页。

第二个优先原则（正义对效率和福利的优先）

第二个正义原则以一种词典式次序优先于效率原则和最大限度追求利益总额的原则：公平的机会优先于差别原则。这有两种情况：……

一般的观念

所有的社会基本善——自由和机会、收入和财富及自尊的基础——都应该被平等的分配，除非对一些或所有社会基本善的一种不平等分配有利于最不利者。①

可以看出，正义的两个原则是正义的一般观念的一个特殊方面，即前者是后者在社会制度层面上的表现。第一个原则可以称之为平等的自由原则，第二个原则的第一部分可以称之为差别原则，第二部分可以称之为公平的机会平等原则。两个原则分别关涉自由与平等两大政治价值，二者放在一起作为正义原则处理的正是它们之间的平衡。初看起来，两个正义原则及其背后的一般正义观念有着某种程度的平等主义，甚至平均主义色彩：它要求所有的社会基本善都应被平等的分配，而当不平等的分配出现时，差别原则将起作用，从而能够很好地补偿那些出身和天赋较低的人们，缩小以致拉平他们与那些天赋和出身较高的人们之间的距离，一句话，将有利于那些最不利者。但如果再仔细去看罗尔斯对社会基本善的规定，特别是对其两个正义原则的词典式次序排列，即对所谓优先性问题的处理，那么我们就将看出，这种平等主义的倾向是表面的，其基调明显还是自由主义。

罗尔斯的《正义论》是以从洛克、密尔（Mill）、卢梭和康德以来的西方自由主义传统，以及由此传统而来的“自由的、平等的理性人”或“自由、平等的理性存在物”② 概念为基础的，是对它的完善、充实和扩展：“我的目的一直是要表明两个正义原则不仅符合我们所考虑的各种判断，而且为自由提供了最有力的论据。”③ 因此，正义的

① ［美］罗尔斯：《正义论》，何怀宏等译，中国社会科学出版社 1988 年版（2003 年 10 月重印），第 302—303 页。

② 同上书，第 251 页。

③ 同上书，第 242 页。

两个原则的第一个原则就是平等的自由原则，而且是次序在先的。第一个原则，即“每个人对与所有人所拥有的最广泛平等的基本自由体系相容的类似自由体系都应有一种平等的权利”，保障的是公民的平等自由，大体说来这些自由包括：“政治上的自由（选举和被选举担任公职的权利）及言论和集会自由；良心的自由和思想的自由；个人的自由和保障个人财产的权利；依法不受任意逮捕和剥夺财产的自由。”① 在这里，罗尔斯避开了关于自由含义的争论，比如消极自由和积极自由以及古代人的自由和现代人的自由等争论，而只是假设：“自由总是可以参照三个方面的因素来解释的：自由的行动者；自由行动者所摆脱的种种限制和束缚；自由行动者自由决定去做或不做的事情。一个对自由的完整解释提供了上述三个方面的有关知识。”② 因而，当一个人摆脱某些限制而去做或不去做某事，并且同时受到保护而免遭其他人的侵犯时，这个人就可以说是自由的。例如，当一个人可以随自己的兴趣或利益去研究、信从某种道德、哲学、宗教，等等，而法律与其他人一样，都对此没有干预的义务或权利时，我们就可以说这个人拥有良心的自由和思想的自由。对此，罗尔斯强调了如下两点：第一，各种基本自由必须被看成一个整体或一个体系，也就是正义原则表述中的“平等自由体系”或“自由体系”。这也就意味着，一种自由的价值在正常情况下依赖于对其他自由的规定，我们必须相对于一种自由来衡量和评价另一种自由。比如言论自由必须考虑发表言论所应遵循的合理程序，如果没有这一程序的规则进行约束，那么明智的和富有教益的讨论就是不可能的了，言论自由也就失去了其应有的价值。因此，当一种自由不受任何限制的时候，它就会失去其内在固有的价值，而当各种自由都不受某种恰当限制的时候，它们就会

① ［美］罗尔斯：《正义论》，何怀宏等译，中国社会科学出版社 1988 年版（2003 年 10 月重印），第 61 页。这份自由清单与罗尔斯在其他地方所列的自由清单大体上内容相同，虽然有时会稍有差异。其中一份比较全面的清单是这样的：“思想自由和良心自由；政治自由（例如，政治活动中选举和被选举的权利）、结社自由以及由人的自由和健全（物理的和心理的）所规定的权利和自由；最后，由法治所涵盖的权利和自由。”见［美］罗尔斯《作为公平的正义》，姚大志译，上海三联书店 2002 年版，第 72 页。

② ［美］罗尔斯：《正义论》，何怀宏等译，中国社会科学出版社 1988 年版（2003 年 10 月重印），第 199—200 页。

相互冲突，其结果只能是自由体系的瘫痪或者崩溃。鉴于此，罗尔斯认为，在制定宪法或一般立法时必须考虑到这一点，必须为了最好的总体的平等自由而决定各种具体自由的规定，从而使对它们的最好安排依赖于它们所必须服从的总体约束，依赖于它们相互结合从而成为一个整体的最佳结合方式。第二，自由和自由的价值必须得到恰当的区分。“自由表现为平等公民权的整个自由体系；而个人和团体的自由价值是与他们在自由体系所规定的框架内促进他们目标的能力成比例的。”① 也就是说，贫穷、无知和缺乏一般意义上的实现自由或权利的手段，不是对自由有所限定的各种约束和限制，而只是对自由价值有所限定的各种不利条件。不过罗尔斯相信，这些不利条件将在正义的第二个原则顺利实施的情况下得到补偿，而当差别原则被满足时，假如社会成员中那些较不幸者还不接受这种既定的不平等的话，他们达到自己目标的能力将会更差。也就是说，罗尔斯相信，在正义的两个原则一起被采用的时候，一个社会的基本结构就会被安排来最大限度地提高在一切人的平等自由体系中的最少受惠者的自由价值，而这直接确定了社会正义这个目标的最后达成。

问题在于，为什么差别原则被满足时还存在的社会、经济不平等就是合理的，如若不然那些最不利者的处境就会更差呢？这涉及所谓优先性及其根据问题。优先性问题说的是要把原则放在一种词典编辑的系列中去。这意味着在转入第二个原则之前必须充分满足第一个原则的序列，然后，在满足第二个原则之后才能考虑第三个原则，以此类推。具体到罗尔斯的正义二原则，那就是平等的自由原则优先于调节社会、经济不平等的差别原则和公平的机会平等的原则，也就是说，社会的基本结构和制度建设要以在先的、平等的自由原则来处理社会、经济的不平等问题。而在平等的自由原则内部，优先性问题则意味着自由的广泛性先于自由的不平等，也就是说，一项基本的自由应该在一个平等的自由体系内部尽可能的广泛，至于某一阶级的人相比较于另一阶级的人具有较大或较小的自由则是在处理好前一方面的问题时

---

① ［美］罗尔斯：《正义论》，何怀宏等译，中国社会科学出版社 1988 年版（2003 年 10 月重印），第 202 页。

才需加以考虑的。综合而言，自由具有优先性，而这意味着自由只能为了自由本身而被限制，无论是平等但不广泛的自由还是不平等的自由都是如此。这又有两种情况，即无所谓正义与否的情况和事关正义与否的情况，前者指“可能来自自然界的限制和人类生活中的偶发事件，或者来自历史和社会的偶然因素”的限制，后者则是指“既存在于一些社会安排中，又存在于一些个体行为中”的限制。① 就前者而言，思想和良心的自由所受到的合理调节、民主参与的原则所受的某种程度的限制，以及多数裁决原则的使用范围上的限制等等都属于此类，这是一些出自多少是永久性的人类政治生活条件的限制，在这里人们能做的只能是以某种正义的方式来处理这些既定的限制，而正义的两个原则也许是最好的处理这一问题的方式。给予儿童的较少自由也属于这种情况，因为那是适应于人生的自然特征而进行的调整。但家长式统治则不是，即使处在原初状态中的各方都接受这一原则以保护自己在社会中免遭自己理智或意志力软弱动摇之害也并不足够，要想使这一原则能够在一定范围内应用，两个进一步的约束条件都必须被满足：“家长式干预必须由理性和意识的明显先天不足或后天损失来证明其正当性；同时，它必须受正义原则和有关这个人的较长期的目标和偏爱的知识或者对基本善的解释的指导。”② 就后者而言，约束和限制不宽容者的自由和限制竞争团体的暴力等就属于此例，这里的问题在于如何以一种正确的方式来处理这些不正义的情况。显然，按照不宽容者团体自己的原则，它是没有理由和权利对抗对它的不宽容的。但问题在于，其他各种宽容团体是否就因此有权压制不宽容者。这得视具体情况而定：当不宽容者对其他人的平等自由并不构成直接危险时，宽容者并没有权利来压制不宽容者；而当自由本身和正义公民的自由真正的处于危险之中，那么他们就应该努力运用他们所有的平等自由权利来保护正义宪法和他们自己的生存基础，也就是说，他们可以迫使不宽容者尊重其他人的自由，不宽容者的自由将因为其他

① ［美］罗尔斯：《正义论》，何怀宏等译，中国社会科学出版社 1988 年版（2003 年 10 月重印），第 243 页。

② 同上书，第 249 页。

人的自由而受到合理的限制。

如果说自由优先性的意义即如上述，那么自由优先性的根据到底何在呢？罗尔斯在《正义论》第82节就此给出了一个集中论述。在那里他把自由优先性的基础概括如下："随着义明条件的改善，文明对我们的善，即我们的进一步的经济和社会利益具有一种边际意义，它减少我们对自由的关切的相关物，这种关切将随着运用平等自由的条件的日益充分的实现而愈加强烈。在某个极点之外，从原初状态的观点看，一旦超出了某种极点，为较大的物质财富和令人愉快的公职活动的缘故而接受一种较小自由，就成为并且继续是不合理的。"[①] 也就是说，当人们的基本需要得到满足之前，我们很难确定他们在自由利益和其他物质利益之间的取舍和选择，这将取决于他们自己内心的要求，但是在物质需要得到基本满足之后的"有利环境"下，人们的自由利益的相对紧迫性却会明白无疑地显示出来，因为在"有利环境下，在确定我们的生活计划时根本利益（兴趣）最终将获得优先地位"[②]。而这意味着，在有利条件下，也就是说，在类似美国社会发展的文明程度下，自由的优先性终将得到确立。

这是因为，罗尔斯具体解释说，第一，自由的利益（兴趣）具有惟一性、最终性并且会惠及后代。这是他在讨论良心的平等自由时就已经涉及的，并且明言这些特点大致说来同样适用于其他的基本自由。"唯一性"说的是，平等的自由原则似乎是原初状态中的人们所能接受的唯一原则，因为他们不能或者不敢让自由冒风险，他们既不能让占统治地位的宗教、道德、哲学学说随心所欲地迫害或压制其他学说，也不会同意功利主义原则，因为功利主义原则将使他们的自由极有可能受制于社会利益的计算，这种计算极其复杂并且模糊，没有谁能够保证自己不会因此而受损。"最终性"说的是原初状态中的人们为什么不能让某种道德、宗教、哲学学说占据可以压制其他学说的统治地位，即一个具有理性的人会认识到某些宗教、道德的责任，并且会把

---

① ［美］罗尔斯：《正义论》，何怀宏等译，中国社会科学出版社1988年版（2003年10月重印），第545页。

② 同上书，第546页。

这些责任看成是具有绝对约束力的，也就是说，他不可能为了获得更多谋取其他利益的手段而减少对这些责任的履行，而这在不知道各种学说的相对力量的情况下，最好的选择将是良心的平等自由，因此，前面所说的唯一可能的选择也将是最终的选择。“惠及后代”说的是“由于（原初状态中的）各方抱有使自己的后代得到同样的自由的愿望，并且平等自由的原则也保护这些自由，代与代之间就不存在什么利害冲突”[①]，而根据对基本善的理解，原初状态中的各方必定会假定他们的后代也将要求保护他们自己的基本自由。

第二，“自尊的基本善具有中心地位，并且人们在一个同他人的自由社会联合中具有的欲望表现着他们的本性。所以，对自由的欲望是各方必然假定所有的人在一定阶段上都将获得的主要的调节性利益（兴趣）。”[②] 这涉及对基本善的理解问题。这是一个重要的理论和现实问题，罗尔斯在《正义论》中花了整整一章（第七章）来讨论这个问题。我们这里在与行文相关的程度上对此做些简单的讨论。根据亚里士多德，在一定程度上也根据康德和西季威克，罗尔斯认为，“一个人的善就是一项合理的生活计划的成功的实施”[③]。我们据此来看罗尔斯对社会基本善（相对于自然基本善）的说明。虽然罗尔斯明言，我们不可能一劳永逸地提供出一个基本善的详细表，但在讨论一般的正义观念及其他很多地方，罗尔斯都把“自由和机会、收入和财富及自尊的基础”规定为社会基本善的主要内容，并用正义的两个原则来对其中的“自由和机会、收入和财富”的平等或不平等分配进行合理性的论证。这是容易理解的，因为一项合理的生活计划的成功实施总是离不开自由和机会，以及为达目的所需要的更广泛的手段，而这些手段无疑可以归结为收入和财富。但问题是，“自尊的基础”何以是人的社会基本善，而且还是罗尔斯在很多地方都明确指出的“最为重要的”基本善。自尊包含两个方面，罗尔斯解释说，第一，“它包括一个人对自己的价值的感觉，以及他的善观念，他的生活计划值得努力

---

① ［美］罗尔斯：《正义论》，何怀宏等译，中国社会科学出版社 1988 年版（2003 年 10 月重印），第 206 页。

② 同上书，第 546 页。

③ 同上书，第 435 页。

去实现这样一个确定的信念。第二，就自尊总是在个人能力之内而言，自尊包含着对自己实现自己意图的能力的自信”[①]。这就可以很好地解释为什么自尊是人最为重要的基本善了：因为当一个人感到他的生活计划的价值微乎其微因而不值得努力追求的话，他当然就不会愉快地去追求它们，实现与否也不会给他带来多大快乐，而失败的挫折和自我怀疑还会使他的努力变得难以为继；也就是说，没有了自尊，实际上也就没有什么值得追求的事情了，即使有，我们也没有去追求它的意志，由此而来的是，我们所有的欲望和活动都将变得虚无缥缈，等待我们的只能是冷漠和犬儒主义。

接下来的问题就成了自由的优先性如何有利于自尊的基础这一重要的基本善。罗尔斯认为，“在有利环境下”，或者说“在一个组织良好的社会中”，自尊的基础将不是收入的份额，而是由社会肯定的每个人的平等公民地位，而这是由正义的两个原则加以保障的：差别原则的实施将使人们在社会、经济方面的不平等保持在一定的程度之内，从而人们不致过度受害于妒忌和吝啬的影响，即大多数人都会按照他们自己的计划做着对他们来说最好的事，而很少会由于其他人的更大愉快和享受而沮丧；平等的自由原则的实施则保障着每个人在社会中的一种相似而平等的地位，人们在此基础上可以获得他们的自尊。这里更重要的是，自由在次序上的优先性会使这种同等地位和自尊的基础获得可靠性的品格，即不会因不可避免的可原谅的社会、经济不平等而遭到破坏。“所以，尽管在社会各个部分——我们可称之为不可比群体——之间的社会的经济的差异不会产生敌意，从政治的和公民的不平等中、以及从文化的和种族的差异中产生的病苦却不易为人们接受。当对地位的需要指向平等的公民地位时，平等的自由的优先性就越发必要。”[②]

在弄清楚了自由的优先性的意义和根据之后，我们就很容易明白罗尔斯为什么会有如下这样的想法了，即差别原则被满足时还存在的

---

① ［美］罗尔斯：《正义论》，何怀宏等译，中国社会科学出版社 1988 年版（2003 年 10 月重印），第 442 页。

② 同上书，第 548 页。

社会、经济不平等就是合理的和可原谅的，如若不然那些最不利者的处境就会更差。那是因为：第一，在文明条件持续改善的有利环境下，人们所获得的收入和财富即使是社会中的最不利者阶层也会丰裕得足够满足他们合理的日常生活需要，而经济利益和物质财富对我们所具有的善的意义实际上是有其边际效用的。第二，真正说来，没有人会真正倾向于接受一种比平等的自由更低的自由，因为当他这样做时，极有可能遭受如下两个方面的损失：一方面，从长远来看可能使其政治地位受到削弱；另一方面，可能使其在由社会基本结构规定的活动中感到自己在公共讲坛中的次要地位，可能使其感到蒙耻并因此破坏他的自尊。①

二　政治自由主义

我们在上面的论述中可以看到，罗尔斯的《正义论》是在重建社会契约论的基础上证明正义的两个原则及其内含的自由优先性的。而在罗尔斯重建社会契约论的过程中，他是求助于康德的建构主义的。②康德式的建构主义有两个明显的特点：第一，正义原则的根本问题不是发现而是选择。正义的两个原则的达成是原初状态的人们的理性选择的结果，也就是说，不是因为它们是合理的，所以人们选择了它们，而是因为人们选择了它们，所以它们才是合理的。第二，在选择正义原则的过程中，起作用的是实践理性而不是理论理性。“理论理性强调了思想的现实性，在其应用中，主要是参照现实来给思想定位。实践理性则强调了思想的理想性，在其应用中，主要是按照理想来塑造现实。”③ 因此，罗尔斯重建的社会契约论，以及由此而来的正义的两个原则包括其内含的自由优先性，就都不是理论理性根据历史事实而

---

① 参见［美］罗尔斯《正义论》，何怀宏等译，中国社会科学出版社 1988 年版（2003 年 10 月重印），第 545—547 页。

② 同上书，第 40 节。在罗尔斯自己看来，整节评论“也许最好被看成是把作为公平的正义与在康德、卢梭那里表现为高峰的契约论传统联系起来的建议”。而“原初状态可以被看成是对康德的自律和绝对命令观念的一个程序性解释”（第 251、256 页）。

③ 姚大志：《当代西方政治哲学》，北京大学出版社 2011 年版，第 72 页。

得到的某种政治社会学事实，而是实践理性根据合理性原则而进行的理论建构。也就是说，它说的是一个理想的合乎正义的社会应该以此为原则而建立，而不是说现实中的某个社会的某种现实的运作机制。

但正如罗尔斯自己后来认识到的那样，在《正义论》中，社会契约论传统被看作是道德哲学的一部分，并且没有区分道德哲学与政治哲学，进而没有区分一种普遍范围的道德正义学说与一种严格的政治正义观念，也没有区分完备性的哲学、宗教、道德学说与限于政治领域的诸观念如政治的个人观念、理性观念、政治正义观念、重叠共识观念、公共理性观念，等等。这一自我反省带来了一个自我批评，即《正义论》对稳定性问题的解决是不成功的。稳定性源于人们对所选择的正义原则的共识，但在自己的作为公平的正义的政治正义观念与比如说康德、密尔的自由主义的完备性哲学学说和道德学说之间没有做出明确的区分的情况下，也就是说，在公平正义的原则也隶属于某种完备性哲学和道德学说的情况下，一种理性的持久的共识难以达成，因而《正义论》中所阐释的公平正义的秩序、良好社会的理念是不现实和不稳定的。这在当代社会出现了“理性多元论的事实”之后变得愈发明显。所谓“理性的多元论”区别于简单多元论的地方在于，它不仅是说当代社会有很多种完备性的哲学、道德和宗教学说，而且还是在说这些互不相容的完备性学说都是合乎理性的，而因其是合乎理性的，人们就有某种合理的理由去支持或信守它，因而任何一种完备性学说都很难获得所有人或几乎所有人的认同。

正是在这种自我反省和自我批评以及来自各种学派诸多学者的大量批评的推动下，罗尔斯在20世纪80年代以后撰写了一系列文章来修正、充实和完善《正义论》所思考的问题和提出的观点。这些修正、补充和完善集中表达于1993年出版的《政治自由主义》一书中。《政治自由主义》的主要目标在于，重新阐发《正义论》中的秩序良好的社会理念，以解释和适应理性多元论的事实。为达此目的，罗尔斯将《正义论》所提出的公平正义学说转换成了一种适应社会基本结构的政治的正义观念。而将公平正义由一种完备性学说转换为一种政治观念，要求重新阐释建构政治观念的建构主义观念，并明确道德建构主义与政治建构主义的区别，要求重新阐发作为政治观念的各种构成性观念，主要包括自由而平等的公民观念和作为公平合作系统的社会理念，要求引进可以证明和明确表述这一政治观念的其他各种理念，诸如理性观念，理性的重叠共识观念，公共理性及其市民义务的观念，以及基于正当理性的稳定性观念，等等。通过这种转换，公平正义的内容没有发生根本改变，转换后的“政治自由主义”却与《正义论》的精神和内容之间达成了某种称心如意的统一性，稳定性的难题也获得了比《正义论》更为令人满意的解决。

一种政治的正义观念具有三个独特特征：第一个特征有关政治观念的主题，即一种被称之为立宪民主或民主政体的社会基本结构，并被明确为“社会的主要政治制度、社会制度和经济制度，以及它们是如何融合为一个世代相传的社会合作之统一化系统的”①。这样，政治的正义观念首先关注的，将是基本制度的框架以及应用于该框架的各种原则、标准和戒律，还有就是这些原则、标准和戒律在社会成员的品格和态度中的表现。这里需要注意的是，罗尔斯将社会的基本结构规定为封闭的，即一种“自我包容的、与其他社会没有任何关系的社会。它的成员只能由生而入其中，由死而出其外”②。这里的“封闭性”一词是在描述的意义而非评价的意义上使用的，指的是一种社会成员无法加以选择和规避的社会结构。第二个特征有关其表现形式，即一种政治的正义观念是作为一种“独立的观点”而非一种“完备性学说”表现出来的。掌握这一点要注意几个区分：区分一种政治观念是如何表现在一种完备性学说之中的和一种政治观念是如何成为一种完备性学说之一部分的，作为独立观点的政治观念不是任何一种完备性学说的一部分，也就是说，不是从中推导出来的，但明显应该为持有某种完备性学说的社会成员所接受；区分政治的正义观念与其他道德学说，这主要是一种范围上的区别，所谓完备性学说本来就是指一种力求普遍和完备的学说，比如功利主义，不管其内部有着怎样的区分，但功利原则通常总是被理解为适用于从个体行为和人际关系到整个社会组织，乃至民族法律之全部主题的规则，但一种政治的正义观

① ［美］罗尔斯：《政治自由主义》，万俊人译，译林出版社 2000 年版，第 12 页。

② 同上。

念却没有这样的野心，它只是力求为社会基本结构阐明一种合理的观念，并尽可能地不涉及更广泛的对任何其他学说的承诺，其作为道德学说的意向所指无非是说这一观念的内容是由某些理想、原则和标准所给定的，而这些理想、原则和标准无疑明确表达了某种价值。第三个特征是“它的内容是借某些基本理念得到表达的，这些基本理念被看作是隐含在民主社会的公共政治文化之中的”[①]。罗尔斯将各种哲学的、宗教和道德的完备性学说称之为市民社会的“背景文化”，也就是说，是社会文化而非政治文化；而公平正义作为政治的正义观念的内容“是从某一政治传统内部开始的，而且也把作为世世代代长期传延的公平合作系统的社会理念看作是它的基本理念”[②]。世世代代长期传延的公平合作系统的社会理念作为公平正义的核心性组织化理念，是与如下两个与之相关的理念一起发展起来的：作为自由、平等个人的公民理念和由政治的正义观念有效规导的秩序良好的社会理念，它们作为罗尔斯眼中最为合适的政治正义观念的基本要素而存在。

首先是作为自由、平等个人的公民理念。前面谈到过，罗尔斯的《正义论》是以从洛克、密尔、卢梭和康德以来的西方自由主义传统，以及由此传统而来的“自由的、平等的理性人”或“自由、平等的理性存在物”[③] 概念为基础的，是对它的完善、充实和扩展，但在《政治自由主义》里，自由平等的“理性人”或“理性存在物”被“公民”概念所取代，强调和突出“政治的”自由主义的意思十分明显。作为自由、平等个人的公民理念是与作为世世代代长期传延的公平合作系统的社会理念相配置的概念。在罗尔斯看来，社会合作理念是由如下三个要素来加以规定的：第一，合作是由公共认可的规则与程序来引导的。第二，公平合作是将一种相互性理念具体化，即所有介入合作并按规则和程序履行其职的人都将以一种适当的方式受益，而这种适当的方式则由一种合适的比较基准来估价。公平正义作为适当的政治正义观念刻画了这一公平合作项目的特征：正义两原则，包括差

① ［美］罗尔斯：《政治自由主义》，万俊人译，译林出版社2000年版，第14页。

② 同上。

③ ［美］罗尔斯：《正义论》，何怀宏等译，中国社会科学出版社1988年版（2003年10月重印），第251页。

别原则及其含蓄指涉的平等分配基准是对这种公民之间的，特别是一种秩序良好的社会中的公民之间的相互性理念的系统阐明，亦即它具体指定了参与合作的人所具有的基本权利和基本义务，并让每一个参与者都能得利。第三，社会合作理念要求一种各参与者合理得利的理念或善的理念，具体规定介入合作的人从合作中想要获得什么的就是这种善的理念。这里所谓“合理得利”中的“合理”，就是指既不受利他主义的普遍善观念的驱使，也不受基于利己主义的互利观念的驱使，而是介于二者之间的一种相互合作，公平互惠。① 与这样一种在“我们的”民主传统中世世代代传续的社会理念相适合和相配置，个人观念被罗尔斯确定为一种政治的个人观念，它当然也是一种规范性观念，但与自然科学和社会理论的人性解释比如“经济人”“组织人”等不同，它只是指某个能够成为公民的人，也就是说，能够成为一个正常的终身能充分参与合作的社会成员，这就要求“我们也把公民当作自由而平等的个人来思考。这一基本的理念是，个人凭借其两种道德能力（正义感和善观念的能力）和理解能力（判断能力、思想能力、以及与这些能力相联系的推论能力）而成为自由的。拥有这些能力，使他们在所要求的最低限度上成为充分合作的社会成员，这一点又使每一个个人成为平等的”②。这是与社会合作理念相联系的作为自由平等个人的公民理念。除此之外，这一理念还要求公民必须具有道德认同和公共认同的能力，以便在享有向社会基本结构提出其合理要求的权利的同时，也能够承诺对社会公正之义务③。第四，这一理念还要求公民必须具备必要的政治美德，“无论如何，我们都不应该期待公平正义或者任何有关正义的解释囊括所有是非问题。政治的正义永远需要其他美德的补充”④。这些要素合在一起就是罗尔斯所理解的作为自由平等个人的公民理念。

其次是为政治的正义观念有效规导的秩序良好的社会理念。与前

---

① 参见［美］罗尔斯《政治自由主义》，万俊人译，译林出版社 2000 年版，第 16—18 页。

② 同上书，第 19 页。

③ 同上书，第 31—32 页。

④ 同上书，第 22 页。

面对作为世世代代长期传延的公平合作系统的社会理念的三个要素的规定相适应，说一个社会秩序良好，传达的同样也是三点意思：第一，在该社会中，每个人都接受而且知道他人也接受同样的正义原则；第二，这个社会的基本结构被理解为或有充足的理由被相信为满足了这些原则；第三，这个社会的公民具有正常有效的正义感，从而能够按照这些原则行事，并将该社会的基本结构视为正义的。[①] 必须加以明确的是，“一种秩序良好的社会既不是一种共同体，也不是（从更普遍的意义上说）一种联合体”[②]，而只能是一种立宪民主社会。立宪民主社会与一种联合体之间的区别有二：其一，如前所述，立宪民主社会是一个完全而封闭的社会系统，这说明社会是一个我们只能“生而入其内，死而出其外”的系统，我们不是因为一种理性的选择而加入这个社会的，但我们加入一个联合体却是基于一种理性的选择。其二，立宪民主社会没有任何个人或联合体所拥有的那种终极目的或目标。过去很多社会都把宗教、王位、统治或荣耀等当作终极目标来追求，而个体的权利只能依赖于在实现这些目标的实践中所发挥的作用，作用不同，联合体提供给他的各种条件也不同。但在立宪民主社会，个体作为自由平等的公民身份已经得到保证，因此根本不需要和这些目标及其实现相关涉，其各种特殊的社会目标，比如宪法规定的那些目的，则必须归于一种政治的正义观念及其公共理性的名目之下。立宪民主社会与共同体之间的区别在于，共同体受共享的某种完备性的宗教、哲学和道德学说所支配，而立宪民主社会的政治观念是独立于各种完备性学说的，它只要求公共理性理念的支持而非立足于任何一种完备性学说。人们对完美理想和终极真理的追求总是在诱使我们去追求一种更广阔、更深刻的联合和统一，但这一直是无法得到公共理性证明的一种幻想。[③]

政治的正义观念即如上述，下面的问题是如何对其进行证明和明确表述。回答这个问题首先需要讨论在《政治自由主义》中得到明确

① 参见［美］罗尔斯《政治自由主义》，万俊人译，译林出版社 2000 年版，第 36 页。

② 同上书，第 41—42 页。

③ 同上书，第 42—44 页。

的建构主义观念以及政治建构主义与道德建构主义的区别，其次则要讨论罗尔斯为此所重新加以阐释的原初状态理念，以及所引入的基于正当理性的稳定性观念、理性的重叠共识观念、公共理性及其市民义务观念等其他一些观念。

让我们从罗尔斯对政治建构主义的如下规定开始："政治建构主义是一种关于政治观念之结构和内容的观点。它认为，一旦达到反思平衡，政治正义（内容）的原则就可以描述为某种建构程序（结构）的结果，在这一原初状态所塑造的程序中，合理的行为主体——作为公民的代表并服从理性的条件——选择公共正义原则来规导社会的基本结构。"[①] 由此而来，也是在与道德直觉主义的对比中，我们可以清楚地看到政治建构主义的如下四个特征：第一，政治正义的原则作为一种政治观念的内容是某一建构程序（结构）的结果。第二，建构的程序从根本上说建立在康德意义上的实践理性而非理论理性的基础之上，虽然这种建构主义也并不否认理论理性的作用。第三，它因其所利用的相当复杂的个人和社会理念（如上所述）而使其建构具有一种形式和结构，而道德直觉主义缺少这样一个充分的个人观念。第四，政治建构主义不像道德直觉主义利用或否认真理的概念（某种道德判断是关于并且接近于独立的道德价值秩序时它就是真实的，否则便是虚假的），它只是具体规定了一种理性的理念并将其运用到各种不同的主题如观念和原则、判断和根据、个人和制度等等而已。[②] 这里所谓"理性的"的意思，比康德在对理性的与合理的相区别时所具有的意义（在罗尔斯看来，康德对绝对命令和假言命令的区分对应的就是他对理性的和合理的两者的区别，前者代表纯粹实践理性，后者代表经验实践理性）更具有限制性，也就是说，它是与个人成为公民的两个要素，即提出和尊重社会公平合作项目的意愿以及认识和接受判断负担的结果的意愿相联系的，而所谓"合理的"，也是社会公平合作理念的建构性要素，只是它与合作各方的本性及其相互地位有着更多的关联，二者之间最本质的区别在于，"理性的"是公共的，而"合

① 参见［美］罗尔斯《政治自由主义》，万俊人译，译林出版社2000年版，第94页。

② 同上书，第96—100页。

理的”却不是公共的，这一点对于罗尔斯来说具有更为重要的意义。[①]不过，因为前面描述过的亲缘关系，在与康德的道德建构主义的对比中加以阐释的政治建构主义更加重要。二者之间也有四点区别：第一，康德的学说是一种完备性道德观点，而其所包含的自律理想具有一种规导人类一切生活的作用，但正是这一点使它与政治建构主义并不相容。第二，康德建构主义的深刻性在于其自律的构成性，即所谓独立的道德价值秩序（如道德直觉主义所认为的那样）其实并不独立，它不能构成自身而是只能通过实践理性才得以构成，然而政治建构主义必须摒弃康德这种深刻的构成性自律的概念。第三，康德学说中的个人和社会观念的基础是其超验理想主义，而包括超验理想主义在内的任何形上学说在公平正义的政治正义观念中都不起任何作用。第四，两种观点的目的不同，如果说可以把康德哲学的目的视为对理性信仰的辩护的话，那么政治建构主义的目的则没有那么宏大，它只是想揭示关于政治正义问题证明的公共基础而已，退一步讲，也只是在“如果存在合乎理性的有利条件”下对一种正义的立宪民主政体之可能性的辩护而已。[②]

通过上面罗尔斯对政治建构主义的规定以及对其与道德直觉主义和康德建构主义的对比，我们可以很清楚地看到，罗尔斯政治建构主义是想在重释个人与社会理念和限制其应用范围（仅限政治领域）的基础上，切割它与一切完备性学说，特别是康德建构主义之间的可能关联，从而为其公平正义的政治正义观念提供可供证明其客观有效性的公共基础。与此同时，我们也必须注意到，政治建构主义也并非是说所谓政治自由主义中的一切东西都是被建构的，相反它明确区分了内容和结构，只有内容即政治正义观念的那些实质性原则才是建构的，而程序本身则是为了证明其内容的客观有效性而特意制定出来的。实际上，原初状态就是这样一种为着特定目的而制定出来的程序而已，虽然罗尔斯在《正义论》中就曾反复申明这些原初状态学说不再依赖

① 参见［美］罗尔斯《政治自由主义》，万俊人译，译林出版社 2000 年版，第 50—56 页。

② 同上书，第 104—107 页。

于任何纯粹的人性论假设，但还是为许多学者所指责，说它是一个缺乏充足理由和实践基础的形上假设，比如桑德尔（Sander）在《自由主义和正义的局限》中所做的批评。在《政治自由主义》中，罗尔斯又多次明确指出：原初状态是一种代表设置，它是非历史的和假设的，只作为公共反思和自我澄清的手段或者作为一种中介理念而发挥作用。除此之外，罗尔斯还引入如下三种观点的区别以澄清原初状态的理念，这三种观点“即原初状态中各派的观点；秩序良好的社会中公民的观点；最后是我们自己的观点——也就是现在详细阐述着公平正义和正在把它作为一种政治的正义观念来考察的你和我的观点”①。这三种观点所要求的历史内容逐渐增多，从第一种观点过渡到第三种观点需要不断加入背景条件和反思平衡方法的多次运用，由此可以反过来证明原初状态理念作为代表设置的程序性质。

在确定了公平正义作为对我们来说最合理的政治正义观念之后，接下来就该考虑其稳定性问题了。这也是《正义论》未能很好解决，而《政治自由主义》由以开始的一个问题。现在的罗尔斯认识到，稳定性并非只是一个理论性问题，也就是说，制定出一个合理的政治正义观念，并找到使那些反对这一观念的人能与我们一起接受它的方式；而且还是一个实践性的问题，也就是说，如果一个观念失去稳定的话，那么任何实现它的企图都将是徒劳的，以此来界定、构建的社会基本结构的运行就会缺乏合法性。由此逻辑而来，基于正当理性的稳定性包含两个问题：“第一，在正义的制度下成长起来的人是否获得了一种正常而充分的正义感，以使他们都能服膺这些制度。第二，考虑到表现一民主社会之公共文化特征的普遍事实，尤其是理性多元论的事实，该政治观念是否能够成为重叠共识的核心。”② “基于正当理性”说的是，稳定性问题不能依靠暴力、制裁，甚至惩罚等外在的方式来解决，而只能通过一种恰当的方式在其自身框架内来获得每个公民的理性支持。因此，罗尔斯试图通过建立道德心理学来回答第一个问题，通过引入理性的重叠共识理念来回答第二个问题。前者是指那些在正

① ［美］罗尔斯：《政治自由主义》，万俊人译，译林出版社2000年版，第28页。

② 同上书，第149页。

义的社会基本制度下生活的公民，因其生活本身就会获得一种正常而充分的正义感和忠诚而公正地彼此相待的理性品性，因而能够服膺社会的正义安排。后者则涉及罗尔斯重点引入的理性的重叠共识观念，需要加以深入分析。

依前所述，我们有关理性的重叠共识可以有如下两个要点：其一，作为公平正义的政治正义观念是一种独立的观点，它没有提供超出这一观点之外的任何特殊的宗教、道德和哲学学说；其二，我们所要取得的重叠共识是要寻求各种理性的完备性学说（相对于各种反理性或非理性的完备性学说），就此政治观念达成的共识。理性多元论的事实要求这两点。罗尔斯进而通过对人们可能就此提出的四个批评意见的反驳来阐释这个重要观念。第一，重叠共识不是一种临时协定。临时协定的典型用法是指两个或多个民族（国家）的目的和利益发生冲突时签订的一种条约，与之相关的政治谈判过程、遵守或违背的意愿几乎都同利益和实力相关，因而其稳定性只是偶然的；与此相反，重叠共识的目标即作为公平正义的政治正义观念，本身就是一个道德观念，并且共识的达成也是基于道德，即基于公民自己所持有的某种特殊的完备性学说及其所提供的宗教、道德或哲学根据，而他对其所持有的完备性学说的真诚保障着其所认肯的这一政治观念的稳定性。[①] 第二，重叠共识不是冷淡的或怀疑论的。作为公平正义的政治正义观念及其要求的重叠共识，确实回避了任何普遍性的完备性学说，或者说刻意与之保持了一定距离，但这并非意味着对这一政治观念持冷漠或怀疑主义态度。做一类比来说就是，恰当理解的政治正义观念无需对哲学真理或道德真理持怀疑态度，正如恰当理解的宽容原则无需对宗教真理持怀疑态度类似。实际上，“如果任何一种合乎理性的完备性观点在现存的重叠共识中都是真实的，那么，该政治观念本身也就是真实的，或者接近于一种真实学说所认可的真实意义的”[②]。第三，就重叠共识的目标即作为公平正义的政治正义观念而言，有一种批评

① 参见［美］罗尔斯《政治自由主义》，万俊人译，译林出版社 2000 年版，第 153—158 页。

② 同上书，第 163 页注。

意见说：试图撇开任何完备性学说而制定关于社会基本结构的政治正义观念乃是毫无益处的，因为它是不完备和抽象的。对此，罗尔斯回答说，作为公平的正义观念是抽象的，就像完善性的竞争市场的观念和普遍经济平衡的观念是抽象的一样，但这并非毫无益处，因为它们只是选取了社会某一具有特殊意义的方面而将其他方面暂时放置一旁，这是任何科学研究的正常需要，因而毫无可指责之处。而且，如果说正是现代立宪民主社会存在的理性多元论事实之中所隐含的各种冲突迫使政治哲学提出一个抽象的政治正义观念，那么，这同样的冲突也使这些政治正义观念不能成为普遍的和完备的，这同样无可指摘。"总而言之，若理性多元论的事实是既定的，则公共理性所做的调和工作和因此而使我们能够避免依赖于普遍和完备性学说的因素便有两种：其一，它指明了政治价值在表达那些与自由而平等的公民之间的相互尊重相一致的公平社会合作项目时所发挥的根本性作用。其二，它揭示了我们在一种理性的重叠共识中所看到的政治价值与其他价值之间具有充分包容性的和谐一致。"① 第四，重叠共识不是乌托邦式的，一种关于政治正义观念的重叠共识是可以产生、并且其稳定性是可以得到保障的。这可以分为两个步骤：首先达成宪法共识，在这第一阶段，"自由主义的正义原则最初是作为一种临时协定而为人们犹犹豫豫地接受下来并采纳到宪法之中的，这种自由主义的正义原则往往改变着公民的完备性学说，从而使他们至少能接受一种自由宪法原则。这些原则保证了某些基本的政治权利和自由，建立了调和各政治对手并决定社会政策问题的民主程序"②。达成宪法共识意味着公民持有的完备性观点已经是合乎理性的了，与此同时，简单多元论也已经趋向于理性多元论。那么，在理性多元论的事实和前提条件下，第二阶段的促使一种宪法共识趋向于一种重叠共识是怎样达成的呢？在罗尔斯看来，这与重叠共识的深度、广度，其内容的具体程度以及在焦点问题上的观念类别相联系，而"一种重叠共识的深度，要求其所达

---

① 参见［美］罗尔斯《政治自由主义》，万俊人译，译林出版社 2000 年版，第 168 页。

② 同上书，第 174 页。

成共识的政治原则和政治理想必须建立在一种政治的正义原则之基础上，该政治的正义原则适用于公平正义所阐释的那种社会理念和个人理念。而其广度则超出了那些将民主程序制度化的政治原则，进一步包括那些涵盖着作为整体之基本结构的原则。……最后，关于重叠共识的具体性程度，我为了简明起见，一直都假定其核心焦点是一种具体的政治正义观念，……在此情形下，重叠共识的焦点乃是一类自由主义的观念，这类自由主义的观念在某种多少较为狭窄的范围内发生着改变。该范围的限制愈严格，则此种共识就愈具体"[①]。也就是说，一种重叠共识超出宪法共识，超出那些单纯的程序性原则，而进一步包括那些具体社会结构原则，如良心自由、思想自由、结社自由以及机会均等实质性权利，就必须一方面严格限制这一政治正义观念的范围，即作为公平正义的自由主义政治正义观念，因为"范围的限制愈严格，则此种共识就愈具体"；另一方面，则需要各政治集团都进入政治讨论的公共论坛，就其关注的原则和政策按照其政治上一致而又连贯的方式系统阐释这一政治正义观念，因为参与因素愈广泛全面，公共论坛的讨论愈自由充分，则此种共识所达到的深度和广度也就愈可期待，愈具有稳定性。

这把我们的讨论引向了罗尔斯在《政治自由主义》中所引入的最后一个重要观念，即公共理性及其市民义务的观念。让我们从罗尔斯做出的几个区别入手：第一，公共理性与非公共理性有别。有各种各样的非公共理性，如教会和大学、科学社团和职业群体等联合体的理性，也有作为社会中小型群体的家庭理性，等等，这些都是社会理性（根本不存在任何私人理性之类的东西），但不是公共理性。第二，公共理性与哈贝马斯等人的公共领域有别。公共理性是立法者、执法者（比如说总统）和法官（特别是最高法庭的那些法官）的推理理性。它还包括政治竞选中各候选人和对宪法根本和基本正义问题投票表决的公民的推理理性，以及各党派领导人及其领导班子中的人的推理理性。而哈贝马斯的公共领域则类似于《政治自由主义》中所讲的社会

① 参见［美］罗尔斯《政治自由主义》，万俊人译，译林出版社 2000 年版，第 174—175 页。

“背景文化”，即前面所说的各联合体的非公共理性。在此区别的基础上，罗尔斯明确指出：“公共理性是一个民主国家的基本特征。它是公民的理性，是那些共享平等公民身份的人的理性。”[①]“于是，公共理性便在三个方面是公共的：作为自身的理性，它是公共的理性。它的目标是公共的善和根本性的正义；它的本性和内容是公共的，这一点由社会之政治正义观念表达的理想和原则所给定。”[②] 这意味着：首先，公共理性是就政治问题而言的，而且还是针对根本性的政治问题而言的。比如环境保护与控制污染可以是政治问题，但不是根本政治问题，而只有类似谁有权利选举和被选举，什么样的宗教应该宽容等问题才是根本政治问题，才是公共理性限制的适当对象。其次，公共理性并不限制我们对政治问题（包括但不限于根本性政治问题）进行个人性质的沉思和反思。最后，公共理性的内容通过“政治的正义观念”而系统地表达出来，并因其具有的如下三层意思而大致具有自由主义的品格，即“第一，它具体规定着某些基本的权利、自由和机会（即立宪民主政体所熟悉的那些权利、自由和机会）；第二，它赋予这些权利、自由和机会以一种特殊优先性，尤其是相对于普遍善和完善论价值的优先性；第三，它认肯各种确保着所有公民能有有效利用其基本自由和机会的充分并适用于所有目的的手段”[③]。这里的问题在于，上述三项因素中的每一种都有可能被人们以不同的方式来对待和理解，因此可以也确实有许多种自由主义。政治自由主义的特殊之处在于，它不仅强调这些事关社会基本结构的实质性正义原则是政治性的而非形而上学性的，它“还包括各种探究指南，这些指南具体规定着各种与政治问题相关的推理方式，和检验各种与政治问题相关的信息标准。没有这些指南，我们就无法运用各种实质性的原则，而且也会使政治观念落入不完整和零碎”[④]。实际上，正是对这些探究指南的限制构成了罗尔斯所谓的公共理性的核心和关键：作为公平的、正义的政治正义观念建基于那些可以合理地期待他人认可的价值以及每个

---

① ［美］罗尔斯：《政治自由主义》，万俊人译，译林出版社 2000 年版，第 225 页。

② 同上书，第 226 页。

③ 同上书，第 236—237 页。

④ 同上书，第 237 页。

人都准备真诚捍卫的观念之上，而这些价值和观念的被认可则必须诉诸政治正义观念框架下的公共政治讨论；而公共理性的实质与核心就是对这一政治讨论进行限制，也就是说，只有符合公共理性的政治讨论（包括问题、内容、证据、推理和证明等政治讨论中所涉及的一切）才是合法的，作为理性的自由平等公民有在政治讨论中诉诸公共理性的公民义务，与此相应，他人也被合理地期待应该并且能够遵守这种义务。罗尔斯相信，随着公共理性的形成和运作愈完善，政治正义观念框架下的政治讨论就会愈充分，进而人们对作为公平的、正义的政治正义观念的理解就会愈恰当，一个公平正义的秩序良好社会也就愈可能，并且愈稳定。

三　公共理性还是公共政治文化

通过以上论述我们可以看到，罗尔斯把作为公平的、正义的政治正义观念，特别是其稳定性，奠基于理性的重叠共识进而奠基于公共理性及其市民义务的观念之上。但问题依旧存在，而且这也是罗尔斯自己意识到了的。因此，在公共理性讨论的结尾，罗尔斯谈到了这一观念所面临的困难以及由此而来的局限或限制。困难主要有三点：第一，因为有很多种政治价值，并且刻画这些价值的方式也多种多样，所以公共理性允许人们对任何一个特殊问题提出多种合乎理性的答案。第二，人们在表达其政治观点时的方式也可能出现问题，即其真诚性问题。对此，罗尔斯认为，我们必须尊重公共理性及其合法性原则以解决这一问题，即必须重视公共理性理想并给予它一种至高无上的地位，必须相信公共理性是恰当而完善的，至少对绝大多数根本性问题而言是如此，必须相信我们提出的特殊观点与建立在这种观点上的法律或政策表现出了这些政治价值所达到的一种合乎理性的结合和平衡。[①] 第三，难以具体确定公共理性何时能成功解决某一问题。一些人会认为，有很多问题公共理性根本无法解答，但一种完善的政治正

① 参见［美］罗尔斯《政治自由主义》，万俊人译，译林出版社 2000 年版，第 255—259 页。

义观念应该达到一种平衡，以对所有的或差不多所有的根本性问题给出合乎理性的回答。对此，罗尔斯提出了四个“延伸性问题”，即将正义从我们即具有完整身份的成年人延伸到未来各代人、各个不同民族、寻求正常医疗保健的人，以及动物和自然秩序之中，并认为至少前三个问题可以合乎理性地得到解决，即在其所讨论的立宪民主社会里，我们完全可以从具有完整身份的成年人开始，“向前进至其他各代人，向外扩及其他社会，向内则进至那些要求正常医疗保健的人”，至于第四个问题，虽然罗尔斯将其单列了出来，但还是承认：“对动物和其他自然的要求，我们也可以采取同样的步骤。”[①]

不管罗尔斯对上述三个困难的处理是否能够解决问题，但它无疑表达了公共理性自身的限制或局限。罗尔斯从下列不同情形入手讨论这一局限。在理想的情形下，也就是在秩序良好的社会里，其社会成员承认有一种坚实的重叠共识存在，并因而不为任何深刻的争论所动摇，这时的公共理性似乎可以遵循对公共性的排斥性理解，即一种学说可以给出公共的理性，但这种公共的理性却不是支持该学说本身的理性。在不太理想但也正常的情形下，也就是在接近于秩序良好的社会中，人们对正义原则的理解和应用会产生一种严重的争执，这时强化公共理性理想的最佳方式，可能是在公共论坛中解释清楚人们的完备性学说是如何认肯这些政治价值的，这有助于通过重叠共识来强化人们之间的彼此信任和公共信心。在最为糟糕的情形下，也就是没有在一个秩序良好的社会中，公共理性就会陷入深刻的危机，人们的怀疑和争论可能对宪法的根本内容造成一种深刻分歧，比如南北战争和马丁·路德·金（Martin Luther King）领导的民权运动时期。[②] 最后的结论是，“公共理性的恰当限制之改变，取决于各种历史条件和社会条件。……这种解释的主要要点则是，公民们是被驱使去尊重公共理性本身的，……在具有不同流行学说和不同实践的条件下，我们最好还是以不同的方式来实现公共理性的理想”[③]。

---

① 参见［美］罗尔斯《政治自由主义》，万俊人译，译林出版社 2000 年版，第 260 页。

② 同上书，第 262—266 页。

③ 同上书，第 267 页。

这最后的结论，以及罗尔斯散见的其他论述——比如《政治自由主义》中的“制度并不是政治哲学家的创造，……毋宁说，这些制度是我们前辈们的创造，随着我们在这些制度下成长，他们也就把这些制度传给了我们”①，《正义论》中的“对于哪种体系对一个特定民族最好的决定是以那个民族的环境、制度和历史传统为依据的”②——告诉我们两点：第一，罗尔斯的政治自由主义是美国主义的，它真实的理论基础是美国的公共政治文化而非什么理性的重叠共识以及公共理性，虽然他极力想通过后者把这种理论打扮成普遍主义的“独立的观点”。第二，在考察这种理论的时候，必须注意到它的美国特征，而在借鉴这种理论的时候，必须考虑到我们自身的历史处境。

第一，罗尔斯的理论既奠基于美国的公共政治文化，但又想成为普遍主义的，这构成了其理论的内在矛盾。就《正义论》而言，罗尔斯酝酿和写作此书的年代，美国正处在动荡不安之中：对外的朝鲜战争、古巴导弹危机和越南战争破坏并耗费了国内的经济和人民的生命，国内麦卡锡主义的反共喧嚣无视社会的贫富差距越拉越大，政治氛围和精英主义恶化着人们的日常生活，因而校园学生运动、黑人抗暴斗争此起彼伏、如火如荼。一句话，美国社会处于危机之中，亟须调整社会关系，而罗尔斯的《正义论》以其对平等自由、公正机会、公平分配、差别原则的精细讨论，恰好以一种虚拟或抽象的方式为这些问题的实际解决提供了一个可行的思路，即在不动摇原有社会基础的情况下，尽可能地实现作为公平的正义。罗尔斯是他那个时代的产儿，他的思想是美国社会的一种理论折射或聚焦。

就《政治自由主义》而言，它所针对的理性多元论的事实是现代立宪民主社会中存在的事实，它本身并非人类社会的必然事实，而是持久的自由制度下人类理性活动的长远结果，在历史上，它起源于西方世界的宗教改革。当罗尔斯说“公共理性的理想是对立宪民主的恰当补充，而公共理性的文化必定具有一种合乎理性之完备性学说的多

---

① 参见［美］罗尔斯《政治自由主义》，万俊人译，译林出版社 2000 年版，第 423 页。

② ［美］罗尔斯：《正义论》，何怀宏等译，中国社会科学出版社 1988 年版（2003 年 10 月重印），第 281 页。

元论特征”[①] 的时候，我们可以认为，他重新放弃了公共理性与各种非公共理性以及哈贝马斯的公共领域之间的区别，而将二者混淆了。而正是这种混淆使得罗尔斯认为他的政治自由主义是一种独立的观点，但又可以普遍适用，因为公共政治文化虽然是有其社会和历史条件限制的东西，但公共理性作为推理理性却是可以具有普遍性的。就前者而言，民主社会的公共政治文化由立宪民主政体的各种政治制度及其解释的公共传统以及作为共同知识的历史文本和文献组成，也就是说，由一种民主思想的传统所支撑，并被这一制度下的公民的普遍教养所熟悉和理解，这样，它就可以作为确立其作为公平的、正义的政治正义观念的“资源储备”而起作用了，而“最高法庭作为公共理性的范例”以及书中明确出现的“美利坚合众国”明确指认了这一公共政治文化的美国特征。就后者而言，虽然罗尔斯明言作为公平的正义的政治正义观念以及这一观念规导下的秩序良好的社会理念、理性的自由平等的公民理念，还包括确保这一政治观念稳定性所需的重叠共识和公共理性观念的“理想性”特征，但还是坚持这一政治正义观念是最合乎理性的和最恰当的。比如他说：“这（秩序良好的社会理念，引者注）是一种高度理想化的概念。然而，任何不能很好规范立宪民主的正义观念，作为一个民主的观念都是不充分的。”[②] 熟悉罗尔斯的人大概都清楚，类似的表达绝不少见。

其实更典型和直接的例证是《万民法》。在笔者看来，《万民法》是罗尔斯政治自由主义的问题意识及其矛盾或局限性的明确展现。笔者说的是他对五种社会类型的划分，以及自由和正派人民有权拒绝对法外国家的宽容的明确主张。按罗尔斯的划分，这五种社会分别为合乎情理的自由人民、正派人民、法外国家、因不利状况而负担沉重的社会以及仁慈的专制主义社会[③]，并且明言“拒绝宽容这些国家，是自由主义和正派性的一个结果。如果政治自由主义的政治性观念是合理的，并且如果我们发展出万民法的那些步骤也是合理的，那么在万

---

① ［美］罗尔斯：《政治自由主义》，万俊人译，译林出版社 2000 年版，第 267 页。

② 同上书，第 36 页。

③ 参见［美］罗尔斯《万民法》，陈肖生译，吉林出版集团有限责任公司 2013 年版，第 46—47 页。

民法之下，自由和正派人民就拥有不宽容法外国家的权利。自由和正派人民持有这种态度，理由极其充分。法外国家具有侵略性和危险性；如果法外国家转变或被迫转变它们的行为方式，那么所有人都将会更加安全。否则，它们将对权力和暴力的国际气候产生深远的影响”[①]。问题首先在于引文里的“如果”，我们当然可以问：如果政治自由主义不是合理的，或者至少不是普遍的呢？其次，这段引文实际上是把两个问题混淆在一起了，即法外国家的非自由主义和非正派性以及它的侵略性和危险性。也许，正是后者才构成了其不可宽容的真正原因吧，而不是表面上冠冕堂皇地说的前者。最后，整个问题就变成了罗尔斯的“正义论”以及修正后的“政治自由主义”真的是超越于各种完备性学说的吗？其自身的超然于各种特殊观点的普遍性来自何处？也许持有类似密尔或康德的完备性学说的人会认同它，但持有其他完备性学说的人则很有可能不会这样想。这就是罗尔斯理论的困境所在，当然，也是其魅力所在。

第二，我们考察和借鉴罗尔斯理论的时候，必须注意我们自身的历史处境。罗尔斯的著作不仅激发了西方哲学界对政治哲学的兴趣，还激发了中国政治哲学的发展。自 20 世纪 90 年代以来，中国的政治哲学研究得到了快速发展，其主要的理论动力就来自罗尔斯。但这种研究必须要注意研究者的中国处境问题，很多问题（如果说不是全部问题的话）必须在这种处境中提出和解决。首先是优先性问题。从根本上说，自由和平等到底哪个优先不纯粹是一个理论问题，而是一个要密切联系社会现实加以解决的现实问题。罗尔斯之所以强调自由的优先性，实在是因为“文明条件的改善”已使美国社会处于“有利环境”之下，已使人们“不会为了经济福利的改善而换取一个较小的自由”[②]。那么，具体到现代中国，究竟该以何种价值为先呢？这同样不是一个理论的问题，不能单凭对“主义”的信仰——无论是对社会主义还是对自由主义的信仰——来决定，而必须是在对中国社会现实的

---

① 参见［美］罗尔斯《万民法》，陈肖生译，吉林出版集团有限责任公司 2013 年版，第 123 页。

② ［美］罗尔斯：《正义论》，何怀宏等译，中国社会科学出版社 1988 年版（2003 年 10 月重印），第 545—546 页。

深切认知的基础上做出决断。说到底这不是哪种优先性正确或错误的问题，而是现实需要哪种优先性的问题。其次，关于现代资本主义社会的问题。马克思著名的社会三形态学说告诉我们，现代社会的市场经济形态是不可跨越的，而对于市场经济，不管是罗尔斯的坚持还是马克思的批判，其所指向的都不单纯是一种经济行为或经济制度，背后都有一套政治法律制度为其提供制度保障。那么，在现代中国，如何建设和发展市场经济，如何为市场经济提供一套既起保障作用又能制约其有害因素的政治法律制度就是我们需要面对的问题，这同样不是单单坚持马克思或罗尔斯的政治哲学所能解决的理论问题，而是一项需要极大实践智慧来加以解决的现实问题。而这就涉及第三，现代中国的公共政治文化与制度建设的关系问题。制度建设必须在公共政治文化中得到支持和认可才能具有稳定性与合法性，这是罗尔斯“政治自由主义”的理论建构给我们的重要启示，但罗尔斯所面对的公共政治文化和我们身处其中的公共政治文化明显不同，所以我们并不能将其拿来直接用作我们制度建设的理论指南，即使它是对的也是如此。因此，要想解决这一至关重要的制度建设问题，我们必须对我们的公共政治文化做出必要的清理。在我们的公共政治文化中，有三种最主要的传统，一是中国古代传下来的政治文化传统（这构成了我们最后讨论孔子和庄子的原因之一）；二是马克思主义的政治文化传统；三是来自现代西方的自由主义的政治文化传统。在这些殊异的政治文化传统中如何求得“重叠共识”，进而完成现代中国的制度建设，是摆在我们这些理论工作者（以及中国的政治家们）面前的重大历史任务。

第十章
行动与自由：阿伦特

阿伦特（Arendt）哲学家的身份，就像她的性别、种族以及个人生活一样，都是会引起极大争议的事情。有人说她天才无比，有人说她不值一驳。但不管人们如何评价她本人及其哲学思考，她的存在本身及其著作引起的巨大争议和反响，都证明了她的不可忽视。具体到我们这里而言，选择她作为所要讨论的对象之一，既是出于她对现代与现代世界的批判，也是出于她对整个西方政治哲学传统的质疑，更是出于她返回古代希腊传统以提出一个新雅典式乌托邦的立场选择。这一选择的形式本身，无疑是说我们现代人完全有可能从生活于两三千年前的人的身上得到某种经验和教训，正像这一质疑的姿态本身，无疑是说我们完全可以不在西方政治哲学传统的视域之内来考虑自由问题一样。这至少是一种启示，也就是说，我们可以或者说应该开阔视野，不必完全局限于现代思想以及西方思想传统来考虑自由问题，这也构成了我们在本项研究的最后两章讨论中国古代的孔子和庄子自由思想的另外一个原因。

阿伦特曾经明确指出：根本不存在人的本性这样的东西，因而人的本性问题和神的本性问题一样，都是一个神学问题，二者都只能以神圣启示性的答案来回答；而这也就意味着，关于人的本性问题，在个体心理学以及在一般哲学的意义上都是一个不可能得到回答的问题。因而，《人的境况》中所讨论的劳动、工作和行动及其能力，以及《精神生活》中所讨论的思想、意愿和判断那样的活动和能力，都不构成所谓人的本性；一个例证就是，当有一天我们从地球移居到另一个星球（这并非完全不可能），那时我们现在所能设想的劳动、工作和行动，以及思想、意愿和判断，大概都会发生剧烈的变化，但我们可能依然是人。[①] 不过即便如此，我们还是可以在阿伦特的著作中发现两个类似于人的本性的规定；而且，正是这两个基本的前提性预设规定了阿伦特的总体视野，进而规定了她对自由以及与其密切相关的积极生活、精神生活、革命等问题的思考。

规定阿伦特总体视野的这两个前提假定是：第一，人是境况性的存在者。人的所有活动及其能力都受制于人的境况，而人的活动也在改变着人的境况。就上面提到的星际移居设想来说，那时我们虽然还将是人，但人的物质生活和精神生活肯定会大不相同，因为制约人的境况变了。有被给定的自然处境，也有人们自己创造出来的人为处境，后者虽然是可变的但同自然物一样具有制约人的力量。“任何接触到或进入人类生活稳定关系中的东西，都立刻带有了一种作为人类存在境况的性质。这就是为什么无论人类做什么，他们都是处境的存在者的原因。”[②] 第二，人是亚里士多德意义上的政治动物。也就是说，存在于人类共同体并为人类共同体所需要的诸多活动中，只有行动和言说构成了人的政治生活即人类事务领域，进而真正体现了人的人性并造就了人的伟大，而其他一切只是必需的和有用的东西都不属于人的政治生活。这里值得注意的是，“人作为政治动物”的定义，与亚里士多德另一个关于人的定义密切相关，即“人是能言说的存在”，而且，这两个定义必需严格按照亚里士多德的本义来理解，而不能像在拉丁语的翻译中那样分别被误解为“人是社会的动物”和“人是理性的动物”。就前者而言，政治生活作为社会生活之一种，不仅不同于以家庭为中心的自然联合，而且与后者直接对立；这不仅是亚里士多德的个人见解，而且是一个简单的历史事实：在希腊，先于城邦之建立的，是所有建基于血缘关系之上的组织单位的解体。就后者而言，

---

① 参见［美］阿伦特《人的境况》，王寅丽译，上海人民出版社 2009 年版，第 3—4 页。

② 同上书，第 3 页。

与我们现在通常的理解不同，言说的伟大不在于表达了伟大的思想（思想与言说相比总是次要的），它的伟大在于：它是与行动同时发生和同等重要的，是属于同一层次的东西，换句话说就是，“在恰当的时刻找到恰当的言辞本身就是行动”[①]。综合来看，亚里士多德关于人的“这两种定义是相辅相成的，也意味着真正的人性。从希腊人来看，真正的人性，是随着自由市民的出现才开始表现出来的”[②]。

一　劳动、工作与行动

在阿伦特的所有著作中，1958年发表的《人的境况》[③] 作为“一部大胆的、具有挑战性的理论词典”[④]，最为清晰完整地描绘了她的哲学思想和概念系统，因而是理解她全部著作的概念图谱和最好的理论出发点：它起源于1956年4月阿伦特在芝加哥大学的查尔斯·R. 沃尔格林（Charles R. Walgreens）基金讲座中的演讲，上承《极权主义的起源》（1951年出版）、《马克思与西方政治思想传统》（1953年普林斯顿大学讲座），下启《论革命》（1963年）、《耶路撒冷的艾希曼》（1963年）以及未完成的巨著《精神生活》，可以说是她最重要的著作，也是我们进入其自由思想的最佳入口。[⑤]

在阿伦特看来，有三种根本性的人类活动，即劳动、工作和行动，它们之所以是根本性的，是因为它们分别对应人类在地球上生活时被给定的三种基本境况。这在《人的境况》的开篇就被明确地规定

① 参见［美］阿伦特《人的境况》，王寅丽译，上海人民出版社2009年版，第16页。

② ［美］阿伦特：《马克思与西方政治思想传统》，孙传钊译，江苏人民出版社2007年版，第22页。

③ 阿伦特曾想把这部书叫作《爱这个世界》或者《积极生活》，但最后定为《人的境况》，中文还有《人的条件》的译名。本书采用“人的境况”的译名，正如vita activa采用“积极生活”而不用“行动生活”一样。

④ ［美］伊丽莎白·扬—布鲁尔：《阿伦特为什么重要》，刘北成、刘小欧译，译林出版社2009年版，第55页。

⑤ 从思想内容上说，《人的境况》缘起于对极权主义起源问题的思考，而“《论革命》是对《人之境况》的一个阐释”，《精神生活》则“相当于《人的境况》的第二卷”；分别参见中译本《人的境况》所录玛格丽特·加诺芬的“导言”第4页，以及伊丽莎白·扬—布鲁尔《阿伦特为什么重要》，刘北成、刘小欧译，译林出版社2009年版，第58、112页。

下来：

> 劳动是与人身体的生物过程相应的活动，身体自发的生长、新陈代谢和最终的衰亡，都要依靠劳动产出和输入生命过程的生存必需品。劳动的人之境况是生命本身。
>
> 工作是与人存在的非自然性相应的活动，即人的存在既不包含在物种周而复始的生命循环内，它的有死性也不能由物种的生命循环来补偿。工作提供了一个完全不同于自然环境的“人造”事物世界。每一个人都居住在这个世界之内，但这个世界本身却注定要超越他们所有的人而长久地存在。工作的人之境况是世界性。
>
> 行动，是唯一不需要以物或事为中介的，直接在人们之间进行的活动，相应于复数性的人之境况，即不是单个的人，而是人们，生活在地球上和栖息于世界。①

劳动的人之境况是生命本身，而生命本身首先和直接的是自然生命或说物种生命，是一个不断消耗、磨损直至用光、耗尽生命必需品的过程，最后的结局是死亡，并返回到自然界无所不包的巨大循环之中。与此境况相应的人类活动方式是劳动，劳动为人提供生命必需品，使人身体生长、新陈代谢不断，直至最终的衰亡降临。从这里出发，阿伦特总结出了劳动的如下特点：1. 劳动在本性上与生育相关。劳动与生育是作为同一生命繁殖的两种方式而出现的：劳动保证个体生命的延续，生育保证的是生命物种的繁衍。这差不多是最古老也是最顽强的关于劳动本性的洞见，一直到现代的马克思那里都得以保留。在古希腊，用他们的身体照顾生存需求的劳动者和用她们的身体保证种族延续的妇女属于同一类型，二者都是辛苦的，都是服务于身体功能的，因而也都是被藏起来的；在基督教传统中，亚当、夏娃被蛇引诱犯罪后同时被罚，一个“必终生劳苦，才能从地里得吃的”，一个“必在痛苦中生产儿女”。而马克思关于生产和人的生命的再生产理论

① ［美］阿伦特：《人的境况》，王寅丽译，上海人民出版社2009年版，第1—2页。

契合的就是这个传统，并由此显示了他的劳动思想的高水准。2. 劳动与消费紧密相连。劳动对“对象”的加工改造只是为消费即最终消灭“对象”做准备。而这意味着劳动与消费都是受维持生命之必需所统治，都是攫取和毁灭物质的吞噬过程。“当马克思把劳动定义为‘人与自然的新陈代谢’，在此过程中‘自然物质以改变了的形态适应于人的需要’，以至于‘劳动使自身与它的主体合而为一’时，他清楚地表示他是‘从生理学的角度来说的’，劳动和消费不过是周而复始的生物生命循环的两个阶段。”[①] 3. 重复性。维持生命的存续需要日复一日地重复劳动，它是一件日常杂务。神话中奥吉阿斯的牛圈只需要清理一次就能保持干净，但凡人们的生命存续却没有如此幸运。这一特点把劳动之对抗自然与英雄之与不可抵挡的外力所进行的斗争直接区别开来，虽然中世纪对“劳动”一词的使用显示了劳动和英雄业绩的如下相同含义，即“需要巨大的力量、勇气以及表现出反抗精神”，但实际上它们毫无共同之处：“日复一日、年复一年地清理废物、修护更新，这份劳动所需的不是勇气，这番辛苦令人难过的也不是危险，而是无情的重复。”[②] 4. 与重复密切相关的是辛苦操劳。这在上面的描述中已经显而易见，但阿伦特还通过词源学考察对之进行了补充说明：在希腊语、拉丁语以及法语和德语中，与“劳动”对应的词都清楚地含有辛苦操劳之意，德语的 Arbeit 最初只用于指农奴干的活，而法语的 travailler 来源于 tripallium，指的是一种折磨。[③] 劳动也有其欢愉，但这种欢愉基本上说只是人体验到的纯粹活着的乐趣，因此也是人与其他生物所共有的乐趣，即在自然已经规定好的循环中，“苦干和休息，劳动和消费，日出而作、日入而息，与日夜交替、生死轮回有着同样的快乐和同样无目的的规律性”[④]。5. 奴役性。劳动因受制于生命必需性的控制而严格地从属于必然性的领域。也就是说，由于我们的身体需求而成为必需的劳动是奴役性的，劳动者不是自由的人，因为“成为自由意味着不受制于生命必然性或他人的强制，亦不受制于自身的

① ［美］阿伦特：《人的境况》，王寅丽译，上海人民出版社 2009 年版，第 72 页。
② 同上书，第 73 页。
③ 同上书，第 97 页。
④ 同上书，第 77 页。

强制"[①]。在这一点上提供生活必需品的劳动者和生育的妇女处于同等地位，二者都受制于生命的必然性。6. 麇集性。从根本上来说，为生命提供必需品的劳动无须他人在场，人在劳动活动中"既不是与世界在一起，也不是与他人在一起，而是单独地拥有他的身体，独自面对生存赤裸裸的必然性"[②]。不错，劳动也把人们结为一伙，一个独自在绝对孤寂中劳动的人也不是真正的人，而只是一个"劳动动物"，但人们在劳动中的聚集和结伙只是动物式的麇集生活，只是本质完全相同的物种成员的简单增加而已。在劳动的麇集生活中，人人步调一致，任何数量的个人"都像一个人似的一块劳动"，以至于这种劳动的生物性节奏跟劳动集体的统一最后会达到如此程度："每个人都感到他不再是一个人，而是跟所有其他人相连的一份子。"[③] 的确，这样的集体劳动很可能会减轻劳动的苦痛，正像集体行军很可能会减轻每一个士兵行走的劳累一样。但问题在于，这样的一种同一性容不下任何对个性和个体身份的自觉认识，容不下任何真正的差异。这直接导致了：7. 反政治性。在阿伦特看来，尽管人之境况的所有方面都在某种程度上与政治相关，但人之复数性却是一切政治生活所特有的条件，"不仅是必要条件，而且是充分条件"[④]。人之复数性要求的是个性或身份等方面的真正差异，但万众联合如一人的同一性恰好是其对立面；政治活动是在人们中间展开的活动，它彰显了人们之间的差异与平等，即人之复数性的双重特征，而劳动则需要隐藏自身于私人领域，与人之复数性毫无本质关联。

但人之生命不仅仅是自然生命或物种生命，其存在不能被完全包含在类似自然盛衰的循环过程之内，其有死性也不完全借种族的繁衍来补偿；人还是一个世界性的存在物，生活和居住在他自己创造出来的人造事物世界之中，这个世界完全不同于直接给予人的自然环境，从而"为有死者生活的空虚无益和人寿的短促易逝赋予了一种持久长

---

① ［美］阿伦特：《人的境况》，王寅丽译，上海人民出版社2009年版，第20页。

② 同上书，第167页。

③ 同上。

④ 同上书，第2页。

存的尺度”①：人寿固然短促易逝，但人造物却可以超越于人而长久地留存于世。与世界性之人的境况相适应的人类活动形式就是工作。按照阿伦特的理解，工作具有如下特点：1. 对自然的破坏性。劳动吞噬自然物，但最终却以“人与自然的新陈代谢”的方式重新把吞噬掉的自然物返还给自然界，因而劳动之破坏自然并非看起来那样明显而真实。与之相反，工作却是真正破坏自然的，因为工作并不把自然材料结合在自身之内，而是要把它制造成人工制品供人使用。使用与工作相关，正如消费与劳动相关。但使用不同于消费，虽然二者在某些重要方面颇有重合。就其不同之处而言，“毁坏（尽管不可避免）对使用来说是附带的结果，对消费来说则是内在固有的属性”②。就其类似之处而言，“就使用对象与活的消费有机体一接触，损耗过程就开始了而言，使用确实包含着消费的因素在内。而且身体与使用物接触得越密切，使用和消费的等同就越显得真实可信”③。与此相关的是：2. 持存性。即作为工作产物，人造物世界具有持存性。与消费直接将劳动产物消耗殆尽不同，使用所损耗的只是人造的世界之物的持存性。而正是这种持存性，使世界之物相对于制造它们的过程和使用它们的人来说，具有了某种独立性和客观性，使其至少在一段时间之内能够经受住、抵御住它们的制造者和使用者贪得无厌的需索。从这个角度来看，世界之物具有让人的生活在无尽的自然之流的循环中稳定下来的作用：人的本性尽可以变化无常，但通过与同一张桌子、同一把椅子的联系，人还是可以不断地重获其同一性。就持存性而言，阿伦特特别指出了艺术在人类生活中的重要位置。艺术品是所有人造物世界中最具世界性的东西，它几乎不为自然侵蚀过程所触动，也根本就不是供人使用的，因此之故，“在艺术品的恒久中，供有死者使用和栖居的人造物的稳固性（从来不是绝对的）才获得了它的代表物”④。3. 目的性和复制性。与劳动的重复和循环不同，工作有一个明确的开端和一个同样明确而可预见的终结。劳动既没有开端也没有结束，其

① ［美］阿伦特：《人的境况》，王寅丽译，上海人民出版社 2009 年版，第 2 页。
② 同上书，第 107 页。
③ 同上书，第 106 页。
④ 同上书，第 128 页。

重复是无穷无尽的和内在强制性的："为了劳动就必须吃饭，为了吃饭就必须劳动。"[①] 但工作与之不同，工作的整个过程都是受手段—目的范畴，特别是作为其结果的制造物所决定的：工作以作为目的产品的制造物的模型为开端，一旦其在生产过程中得到完美实现，即一旦制造物完成，工作便告结束，生产过程本身仅仅是达到这个目的的手段而已，其结果是为这个人造物世界增添了某种新的东西。有人或许会说，"劳动也有其目的"，不错，劳动以消费为目的，但用于消费的东西明显缺乏一件作品所具有的属世的恒久品质，而且这个目的不是内在于劳动过程的，劳动过程也不由这个目的产品决定，而是由劳动力的消耗决定的，目的产品的产生只是出于生存的需要，一旦产生就成了劳动力再生的手段而不是目的了。因而，劳动需要不断重复，其原因是内在强制性的，其结果也并不为世界增添任何新的东西；而工作却不需要重复，其重复实际上是复制，其结果是让那些在世界上已经拥有相对稳定和持久存在的作品在数量上增加，而其原因也是在自身之外的：或者是工匠借此获得维持其生存的需要，在此情形下，其工作其实是等同于劳动的；或者是出于市场的需求，在此情形下，工匠则在他的工作技艺之外又增加了赚钱的技艺。4. 工具性。与劳动依赖于身体不同，工作依赖的是人的双手。这是一项古老而重要的区分。古希腊就有工匠的制作和奴隶与牲畜的劳动之间的著名区分，现代的洛克也对"我们身体的劳动和我们双手的工作"[②] 做出了类似的划分，而阿伦特则把与其工作概念相对应的"技艺人"指认为"完全凭借双手作为原始工具的人"[③]。需要注意的是，工作中使用的工具和劳动中使用的机器具有质的区别："即使最精巧的工具也始终是人手的奴仆，不能指挥或代替人手；即使最原始的机器也指挥着身体的劳动并最终取而代之。"[④] 这里的区别根源于上述工作的目的性特征。正是着眼于目的产品的制作，工具机械才得以被发明创造出来，而人对工具机械的

---

① ［美］阿伦特：《人的境况》，王寅丽译，上海人民出版社2009年版，第110页。

② 同上书，第60页。

③ 同上书，第111页。

④ 同上书，第113页。

适应才得以不失其人体节奏；与之相反，因为实质上并没有手段—目的范畴在劳动过程中起作用，劳动者不得不改变其自身的自然节律来适应机器。5. 非政治性。工作可以独自进行，一个完全靠自己工作、制造和建设世界的人还是一个制造者，但“他大概已经丧失了他特有的人的属性，成了一个神——准确地说不是造物者，而是柏拉图在他的一个神话中描述的神圣创造者”①。就他是其自身及其行为的主人而言，一个技艺人是一个统治者和主人，并因此与劳动者和行动者相区别：劳动者受自身生命的必然性所支配，而行动者则始终需要他的同伴在场。这确定了工作在行动的政治性与劳动的反政治性之间的非政治性位置。

人不仅仅是自然生命，也不仅仅居住在世界上，人还生活在人们中间，而且“没有人和曾经活过、正活着或将要活的其他任何人相同”②。这就是阿伦特所说的作为人之境况的复数性。与复数性的人之境况相适应的人类活动是行动，行动是“唯一不需要以物或事为中介的，直接在人们之间进行的活动”；而复数性不但构成了一切政治生活的“必要条件”，而且还是其“充分条件”；因此，行动是作为“最出色的政治活动”而出现在阿伦特的理论视野中的。③ 作为政治活动，行动具有如下本质内涵和特征：1. 揭示性。这是其首要的内涵和特征，因为政治活动与复数性的人之境况相适应，本就以彰显人之复数性即人之独特的差异性为其内在规定，所以失掉了其揭示性质的行动也就不成其为行动了。这在行动与工作的对比中会更加清晰地显示出来：一个艺术品在不知道创造他的艺术家名字的情况下仍不失其意义和价值，但一个无名的、不知是“谁”做出的行动却是毫无意义的。“一战后的‘无名战士’纪念牌证明了，始终都存在着这样的需要：需要赞颂和寻找某个‘谁’，一个经历四年的杀戮本应该揭示出来的、可辨认的某人。”④ “无名者”就是那些再也无法知晓他们是谁、但又没有理由忘却和忽略而要努力加以

① ［美］阿伦特：《人的境况》，王寅丽译，上海人民出版社2009年版，第14页。

② 同上书，第2页。

③ 同上书，第1—2页。

④ 同上书，第142页。

“赞颂和寻找”的行动者的共有名字，那些因战争而变得寂寞无名从而失却了人之尊严的人们借此而得到承认和纪念。这个例子还有另外一层含义，即行动与言说密切相关，与行动相比，言说与揭示的关系更为密切，以至于“无言的行动不再是行动，因为没有行动者；行动者、业绩的实践者，只有在他同时也是话语的言说者时，才是可能的”[①]。不错，就行动有其特定的结果而言，一个人的行动在没有言语相伴的情况下也可以在其粗陋的物理形态上被人们看到，但是只有通过言语行动，人们才能将这一物理形态与这个人关联起来：通过宣布正在（或曾经或打算）做什么的是他，从而彰显出他是谁，亦即他之独特的差异性。这就是阿伦特视言说为“复数性的人之境况的现实化”[②] 的原因所在。实际上，不仅是行动通过言说才能充分揭示自身，而且言说还将行动讲述成“一个有始有终的故事”，而所谓历史无非就是“人类的故事书”。[③] 但需要注意的是，阿伦特认为：历史的存在可以归因于人，但人不可能创造历史；人在行动者和讲述者的双重意义上都是故事的主角，但人不是故事的作者；因为，显而易见，故事和历史都是行动的结果，而行动的另一显著特点是：2. 创造性或者说诞生性。与人之有死性作为海德格尔形而上学思想的中心范畴不同，诞生性是阿伦特政治思想的核心范畴：“劳动、工作以及行动，就它们都承担着为作为陌生人来到这个世界上的、源源不绝的新来者，提供和维护世界，为他们作规划和考虑的责任而言，它们三者都植根于诞生性。不过在这三者当中，行动与人的诞生性境况联系得最为紧密；我们能在世界上感触到诞生内在具有的新的开端，仅仅因为新来者具有全新地开始某事的能力，也就是行动的能力。”[④] “去行动，在最一般的意义上，意味着去创新、去开始，发动某件事。而人就他的诞生而言是 initium——新来者和开创者，人能开端启新。”[⑤] 阿伦特极为重视行动的创造性，甚至将行动

---

① ［美］阿伦特：《人的境况》，王寅丽译，上海人民出版社 2009 年版，第 140 页。

② 同上。

③ 同上书，第 145 页。

④ 同上书，第 2 页。

⑤ 同上书，第 139 页。

视为一种奇迹的创造，而奇迹用自然科学的语言来说，则是“有规律发生的无限不可能性”[①]。也就是说，行动总是带来崭新的事物，此事物常以未曾预料的方式被人们所遭遇并被人们以言说的方式写入历史；历史就其本质而言，并没有什么新的东西，所谓“太阳底下无新事”，但行动总是意味着某种不可能完成的事情的现实化，某种不可能性的可能的实现。3. 遭受性。然而，阿伦特所说的行动和现代语言中所说的行动含义不同，它更近似于希腊语和拉丁语，也就是说，包含着全然有别而又相互联系的两个词：一个指向单个人所“开始”“发动”的某件事情，一个指向随之加入的其他许多人，这些人“忍受”这一新的开端、坚持到底并最终将其“完成”。[②] 也就是说，行动和受动是一枚硬币的两面，一个行动开启的故事本身包含着由这一行动所成就的业绩和所造成的苦难。这两个部分后来被分离开了，但其原初是相互依赖和相互联系在一起的：行动的开创者要依赖于他人的帮助，他的追随者也要依赖于他而获得他们自己行动的机会。4. 过程性和无限性。上面所描述的行动和受动的一体两面直接决定了行动的过程性和无限性：每个行动都造成反动，而每个反动都造成连锁反应，从而成为下一个新的行动过程的起因。因为行动对之起作用的是那些自身具有行动能力的人，所以每一个反动都不仅仅是单纯的反应，而且还是一个自行暴发并进而继续影响他人的新的行动。这样，行动和受动就不会仅仅限于行动者和受动者这两个参与者之间，而是会突破这个狭小的圈子而无限的拓展，正像生活中有时所表现的那样，一个行动甚或一句话就会在瞬间改变整个局面。不错，界限和限制广泛存在于各种人类事务领域之中，但它们的存在从来都不能抵挡得住每一个新的行动所可能带来的冲击，因为行动内在具有的建立关系的能力总是具有冲破所有限制和跨越所有界限的倾向：创建得再合理不过、维护得再完善不过的法律也不能完全可靠地防御这个政治体内部产生的新行动，正如守护得再好不过的领土界限也不能完全可靠地抵御外部行动一样。而这也正是节制、不逾矩从来都被视为最卓越的政治德性，而

---

① ［美］阿伦特：《人的境况》，王寅丽译，上海人民出版社2009年版，第192页。

② 同上书，第148页。

僭妄从来都被视为最可怕的政治诱惑的原因所在。[①] 5. 不可逆性。与劳动的无始无终、工作或制作的有始有终不同，行动有始无终。行动有其明确的开端，但却从来不会有一个明确的终结，行动不能像制作那样可以逆转，可以从头再来。行动者既不像劳动者那样受制于自身生命的必然性支配，也不像从事工作的技艺人那样是自己行为的统治者和主人，因为行动虽然确实是由行动者自己自由发动的，但他无法抹去也无法控制由他自由做出的行动。行动者不是自己行动的主人和统治者，这和技艺人不完全一样：单凭对目的产品的构型和意象，技艺人就能自由地生产，而面对由他双手制作出来的作品，他还能自由地破坏；但行动者不行，他能自由地行动，但绝不能自由地破坏。这就是行动的不可逆性，也是行动所面临的困境之一。对此可能的拯救之道在于宽恕的能力："如果不是宽恕让我们摆脱我们所做事情的后果，我们的行动能力就会被束缚在一个我们永远无法补救的单个行为上；我们就永远是其后果的牺牲品，像没有咒语就不能打破魔咒的新手魔法师一样。"[②] 6. 不可预见性。行动的不可预见性根源于人"心灵的阴暗"，即人根本上是不可靠的，没有谁能保证今天的人明天会怎样；行动的过程性和无限性使得没有谁能预测到一个行动的可能后果；行动与言说既相关又相互区别，故事作为行动的结果只有在结尾的时候才开始形成自身的形态，才透露出自身充分的意义。[③] 这是行动的第二个困境。针对这一困境，阿伦特提出的解决之道是承诺，即做出承诺和信守承诺的能力："如果不是实现承诺的约束，我们就无法保持我们的同一性；我们就被罚在各自孤独黑暗的心灵里无助地游荡，陷于它的重重矛盾和暧昧之中不能自拔。"[④] 需要指出的是，承诺的能力和宽恕的能力一样，都涉及和依赖于人的复数性，即涉及和依赖于他人的在场和行动：孤独状态下的宽容和承诺始终是不真实的，是自说自话，是自己演给自己看的戏，因为没有人能宽恕自己，没有

---

① ［美］阿伦特：《人的境况》，王寅丽译，上海人民出版社 2009 年版，第 149—150 页。

② 同上书，第 184 页。

③ 同上书，第 189—190、150 页。

④ 同上书，第 184 页。

人能为自己许下诺言。

二　自由难题或生活的倒转

根据上面对劳动、工作和行动的本质内涵的厘定，我们可以看出，作为人类积极生活的三种活动方式，它们各自在世界中都有其特定的恰当位置：劳动作为和身体必然性直接相关的活动，需要隐藏起来，属于私人领域；行动作为在人们中间发生的活动，需要一个显现空间，属于公共领域；工作作为非政治性的活动，虽然不是像劳动一样应该隐藏起来，但其显现也不像行动是一个人作为人的显现，促使制造者来到公共市场的不是人，而是其产品："他们在这里显示的从来不是他们自己，也不是他们的技术和素质（像在中世纪'炫耀性生产'中的那样），而是他们的产品。"[①] 与此相关，我们还可以清楚地看到，自由只与公共领域的行动与言说密切相关，而与私人领域的劳动无涉，不仅无涉，对后者的控制还是前者得以可能的前提条件：家庭作为照管劳动（以及妇女的生育）的场所，完全受生命必然性的支配，因而没有自由，作为家长及家庭的统治者来说，他只在如下意义上是自由的，即他有权力离开家庭而进入到公共的政治领域（雅典城邦时期的古希腊作为典范），只有在那里他才能遇到和他平等的其他人并在同侪之中显现他独特的自己，也只有在那里，他才能摆脱家庭生活中必不可少的统治与被统治的不平等关系，而进入到一个既没有统治也没有被统治的空间，也就是说，一个自由空间。阿伦特还认为，这才是"对人类自由的最根本的、最真实的理解"[②]，可惜的是它很快就在西方的政治思想传统和人类政治经验的现实中被遮蔽了，因此之故，阿伦特对这"古老的自明之理"[③] 还多有反思。

据她所言，如果我们按照自由在人类经验中被给出的方式来考察自由理念，那就必须承认，谈及自由就要谈及行动与政治，因为行动

---

① ［美］阿伦特：《人的境况》，王寅丽译，上海人民出版社 2009 年版，第 164 页。

② 同上书，第 175 页。

③ ［美］阿伦特：《过去与未来之间》，王寅丽、张立立译，译林出版社 2011 年版，第 143 页。

与政治是我们不假设自由存在就根本无法想象的东西：“没有自由，政治生活本身就是无意义的。政治的存在理由是自由，它的经验场所是行动。”[①] 而行动之所以是自由的，是因为行动是开端启新，既不受理智的引导，也不受意志的驱使，而只是来源于阿伦特称之为“原则”的东西，即古希腊人的“总是竭尽全力要成为所有人中最优秀者”，或孟德斯鸠所说的德性、优异或卓越，或马基雅维利的可以阐释为“秀异”（virtuosity）的德性概念；而且，这令人鼓舞的“原则”本身只是在具有表演性质的行动中才能充分显示出来，但它在行动中的显示不仅会贯彻始终，而且在力量和有效性上也不会有丝毫损失，而这也就意味着，自由既不在行动之前，也不在行动之后，自由和行动就是一回事。[②] 但根据我们最近的政治经验，我们大多会认为自由和政治无关，或者说自由开始于政治终结之处、处在政治活动之外：基督教的政治自由概念与早期基督徒对公共领域的怀疑和敌视相关，自由主义的信条是“政治越少，自由越多”，而极权主义的崛起更是让人怀疑自由如何能够与政治共存。[③] 因此需要我们注意的是，阿伦特始终是在希腊城邦的意义上使用“政治”一词的；在她看来，这种做法并非随意取舍，也非想要回到古代雅典，而是要在这历史的变迁中寻回自由以及行动和政治的真义从而为构建“时代的新秩序”做准备，因为按照希腊，特别是罗马的政治经验，任何新的开端“都是重建和复兴，而不是绝对的开端”“古典的过去是真正的将来”[④]。

这涉及阿伦特的现代批判。关于《人的境况》，阿伦特自己曾说：“我下面打算做的，是从我们最崭新的经验和我们最切近的恐惧出发，重新考虑人的境况。”[⑤] 所谓“我们最崭新的经验和我们最切近的恐惧”，简单地讲就是现代的世界异化，而现代社会的如此发展之所以

---

① ［美］阿伦特：《过去与未来之间》，王寅丽、张立立译，译林出版社 2011 年版，第 139 页。

② 同上书，第 144—145 页。

③ 同上书，第 141—143 页。

④ ［美］阿伦特：《精神生活·意志》，姜志辉译，江苏教育出版社 2006 年版，第 234—235、238 页。

⑤ ［美］阿伦特：《人的境况》，王寅丽译，上海人民出版社 2009 年版，“前言”第 4 页。

“危险”而令人“恐惧”，原因就在于它无视人之境况，倒转了人之活动的恰当位置，从而即使没有使人类的自由丧失殆尽，至少也使其成了一个亟待解决的“难题”①。

“有三大事件站在现代的门槛并决定了它的性质：美洲的发现和接着发生的、对整个地球的开发；宗教改革，通过教会和修道院财产的褫夺，开始了剥夺个人财产和积累社会财富的双重过程；望远镜的发明和一种从宇宙角度来看待地球自然的新科学的发展。”② 第一和第三事件和人所居住其上的地球相关，而且初看起来起作用的方向还正好相反，即一方面是对地球广阔表面的发现和利用；另一方面却是地球自身的萎缩和缩小。其实，这两个事件是联系在一起的，都与人类拥有的测量能力有关。而测量能力要想发挥作用，人就必须从其环境中抽身而出，不管这一环境是他所生活于其中的世界还是他所居住于其上的地球，而且人与其环境之间拉开的距离越大，留给他的环境就越小。实际上，正是汽车、轮船还有飞机等运输工具的发明，人才发现了地球表面之广阔，但同时也使空间和距离急剧缩小，直到最后人们成功地脱离了地球表面。《人的境况》前言开篇讲到的就是 1957 年第一颗人造地球卫星的成功发射，阿伦特认为这一事件的重要性甚至比原子裂变还要大，因为它意味着“人类总算朝着摆脱地球对人的束缚迈出了第一步”③。但这其实无法让人喜悦和欢呼，恰恰相反，人们应该将其列为“我们最切近的恐惧”之一，因为“地球是人之境况的集中体现”④，人之逃离地球的努力乃是对人类给定的存在的背叛。这就是所谓的“地球异化”：“冒着危及自然生命过程的危险，我们把地球暴露给了完全异在于自然家园的普遍宇宙力量。”⑤

虽然伽利略（Galileo Galilei）是阿基米德（Archimedes）的信徒，也并不是伽利略首先取消了地球和地球之上的天空之间的二元对立，

① ［美］阿伦特：《过去与未来之间》，王寅丽、张立立译，译林出版社 2011 年版，第 138 页。

② ［美］阿伦特：《人的境况》，王寅丽译，上海人民出版社 2009 年版，第 199 页。

③ 同上书，“前言”第 1 页。

④ 同上书，“前言”第 2 页。

⑤ 同上书，第 209 页。

但确实是伽利略对望远镜的发明和使用把人类引入了现代："伽利略做了前人未做的事情，即以这样一种方式使用望远镜：让宇宙的秘密'在感觉－知觉确定性的范围内'被人类认识所发现。"[①] 伽利略对望远镜的使用不仅仅是一种形象或姿态，而且还暗示了人类虽然身处地球、却可以从宇宙角度来思考的惊人能力，以及一种更惊人的以宇宙规律指导人在地球上活动的能力。这里关键的一点是，绝望与胜利内在于同一事件之中，恐惧与希望似乎可以同时为真：一方面是人类终于在地球之外找到了可以撬动地球的阿基米德点的胜利之情；另一方面则是我们的感觉－知觉，我们所用的工具，作为观察、理解和把握现实的器官恰恰会背叛我们的古老恐惧。就前者而言，现代科学借助于"现代代数"，即一种"彻底非柏拉图式的、使几何学屈从于代数的处理方式"[②] 而取得了长足的发展，现代哲学则确立了主体主义，其开端就是笛卡尔有名的"我思故我在"；就后者而言，现代科学向数学的还原无论如何都摆脱不了怀疑、愤怒和绝望的情感，因为在那里"人遭遇的只是他自己"（海森堡）[③]，而现代哲学对人之主体性的确立也从来无法摆脱相对主义、怀疑主义和虚无主义的侵袭，尼采称现代哲学为"怀疑主义的学校"，笛卡尔的"我思故我在"最终达到的信念却是"只有在寸草不生的绝望地基上，才能安全地建造灵魂的居所"[④]。

与作为现代自然科学发展基础的"地球异化"即逃离地球奔向宇宙相比，"世界异化"即人逃离世界进入自我时发生的异化，与我们要讨论的自由问题联系更为密切。世界异化与肇端现代的三大事件中的第二个即宗教改革是密切联系在一起的。宗教改革没收教会和修道院的财产，其未曾预料的结果就是对农民的剥夺；而所谓"剥夺"，就是使其丧失家庭和财产的双重保护，进而使其丧失在世界上的位置，把他们赤裸裸地暴露在残酷的生活面前，这既创造了最初的财富积累，又创造了把这种财富通过劳动转化为资本的可能性，这两者共同构成

---

① ［美］阿伦特：《人的境况》，王寅丽译，上海人民出版社2009年版，第208页。

② 同上书，第211页。

③ 同上书，第209页。

④ 同上书，第208页。

了资本主义经济兴起的条件。[①] 然而，资本的逻辑一旦启动就根本无法停止，财富的积累过程乃是一个马克思所说的“社会的生命过程”[②]，它刺激生命过程反过来又会被生命过程所刺激，因此世界异化很快便进入到第二阶段，即“社会”取代“家庭”成为新生命过程的主体的阶段。然而，正如家庭单位曾经被等同于世界上的一个私人所有部分即它的财产一样，社会也被等同于世界上的一块实实在在的财产，即民族国家的疆域。而随着欧洲民族国家体系的衰落，以及前面讲到过的地球的萎缩，人类正在逐渐变成一个真实的实体，而这也就预示着世界异化正在走向其最后阶段。[③] 但无论哪个阶段，以剥夺财产和财富的不断增长为典型特征的世界异化都意味着阿伦特所说的“社会的兴起”，即私人、亲密性和财产的被剥夺，照管劳动和生命过程的家务、经济活动上升到公共领域，以及政治、公共领域的被取消三者的同时或渐次发生，最终的结果只能是共同世界的丧失，因为社会作为所谓“财产所有人的组织”，其目的只在于保护“共同财富”，但共同财富始终是私人的，不具有共同世界意义上的共同性。[④]

就其实质而言，“社会的兴起”意味着人类生活的倒转。当前时代的突出特点，是工作以劳动的模式来进行，虽然工作本来和劳动有着前面已经描述过的明显区别。在现代，也只有在现代，人才被定义为技艺人，即一个工具的制造者和物的生产者。富兰克林（Franklin）最先这样做过，而马克思随后以极为赞赏的口吻接受了这一点。与亚当·斯密一样，马克思也把自己的整个理论体系建立在劳动的生产性和非生产性的区分之上，这是抓住了问题的要害之处，但他们对非生

---

① ［美］阿伦特：《人的境况》，王寅丽译，上海人民出版社 2009 年版，第 202—204 页。需要注意的是阿伦特对财产和财富之间的如下区分，“财产，不同于财富和占有，意味着私人拥有的公共世界的一部分，因此是人进入世界的最基本政治条件”（第 203 页），因而财产在历史上和家庭、居所等等有着高度的一致性，而且它虽然处于私人领域但始终被看作是政治生活的最重要组成部分；而财富，和占有、收入、谋生手段等等密切相关，与之相应的是劳动，是非政治甚至反政治的，因而在现代，财富成了一个人进入公共领域的一个条件不是因为他由此而致力于发财致富，而是因为财富能合理地确保他去自由地追求公共活动，与之相应，在古代一个人的财富通常是用他拥有的劳动者数量即奴隶数量来衡量的。

② 同上书，第 204 页。

③ 同上书，第 205 页。

④ 同上书，第 23—48 页。

产性劳动的贬低却是现代流行的偏见，本来意义的劳动与消费密切相关，其特点正是不留下任何东西，也就是说，这是非生产性的。亚当·斯密和马克思的做法正是屈从了现代才开始出现的不可抗拒的倾向，即把所有劳动都视为工作，并以实际上只能适合于技艺人的方式来谈论劳动动物。这样一种理解和现代出现的工作模式的扩张，当然可以视为技艺人的胜利：得到充分认可的世界观是技艺人的机械论的世界观，现代对历史的发现（如维科所示）也是根源于人对任何非人造事物的理性认识的绝望和对人造物的信任，霍布斯甚至还把制造和计算的概念引入政治哲学，在那里，通过内省而在激情中发现的内在生命过程成了创造“伟大的利维坦”的标准和尺度。① 但这只是问题的一个方面；问题的另一个方面是，这同时就是技艺人的巨大失败：虽然技艺人现在获得了从未梦想过的创新力量来设计和制造工具，其获得范围也获得了无穷的扩展，但技艺人在这种胜利中却失去了他在制作过程开始之前和结束之后本来存在的永恒尺度，而在整个制作过程中也根本形成不了真实可靠的绝对标准；因此之故，技艺人的工作只能接受作为其机械论世界观结晶的功利原则为标尺，而这一原则却在现代的迅猛发展中先是被幸福原则、接着又被生命原则取代，至此工作所特有的性质完全消失不见，工作在人类活动中的上升地位完全被劳动窃取。②

这就涉及人类积极生活内部的第二次倒转，即劳动地位的上升和劳动动物的最终胜利。一方面，现代通过“该领域的两位伟大理论家——亚当·斯密和卡尔·马克思”③ 以及所谓生命哲学家完成了对劳动的赞美，而它在古代世界一直都是被蔑视的：在古代，无论是城

---

① ［美］阿伦特：《人的境况》，王寅丽译，上海人民出版社 2009 年版，第 236—237 页。

② 同上书，第 243—247 页。

③ 同上书，第 64 页。在阿伦特看来，马克思对待劳动的态度始终有些混乱：这既体现在对劳动的如下规定上——劳动既是自然所强加的永恒必然性，又是最人性的和最富生产性的人类活动，也体现在人类解放实质上是废除劳动的要求上，她进而认为，如此根本和显著的矛盾出现在马克思这样的伟大作家身上，正说明了这是通向他的思想的核心之处。参见［美］阿伦特《人的境况》，王寅丽译，上海人民出版社 2009 年版第 75—76 页以及《马克思与西方政治思想传统》，孙传钊译，江苏人民出版社 2007 年版。

市国家出现之前的早期政治风俗，还是柏拉图和亚里士多德这样的政治哲学家都把受制于生命必然性的劳动者归为奴隶或者贱民之列，甚至赫西俄德也把劳动归于邪恶并诅咒以面包为生的人。[①] 但到了现代，亚当·斯密视劳动为价值的源泉，马克思则直接把劳动归为最人性的和最具生产性的人类活动，而现代“最粗鄙、最非批判的生命哲学”[②]则将生命本身的存续视为其他一切事物需要参照的最高标准。另一方面，借助自动化的发明，整个社会正在变成一个劳动者社会，而“劳动社会的最后阶段——职业者社会，要求它的成员成为一种纯粹的自动化机能，似乎个人生命已经真正融入了物种整体的生命过程，此时唯一需要个人作出的积极决定就是随波逐流，也即，放弃他的个性，忘记他个人仍然感觉着的生活的痛苦和艰辛，默认一种昏昏沉沉的、‘让人麻醉的’功能化行为类型”[③]。阿伦特认为这绝不是什么乌托邦，而是目前正在实现着的事情。问题只是在于，“确实没有什么比这更糟的了”[④]。

阿伦特之所以认为“没有什么比这更糟”，那是因为在她看来，劳动动物的胜利意味着行动、自由和公共领域的衰微甚至丧失。这是人类生活中最后也是最为重要的倒转。在传统上，比如在亚里士多德的理论中，自由人作为从生存必需性中摆脱出来的人，其可以选择的生活方式有三种，即享乐、政治和思辨生活：这里要注意的是，劳动和工作不够有尊严，甚至不足以构成一种完整意义上的生活，一种自主的和真正属人的生活方式；而在三种自由的生活方式中，行动和言说的政治生活仅低于思辨的沉思生活，二者虽然都关注既非必需又非单纯有用的东西，但前者致力于卓越与不朽，而后者追求的则是永恒，这里行动和言说虽然没有占据人类生活中的最高位置，但它与劳动和工作的距离和等级关系还是非常清楚的。[⑤] 但是到了现代，随着伽利

---

① 参见［美］阿伦特《人的境况》，王寅丽译，上海人民出版社 2009 年版，第 61—62、97—98 页。

② 同上书，第 246 页。

③ 同上书，第 254 页。

④ 同上书，“前言”第 4 页。

⑤ 同上书，第 5—6 页。

略对阿基米德点的发现和几乎同时产生的笛卡尔式怀疑与沉思，首先出现了沉思生活和积极生活之间等级秩序的倒转，即“做”提高到了“思”的位置，但“思”本是通往对真理的沉思的最直接和最重要的途径，因而沉思本身也就变得毫无意义了，而“积极生活”一词本身原是从“沉思生活”中取得它的意义的①。随之而来发生的技艺人的表面胜利和劳动动物的最终胜利则直接导致：劳动动物和技艺人把行动和言说视为无所事事，公共和政治领域则盛行将行动转变为行为或者制作，将政治转变为统治和被统治，即用行为的规范化、制作的模式化来对抗行动所固有的任意性和不可预料性。② 而这同时也就意味着自由的扭曲甚至丧失，因为“没有一个从政治上得到确保的公共领域，自由就没有得以显现的在世空间”，而没有了显示空间的自由只能转移到意志的内在场所，但“一个人如果不是首先经历过作为一种世间有形实在的自由状况，他就根本不知道内在自由”③。也就是说，自由作为政治自由，本是行动的属性，当它变成了思想或意志的属性，就内在的思想自由和意志自由也能勉强称得上自由而言，它在经验上是派生性质的：“从概念上说，不受自身欲望束缚的爱比克泰德式自由，不过是对古代通行的政治观念的一种反动；而这一整套大众哲学得以阐发的政治背景，即自由在晚期罗马帝国中的明显衰落，从诸如权力、支配、财产等观念在当时所处的地位中就可以清楚地看出来。”④ 如前所述，在古代，财产是私人拥有的公共世界的一部分，而支配则是对生命必需性的统治，权力只不过是“在行动转瞬即逝后还能把人们结合在一起的东西，同时又通过持续的共同生活而保持活力的东西”⑤，但当财产与财富混同，权力与支配等同，而人在现实中又无法占有它们之后，人们就特别容易接受所谓的内在自由了。这不仅对爱比克泰德式的大众哲学观念来说是适用的，而且对基督徒保罗发

---

① 参见［美］阿伦特《人的境况》，王寅丽译，上海人民出版社 2009 年版，第 229—231、8 页。

② 同上书，第 26、171—179 页。

③ ［美］阿伦特：《过去与未来之间》，王寅丽、张立立译，译林出版社 2011 年版，第 141 页。

④ 同上书，第 140 页。

⑤ ［美］阿伦特：《人的境况》，王寅丽译，上海人民出版社 2009 年版，第 158 页。

明的与政治无关的现代自由，对康德以其天才的区分即实践理性与纯粹理性的区分来解决意识与现实的冲突从而将自由归结为自由意志同样是适用的。这就是问题所在，用阿伦特自己的话来说，“确实没有什么比这更糟的了”。

三　法国革命与美国革命

问题于是变为，如何为自由赢得一个显现自身的在世空间。阿伦特的《论革命》可以视为对此问题的一个回答。《论革命》既是阿伦特对革命问题的专题考察，又是其政治思想的“逻辑的和年代学的总结”①，具有异乎寻常的重要性。按照她自己的理解，这本小册子是论战性的，要辩论的问题是：一种文明的政治体是怎样奠基的，怎样才能创造出一种有效的政治空间，以及为什么这种奠基和创造特别难以成功而成功之后为什么又特别难以保持。② 这个问题换句话说就是，同样作为政治行动，为什么以自由相标榜的法国革命最终埋葬了自由，而美国革命却为自由敞开了无限的行动空间，两次革命的不同结局能够为我们构建“时代的新秩序”提供怎样的启示和借鉴意义。

从逻辑上来讲，阿伦特是从“革命”意义的现代转变开始的。在阿伦特的词源学考察中，“革命”原是天文学术语，因哥白尼的《天体运行论》而流行，意指周而复始的天体旋转运动，而当其作为隐喻被用于政治领域之时，实际所指乃是复辟，意即极少数为人所知的政府形式在被破坏之后的恢复和重建，也就是说，绕回预先规定的秩序之中。③ 这里有两个重点，一是循环往复，二是不可抗拒性。当“革命”一词第一次用于政治领域时，上述两层含义都是保留着的。那是在 1660 年，英国国王查理一世发表《布雷达宣言》恢复君主制之际，而不是之前克伦威尔（Cromwell）建立第一个革命独裁政府之时。只

① ［加］菲利普·汉森：《汉娜·阿伦特：历史、政治与公民身份》，刘桂林译，江苏人民出版社 2007 年版，第 194 页。

② ［美］安东尼娅·格鲁嫩贝格：《阿伦特与海德格尔》，陈春文译，商务印书馆 2010 年版，第 386 页。

③ ［美］阿伦特：《论革命》，陈周旺译，译林出版社 2007 年版，第 31—32 页。

是到了法国大革命和美国革命之后，“革命”一词才逐渐脱去旧天文学术语的外衣，而具有了纯粹的政治含义，即新秩序的建立。由此，创新性与成为一个新故事的开端就成了革命的本质特征。但问题是，即使在革命的这种现代用法中，“革命”一词原意中所具有的含义还是有所保留的，特别是不可抗拒性观念。这就在理论上带来了混淆，在实践上使得革命难以成功，即使成功也使革命精神难以保持。

法国大革命深陷“革命”原意中所有的不可抗拒性的泥沼，从而最终让必然性的幽灵压倒了自由的革命初衷。当 1789 年 7 月 14 日巴士底狱被攻陷，一些囚犯被释放，而御林军也跟着临阵倒戈之时，国王惊呼：“人民叛变了。”而其使者利昂古尔（Liancourt）立即纠正道：“不，陛下，人民革命了。”[①] 于此，阿伦特看到的是，对于“革命”一词使用的重点第一次从循环运动转向了不可抗拒性，而且是穷人日常需要的不可抗拒性。正是在这种不可抗拒的力量的集体发作中，在历史的匿名力量的作用下，法国革命吞噬了自己的孩子，最终只是产生了骚乱、平庸和混乱不堪。

在阿伦特看来，穷人的日常生活需要是纯粹私人领域的事情，受制于人身体的生物组织，并因而处于黑暗之中，而正因如此，它不能进入公共领域，因为公共领域乃是自由和行动的领域，在那里，“显现——不仅被他人而且被我们自己看到和听到——构成着实在”[②]。阿伦特以古希腊城邦和古罗马的政治经验为基础，认为私人领域内对生命必然性的统治为公共领域的繁荣创造条件但不能进入公共领域，二者只有以相互区别的共存形式才能得以存在，而二者的混同，或者更严格地说，私人领域向公共领域的突入或所谓“社会问题的兴起”会同时破坏它们二者自身。在阿伦特看来，二者相互区别的共存本来是自古以来一直都在发生的事情，也是正当的事情，因为“每种人类活动都在世界中有它恰当的位置”，而“‘私人’和‘公共’这两个词的最基本意义表示有些东西需要隐藏，另外一些需要公开展示”[③]。但

① ［美］阿伦特：《论革命》，陈周旺译，译林出版社 2007 年版，第 36 页。

② ［美］阿伦特：《人的境况》，王寅丽译，上海人民出版社 2009 年版，第 32 页。

③ 同上书，第 48 页。

法国大革命无情地改变了这一点，并进而决定了迄今为止的时代风貌："第一次出现在光天化日之下的群众，实际上是穷人和被蹂躏者的群众，自古以来都躲藏在黑暗中，羞于见人。从此以后，公共领域应当为最广大的多数人提供空间和光明便成为一种不可逆的趋势。"①

法国大革命失败的另一原因在于革命者借助了卢梭的政治理论。在阿伦特看来，对穷人苦难的同情是由卢梭引入政治理论的，而在此之前，同情一直是处于政治领域之外的。卢梭对于痛苦的强调是他一切其他教义的隐秘基础，正是在此基础上，他才不可思议地将利益等同于意志，并用公意取代同意的古典观念作为其政治理论的拱顶石。"他悄然假定，意志是利益某种自发的表述。因此，公意就是普遍利益的表述，是人民或民族整体利益的表述。"② 其中，意志向公意过渡的根据在于，意志要想真实地起作用，就必须是单一而不可分割的，因为"一个分割的意志是不可想象的"，而当君主这一原本代表民族整体利益的单一意志被革命废除后，就必须寻找另一替代品。而在这种情况下，公意只能这样来形成：把群众即多数人结合为一个人，但这同时也意味着，公意的存在不仅以对民族外部真实的或假想的敌人的对抗为依据，而且还以对民族内部任何特殊利益或特殊意志的对抗为依据，"为了参与民族的政治体，每位国民必须始终坚持不懈地奋起与自我做斗争"③。问题在于，如果说卢梭将同情引入了政治理论之中，那么，罗伯斯庇尔则将同情带到了集市上，从而将卢梭理论中所内在蕴含的破坏力现实地转化为革命的恐怖：原来一直处于黑暗之中的穷人源源不断地涌上街头，从而汇成滚滚革命洪流，而在革命洪流的风口浪尖上，诞生了革命的行动者，他们忘乎所以、为所欲为，直到革命洪流的回头浪将他们自己吞噬，像先前吞噬他们的敌人即反革命者一样。

与法国革命令人瞩目的失败相比，美国革命是成功的，其原因就

---

① ［美］阿伦特：《论革命》，陈周旺译，译林出版社 2007 年版，第 37 页。

② 同上书，第 65 页。

③ 同上书，第 66 页。

在于它实际上是从革命前的殖民地经验出发，而不是从任何革命和政治理念出发，虽然在革命刚刚开始的时候，革命者本来所想的也只是复辟以挽救古典自由，虽然后来在构建新政治体、新政府形式的时候，国父们也曾那样深地沉浸于西方政治思想传统之中，以致他们的渊博甚至可以说有点迂腐，但“以自由建国”的根本却是他们自己在殖民地时期就已经积累起来的经验，虽然这种经验在古罗马的政治实践和孟德斯鸠的政治理论中都有所验证。

这个经验就是《五月花公约》在船上的草拟和登陆后的签署：“我们在上帝和他人在场的条件下，庄严地相互立约，联合成一个文明的共同体；基于此，制定、构建和拟定正义而平等之法律、法令、法案、宪法和官职，诸如此类，与时俱进，以殖民地普遍之善为宜。对此，我们承诺信守不渝。”① 此中要害之处，按照阿伦特的阐释，在于如下两点：第一，人民被理解为未来的公民，其特点在于不可还原的多样性，人民的各种意见和利益在共同体中都将得以保留，由此，共同体的原则就是杰斐逊所说的“对外作为一个民族，对内保持各自的独特性”②。第二，权力被理解为“唯一单独适用于世界性的中介空间的人的特性”，即“由行动产生，由承诺维持”是权力的本质特征。③ 而这也就意味着权力与暴力相区别，“只有当人们走到一起，并通过承诺、立约和相互誓愿来缔结契约的情况下，权力才会产生。只有这种建立在互惠性和交互性基础上的权力，才是真正的权力，才是正当的，而国王、君主或贵族的所谓权力，因为不是来自于交互性，充其量也只是以同意为基础，故而是欺骗性的和篡夺性的”④。正是基于上述经验，美国革命者设计的建国方案是：权力在于人民，其性质多样、数目众多的意见和利益由参议院来进行过滤；但权威在于联邦法院，其权威以连续制宪的方式来行使。就这样，前者作为基于意见的持久制度，后者作为基于判断的持久制度，二者一起完成了美国革命的主要目标，即以自由立国和构建新政治体。

---

① ［美］阿伦特：《论革命》，陈周旺译，译林出版社 2007 年版，第 158 页。

② 同上书，第 79 页。

③ 同上书，第 160 页。

④ 同上书，第 167 页。

当然，阿伦特对美国革命的赞同也不是毫无保留。首先，美国革命得以成功源于革命前美国的“福气”，即美国不受社会问题即贫困的困扰，它一方面“源于‘温和政府’下的地大物博”[①]；另一方面“至少部分地是为了摆脱贫困而刻意集中努力的结果，这种努力在旧世界的国家中是前所未有的”[②]。其次，美国革命虽然取得了成功，但革命精神却难以保持。这有三方面的原因：第一，“成就了世界历史”的法国大革命传统异常强大，以致后来美国人自己也试图根据它来解释美国革命[③]；第二，美国自19世纪以来就受到城市化、工业化和大规模移民的冲击[④]；第三也是最重要的，虽然美国革命者精心设计了新的政治体，但也存在着“致命失败”，那就是“无法将国家一切政治活动的本源，即市镇会议和市政厅会议纳入联邦宪法之中”[⑤]。而唯一的补救之法，即让杰斐逊念念不忘的“街区体系”却不过是其在垂暮之年“啰嗦重复”的“事后思考”，实无补于美国实际的权力体系构建。[⑥]

但阿伦特对美国革命的保留意见还是无法掩饰她的精英主义立场，这种立场简单而言可以归结为：因为劳动不可避免地带有必然性的痕迹，会污染高贵的政治自由，所以她宁愿让一部分人即穷人永远只从事劳动，从而永远地待在黑暗里，默默无闻，好让另一部分人即精英可以在公共领域中自由地行动与言说，从而让生命充满光彩。在阿伦特看来，“自由，在它作为现实存在之处，在空间上总是有限的。对一切消极自由中最伟大也最基本者，也就是活动自由而言，这一点尤为清楚。……在很大程度上，对活动自由来说是真的东西，对一般自由来说也是有效的。只有在平等的人之中，积极意义上的自由才是可能的，而平等本身绝不是一个普遍有效的原则，它也只在有限的，甚至在空间限度内才适用。自由空间，若是按照约翰·亚当斯的大致意思，我们也可以叫做呈现的空间。如果我们将这些自由空间等同于政

① ［美］阿伦特：《论革命》，陈周旺译，译林出版社2007年版，第203页。

② 同上书，第122页。

③ 同上书，第44页。

④ 同上。

⑤ 同上书，第224页。

⑥ 同上书，第235、238页。

治领域本身，我们就不免将它们想成是茫茫大海中的孤岛，或无边大漠中的绿洲”[①]。也就是说，自由是有限的，只在平等的人之间有效，而平等不是一个普遍原则。这里明确显示出阿伦特的“精英”立场，而对于这种“精英”现象所惯常具有的负面意义，她则大不以为然，因为在其看来，“政治精英一直都决定着多数人的政治命运，在大多数情况下，还对多数人实施一直支配”[②]，所以问题不在于“是否应当”，而在于“如何能够”，“在于缺乏公共空间，让广大人民有权进入，使精英从中被挑选出来，或毋宁说它在那里能够自己进行选择”[③]。所谓“自己进行选择”，指的是进入政治领域或者退出政治领域的选择，不过无论怎样，人都是自由的，前者是政治自由后者是“摆脱政治的自由”，“罗马和雅典对这种自由一无所知，它也许是我们基督教遗产中在政治上最有意义的部分”[④]。

问题的严重性还在于，阿伦特的这种精英主义立场是以暗里承认奴隶制为前提的。其主要表现在：第一，就一般而言的奴隶制，她认为那是“自然而不可避免的，就像生命对于人体一样”[⑤]：“一切统治都源于人们从生活必然性中解放出来的希望，并从中获得最正当的源泉。而人们是通过暴力手段、通过强迫他人为自己承担生活之重负来实现这种解放的。这是奴隶制的核心。仅仅是技术的兴起，而不是现代政治理念本身的兴起，反驳了那古老而可怕的真理，这种真理认为只有暴力和统治他人才可以使人自由。今天我们可以说，没有什么比企图通过政治手段将人类从贫困中解放出来更老掉牙的了，也没有什么比这更徒劳和更危险的了。”[⑥] 与此相关的是阿伦特对于穷人的如下

---

① ［美］阿伦特：《论革命》，陈周旺译，译林出版社 2007 年版，第 258—259 页。

② 同上书，第 259 页。

③ 同上书，第 260 页。

④ 同上书，第 262 页。

⑤ 同上书，第 11 页。

⑥ ［美］阿伦特：《论革命》，陈周旺译，译林出版社 2007 年版，第 98 页。类似的表述还可见于阿伦特《人的境况》：“古代，甚至近古的奴隶制度，并不是一种利用廉价劳动的手段或追求利润最大化的工具，而是一种把劳动排除出人类生活境况的尝试。”（王寅丽译，上海人民出版社 2009 年版，第 62 页）不过，为生产力水平低下的古代甚至近古的奴隶制度做合理性辩护是一回事，为生产力水平高度发达的现代或隐或显的奴隶制作背书则是另一回事。

蔑视（这又和她对委员会制度的高度认同相矛盾）：“在美国和其他地方，穷人致富以后不会变成闲暇者。闲暇者的行动出于对超越的渴望，相反他们却耽于闲愁，无从打发，任凭时光荒疏。他们也会发展到‘沽名钓誉’这一步，但他们满足于尽可能便宜地得到这些‘商品’，也就是说，他们杜绝了追求独特性和超越性的激情……与其走进超越性之光照耀的集市，倒不如说，他们更喜欢在‘挥霍消费’时敞开私人的房子，以炫耀他们的财富，卖弄那些本身不宜外传的隐私。”① 第二，就特殊而言的美国奴隶制，她实际上是回避了。她一方面承认其存在：“美国不存在社会问题毕竟是掩耳盗铃的想法，凄惨而卑微的苦难以奴隶制和黑人劳动的形式遍及各地。”② 但另一方面却又雄辩滔滔地以社会问题和政治问题相区别的名义取消了其存在：“对于欧洲人来说，奴隶制不属于社会问题，对美国人来说亦是如此，因此，社会问题不管是真的消失了，还是仅仅被掩盖起来，实际上都是非存在。”③ 第三，在大力赞扬美国革命的同时，默认甚至美化美国殖民地时期所大量发生的经济掠夺和残害印第安人的暴虐行径。关于经济掠夺，阿伦特认为并不存在，美国之所以不受社会问题即贫困的困扰是因为美国的“福气”，前已论及，此不赘述。关于殖民者的残暴行为，《论革命》则只是在这样一段论述中隐晦地提及：“不论助长美洲大陆殖民的行为多么罪恶滔天，甚至禽兽不如，也始终是单个人的举动。如果有理由加以普遍化和反思的话，这些反思所涉及的，也许就是人性中固有的兽性潜质，很少会涉及组织化群体的政治行为，更遑论只靠罪行与犯罪而进步的历史必然性了。”④

① ［美］阿伦特：《论革命》，陈周旺译，译林出版社 2007 年版，第 57 页。
② 同上书，第 58 页。
③ 同上书，第 59 页。
④ 同上书，第 79 页。

第十一章

自然、历史与自由：施特劳斯

德裔犹太哲学家列奥·施特劳斯（Leo Strauss）是一位颇有争议的人物。他通常被认为是一位非比寻常的观念史家，因为毕竟他最著名的著作，包括《迫害与写作的技艺》《自然权利与历史》《思考马基雅维利》《城邦与人》《论僭政》《斯宾诺莎的宗教批判》《色诺芬的苏格拉底》《柏拉图式政治哲学研究》等，都是对过去伟大政治哲学家的评注和阐释，其实他所有的著作和绝大部分文章也是如此，但也有人在对其所有著述的认真研究中辨认出他其实是“一位拥有一系列独一无二和令人困扰的观念的哲学家”[①]，“在极为严格的意义上，即对世界拥有最全面理解的视角上体察生和死、道德和宗教、政治和社会、正义和不义”[②]；一方面拥有据说占据了北美几乎所有大学高层职位的众多忠实而狂热的追随者，进而被视为“一场运动、一个思想流派甚至是一个宗派的创始人”[③]，另一方面却在主流（政治）学界备受冷落难以得到认可；自己很少参与政治，只在大学里作为“语焉不详的外国先知”[④] 传授（政治）哲学，其弟子和追随者却大量从学界向

① ［加］莎迪亚·B. 德鲁里：《列奥·施特劳斯的政治观念》，张新刚、张源译，王利校译，新星出版社 2010 年版，“1988 年版序言”第 1 页。

② 同上书，第 63 页。

③ 同上书，第 56 页。

④ ［美］斯坦利·罗森：《金苹果》，载贺照田主编《西方现代性的曲折与展开》，吉林人民出版社 2002 年版，第 275 页。

政府高层“漂移”①，在里根和布什政府中占据要职，并继续在共和党内部发挥重要作用，被视为“美国右派”即所谓新保守主义的思想教父②；而即使是作为无可争议的“伟大的政治科学教师”，其定位也是充满争议的，虽然更多人愿意将其与苏格拉底相比拟，但也有人视其为真正的马基雅维利式的人物③。与西方学界的反应类似，自从世纪之交施特劳斯的思想和著述逐渐进入中国学界以来，不但引起了相当广泛的关注，同时也引发了巨大的疑惑，这种疑惑间或以论争和批判的形式出现，但更多的则是沉默。④ 实际上，且不说施特劳斯面对历史上那些高贵的心灵和那些伟大的著作时所表现出来的“心灵的力量”“生命的和谐与坚毅”以及“罕见的人性品质”⑤，这种争议和沉默本身就证明了施特劳斯的不可忽视：他对现代性危机的深刻洞察，对古典思想传统的重新阐释值得我们认真关注，特别是这种阐释所运用的方法，即“恰如哲人理解自己的思想那样去理解他的思想”⑥，以及他试图复兴的古典政治哲学面向“公众与经验”所内在要求的关切和研究“我们自己的政体”⑦ 的提醒和揭示。

一 历史、自由与现代性危机

实际上，即使是作为政治观念史家，施特劳斯的转向政治哲学史也不是出于对历史的好奇，而是出于对现实问题的敏锐诊断：当前西方现代文明的危机以及现代政治哲学的危机。

---

① ［加］莎迪亚·B. 德鲁里：《列奥·施特劳斯的政治观念》，张新刚、张源译，王利校译，新星出版社 2010 年版，第 2 页。

② 同上书“2005 年再版导言”，亦可参见［加］莎迪亚·B. 德鲁里《列奥·施特劳斯与美国右派》，刘华等译，刘擎译校，华东师范大学出版社 2006 年版，特别是其第一、四章。

③ ［加］莎迪亚·B. 德鲁里：《列奥·施特劳斯的政治观念》，张新刚、张源译，王利校译，新星出版社 2010 年版，第 59 页。

④ 参见徐戬选编《古今之争与文明自觉：中国语境中的施特劳斯》，华东师范大学出版社 2010 年版。

⑤ ［美］布鲁姆：《巨人与侏儒》，张辉选编，华夏出版社 2007 年版，第 2 页。

⑥ ［美］施特劳斯：《什么是政治哲学》，李世祥等译，华夏出版社 2011 年版，第 55 页。

⑦ ［美］施特劳斯、［美］克罗波西主编：《政治哲学史》，李洪润等译，法律出版社 2009 年版，第 932 页。

西方现代文明的危机从斯宾格勒那本标题不祥的著作——《西方的没落》——可以直接看出，施特劳斯著名的《现代性的三次浪潮》就是从讨论这本书开始的。他接着明确指认西方现代文明的危机就是所谓的现代性危机，它具有如下深层表现：“现代西方人再也不知道他想要什么——他再也不相信自己能够知道什么是好的，什么是坏的；什么是对的，什么是错的。”[①] 而关于什么是对的，什么是错的，特别是关于什么是正义的或者（最）好的社会秩序，正是政治哲学所为之事。由此来看，“现代性危机原本就是现代政治哲学的危机”[②]：在我们的时代，政治虽然普遍化了，但政治哲学却已消失不见或只还作为一个梦想而存在着，然而，梦想可能是高贵的却只是梦想而已。

这种不可能首先是因为一种观念即“事实与价值的分野”的流行：一切真知都是科学，但它仅限于事实判断，无法赋予价值判断以效力；而政治哲学的基本前提却是能够合理地赋予价值判断以效力。施特劳斯主要以“上个世纪当之无愧的最伟大的社会科学家”[③] 马克斯·韦伯为例阐明了这一点。然而，这一流行观念终究是站不住脚的，因为说到底，科学理解、理论知性的范畴及其运用必定会以某种方式隐含某种评价原则。因而，一种也许并不那么流行，但可能更为深刻和狡猾的观点逐渐在反对政治哲学之可能性的斗争中占了主导，那就是历史主义：一切理论知性的范畴运用及其背后的评价原则都是历史地可变的，因而不可能以一种政治哲学所要求的普遍有效的方式去回答对错的问题或者最好社会秩序的问题。

按照施特劳斯的梳理，历史主义在刚出现的时候还只是否定普遍性规范的意义而并没有直接否定其存在，但随后就动摇了这一起初庇护着它的信念而以一种成熟的形态突然出现了：现代历史观念的信奉者们直接拒绝了自然乃是规范这一古典观念，从而或者认为人及其产

---

① ［美］施特劳斯：《现代性的三次浪潮》，载贺照田主编《西方现代性的曲折与展开》，吉林人民出版社 2002 年版，第 86 页。

② 同上书，第 87 页。

③ ［美］施特劳斯：《自然权利与历史》，彭刚译，生活·读书·新知三联书店 2003 年版，第 38 页。

物与其他一切实在事物同等地自然，或者强调在自然的领域与历史的领域之间根深蒂固的二元论。而历史主义者之所以认为历史的领域即人所创造的世界远比自然领域高超得多，主要是因为“他们并不把有关正确与错误的观念视为本质上乃是任意武断的。他们力图找到这些观念的来由；他们力图使得这些观念的各种变种和关联能够为人所理解；他们把这些观念追溯到了人的自由行为；他们坚持说在自由与任意恣行之间有着根本的区别”①。也就是说，历史主义宣称自己提供了关于人和人性的最可靠的理解，即人是历史性的存在，并且认为这种可靠性的根基在于人的自由。在某种意义上，历史主义的这种自我理解是正确的，即自由与历史主义确实互为因果，但历史主义者没有意识到的是，正是二者的共同作用才导致了现代西方文明的危机——“历史主义的顶峰就是虚无主义”②，而其根源正在于自由的无根无据。本来，使历史主义从地下浮出表面并开始主宰社会科学领域的历史学派，想通过动摇传统秩序的意义而确定现存历史秩序的特殊标准，但它并没能兑现自己的承诺，倒是将其对手即法国大革命的理论家们的革命性努力持续下去并且加剧了。因为说到底，只有依据某一普遍的原则，特殊的或者历史性的标准才能具有权威性，而一旦没有了某种普遍的客观标准，唯一可能存在的标准就是那些纯粹主观性的标准即个人的自由选择了，但好的选择和坏的选择之间同样并无任何客观标准来加以区分。于是，历史过程本身成了“由人们的所作所为和所思所想织成的一张毫无意义的网，纯粹由偶然造成——就像是一个白痴讲述的故事”③，历史主义者们为人们寻找在世家园的努力结果却是使人变得越来越无家可归。

施特劳斯通过考察历史主义的后继发展明白地揭示了这一点。卢梭通过把霍布斯及其后学的自然状态概念彻底化而首次将历史概念引入政治哲学的思考之中：“‘考察过社会根基的哲人们全都感到有必要返回自然状态，但他们中无人做到这点。’卢梭确实回到了那里，因

① ［美］施特劳斯：《自然权利与历史》，彭刚译，生活·读书·新知三联书店 2003 年版，第 12—13 页。

② 同上书，第 19 页。

③ 同上。

为他看到了自然状态中的人被剥夺了凭借自己努力获得的一切。”① 由此出发，卢梭认为，人之人性并不归因于自然，而是归因于历史，归因于历史过程，这个独一无二的过程是单一的，但不是目的论的，也就是说，这个过程的目的和顶峰并未被预见也不能被预见：“所谓人的自然本性只是人迄今为止发展的结果；它只是人的过去，无法指导人的可能未来；关于未来、关于人应当做什么或渴望什么的惟一指导，只能由理性来提供。”② 而理性就是所谓道德律作为自由之律令。

正是卢梭思想的这一方面激发了康德与德国观念论哲学，特别是他们关于自由、历史的哲学思考。毫无疑问，这之中最具历史感的哲学家是黑格尔。对于黑格尔而言，历史过程是一个合乎理性的进步过程，其顶峰是合理的后革命国家，在那里理性与世界将达成最后的和解，而真正的、最终的哲学则属于历史的这个绝对时刻、属于历史的顶峰。黑格尔之后的哲学拒绝了历史可能终结的说法，而将历史理解为未完成的和不可完成的，但依然残留着对历史过程的合理性和进步性的无根基的信念，比如马克思之相信无阶级社会的必然到来。③

然而，这一颇具历史感的时代却被尼采判定为缺乏历史感的时代：“所有哲人的共同缺陷是，他们都是从当今之人出发的，他们全都相信，可以通过分析当今之人达到自己的目标。历史感的缺乏乃是所有哲人的遗传缺陷。”④ 对此，施特劳斯的解释是准确的，也就是说尼采这里的深意其实是，迄今为止历史的本质一直遭受着误解。与以往哲人对历史过程的进步性和合理性不加怀疑相反，尼采首先直面的就是这一信念的无根基状态。在尼采看来，那关于历史发展的无根基的希望无论如何也抹不去这样一个洞见，即一切思想和行动原则都是历史性的，一切理想都是人类创造性活动的结果，是自由的人类筹划的结果，因而并不拥有其宣称拥有的一切客观支持（无论这种支持是自然、神还是理性）。然而，正是对一切理想的人类创造和筹划的性质

① ［美］施特劳斯：《现代性的三次浪潮》，载贺照田主编《西方现代性的曲折与展开》，吉林人民出版社 2002 年版，第 93 页。

② 同上书，第 96 页。

③ 同上书，第 98—99 页。

④ 同上书，第 98 页。

的认识使得一种新的筹划成为可能，即重估一切价值。不过，这却意味着尼采自己发现了最终的真理，即人类创造性和一切存在者的根本统一性就是权力意志："在我发现生命的一切地方，我都发现了权力意志。"① 但没有一个一如其旧的人能够重估一切价值，只有超人才行。而超人的到来并非必然，一切依赖于人的自由选择："对尼采而言，关于未来惟一可以确定的是：一如其旧的人的终结已经来了；将会到来的要么是超人，要么是末人。"②

海德格尔沿着尼采对现代理性主义的批判道路继续前进，并逐渐成了历史主义运动这个松散圈子中的坚实中心。海德格尔思想对当代人产生了难以抵抗的魅力，原由之一就是他接受了如下前提：人类的生活和思想都是彻底地历史性的，而历史并非一个理性的过程——历史作为虚无主义的历史，始于柏拉图，终于当代的没落。"迄今为止，人类的每一伟大时代都产生于 Bodenstaendigkeit（植根于大地之中）。然而希腊伟大的古典时代诞生了这样一种思想道路，它从一开始就在根本上威胁了那个 Bodenstaendigkeit，其最终的当代结果便是去毁灭人类伟大之条件的残躯。海德格尔的哲学属于那无限危险的时刻，此时人类丧失其人性的危险较以往任何时代都要大，因此——危险与救赎总是紧密相连的——哲学可以有这样的任务：致力于 Bodenstaendigkeit 的恢复或者回归，或径直准备一种崭新的 Bodenstaendigkeit：一种超越最极端的 Bodenlosigkeit（无根状态）的 Bodenstaendigkeit，一种超越最极端的无家可归状态的在家状态。……西方和东方（特别是东亚）的最深刻的思想家之间的对话可以通向所期待的完满，它将伴随着或者其后跟随着诸神的回归。出路很可能是对话以及它必然导致的一切，但肯定不是任何一种政治行动。"③ 也就是说，虽然海德格尔本人并未完全远离政治，但实际上，"海德格尔比马克思或尼采都更彻底地切断了与

① ［美］施特劳斯：《现代性的三次浪潮》，载贺照田主编《西方现代性的曲折与展开》，吉林人民出版社 2002 年版，第 99 页。

② 同上。

③ ［美］施特劳斯：《作为严格科学的哲学与政治哲学》，载贺照田主编《西方现代性的曲折与展开》，吉林人民出版社 2002 年版，第 107—108 页。

政治前瞻的关联。……他确实没有给政治哲学留下任何位置”[①]。

在施特劳斯看来，这是将历史主义发展到了极致，从而是其内在逻辑的彻底展露。以往的历史主义因关涉自身而终将陷入自相矛盾或荒谬的境地：它一方面断定所有人类的思想和信念都是历史性的，因而都命中注定会陈腐过时；另一方面则宣称自己对人之历史性的发现是一种对所有思想、所有时代都普遍有效的真理。海德格尔接过了早已由尼采做出的决定性铺垫，将早期的“理论的历史主义”发展为“激进的（存在主义的）历史主义”[②]，从而化解了矛盾。他拒绝了历史主义的超历史性质，将其存在主义或生存主义式的表现形式归结为对某种现实，即“自由民主制，或更确切地说，那是一种已经对自身、对自己的未来不那么肯定的自由民主制”[③] 的理论反应。当今的社会科学偏好宽宏大量的自由主义。这些宽宏大量的自由派们似乎认定，既然我们无从获得有关什么才是内在地就是善的或对的、真正的知识，那么，我们必须被迫容忍各种关于善的或对的意见，将一切偏好和一切的“文明”视为旗鼓相当，也就是说，只有漫无节制的宽容才是与理性相吻合的。自由主义的这种主张因其另一主张，即对多样性和个性的尊重而增强，但一旦个性的培养取得优势地位，宽容也就成了一种价值观或理想，本质上来说并不比它的对立面即不宽容更为优越，特别是因为“如果诸种选择的不平等的序列，不能追溯到它们的目标的不平等的序列的话，那就必须追溯到选择行动的不平等的序列；而这也就意味着，不同于卑污低下的选择的真正的选择，只能是果敢决绝的极其严肃的选择。而这样的决断，比之宽容而论，它更接近于不宽容”[④]。因而，宽容与不宽容一并成了表面的说辞，实质上都是除自身之外别无根据的盲目选择，但如此一来，人们就很难全心全

① ［美］施特劳斯：《作为严格科学的哲学与政治哲学》，载贺照田主编《西方现代性的曲折与展开》，吉林人民出版社 2002 年版，第 108 页。

② ［美］施特劳斯：《自然权利与历史》，彭刚译，生活 · 读书 · 新知三联书店 2003 年版，第 34 页。

③ ［美］施特劳斯：《海德格尔式生存主义导言》，载贺照田主编《西方现代性的曲折与展开》，吉林人民出版社 2002 年版，第 126—127 页。

④ ［美］施特劳斯：《自然权利与历史》，彭刚译，生活 · 读书 · 新知三联书店 2003 年版，第 6—7 页。

意地依据任何一个原则而行动，继而也就很难作为社会的忠诚一员、作为负责任的主体而生活了。“我们落到了这样的地位：在小事上理智而冷静，在面对大事时却像个疯子在赌博；我们零售的是理智，批发的是疯狂。”① 这种局面令那些严肃认真的人颇为不安，诉诸“畏”这一特定生存体验的海德格尔式生存主义或存在主义就是作为对它的理论反应而出现的：“生存主义承认相对主义的真理，但它也意识到相对主义远非［问题的］解决，甚至连缓解都不是，它意识到相对主义是致死的。”② 然而，不超越历史、不把握住某种超历史的东西，我们就无法看到一切思想包括历史主义本身的历史性，所以仅仅将历史主义的存在主义或生存主义形式归结为某种特定的历史处境还无法完成对历史主义自身的历史性的最终确认，要想真正做到这一点还必须给出某种超历史的东西。海德格尔确实给出了它，那就是命运：“一切的人类思想都取决于命运，或者是某种思想既不能把握也不能预知其行止的东西。”③ 因而，历史主义的洞见并非人作为人就能够知晓的，也不是人类思想进步的结果，而是深不可测的命运的产物，就像没有认识到这一点的非历史主义思想同样也得归因于命运一样。历史主义的特殊之处只在于它“感谢命运的恩赐，它认识到了思想彻底地依赖于命运”④。更重要的问题在于，命运不仅恩赐给了海德格尔激进的历史主义，而且还恩赐给他对命运的依赖：在“人的根基实存性（Bodenstaendigkeit）受到致命威胁”⑤、人被连根拔起的“无限危险的时刻”，海德格尔先是与纳粹过从甚密，后则切断了与政治前瞻的一切本质关联，而寄希望于“思”“诗”以及“（东西方的）对话”，并最终期待“一个上帝”或诸神的回归来救渡我们。按照激进历史主义

① ［美］施特劳斯：《自然权利与历史》，彭刚译，生活·读书·新知三联书店 2003 年版，第 4 页。

② ［美］施特劳斯：《海德格尔式生存主义导言》，载贺照田主编《西方现代性的曲折与展开》，吉林人民出版社 2002 年版，第 122—123 页。

③ ［美］施特劳斯：《自然权利与历史》，彭刚译，生活·读书·新知三联书店 2003 年版，第 28—29 页。

④ 同上书，第 30 页。

⑤ ［德］海德格尔：《泰然任之》，载孙周兴选编《海德格尔选集》，上海三联书店 1996 年版，第 1235 页。

自身的逻辑来看，既然命运是每个人都必须接受的，那么任何命运恩赐下的个人选择就都是可以理解甚至可以辩护的；但海德格尔对命运恩赐的接受或承担以及由此而来的决心或决断却引起了施特劳斯的怀疑，因为在施特劳斯看来，这一决断更像是“自由地”“在虚幻的安全感或绝望中丧失自己”①。

施特劳斯视海德格尔为“我们时代惟一伟大的思想家”②，并认为“闭眼不看或干脆拒绝他的作品”③ 是一件愚蠢至极的事情，因为“海德格尔是惟一对世界社会的问题之维略有所知的人”④。这一问题之维可以归结为现代西方文明的危机或欧洲的没落，这一没落与危机既在自由民主制对自身的不确信，马克思共产主义式的世界社会的人的末人状态即人的极端堕落状态，尼采式超人对大地的统治地位的全力索逼中，也在技术的全面统治（其理论根基是滥觞于希腊的理性主义）中有着清晰的显示。面对前者，海德格尔在“绝望”中荒唐地拥抱了1933 年，面对后者，海德格尔在“虚幻的安全感”中沉入了对诸神回归的期待。⑤ 因此之故，虽然施特劳斯对海德格尔抱有极大的敬意，并明确承认“我对海德格尔所着眼的东西领会得越多，便越是看到有更多的东西我依然没有领会”⑥，从而谦虚地把自己的研究自觉地“局限于那些能在社会科学的范围内加以澄清的……问题”⑦，但还是把海德格尔与尼采放在一起，视为现代性浪潮的第三波，就像把黑格尔和马克思等人与卢梭放在一起，视为现代性浪潮的第二波一样，也就是说，一并批评他们以批判现代性的方式推进了现代性，从而不但没有解决现代性危机而且还加深了现代性危机。

---

① ［美］施特劳斯：《自然权利与历史》，彭刚译，生活·读书·新知三联书店 2003 年版，第 29 页。

② ［美］施特劳斯：《海德格尔式生存主义导言》，载贺照田主编《西方现代性的曲折与展开》，吉林人民出版社 2002 年版，第 115 页。

③ 同上书，第 117 页。

④ 同上书，第 131 页。

⑤ 同上书，第 126—130 页。

⑥ 同上书，第 116 页。

⑦ ［美］施特劳斯：《自然权利与历史》，彭刚译，生活·读书·新知三联书店 2003 年版，第 9 页。

如此说来，现代性危机虽然在历史主义的相对主义和虚无主义中达到了顶峰，但实际上可能另有更深的根源。其实，前面的论述对此已经略有暗示，因为历史概念的引入，历史主义的主宰社会科学，前提乃是拒绝了自然乃是规范的古典观念："在抛弃自然权利观念的同时，并且通过抛弃这种观念，德国思想'创造了历史意识'，最终导向了漫无节制的相对主义。"① 按照施特劳斯的说法，为历史主义奠基的卢梭所直接批判的靶子是由现代性的第一次浪潮所规定的两个如下特质，即"将道德问题与政治问题还原为技术问题，以及设想自然必需披上作为单纯人工制品的文明产物之外衣"②。而现代性的这两个特质是由两位现代政治哲学家，即马基雅维利和霍布斯规定的。③ 因而，现代性原本是对前现代政治哲学的激进变更，现代性危机原本是现代政治哲学的危机，走出现代性危机的真正途径乃是重回古典政治哲学。

二　重回古典与自然作为标准

古典政治哲学来自古典哲学，而古典哲学始于对自然的发现。在发现自然之前，事物最具特征的行为被人们看作是它的习惯或方式。"吠叫和摇摆尾巴是狗的方式，来月经是妇女的方式，疯人所做的古怪事情是疯人的方式，正如不吃猪肉是犹太人的方式，而不喝酒是穆斯林的方式一样。"④ 在诸多的习惯或方式中，有一种习惯或方式具有

---

① ［美］施特劳斯：《自然权利与历史》，彭刚译，处活·读书·新知三联书店2003年版，第1—2页。

② ［美］施特劳斯：《现代性的三次浪潮》，载贺照田主编《西方现代性的曲折与展开》，吉林人民出版社2002年版，第93页。

③ 人们通常都认为是霍布斯开始了现代的真正的政治哲学（霍布斯自己也如此宣称），但施特劳斯在更精细的研究后认为，霍布斯与古典政治哲学传统的断裂只不过是接着马基雅维利首创的东西说的，虽然其方式可能相当具有原创性。马基雅维利的"宏大开阔的意图"可以从他的"双重说法"中得到显明：一是"他所关注的乃是事实性的、实践性的真理，而非幻想"，这与传统政治哲学家们关注"人们应该如何生活，而非人们事实上是如何生活的"正好相反；二是"福尔图娜（fortuna，罗马神话中的幸运女神，引者注）是一个女性，可以运用力量加以控制"，这同样与古典哲学相信命运或机运"不可控制、难以把握"恰相反对（同上书，第88—89页）。

④ ［美］施特劳斯：《自然权利与历史》，彭刚译，生活·读书·新知三联书店2003年版，第83页。

头等重要性，那就是“我们的”方式，“我们的”方式就是“正确的”方式，就是“至上的”方式，而“我们的”方式之所以是“正确的”，是因为它既是“古老的”又是“我们自己的”，也就是说，是“祖传的”。这最终导致了如下观念，“正确的方式就必定蕴涵着仅仅是对祖先并且从而是对初始事物的怀想”，进而“正确的方式是由神或神子或神的弟子们建立起来的：正确的方式必定是神的法则”①。

哲学作为对万物“原则”的追寻，首先指向的就是对万物“起源”或“最初事物”的追寻。但这些问题最先是由权威（不管是祖先或神、神的法典或世间法律）给出回答的，所以权威本身不受到质疑，初始事物和正确方式的问题就不会成为哲学询问的对象，而自然也就不会被发现。在《理想国》中，柏拉图以对话的背景（而非明确的陈述）清晰地表明了这一点：年迈的父亲和家长克法洛斯起身去照看奉给神的牺牲之后的很长时间，真正的关于正义的讨论才开始；而且，讨论还使参加者们忘记了本该要去观看的一场纪念女神的火炬赛跑。权威受到质疑，意味着正确的或好的不再直接等同于古老的，因而对正确方式或初始事物的追寻就成了对不同于古老之物的好的事物的追寻，也就是对其本身就是好的事物的追寻。据施特劳斯的考察，这一追寻由“先于好的与祖传的区分的两个根本区分所指引着”②，即耳听和眼见的区分和人为事物与非人为事物的区分：前一个区分激起了这样的要求，即初始事物必须是从所有人所能亲见者出发能够看到的，但并非所有可见物都是同样适合的出发点，人工事物的确出于人的设计或盘算，但人显然不是初始事物，于是人们意识到了这样一种可能性，即初始事物以与所有以盘算产生事物的方式根本不同的方式产生了其他的所有事物，但这个由第二个区分推论出来的可能性需要得到由第一个区分所要求的证明，即一个从所有人当下可见事物出发的证明。这最终导致了自然的发现，因为可见的自然的两个最重要的涵义符合上述要求，即自然作为某一事物或某类事物的本质特性和自

① ［美］施特劳斯：《自然权利与历史》，彭刚译，生活·读书·新知三联书店 2003 年版，第 84—85 页。

② 同上书，第 88 页。

然作为初始事物。[①] 但这样被发现的“自然”不是“现象之全体”，因为如果这样的话，所谓“发现自然”就是无从理解的了；“自然”乃是一个用于区分的名词，自然的发现正在于把“现象的全体”区分为自然的现象和不属于自然的现象，把存在方式区分为自然的或真实的存在与依靠法律或习俗的存在。“自然与习俗，physis 与 nomos 之间的分野，就此与自然之发现，从而与哲学相依相存。”[②]

哲学的出现极大地影响了人们一般而言对政治事务，特别而言对法律的态度，因为自然，作为区别于神的东西和区别于习惯的、人为的和祖传的东西，是初始事物，是最古老的事物，而这也就意味着它是好的、正确的事物。“自然乃是万物之祖，万母之母。自然比之任何传统都更古久，因而它比任何传统都更令人心生敬意”[③]。这里明显蕴含着从古典哲学进展到古典政治哲学的内在动力，即承认自然乃是权威和标准，在自然与习俗的区分中站在自然一边，以依“自然”而非依习俗才成立的自然权利对抗认为所有权利都是来自习俗的习俗主义。当然，这需要一场转变，而这一转变在苏格拉底身上有着典范式的表现。

苏格拉底的转变通常被说成是从自然的研究转向对人生、礼俗和善恶事物的研究。这大体说来是不错的，但必须加以准确的理解。如果把它理解成苏格拉底对自然漠不关心，从而拒绝从自然与法律或习俗的区分着眼来研究人类事物，那就等于把他含混的出发点当成了他思想的实质，因为苏格拉底对人类事物的研究是着眼于那些事物“是什么”的研究，比如“勇气是什么”“虔敬是什么”“城邦是什么”，

---

① ［美］施特劳斯：《自然权利与历史》，彭刚译，生活·读书·新知三联书店 2003 年版，第 84 页注释［3］。关于自然概念的第一种涵义，可见［古希腊］亚里士多德《物理学》（张竹明译，商务印书馆 2009 年版，第 30 页）：“‘自然’是它原属的事物因本性（不是因偶性）而运动和静止的根源或原因。”关于自然概念的第二种涵义，可见［古希腊］柏拉图《法律篇》（载王晓朝译《柏拉图全集》第 3 卷，人民出版社 2003 年版，第 653 页）：“假定有人在进行推论，把火、水、土、气看成一切事物的根源，‘自然’只是他给这些东西的名称。”

② ［美］施特劳斯：《自然权利与历史》，彭刚译，生活·读书·新知三联书店 2003 年版，第 91 页。

③ 同上书，第 92—93 页。

等等，而不把握人间事物与非人间事物即神圣之物或自然之物的区别，他就无从了解人类事物本身的本质所在。因而，苏格拉底对于人间事物的研究也是以对于“所有事物”的完备研究为基础的，他的研究目标也是一切存在物的科学，其转变的实质是在探寻一种理解一切事物的新的途径或方法。苏格拉底探寻的出发点，不是在其本身为最初或就其本性为第一位的东西，比如“水”“火”“原子”“数”，等等，而是对我们来说最初的东西，进入我们视野最初的东西，即现象。不过，事物的本质或它的“什么”，不是在我们看到它的情形中，而是在人们对它的言说或意见中，最先进入我们的视野的。于是，苏格拉底力图从人们关于事物本性的意见来了解和把握它们的本性，并且坚持认为，如果无视人们关于事物本性的意见，我们也就抛弃了通向实在的最为重要的渠道，对一切意见的普遍怀疑所通向的不是真理的核心而是一片虚空：“哲学就在于由意见升华为知识或真理，就在于可以说是由意见所指引着的一场升华。当苏格拉底把哲学称作‘辩证法’时，他心目中主要想到的就是这一升华。”①

施特劳斯通过《苏格拉底与阿里斯托芬》的研究表明，这一转变是在苏格拉底认真面对并实际接受了阿里斯托芬的善意嘲讽之后才最终发生的。阿里斯托芬的《云》记述了青年苏格拉底在城邦中被谣言和嘲讽搞得不得安宁的故事，故事说的是一位老农因还不起债而让儿子到苏格拉底的“思想所”学习辩术，他儿子学成之后几句话就把债主打发走了，老农一高兴遂与儿子饮酒诵诗，没想到父子俩发生口角，儿子打了父亲并以辩术证明自己打得有理，老农这下尝到了苏格拉底搞哲学的社会效果，一怒之下点火烧了堆满哲学书籍的苏格拉底“思想所”。很明显，这实际上说的是知识或真理与习俗或法律以及哲学与诗之间的紧张关系，青年苏格拉底由于这一紧张关系而在城邦中过着丧家犬般的生活，而众所周知的是，剧中的论证最终还成了苏格拉底被判身死的罪证之一（败坏青年）。但据柏拉图的《苏格拉底的申辩》，苏格拉底在城邦中似乎一直活得很好且受人爱戴，直到老年才

---

① ［美］施特劳斯：《自然权利与历史》，彭刚译，生活·读书·新知三联书店 2003 年版，第 125 页。

受到法庭指控。那么，到底哪个才是真正的苏格拉底？答案是两个都是，只不过青年苏格拉底在直面阿里斯托芬的善意嘲讽之后发生了转变，哲人苏格拉底变成了政治哲人苏格拉底，阿里斯托芬和柏拉图只是分别记述了转变前后的苏格拉底而已。在施特劳斯看来，当柏拉图在《苏格拉底的申辩》《克力同》等对话中对苏格拉底的哲人生活做辩护，以及在《理想国》《会饮篇》等对话中认真处理哲学与诗、知识或真理与习俗或法律的关系问题时，哲学也就变成了政治哲学。也就是说，哲人苏格拉底已经认真考虑了自己的哲学的生活方式与其所处的政治现实之间的关系问题，并终于认识到，知识和真理只是少数哲人的目标而不能成为社会的目标，如果执意要以真理取代意见作为社会的基础，就会瓦解社会所赖以生存的基本要素从而危及社会、危及大多数人，因为社会的基础只能是意见或权威化和公共化的意见即世界观或意识形态，而哲学则意味着从公共的教条上升到本质上乃是私人化的知识。哲人苏格拉底由此变成了政治哲人苏格拉底，随着这一转变而来的则是哲学的从“天上”回到“常识”或“常识世界”，哲人的从“狂热”回到“清明”与“中道”。[①]

转变之后的苏格拉底或柏拉图[②]重视习俗主义并在与习俗主义的争辩和对抗中证明了自然权利的存在，从而把古典哲学发展到了古典

---

① ［美］施特劳斯：《自然权利与历史》，彭刚译，生活·读书·新知三联书店 2003 年版，第 124 页。

② 古典政治哲学也被施特劳斯称为“柏拉图式政治哲学”，由于苏格拉底述而不作，其哲学与哲学的生活方式是在色诺芬，特别是柏拉图的著述中得以流传下来的，“柏拉图从没以他自己的名义说话，因为在其对话中发言的只有他的角度。因此，严格说来并不存在柏拉图的学说，至多有在其对话中充当主要角色的人的学说”，而在柏拉图的对话中，苏格拉底虽然并非总是主角，在《法律篇》中他甚至并未出现，但无可置疑的是苏格拉底的确是其对话的主要角色（施特劳斯、克罗波西主编：《政治哲学史》，李洪润等译，法律出版社 2009 年版，第 26 页）。因此，从其内容实质而言，“柏拉图式政治哲学”可以恰当地称为苏格拉底—柏拉图式政治哲学。此外，“柏拉图式政治哲学”还可以合乎逻辑地向后延伸到犹太哲学家迈蒙尼德和阿拉伯哲学家法拉比，因为他们二人虽然身处中世纪，也就是从古典转入现代的岔路口上，但其思想品性无疑更接近古典：迈蒙尼德常被视为“中世纪的柏拉图人”（刘小枫：《施特劳斯的“路标”》，载贺照田主编《西方现代性的曲折与展开》，吉林人民出版社 2002 年版，第 35 页），而法拉比则从来“没有在［对柏拉图文本的］单纯转述与自己独立的阐述之间划一条明确的界限”（［美］施特劳斯：《什么是政治哲学》，李世祥等译，华夏出版社 2011 年版，第 132 页）。

政治哲学。习俗主义包括哲学的习俗主义、庸常的习俗主义以及中间的智者派①，其论证的精义在于“权利是习俗性的，因为权利本质上属于城邦，而城邦是习俗性的”②，其论证的前提则可以在伊壁鸠鲁主义中发现：“当柏拉图试图确立自然权利的存在时，他把习俗主义的论题简化成了这样一个前提：善的就等于是使人快乐的。反过来，我们又看到，古典的享乐主义导致了对于全部政治领域最不容置疑的蔑视”，而“古典享乐主义最发达的形式是伊壁鸠鲁主义。”③ 针对习俗主义的前提即善的就是使人快乐的，苏格拉底或柏拉图争辩说：快乐是与欲望联系在一起的，而欲望具有多样性且有其自然的顺序；一个

① 施特劳斯认为，哲学中的习俗主义最为伟大的文献是伊壁鸠鲁主义者卢克莱修的《物性论》，庸常的习俗主义作为哲学习俗主义的庸常版本，在柏拉图《理想国》中归在色拉叙马库斯、格劳孔和阿德曼图斯名下的“不公正的发言”中有着最清楚明白的表现，而其另一篇对话《普罗泰戈拉篇》则把表现了习俗主义观点的神话，即埃比米修斯和普罗米修斯兄弟为会死的族类配备相应的能力的神话（其中，埃比米修斯的工作代表了自然，普罗米修斯的盗火代表了人为，宙斯将正义作为礼物送给所有人的行为则代表了习俗，因为只有通过公民社会的惩罚活动，那个礼物才是有效的），归在了当时最著名的智者普罗泰戈拉的身上（［美］施特劳斯：《自然权利与历史》，彭刚译，生活·读书·新知三联书店2003年版，第115—118页）。

② ［美］施特劳斯：《自然权利与历史》，彭刚译，生活·读书·新知三联书店2003年版，第109页。参见［古希腊］亚里士多德《政治学》（吴寿彭译，商务印书馆1965年版，第9页）：“我们确认自然生成的城邦先于个人，……凡隔离而自外于城邦的人……他如果不是一只野兽，那就是一位神祇。人类生来就有合群的性情，所以能不期而共趋于这样高级（政治）的组合。”

③ ［美］施特劳斯：《自然权利与历史》，彭刚译，生活·读书·新知三联书店2003年版，第109、110页。施特劳斯将伊壁鸠鲁主义的论证重建如下：出于自然就是善的东西先于一切的推论、盘算、教化、管制和强迫，因而善就只是令人快乐之物，因为快乐是惟一的人们当下就能感受为善之物；而首要的快乐就是肉体的快乐，而且是某人自己的肉体的快乐，因为每个人出于自然都只追求他自己个人的快乐；所有对他人利益的关切都是派生出来的，而在这种推论中，引领人们进行选择的目标有三，即最大的快乐、有用之物和高尚之物；最大的快乐是一种可以摆脱任何附带痛苦的快乐，一种彻底的和纯正的快乐，这种快乐是我们出于本性所趋向的目的，是只有通过哲学才能达到的；有用之物本身并不令人快乐，但它有利于人们得到快乐；高尚之物既非纯正的快乐，又不利于得到纯正的快乐，它之所以令人快乐只是因为它受到人们赞扬，也就是说，它只有因为习俗才是善的；特别地，美德属于有用之物，也就是说，它并非因自身之故而被人追求，它之可欲基于人们追求快乐的盘算，并带有一种因强制而来的痛苦成分，其中审慎、节制和勇气都直接具有有益于人的效果，而一个人的正义只有在被人们认为是正义的时候才能产生有益的效果，因而正义与出于自然本身就是善的事物的关系最为紧张（同上书，第110—112页）。

存在者的欲望的顺序指明了该存在者的自然构成和它的“什么”，正是那种自然构成决定了一个存在者的各种欲望的顺序或等级；因而，要判定对人而言何者本于自然就是善的，那就必须判定人的天性（自然）或者人的自然构成是什么；每个人都以这样那样的方式区分肉体和灵魂，而且都承认灵魂高于肉体；那使人的灵魂区别于禽兽的灵魂的，也就是使人区别于禽兽的，乃是语言，或者理性；因为使低级的东西服从于高级的东西是自然的，反之则是不自然的，所以人的终极目的就是人性的完善化，人的分内工作就在于有思想的生活，在于理解和深思熟虑的行动，而一个人如果把他分内工作做好的话，那他的生活就是善的生活，就是与自然相一致的生活；因此，个人的正义不在于给予每个人他所应得之物，而在于做自己的事情，并且是“以一种特定样式”即“好好地”做自己的事情，但“它不是关乎外在的‘各做各的事’，而是关于内在的，即关于真正本身，真正本身的事情。这就是说，正义的人不许可自己灵魂里的各个部分相互干涉，起别的部分的作用。他应该安排好真正自己的事情，首先达到自己主宰自己，自身秩序井然，对自己友善”①。与个人的正义或正确在于把自己灵魂的三个部分，即理性、血气和欲望安排得符合其自然秩序类似，城邦的正义或正确则在于依据“各尽所能、按绩分配”的原则行事，因为城邦的最终目的与个人的最终目的并无二致。而这最终将意味着：只有哲学家或明智者才是真正正义的，最好的城邦也只是哲学家或明智者统治的城邦，因为“指导这种和谐状态的知识是智慧”②。不过，哲学家并不想去统治，他的最终目的在于追求某种比之任何人为之物都更高级更有价值的东西，即永恒真理，并因而与城邦相冲突，但哲学生活对于城邦具有明显的依赖性，而且人对人特别是对他们的亲属都怀有自然亲情，所以哲学家乃至一般公民必须淡化自然权利或自然法以与城邦的要求相匹配。③

---

① ［古希腊］柏拉图：《理想国》，郭斌和、张竹明译，商务印书馆1986年版，第154、172页。

② 同上书，第172页。

③ ［美］施特劳斯：《自然权利与历史》，彭刚译，生活·读书·新知三联书店2003年版，第148—155页。

与苏格拉底或柏拉图不同，亚里士多德并不认为自然权利与公民社会之间有着根本的不和谐，因为正义与自然权利只能来自政治生活与公民社会，在城邦之外或先于城邦，并无所谓正义或自然权利。在这个意义上，自然正义或权利与城邦的政体差别无关，而只有实定的（positive）正义或权利才与政体差别有关。至于各种不同政体的优劣，他一方面认为“在建立任何一类政体时——无论其为贵族政体或寡头政体，又或为平民政体——都是各自合乎正义的；根据尚优原则，各种政体遂各异其要求政权的立场，却各有其片面的优胜，以为正义的根据”①。另一方面却主张只有君主政体才是合乎自然的最佳制度，“倘使邦内出现一个善德特著的人”的话：因为既不能把这样的人流放，也不能强使其屈服为臣民，“惟一的解决方式，而且也是顺乎自然的方式，只有让全邦的人服属于这样的统治者：于是，他便成为城邦的终身君王”，而这之所以合乎自然乃是因为“整体总是超过部分，这样卓绝的人物，他本身恰恰是一个整体，而其他的人们便类似于他的部分”②。亚里士多德的自然权利学说的另一特点在于，他坚持认为虽然“自然的公正对任何人都有效力”，但一切自然权利或公正“都是可变的”③，也就是说，栖身于具体情势下的具体裁决而非一般性规则之中，因而更为重视实践智慧。而这似乎意味着，在某些极端或紧急的情形下，甚至偏离自然正确的最一般原则也可能是正义的；不过这里必须马上指出，与马基雅维利本来就定位于极端处境来考虑政治问题不同，亚里士多德的偏离寻常处境只是一个例外，“亚里士多德意义上的真正的政治家，置身于正常状态和通常所认为正当的观念之中，惟有为了正义和人道本身，他才会勉为其难地偏离寻常认为正当的事物”④。

托马斯·阿奎那（Thomas Aquinas）把亚里士多德思想中隐含但

---

① ［古希腊］亚里士多德：《政治学》，吴寿彭译，商务印书馆1965年版，第176页。

② 同上书，第160、176页。

③ ［古希腊］亚里士多德：《尼各马可伦理学》，廖申白译注，商务印书馆2003年版，第149页。

④ ［美］施特劳斯：《自然权利与历史》，彭刚译，生活·读书·新知三联书店2003年版，第165页。

并未做出区分，即不可变的原则与可变的结论之间的区分明确了下来："自然权利的原则、自然权利各项更加具体的规则所由之而来的公理，乃是普遍有效的和永恒不变的；可变的只是更加具体的规则（比如说归还押金的规则）。"[①] 这里必须说明，与这样一种解释相联系的观点实际上不是亚里士多德的，而是基督教神学的。根据阿奎那，人是天然要过政治生活的，而最好的政体是由一人执政的政体即君主制（其原型是宙斯的统治宇宙），指导人类生活的法律则有永恒法、自然法和人法的类型之别。所有受神意支配的东西都是受永恒法判断和管理的，而人作为理性存在者则可以成为神意本身的参与者，"所以他们在某种程度上分享神的智慧，并由此产生一种自然的倾向以从事适当的行动和目的。这种理性动物参与之永恒法，就叫做自然法"[②]，而从自然法的箴规出发所达到的有关公共幸福各个事项的特殊安排则是人法。自然法的箴规与我们自然倾向的条理相一致，因而"自然法包含着一切有利于保全人类生命的东西，也包含着一切反对其毁灭的东西"，并且"自然教给一切动物的"所有本能也与自然法有关，而向善的倾向则是人所特有的，因而"一个人应当避免愚昧，他不应得罪他必须与其交往的人们，以及所有性质相类似的行动"[③]。就一般性的第一原理而言，自然法对于所有人都是一样的，也就是说，具有普遍性，但在个别情况下自然法可以容许例外，实际上神法和人法都给自然法增加了很多有利于人类活动的内容：人法对自然法的增益的必要性在于，虽然"在人的身上存在着一种倾向为善的自然习性，但人们只有实行'某种锻炼'才能使这种德性臻于完善"[④]；神法对自然法的增益的必要性则在于，与人的自然法相联系的自然目的（不管是道德的完满还是心智的完善）是不充分的，确切地说，人的自然目的不是希腊古典思想所说的从事哲学研究或者政治行动，而是《圣经》启示

---

① ［美］施特劳斯：《自然权利与历史》，彭刚译，生活·读书·新知三联书店 2003 年版，第 160 页。

② ［意］阿奎那：《阿奎那政治著作选》，马清槐译，商务印书馆 2009 年版，第 110 页。

③ 同上书，第 115 页。

④ 同上书，第 118 页。

的永恒福祉，但“这超过了与人类天然才能相称的目标，因此他为了达到这个目的，就必须不但接受自然法和人法的指导，而且接受神所赋予的法律的指导”①。由此，自然理性本身为神法做出了有利的推定，自然法通过神学的吸纳而得以完备并与公民社会相和谐。不过，神学对自然法的这一吸纳也正是现代对古典的反动开始的地方，现代思想坚持认为自然法或自然权利应该独立于神学及其争论，因为它接受了希腊古典思想也有可能接受的如下前提，即道德原则比神学、哪怕是自然神学的教诲都更加明显昭彰。②

三　古典自由主义与自由教育

现代政治哲学拒绝神学对自然法的吸纳，但同样接受自然与习俗的对立（当然是在赋予其不同含义的基础上）。比如霍布斯，他一方面保留了自然法的观念；另一方面却抛弃了“人的完满性的观念”，认为“倘若自然法的原则不为情感所信任或赞同，它们就不会有实际作用。自然法一定得从一切情感中最强烈者推演出来”，而一切情感中的最强烈者乃是对死亡的恐惧，因而实际上不再是自然，而是“自然的可怕对头——死亡”成了最终的指南；由此而来，表达人的根本欲求即最初的自我保全欲求的自然权利取代了按其本性而生活的自然义务，国家的职能由创造或促进每个人的有德性的生活变成了保护每个人的自然权利不受侵犯，一句话，古典的自然权利理论变成了现代

① ［意］阿奎那：《阿奎那政治著作选》，马清槐译，商务印书馆2009年版，第111页。

② ［美］施特劳斯：《自然权利与历史》，彭刚译，生活·读书·新知三联书店2003年版，第167页。需要补充说明的是，在施特劳斯看来，上述苏格拉底—柏拉图式的、亚里士多德式的和托马斯主义式的自然权利论构成了古典政治哲学内部的主要类别，而通常被认为提出了一种全新的自然权利论的斯多亚派实际上属于苏格拉底—柏拉图式的那一类，因为斯多亚主义与犬儒主义密切相关，而犬儒主义则肇始于苏格拉底。作为优秀的观念史家和哲学家，施特劳斯非常清楚古典思想内部诸如柏拉图与亚里士多德、亚里士多德与阿奎那、阿奎那与迈蒙尼德、法拉比之间的差异，就像他非常清楚现代思想内部诸如洛克与卢梭、黑格尔与马克思、马克思与尼采、尼采与海德格尔之间的差异一样，但这些古典与现代的内部差异，比之古典与现代之间的品性差异，虽然同样明显而突出但并不像看起来那样具有本质的重要性。

自由主义的根本教导。[①] 在施特劳斯看来，正是霍布斯取消人的目的以人的欲求来规定自然以及自然法的做法，拉低了自然从而掏空了人性概念，更重要的是，它还由此规定了现代政治哲学的根本视野：洛克缓和了马基雅维利与霍布斯式的略带诗意的教导而代之以它的散文版，即把自我保存的欲望所指向的对象从枪变成了财富，进而把自然权利变成了对财富无限获取的权利，这一微小改变产生了巨大的实践效果，但也加速了现代自由主义的腐败堕落，因为“它倡导‘活着，安全快乐地活着，得到庇佑而不会无所依归就是人类的最高目标’，而全然忘记了人要追求品质高贵、出类拔萃和德行完美”[②]；面对这样的腐败堕落，卢梭被迫要求人的开端即自然状态成为社会性的人的目标，并只能寄希望于那些“孤独的梦想者”凭借其“纯粹生存的甜蜜感”在与沉浸于自我保存欲望的大多数人的敌对中重返自然[③]；德意志哲学家们接过卢梭提出的问题，并认为敌我双方在历史中有可能达成和解；尼采保留了历史主义的合理洞见，却不相信历史过程本身是理性的这一观点，并因此用“孤独的创造者”取代了卢梭的“孤独的梦想者”，用“高贵的自然”取代了“神圣的自然”[④]，但其现代理性主义批判的政治涵义却与“最彻底的历史主义”即海德格尔思想（现代思想在其中达到“巅峰和最高的自我意识”）一样，“被证实为法西斯主义”[⑤]。

与他的上述批判出于对现实问题的敏锐诊断类似，施特劳斯的重回古典政治哲学可能显得保守，但绝非复古和怀旧。施特劳斯认为，

---

① ［美］施特劳斯：《自然权利与历史》，彭刚译，生活·读书·新知三联书店 2003 年版，第 183—186 页。

② ［美］施特劳斯：《古今自由主义》，马志娟译，江苏人民出版社 2010 年版，第 72 页；《自然权利与历史》，彭刚译，生活·读书·新知三联书店 2003 年版，第五章；《什么是政治哲学》，李世祥等译，华夏出版社 2011 年版，第 40 页。

③ ［美］施特劳斯：《自然权利与历史》，彭刚译，生活·读书·新知三联书店 2003 年版，第六章；《什么是政治哲学》，李世祥等译，华夏出版社 2011 年版，第 43—44 页。

④ ［美］施特劳斯：《柏拉图式政治哲学研究》，张缨等译，华夏出版社 2012 年版，第 8 章；《什么是政治哲学》，李世祥等译，华夏出版社 2011 年版，第 45 页。

⑤ ［美］施特劳斯：《什么是政治哲学》，李世祥等译，华夏出版社 2011 年版，第 46 页；《现代性的三次浪潮》，载贺照田主编《西方现代性的曲折与展开》，吉林人民出版社 2002 年版，第 101 页。

重返古代未开化社会的说法是自相矛盾的，因为就未开化社会的最好形式而言，它无非是相信最古老的就是好的进而占据统治地位的社会，但其后人如果没有祖先留下的书籍也就根本不知道自己是否在坚持这一原则，而凭借书籍与祖先得以沟通也就意味着走出了未开化状态。至于保守主义，它实际上并不与自由主义相对立，更合适的说法是它不相信进步主义，不相信理性的普遍主义进而不相信普世大同社会的可欲与可能，它对变化持怀疑和否定态度，因而也更为崇尚传统："今天的保守主义恰恰是最初的自由主义，只不过是或多或少地被今天的自由主义的发展所改变"，因为"自由主义就其原义与保守主义几乎没有不相容的地方，相反，自由派通常带有保守的姿态。前现代的政治哲学，特别是古典政治哲学，其原义都是自由主义"①。因此，从本质上而言，施特劳斯可能是一名罗森所说的"古典自由主义者"②，他的回归古典政治哲学只是要为理性的自由主义找到坚实的基础而已："与共产主义或法西斯主义相反，自由民主制的有力支持来自一种决不能被称为现代的思之方式：我们西方传统之前现代思想。"③ 也就是说，施特劳斯接受古典政治哲学的教诲，承认"单纯的最佳制度就是明智者的绝对统治，实际可行的最佳制度乃是法律统治之下的高尚之士的统治或者混合政制"④，与此同时他又审慎而清明，知道"自由民主制的优越性可谓一目了然"⑤，它作为当前情况下人类所可能拥有的最佳制度"给予所有人自由的同时，也给予那些关心人类卓越的人以自由"，因此自认是"民主的朋友和同盟"⑥。

不过，即便是朋友或正因为是朋友，施特劳斯也不能对自由民主

---

① ［美］施特劳斯：《古今自由主义》，马志娟译，江苏人民出版社2010年版，"前言"第3、4页。

② 刘小枫：《施特劳斯的"路标"》，载贺照田主编《西方现代性的曲折与展开》，吉林人民出版社2002年版，第26页。

③ ［美］施特劳斯：《现代性的三次浪潮》，载贺照田主编《西方现代性的曲折与展开》，吉林人民出版社2002年版，第101页。

④ ［美］施特劳斯：《自然权利与历史》，彭刚译，生活·读书·新知三联书店2003年版，第144页。

⑤ ［美］施特劳斯：《现代性的三次浪潮》，载贺照田主编《西方现代性的曲折与展开》，吉林人民出版社2002年版，第101页。

⑥ ［美］施特劳斯：《古今自由主义》，马志娟译，江苏人民出版社2010年版，第24页。

制所陷入的现实困境熟视无睹而只行阿谀奉承之事。自由民主制的这一困境在于，它与其理想形态即"法律统治之下的高尚之士的统治或者混合政制"相去甚远：按其理想形态，真正的民主制应该是"普世皆贵族的贵族政治"，而所谓贵族就是"既品德高尚又富有智慧"，但现实中的民主制则沦为了大众统治，而且大众实际上并无力施行统治而只能接受精英统治，因为为了民主的平稳运作，大众只需要一种美德，即对选举的淡漠，所以"这种民主制的确不属于大众统治，而是大众文化。大众文化就是无任何智力和道德努力可言，价格极为低廉且最平庸的能力就可以形成的一种文化"，而民主"不过是保护容易变形的大众文化的硬核"① 而已；而就实际进行统治的人民代表而言，由于洛克所倡言的宗教教育和约翰·密尔所说的自由教育的退化，其所肩负的为"社会的总体利益"来考虑问题的责任根本无法落到实处，自由民主制就此沦为腐败堕落的官僚体制，即一些没有灵魂和洞察力的专家及没心没肺的酒色之徒的统治。② 在施特劳斯看来，解决这一问题的关键在于，由于现代的自由民主制，与保守主义等一样，都可以在古典政治哲学中找到其根源，而古典政治哲学的原义本就是自由主义，因此可能恰是救治自由民主制度之腐败堕落的一剂良药：自由的最初含义与现在一样，也是政治性的，亦即自由人就是区别于奴隶、行动自由的人，他拥有一定的财富但获取和管理财富不会占用他很多时间，他知道某些活动比如哲学生活或政治生活比它更有价值，相比健硕的体格他更为重视灵魂的善，但他必须住在城镇，国家也必须为他或他的同类人所统治③；而自由主义的原义就是履行慷慨的美

---

① ［美］施特劳斯：《古今自由主义》，马志娟译，江苏人民出版社 2010 年版，第 3 页。

② 同上书，第 15—19 页。

③ ［美］施特劳斯：《古今自由主义》，马志娟译，江苏人民出版社 2010 年版，第 10、30 页。同时请参考亚里士多德《政治学》（吴寿彭译，商务印书馆 1965 年版，第 5、129、154—155 页）对自由身份和统治者身份的规定，以及柏拉图在《理想国》（郭斌和、张竹明译，商务印书馆 1986 年版，第 98 页）中对"勇敢、节制、虔诚、自由"，在《斐多》的结语（载刘小枫编译《柏拉图四书》，生活·读书·新知三联书店 2015 年版，第 544—545 页）中对"节制、正义、勇敢、自由和真实"的并列使用；在柏拉图著作中极少出现"自由"一词，而它取代"智慧"作为"四德"之一出现实际上意味着，只有真正拥有或追求智慧的人才是真正的自由人，只有智慧才能使人摆脱身体的和灵魂的低级部分的束缚，做自己的真正主人。

德（慷慨亦即在恰当的时候毫不吝啬地捐出自己的财富），而如果说所有的美德就其完善状态而言是不可分割的，那么真正的自由主义者就是一个真正富有美德的人①；就民主制而言，古典政治哲人确实对其多有贬斥，否认这一点是愚蠢的，但问题在于，他们并未对民主制的优势视而不见：“对民主制提出的最为严厉的控诉出现在柏拉图《王制》（即《理想国》，引者注）第八卷中。但即便在第八卷，恰恰在第八卷，柏拉图清楚表明——通过协调他的政制安排与赫西俄德对世界诸世代的安排——在一个非常重要的方面，民主制等于最佳政制，它相应于赫西俄德的黄金时代：因为民主制的原则是自由，所有类型的人都能在民主制中自由发展，尤其是最优秀的那一类人。”② 更宽泛地说，古典政治哲人反对以自由为原则的民主制主要不是因为自由，而是因为当时的民主制“误解了自由的真正意义”，自由被当成了“人人各行其意愿”或“人人都各如其妄想”的“卑劣”观念。③ 但自由的目标或自由本身是含混的，因为它既是作恶的自由也是行善的自由，古典政治哲人所瞩目的人类生活乃至社会生活的目标的实现同样离不开真正的自由，因为真正的自由指向的正是人性和德性的完善并总是“伴随着一种神圣的敬畏之心，伴随着一种先见之明：并非一切事情都是可以做的；……节制就如同自由一样自然，一样源远流长”④。

然而，真正的救治之方不在于回忆起自由民主制的古典起源，也不在于把上述古典政治哲人关于自由、自由主义、民主制的论说直接挪用到现代社会里来。这是因为，古典政治哲学具有如下典型特征：

---

① ［美］施特劳斯：《古今自由主义》，马志娟译，江苏人民出版社2010年版，第4—5页。亚里士多德对“慷慨”及其相关德性“大方”“大度”的讨论见《尼各马可伦理学》，廖申白译注，商务印书馆2003年版，第95—113页，特别需要注意的是第95页注释①、第113页注释②格兰特的评论。

② ［美］施特劳斯：《什么是政治哲学》，李世祥等译，华夏出版社2011年版，第27页。

③ ［古希腊］亚里士多德《政治学》（吴寿彭译，商务印书馆1965年版，第281页）。柏拉图的表述与此类似，他称之为“每个人都被准许想做什么就做什么”，见《理想国》，郭斌和、张竹明译，商务印书馆1986年版，第331页。

④ ［美］施特劳斯：《自然权利与历史》，彭刚译，生活·读书·新知三联书店2003年版，第131页。

它与前哲学的政治生活直接关联，表述问题的语言也不是特别哲学或科学的，而就是开明的公民或政治人都在使用也都明白的语言，处理问题的方法也不是从现代政治哲学家们以政治生活旁观者的角度构想出来的区分（如自然状态与公民状态，事实与价值，现实与各种意识形态，我、你与我们之间的区分，等等）出发，而是直接通过政治生活本身所形成的基本区分（如好的和坏的，正义的与非正义的，等等）来加以呈现，政治哲人与开明的公民或政治人观往同一个方向，只是哲人看得更深更远一些而已，其结果就是古典政治哲学是“实践的”而不是“理论的”，追求实践的目的即实际政治生活的正确引导而不止是对政治生活的描述或理解，是真正具体的，关注特定政体下的民众的品性、传统、风土、经济状况等诸多因素，而不是始于抽象的区分终于实质上仍是一种抽象的理论的具体总体。[①]

真正的救治之方在于实施自由教育。像施特劳斯其他的著作都有着精心的布局一样，在《古今自由主义》这本自编文集中，首章“何谓自由教育”与末章“对美好社会的思考”遥相呼应，形式本身就直接体现了施特劳斯的根本意图。不过，与约翰·密尔提倡自由教育的同时将其与自由民主制相割裂的做法不同，施特劳斯是把自由教育视为救治现已堕落的自由民主制的一剂良药的，因为民主制的实质乃是“普世皆贵族的贵族政治”，而“自由教育是文化教育，或以文化教养为目的的教育。它的成品是一个有文化修养的人”，即绅士或贵族。[②]作为文化教育，自由教育首先是一种识字教育，一种文字的或借助文字的教育。其次也是最重要的，自由教育在于“‘足够谨慎地’研习那些最伟大的思想家留下的经典著作”[③]。之所以是那些“最伟大的思想家的经典著作”，一是因为生命如此短暂，我们无暇求全，所以只能阅读那些最伟大的著作；二是因为只有那些最伟大的思想家才有资格成为最终的教师。自由教育通过与那些最伟大心灵的交谈与对话，

---

① ［美］施特劳斯：《什么是政治哲学》，李世祥等译，华夏出版社2011年版，第66—68、75—78、19—20页。

② ［美］施特劳斯：《古今自由主义》，马志娟译，江苏人民出版社2010年版，第1页。

③ 同上。

而致力于塑造自己的完美品格，进而实现人性本有的卓越。之所以必须“足够谨慎”，那是因为那些最伟大的思想家们在那些最重要的主题上往往意见不合，而这就要求我们自己也必须对那些重大的主题时有领悟，只有这样才能挖掘我们自身的理解能力，其中最主要的是理解到我们并没有能力去做那些最伟大的思想家们的裁决者，我们最该做的只是满足于做一个专注温顺的倾听者。“我们无法成为哲人，但我们仍然可以热爱哲学，我们可以尝试进行哲学思考。这个过程最初且最主要的内容就在于聆听最伟大的哲人之间的谈话，更通俗和谨慎的说法是，聆听最伟大的思想家之间的谈话，也就是研习伟大的著作。”① 在施特劳斯看来，只有这样理解的自由教育才可以对抗大众文化的腐朽，纠正其固有的只生产“没有灵魂和洞察力的专家及没心没肺的酒色之徒”的倾向，因而作为“大众文化的解毒剂”而成为“我们从大众民主向原始意义的民主攀登的梯子”，一句话说就是，“自由教育是在民主的大众社会里创建贵族政治必然要付出的努力”②。

那么，自由教育在大众民主政治中的前景将会如何呢？对此，不仅倡言而且身体力行自由教育的施特劳斯再一次显示出了他的清明和审慎：“我们决不能期望自由教育会被普遍施行，它总是小部分人的义务和特权。我们也不能期望，受过自由教育的人能自动获得政治力量，因为我们不能期望自由教育会引领所有受惠于它的民众都能以同样的方式理解自己的公民责任或在政治上达成一致。”③ 也就是说，我们只是竭尽所能，在几乎毫无希望的地方寻找希望，“研习伟大的著作的过程本身是一种慰藉，我们也没有其他途径得以安身立命”；但竭尽所能只是成功的必要条件，而绝非充分条件，“哲学必须谨防好为人师，哲学只能凭其固有的东西给人启示”④。在此，一个受过自由教育的人必须保持节制，“智慧与节制密不可分。……智慧必须对精良的宪法或者宪制事业保持绝对的忠诚。节制可以帮助我们避免双重

① ［美］施特劳斯：《古今自由主义》，马志娟译，江苏人民出版社 2010 年版，第 5 页。

② 同上书，第 4 页。

③ 同上书，第 25 页。

④ 同上书，第 7 页。

危险：对政治抱有不切实际的幻想和对政治表现出弱者的轻蔑”[①]。实际上，正是以这种方式，我们才在现代知识分子及其对手喧嚣、浮躁、轻率和低劣的浮华世界听到了施特劳斯那安静而细微、清明而理性的声音，那声音追寻自然之光，它因此而回避了聚光灯的照射。

① ［美］施特劳斯：《古今自由主义》，马志娟译，江苏人民出版社2010年版，第25页。

第十二章
从心所欲不逾矩：孔子

人们对于孔子的哲学，除了伦理思想之外，似乎很难谈出其他的深刻哲理，好像人们都有意识或无意识地接受了黑格尔的如下评论："《论语》里面所讲的是一种常识道德，这种常识道德我们在哪里都找得到，在哪一个民族里都找得到，可能还要好些，这是毫无出色之点的东西。孔子只是一个实际的世间智者，在他那里思辨的哲学是一点也没有的——只有一些善良的、老练的、道德的教训，从里面我们不能获得什么特殊的东西。……我们根据他的原著可以断言：为了保持孔子的名声，假使他的书从来不曾有过翻译，那倒是更好的事。"① 这实在是个误解。但上文的引述同时也道出了造成这种误解的一个主要原因，即人们只是单单从《论语》一书去理解孔子。其实《论语》作为孔门弟子对其师日常言行的记录，当然是研究孔子思想的重要文献，但它远远不足以反映孔子思想的全貌。孔子游历各国之后回到鲁国，"乃续《书》、传《礼》、删《诗》、正乐，因史记而作《春秋》、晚而喜《易》，序彖、系象、说卦、文言"②。由此可以看出，这些"以述为作"（"述而不作"的真意在此）③ 的"六经"何尝不是孔子的作品

---

① ［德］黑格尔：《哲学史讲演录》（第一卷），贺麟、王太庆译，商务印书馆 1959 年版，第 119—120 页。

② 钟泰：《中国哲学史》，辽宁教育出版社 1998 年版，第 20 页。还可参见（西汉）司马迁《史记·孔子世家》和《论语·述而第七》关于孔子研究《易经》的情况概述。

③ 冯友兰：《中国哲学简史》，北京大学出版社 1997 年版，第 36 页。

呢？而另一方面，《大学》《中庸》作为儒家哲学的两部经典著作，也可以作为研究孔子思想的可靠文本：一些《中庸》中所引证的孔子的话在《论语》里也有记载，那么，如果《论语》所有的为真，那么《论语》所无的也当为真；至于《大学》，朱熹曾经明言其首章即“经”的部分是记述孔子之言，余下各章作为“传”是“经”的解释，为子思或其门人所作，而子思是孔子高足曾子的学生，其思想又显然与《中庸》所载孔子言论一脉相承。因此，我们对孔子的研究将以《论语》《易传》《大学》首章以及《中庸》中的孔子言论为基础来进行，庶几无失矣。

一　人道即天道

有一种常见的意见说，《论语·子罕第九》明言“子罕言利与命与仁”，因此，孔子没有什么天道观。这是错误理解了这句话：这里所谓“命”根本不是天道或天命，而是天道或天命在人身上体现出来的具体必然性，也即我们通常所说的“命运”，因此这句话的意思是孔子罕言人之具体命运，而绝不是罕言天道或天命。子贡曰：“夫子之文章，可得而闻也；夫子之言性与天道，不可得而闻也。”[①] 意思是说，孔子的言谈仪表可得而见，可得而闻，而孔子所言之天道的义理则不可得而见，不可得而闻。这就说明孔子是有其关于天道的系统观点的，只是“圣门教不躐等，子贡至是始得闻之，而叹其美也”[②]。如果考虑到孔子对六经，特别是其中《易》的“述而不作”，这一点就更为清楚了。

实际上孔子不但有关于天道的系统观点，而且其整个思想的基础全在其人道即天道的观念上。这突出而全面地表现在孔子的如下这段话中：“道不远人。人之为道而远人，不可以为道。诗云：‘伐柯伐柯，其则不远。’执柯以伐柯，睨而视之，犹以为远。故君子以人治

① 《论语·公冶长第五》。
② （宋）朱熹：《四书章句集注》，中华书局 1983 年版，第 79 页。

人，改而止。”[①] 这里所谓的“道不远人”，说的就是天道之为道，不是脱离人而存在的东西，天道的客观性，对于人来说只能是为来源于天道并且其本身就是天道的理性所表现的客观性，如果非要设想一种脱离人而存在的高不可攀的天道及其客观性，那么这样一种天道就不能成其为真正的天道，即所谓“人之为道而远人，不可以为道”。接着，孔子还引《诗》对此进行了进一步的说明和阐释：所谓“伐柯伐柯”，说的是执由柯树而做成的斧柄以伐柯树，因为斧柄源于柯树而与柯树本为一体，所以由柯树而斧柄，再执斧柄伐柯树，本是柯树所以成斧柄，斧柄所以伐柯树的固有本性的现实表现，而且后者表现的本质上就是前者固有本性的现实性[②]，故曰“其则不远”。而一旦人脱离了执柯伐柯这一发生事件的具体情境，“睨而视之”，那么柯之为树与柯之所以成斧柄就似乎成了两个不同的东西了，不过“犹以为远”的斧柄的长短尺度只是“被认为”是远离于树的，但实际上它们本不是相互区隔的两个，这是在比喻人道与天道看似相互远离的两个，但实际本是一个。最后孔子由此引申出君子立教治人的根本法则，即所谓“以人治人，改而止”，意思是施教者和被教者固然不同，但所教之道本是他们本身固有的同一个为人之道，故曰“以人治人”[③]，所要达到的目的无非是使其尽其固有的为人之道，“若人能改，即止不治”[④]。综合而言，孔子这段话的意思无非是说天道并不远人，它就在人道之中，而尽人之道也就是在尽天之道，是天道在表现其自身的现实性，除此之外别无天道可言。

这段话并非孤证。实际上，孔子还有很多其他的话说的也是这个意思。比如说“君子有三畏，畏天命，畏大人，畏圣人之言”[⑤]。这里，“天命”与“大人”“圣人之言”相并列，而人道二天道一，其人道即天道之意昭然若揭，正如邹化政教授对此句的精彩阐释：“天

---

① 《中庸·第十三章》。

② 朱熹注曰：“言人执柯伐木以为柯者，彼柯长短之法，在此柯耳。”见氏著《四书章句集注》，中华书局 1983 年版，第 23 页。

③ 王夫之释“以人治人”曰，“观乎人而得治人之道也”，是矣。见氏著《读四书大全说》，中华书局 1975 年版，第 107 页。

④ （宋）朱熹：《四书章句集注》，中华书局 1983 年版，第 23 页。

⑤ 《论语·季氏第十六》。

道，周人亦称为天命；天命即天道。君子知道人所以为人的人伦之道本于天道，故畏天命；大人作为有德之人，以身体道，故畏大人；圣人之言的真理性表现天道，故畏圣人之言。就人伦之道是天道在人中的表现说，三畏可以归为一畏：畏人自己在其本性中的伦理之道，或畏天道——伦理之道就是天道。”[①] 再比如说：“人能弘道，非道弘人。”朱熹注曰：“人外无道，道外无人。然人心有觉，而道体无为；故人能大其道，道不能大其人也。”[②] 这里所谓的“人外无道，道外无人”，明确指明“人能弘道，非道弘人”的“道”就是人道即天道的道，人在道中，道在人中，人道本为一体，人弘道的过程本身就是天道的实现过程，而天道亦无除此之外其他的实现方式。

接下来的问题是，必须明确这里的“天道”是什么意思。实际上，中国人的天道观念有一个发展的历史过程，随着认识的不断发展，它经历过如下基本历史形式：中国的远古时代即传说中的尧舜时代的天道观念，是一个主宰自然和人伦秩序但又与后者不相脱离而本就运行于其中的统一天道观念，既具有规律的模糊性质，也具有意志的模糊性质。孔子曾说：“大哉尧之为君也！巍巍乎！唯天为大，唯尧则之。荡荡乎！民无能名焉。巍巍乎！其有成功也；焕乎，其有文章！”[③] 这里的“天”，即使是对远古时代的人来说，也不是自然之天或天空之天，而是人伦世界与自然相统一的一个主宰者，亦即同时具有神学意义和本体意义的天。当尧禅让帝位于舜之时：“尧曰：‘咨！尔舜！天之历数在尔躬，允执其中。四海困穷，天禄永终。’”[④] 这是在告诫舜，作为为政者所行所为必须取法乎天，人伦之道必归之于天，故曰“天之历数”“天禄”。不管《论语》所记是不是真实的史实，但至少表明了这样一点，那就是当时人的天道观念是一个把人伦之道归于天道的原始天道观念。

原始的天道观念具有某种宗教的意义，也多与原始宗教——巫术并行地发展着。而当原始宗教——巫术发展为一元化宗教的时候，原

---

① 邹化政：《先秦儒家哲学新探》，黑龙江人民出版社 1990 年版，第 171 页。

② （宋）朱熹：《四书章句集注》，中华书局 1983 年版，第 167 页。

③ 《论语·泰伯第八》。

④ 《论语·尧曰第二十》。

始天道观念也就随之发展为凌驾于人和自然万物之上的人格化神的观念了。从时间上说，大约从殷商到西周，一直都是这样一个神道观念在统辖着中国人的社会意识和自我意识。不过，这里要强调两点：第一，这一神道观念并不排斥此时人们产生的如《尚书·洪范》中的五行思想。一般说来，金、木、水、火、土五行统摄世界的规律最后都归根于一元化的神道，而成为这个神道在自然中的体现。第二，这样高度一元化神的神道观念与比如犹太教、基督教、伊斯兰教等宗教里的神道观念有着明显的不同。在那些更加建制化的宗教那里，突出和强调的多是那个至高、至上和至善的人格和意志本身，而其中的道则是非常抽象的，但中国的神道观念却正好与之相反，它虽然也有人格和意志的那一面，但相比之下无疑“更是一个道，更是一个富有人与自然的统一之为一个规律系统的意义在内的道”[①]。《论语》中有关于成汤向上天求雨或请命伐桀之词：“曰：‘予小子履，敢用玄牡，敢昭告于皇皇后帝：有罪不敢赦。帝臣不蔽，简在帝心。朕躬有罪，无以万方；万方有罪，罪在朕躬。’”[②] 这里明显可以看出此时的天道观念已经是一个神道观念了（所谓“皇皇后帝”），但为政之道作为人伦之道的集中体现也是明显出于天的，故曰“帝臣”“简在帝心”，而“朕”便是替天行道的代表无疑了，所谓天生牧民，王者代天育之。这可以视为中国人的天道观念发展的否定阶段，它本是中国原始天道观念的一个补充形式或其内在的一个有机环节，但在具体的历史发展中却导致了“乃命重黎，绝地天通”[③] 这样将通过占卜之术窥测天意的行为归于最高统治者，而王者同时即是所谓巫祝首领的事情出现，不过正因如此，我们也才能知道天人相通，天道或天命就体现在人的具体的日常行为当中这样一个观念已经是十分常见的了，否则何必要“绝地天通”呢，而且就是它的异化性表现，即为最高统治者所独享这一事实也同样是奠基于人道源于天道的传统观念的。

从西周末年开始，随着人们认识的发展，特别是随着天文学和历

---

① 邹化政：《先秦儒家哲学新探》，黑龙江人民出版社 1990 年版，第 73 页。

② 《论语·尧曰第二十》

③ 《尚书·吕刑》。

法学的发展，一些知识分子开始革新旧有的天道观念，用以对抗和否定用占卜之术去窥测天意的种种巫祝行为。比如地震通常都被认为是一种可以预卜社稷吉凶的天意象征，但西周末年的伯阳父却说这是天地阴阳之事，与周室兴亡毫无关系："夫天地之气，不失其序。若过其序，民乱之也。阳伏而不能出，于是地震。"① 在这种天道观念的革新中，天道之为主宰自然和人伦世界规律的一面，便与经验方面的知识相结合而更加被强调和突出出来了，虽然天道的实在性及其作为神道的意义在革新之初还是被认可的，但却逐渐被发展和内化为万物之中的一个统一主体，从本质上被转化成了一个逻辑在先的本体性的概念。这样，一个物质性的本体及其在自然和人伦世界中显现自身的规律系统的统一，即本体及其作用作为道的统一，实质上就构成了一个当时中国人达到的崭新的天道观念。这个天道观念可以视为中国人天道观念发展的否定之否定阶段，因为它又在更高的形式中（与经验知识相结合）复归为原始天道观念中的那种道运行于整个世界进程之中的意义。

实际上从春秋战国以来，中国哲学的发展一直受着这样一个天道观念的制约，并在宋明儒学特别是其中的理学那里达到了对其进行哲学反思的顶点。当然，在中国哲学的历史发展过程中，这一天道观念的不彻底性和某些神学残余，有时又被突出和强调出来乃至又重回到天道作为神道的根基上去，但却从来不会成为主流。中国哲学一直为这样一种天道观念所制约，因而天人关系问题就理所当然地成了中国哲学的出发点和核心，而不是像西方哲学那样以万物的本源是什么的本体论问题为开端。在这一点上，邹化政教授的如下论断是准确的，即"在中国的每一哲学体系中，对天道的反思，总是作为天人关系的一个基本环节进行的，是为了整个天人关系这个核心问题而存在的。而中国哲学的最高理想，也在于追求天人合一的最高精神境界。这是中国哲学的一贯宗旨。特别是就中国哲学发展的主流——儒家和道家而言，这个宗旨尤为突出和明显"②。

① 《国语·周语》。

② 邹化政：《先秦儒家哲学新探》，黑龙江人民出版社 1990 年版，第 85 页。

就孔子为其奠定伟大开端的儒家而言，对待天人关系问题的基本思路即为人道即天道，也就是说，人在其理性之知的引导下，自觉有为地择善固执，然后在以天道为其最后基础的“克己复礼为仁”的伦理规范系统的制约下，达到“从心所欲不逾矩”的“无为而无不为”的自由之境。这种境界作为天人合一境界，一方面是人所能达到的最高精神境界；另一方面也是天道在人身上的最高实现。

孔子哲学的天道原理根于成书在殷周之际的《易经》而具体表现在《易传》《中庸》《论语》之中。在《易经》中，天道是一个人格化神的神道，它有乾、坤两种基本作用，乾主动与刚，坤主静与柔，这两种基本作用在其各种形式的相互关系中生成天地万物。这就有了独立于乾坤之道的一个人格化神从虚无中创造世界的矛盾。在《易传》中，这个矛盾消失了：乾坤两种基本作用在与天道相联系中变成属阳属阴两种东西的规定性，从而天道在其乾坤之道中，以其自身为质料而进入了万物生成毁灭的自然变易过程，这就与天地万物变得统一不可分了。天道成了内在于天地万物而为其本的本体与其乾坤之道的统一体即所谓道体。这就是孔子下面这段话所要表达的意思：“乾坤其《易》之门邪？乾，阳物也；坤，阴物也。阴阳合德而刚柔有体，以体天地之撰，以通神明之德。”① 这里的“撰”邹化政教授训为“数”，意思是天道的本体在天地万物中作为实体存在之所以能分阴阳，端赖于此数量规定，所谓“天一、地二；天三、地四；天五，地六；天七，地八；天九，地十”②。也就是说，实体的数量规定为奇数，则为阳性实体；实体的数量规定为偶数，则为阴性实体；二者同为实体，构成的是本体在天地万物中作为实体而存在的无所不在性。而这个从本体到实体，从实体到阴阳实体的分化及其数理原则的统一，从这个统一到天地万物的超乎经验的规律系统与本体的统一就是孔子所谓的天道及其实在性。孔子说：“乾坤，其易之缊邪。乾坤成列，而易立乎其中矣。乾坤毁，则无见易。易不可见，则乾坤或几乎息矣。

① 《周易·系辞下传》。

② 《周易·系辞上传》。

是故，形而上者谓之道，形而下者谓之器，化而裁之谓之变。”① 也就是说，超乎经验的形而上的东西就是道，道的表现于形而下的东西就是器，道在器中的能动的主宰、裁节作用就是变，而此变易之道就是以天道本体为基础的乾坤之道，所谓“一阴一阳之谓道”说的就是这个意思。

然而，天道之为一阴一阳的乾坤之道有其精神属性。孔子说：“鬼神之为德，其盛矣乎！视之而弗见，听之而弗闻，体物而不可遗。”② 对此，朱熹注曰：

> 程子曰：“鬼神，天地之功用，而造化之迹也。”张子曰：“鬼神者，二气之良能也。”愚谓以二气言，则鬼者阴之灵也，神者阳之灵也。以一气言，则至而伸者为神，反而归者为鬼。其实一物而已。为德，犹言性情功效。鬼神无形与声，然物之终始，莫非阴阳合散之所为，是其为物之体，而物所不能遗也。③

如前所述，孔子已经把天道的阴阳作用归结为阴阳二物作为实体，但实体的观念对中国人来说就是气的观念，所以阴阳实体也就是阴阳二气。但天道除了“一阴一阳”之外，再无其他内容，则传统所谓鬼神只能作为阴阳二气的精神属性而存在：“阴阳二气既有灵性，则二者的作用就为其灵性所制约，而是一个以灵性制约物质作用的对立统一体：阳主动而伸，阴主静而聚，伸聚同时也就是阴阳灵性的不同作用。”④ 从上面朱熹注可知，关于鬼神的这种观念可说是宋儒诸子的共同观念。问题是，这种解释是否也是孔子的意思？

《周易·系辞上传》有言：“精气为物，游魂为变。是故，知鬼神之情状，与天地相似，故不违。”邹化政教授对此解释说，所谓“精气”就是指在其灵性或精神属性中的阴阳二气，“精气为物”说的是精气之为阳的主动性被其为阴的主静性所牵引而凝聚成物的实在性，

---

① 《周易·系辞上传》。

② 《中庸·第十六章》。

③ （宋）朱熹：《四书章句集注》，中华书局 1983 年版，第 25 页。

④ 邹化政：《先秦儒家哲学新探》，黑龙江人民出版社 1990 年版，第 207 页。

所谓“游魂为变”说的是这一成物的实在性在其极限中复归为精气之为阴的主静性被其之为阳的主动性所超越，而变为形离精气则消、精气离形则散的“游魂”过程，也即一物之死变为他物之生的变化过程；而理解了“精气为物，游魂为变”的变易之道，也就知道了“鬼神之情状”，进而人就能与天地相似而不违其道了。综上可以看出，朱熹的解释虽有自己的发挥，但大体而言，应属孔子的本意。[①]

我们之所以认同这种解释，首先是因为这不是孤证。比如《周易》也有如下类似的说法：“往者屈也，来者信也，屈信相感则利生焉。……精义入神，以致用也。……穷神知化，德之盛也。”[②]“知变化之道者，其知神之所为乎！”[③]“神无方而易无体。”[④]“天数二十有五，地数三十，凡天地之数五十有五，此所以成变化而行鬼神也。”[⑤]其次还因为其内在逻辑推演的强制力和解释力。比如《论语》中关于鬼神的“务民之义，敬鬼神而远之，可谓知矣”“未能事人，焉能事鬼神”[⑥]；关于祭祀的“非其鬼而祭之，谄也”“祭如在，祭神如神在。子曰：‘吾不与祭，如不祭。’”“获罪于天，无所祷也”[⑦]；关于生死的“未知生，焉知死?”[⑧]这些话的精义一直很难被人们理解。实际上，如果联系孔子的天道观以及奠基于这一天道观的鬼神观，这些话的意思大概可以得到明确：就鬼神而言，“敬”说的是敬其内在的潜在真理，“远之”说的是远其不合理的外在表象；就其内在真理而言，鬼神实为阴阳二气的精神属性；就其在人身上的最高表现而言，就是人心的德性欲求，所以“事人”就是“事鬼神”，不能“事人”也就不能“事鬼神”；就以传统鬼神观为基础的祭祀而言，基本原则就是不谄媚，不获罪于天，要么“不祭”，要么“祭如在”。至于生死，如果鬼神就是“精气为物，游魂为变”的变易之道，那么死生一

① 参见邹化政《先秦儒家哲学新探》，黑龙江人民出版社 1990 年版，第 207—208 页。

② 《周易·系辞下传》。

③ 《周易·系辞上传》。

④ 同上。

⑤ 同上。

⑥ 《论语·雍也第六》、《论语·先进第十一》。

⑦ 《论语·为政第二》、《论语·八佾第三》。

⑧ 《论语·先进第十一》。

也，知生即知死，不知生则不知死。所以《周易·系辞上传》说："原始反终，故知生死之说。"①

实际上，关于"神"，《周易》里还有一个说法，即"阴阳不测之谓神"②。这说的是天道作为阴阳之道起作用的微妙玄通的性质。这与前面所引孔子讲鬼神之德"视之而弗见，听之而弗闻，体物而不可遗"的话一脉相承，所以《周易·系辞上传》还说："神无方而易无体。"

综上所述，孔子或《易传》中的天道是一个"一阴一阳"的乾坤之道，阴阳二气作为实体在其固有的灵性或精神属性的统辖下相互作用，而成就万物，其作用是微妙玄通的，视之弗见，听之弗闻，所以穷神知化乃是盛德。这也就是《周易》所讲的："一阴一阳之谓道，继之者善也，成之者性也。仁者见之谓之仁，知者见之谓之知，百姓日用而不知，故君子之道鲜矣。"③ 这说的是天地万物都发端于一阴一阳之道，继之而来的成物过程因其表现了道的本性，所以都是善的，而道就在其所成就的物中表现为它的固有之性。而人物同为物，人性同物性一样，都是天道的固有表现；但人为万物之灵，其固有之性能自明其道，仁者资于道而见仁之谓仁，知者资于道而见知之谓知，这是君子在其作为知的自我意识中与天道合一的道，至于百姓，虽则同样资于道而日用之，但不自知，故君子之道在百姓那里就很少存在了。这样，这段话不仅总结了天道之运行，而且还明确地把天道与自明其道还与天道合一的人性联系在了一起。实际上，这就是在明确天道要借人道而明，人道即是天道，所以圣人"作八卦以通神明之德，以类万物之情"④。孔子重其言曰："乾坤其《易》之门邪？……以通神明之德。"⑤ 人道即天道的哲学出发点就这样过渡到了修身以实现天人合一的自由境界的理论核心。

---

① 参见邹化政《先秦儒家哲学新探》，黑龙江人民出版社 1990 年版，第 208—210 页。

② 《周易·系辞上传》。

③ 同上。

④ 《周易·系辞下传》。

⑤ 同上。

二 从心所欲不逾矩

《中庸》明确了人道与天道的相对区分，从而开始了孔子天人合一理想的具体逻辑进展历程。这一区分是“诚者，天之道也；诚之者，人之道也。诚者不勉而中，不思而得，从容中道，圣人也。诚之者，择善而固执之也”[①]。“诚”训为“实”，真实无妄之谓。也就是说，天道是真实无妄的，圣人之心全为天道所充溢而毫无虚妄不实的非诚因素，所以可以“不勉而中，不思而得，从容中道”[②]，但一般的人则不行，需要“思”“勉”并“择善而固执之”，最终达到与天合一。何以见得这是孔子的思想？因为这段引文出现的第二十章始于鲁哀公问政于孔子，而孔子在对答中陈述了很多为政之道，如修身、尊贤、劝亲等“九经”，并明确说九经“所以行之者一也”，而此所谓“一”就是前引所谓“诚”，因为《中庸》接着就在说“顺乎亲者有道：反诸身不诚，不顺乎亲矣；诚身有道：不明乎善，不诚乎身矣”，再接着就是前面所引的那段话了。

而且《中庸》所说的这个作为人道的“诚之”之道，也就是《大学》所说的“大学之道”。《大学》开篇就说：“大学之道，在明明德。”[③] 对此，朱熹注曰：“明，明之也。明德者，人之所得乎天，而虚灵不昧，以具众理而应万事者也。但为气秉所拘，人欲所蔽，则有时而昏；然其本体之明，则有未尝息者。故学者当因其所发而遂明之，以复其初也。”[④] 朱注明言人之明德之性源于天道，学者明明德而复其初，进而与天合其德。虽然明显有所发挥（如“气秉”“人欲”之类），但基本格调还是符合孔子思想的，并与《中庸》强调人通过

---

① 《中庸·第二十章》。

② 虽然明德之性作为人性是人所固有的，所谓“性相近，习相远也”（《论语·阳货第十七》），但其在各个个人身上的表现毕竟不同，有所谓“生而知之者”“学而知之者”“困而学之者”，也还有“困而不学者”（《论语·季氏第十六》），其中后者与“生而知之”的“圣人”就是其性“不移”的“上知与下愚”（《论语·阳货第十七》），余下的“学而知之者”和“困而学之者”就是本书所说的“一般的人”。

③ 《大学·第一章》。

④ （宋）朱熹：《四书章句集注》，中华书局1983年版，第3页。

“思”“勉”并“择善而固执之”，最终达到与天合一是相通的。因此，《中庸》又说：“自诚明，谓之性；自明诚，谓之教。诚则明矣，明则诚矣。”①

这里需要注意如下两点：第一，人道基于天道，“人为”亦是“天为”，不可像后来荀子那样把二者的相对区别片面夸大为相互对立而成“天人相分”之说，也不能像老子那样一味贬斥“人为”而成一混沌未分之天道“无为”之境。第二，诚之作为人道或明德之性作为人性既有理论理性也有实践理性方面的要求，因而是一个实践理性逻辑上居先而统辖理论理性的统一性。因此，孔子重“学”，而又强调以身行之的重要性，所谓“学而时习之”②，“好学近乎知，力行近乎仁”③。

孔子重“学”，其所谓“学”包括自己的见闻之知，对古籍文献的学习和向别人学习三个方面。“多闻”“多见”④ 说的是自己的见闻之知。“游于艺”⑤ 说的是向书本学习，比如“诗，可以兴，可以观，可以群，可以怨。迩之事父，远之事君，多识于鸟兽草木之名”⑥。“三人行，必有我师焉：择其善者而从之，其不善者而改之”⑦ 说的是向别人学习。而就“学”本身而言，孔子强调相互联系的两个方面：强调辨别所学东西之真伪，所谓“多闻阙疑”“多见阙殆”，进而强调“学”与“思”的结合，所谓“学而不思则罔，思而不学则殆”⑧。

“学”与“思”的统一引出的一个问题就是，这种统一性的实质究竟为何？“思”的作用究竟为何？它怎么就能在经验之知的基础上达到默识其义理，进而达到“温故而知新”“闻一而知十”呢？这与另一个问题密切相关。孔子与子贡曾有过这样一段对话：

---

① 《中庸·第二十一章》。
② 《论语·学而第一》。
③ 《中庸·第二十章》。
④ 《论语·为政第二》。
⑤ 《论语·述而第七》。
⑥ 《论语·阳货第十七》。
⑦ 《论语·述而第七》。
⑧ 《论语·为政第二》。

> 子曰：“赐也，女以予为多学而识之者与?”对曰：“然，非与?”曰：“非也。予一以贯之。”①

这里明确指出思的作用原则绝不是一个源于经验的经验论原则（所谓“多学而识之”），而是“一以贯之”之道。问题于是就变成何谓“一以贯之”之道?《论语》记载的孔子与曾子以及曾子与其门人的另一段对话与此直接相关：

> 子曰：“参乎！吾道一以贯之。”曾子曰：“唯。”子出。门人问曰：“何谓也?”曾子曰：“夫子之道，忠恕而已矣。”②

显然，孔子“一以贯之”之道即是忠恕之道。但在其直接性上，忠恕之道是实践理性的规律，而“学”明显还包含理论理性的认知，如前所引“多识于鸟兽草木之名”。因此，孔子所谓“一以贯之”之道，只能是一个实践理性逻辑上居先而统辖理论理性的统一之道，即心之为思把握一切经验对象（包括理论和实践的对象）的固有之道（朱熹所谓“以具众理而应万事者”），它在其居先的环节上表现为忠恕之道。不过，既然理论理性的认知不能是源于经验的经验论原则，那么实践理性的人行原则当然也就不能是一个源于经验的经验论原则。从逻辑上讲，不是经验论原则，那么只能是一个笛卡尔式的天赋论原则或康德、黑格尔式的先验原则了。孔子的“一以贯之”之道是康德、黑格尔式的先验原则，这明确表现在他与子夏的如下对话之中：

> 子夏问曰：“‘巧笑倩兮，美目盼兮，素以为绚兮。’何谓也?”子曰：“绘事后素。”曰：“礼后乎?”子曰：“起予者商也！始可与言《诗》已矣。”③

---

① 《论语·卫灵公第十五》。

② 《论语·里仁第四》。

③ 《论语·八佾第三》。

所谓“绘事后素”，直接说的是“绘事”后于以粉底为质的“素”，其意义所指应该是心之为思先天固有的对经验对象的能动理解作用，一切理性的原则之知都后于这一先天素质。所谓“礼后”，说的是礼作为仁、义之外在节文，必定后于仁、义本身，进一步讲，仁、义也必后于心之为思所固有的仁义德性的先天素质，如后来孟子所详加阐释的“四端”。这说的是实践理性，但就理论理性而言，也当必然如此。后来《大学》明确指出的明明德的“八条目”中的“致知格物”显然就是承此“绘事后素”的思维本质而来：所谓“物格而后知至”，“格”训为“至”或“及”，心之为思的先天能动作用及于经验对象而成其对象之知；而所“格”之“物”涵盖极广，举凡理论理性和实践理性所可能涉及的任何对象、事情都在其内，如王阳明所“格”的那个著名的竹子之类的自然物，性、命、欲、身、心、意等人身之物，家、国、天下之社会之物，诚、正、修、齐、治、平诸事，朋友以及朋友之以信相交、夫妇以及夫妇之相爱……都是“物”或“事”，“事”亦“物”也；朱熹训“物”为“事”虽然并不全面，但其意当在标举实践理性相对于理论理性的逻辑居先性，故亦确当。

明确了天道的“神明之德”在人身上表现为“明德之性”，而“明德之性”的内在实质在于“绘事后素”之后，孔子接着便展开了他的仁学原理。子曰：“仁者人也。”① 明言人之本性在于仁，没有仁，人就不成其为人，所以说人而不仁，非人也。关于“仁”，《论语》的记载有很多，而且非常零散，甚至会给人一种“吊诡和神秘”② 的感觉，但如果仔细阅读，我们还是可以看到：第一，孔子言仁，类似老子言道，但以天言之则曰道，以人言之则曰仁，仁既是人道之本又是天道本身，绝非仅就人人关系而言。“后之释仁者，或曰：‘仁者功施于人。’或曰：‘博爱之谓仁。’或曰：‘爱曰仁。’皆只言其一偏，非仁之全也。至近人引郑氏（玄）相人偶之言，谓通彼我斯谓仁，而不知‘君子无终食之间违人，造次必于是，颠沛必于是’，‘仁者无忧’，

① 《中庸·第二十章》。

② ［美］赫伯特·芬格莱特：《孔子：即凡而圣》，彭国翔、张华译，江苏人民出版社2002年版，第33页。

不必对人而始有仁，离人而即无仁也。"① 第二，孔子言仁，牵涉极多。"曰：'人而不仁，如礼何。人而不仁，如乐何。'是仁之兼摄礼乐也。曰：'里仁为美。择不处仁，焉得知。'曰：'仁者安仁，知者利仁。'是仁之兼摄知也。曰：'仁者必有勇，勇者不必有仁。'是仁之兼摄勇也。子张问仁，曰：'能行五者于天下，为仁矣。'请问之，曰：'恭、宽、信、敏、慧。'是仁之兼摄恭宽信敏慧诸德也。"②

仁之义繁复如上，其全体实难窥见，然其入门之道在于忠恕。朱熹释"忠恕"时说："尽己之谓忠，推己及人之谓恕。"③ 忠说的是尽己之性，恕说的是以己体人，推己及人。樊迟问仁，子曰："居处恭，执事敬，与人忠。虽至夷狄，不可弃也。"④ 这是讲由忠以求仁。仲弓问仁，子曰："出门如见大宾，使民如承大祭。己所不欲，勿施于人。在邦无怨，在家无怨。"⑤ 这是讲由恕以求仁。所谓"己所不欲，勿施于人"，还只是恕道的消极的和否定的规定，其积极的和肯定的规定则是"己欲立而立人，己欲达而达人"⑥。忠恕之道，《论语》论之极简，但寓意甚宏，不可轻矣。论之详者可见于《大学》所谓"絜矩之道"，此不赘述。但需明了"忠者尽己，恕者推己。己之不尽，何有于推？苟不能推，又何所尽？故忠恕多并言，或单言恕，而忠在其中，单言忠，而恕在其中。不可歧而二之也"⑦。

忠恕之道合而为一，构成了"仁者爱人"⑧ 的总体性。爱人必自孝弟始，所谓："孝弟也者，其为仁之本与！"⑨ 孝弟充之忠恕则为五伦，"天下之达道者五，所以行之者三：曰君臣也，父子也，夫妇也，昆弟也，朋友之交也：五者天下之达道也。知、仁、勇三者，天下之

---

① 钟泰：《中国哲学史》，辽宁教育出版社 1998 年版，第 21 页。

② 同上。

③ （宋）朱熹：《四书章句集注》，中华书局 1983 年版，第 72 页。

④ 《论语·子路第十三》。

⑤ 《论语·颜渊第十二》。

⑥ 《论语·雍也第六》。

⑦ 钟泰：《中国哲学史》，辽宁教育出版社 1998 年版，第 22 页。

⑧ 《论语·颜渊第十二》记载：樊迟问仁。子曰："爱人。"另见《孟子·离娄下》。

⑨ 《论语·学而第一》。

达德也，所以行之者一也”[①]。行天下之五达道者三，三达德也，然知、仁、勇分而为三，而仁统之[②]；行天下之三达德者一，此“一”如前所述，即诚也。诚者，真实无妄，在天言之者；忠，尽己之性，诚之者，在人而言之者。仁者入门在忠恕，其本在孝弟：“有子曰：‘其为人也孝弟，而好犯上者，鲜矣；不好犯上，而好作乱者，未之有也。君子务本，本立而道生。孝弟也者，其为仁之本与！’”[③] 因此，钟泰总结说：“是故五伦之道，统之于忠恕，其始为孝弟，而其极则为仁。”[④]

忠恕之道在于尽己之性，在于以身体人，爱也是人之类感情，因而要想真正实现爱人之道，单靠仁德之情是不够的，必须节之以义。义者，宜也，而爱人之宜，就其在人的各种社会关系中的具体性而言，就是人的社会礼法所规定的是非尺度。所以孔子说：“君子义以为质，礼以行之。”[⑤] 又说“克己复礼为仁。”[⑥] 粗略而言，礼有两义：一是作为规范原则的礼义，二是作为原则表现形式的礼仪和礼俗，二者是一个不可分割的统一体。孔子重视礼俗和礼仪，但更为重视其所表达的礼义内容，认为前者或者可变或者不可变，标准在于其所表达的礼义的坚持。孔子曾说：“麻冕，礼也。今也纯，俭，吾从众。拜下，礼也。今拜乎上，泰也。虽违众，吾从下。”[⑦] 这个例子表明，“克己复礼为仁”虽有其目（即“非礼勿视，非礼勿听，非礼勿言，非礼勿

---

① 《中庸·第二十章》。

② 《论语·颜渊第十二》记载：樊迟问仁。子曰：“爱人。”问知，子曰：“知人。”这是爱人与知人的统一，仁与知的统一：人能爱人，则能以身体人，故能知人。《论语·里仁第四》记载：子曰：“为仁者能好人，能恶人。”这是说知、仁、勇的统一，爱人、知人与好（恶）人的统一：爱人则知人，知人而能好恶之，仁勇之士所当为也。所谓“举直错诸枉，能使枉者直”（《论语·颜渊第十二》）的为政之道就是三达德统于仁的例证。

③ 《论语·学而第一》。

④ 钟泰：《中国哲学史》，辽宁教育出版社 1998 年版，第 23 页。

⑤ 《论语·卫灵公第十五》。

⑥ 《论语·颜渊第十二》。孔子正名之治道与此相关，所谓“名不正则言不顺，言不顺则事不成，事不成则礼乐不兴，礼乐不兴则刑罚不中，刑罚不中则民无所措手足”（《论语·子路第十三》），所以当齐景公问政之时，孔子回答他说：“君君，臣臣，父父，子子。”（《论语·颜渊第十二》）

⑦ 《论语·子罕第九》。

动"[①])，但其具体落实当是所谓中庸之道。孔子说："礼之用，和为贵。先王之道斯为美。"[②] 又说："礼乎礼，夫礼所以制中也。"[③]"中和""时中"等所说的无非是待人接物都要因时、因地、因人而处，努力做到恰如其分，不偏不倚，无过无不及，这就是"中庸"，"庸"说的是此理平庸之极然却庸常不变。这是极难做到的一个要求。孔子说："可与共学。未可与适道；可与适道，未可与立；可与立，未可与权。"[④] 这是一般而论，他还曾就高足颜渊评说道："回之为人也，择乎中庸，得一善，则拳拳服膺而弗失之矣。"[⑤]"回也，其心三月不违仁。其余，日月至焉而已矣"[⑥]。可见行仁而做到不偏不倚，无过无不及，是件极难的事，所以孔子感叹道："中庸之为德也，其至矣乎！民鲜久矣。"[⑦] 这里的关键是"时中"和"行权"，"礼"的原则性与"权"的灵活性的恰当结合，没有这种结合，那就只能是固执于礼的教条或百变而无定则的道之贼（孟子语）或小人了。因此，孔子又讲："君子中庸，小人反中庸。君子之中庸也，君子而时中；小人之反中庸也，小人而无忌惮也。"[⑧]

然而中庸乃是庸常不变之德，如能用心修之，必然会极仁之量，由"爱人"而"亲民""爱物"，富教其国以至天下归仁。孔子曾高度赞扬虞舜说："舜其大知也与！舜好问而好察迩言，隐恶而扬善，执其两端，用其中于民。其斯以为舜乎！"[⑨]"执其两端而用其中"，就是执所问所察之事而行中庸之道的意思，孔子认为，这是舜之所以为舜的关键所在。这虽是古圣先王之业，虽然"成己成物"之学、"合外内之道""能尽其性，则能尽人之性；能尽人之性，则能尽物之性……"始见于《中庸》，小康大同之事、"以天下为一家，以中国为

① 《论语·颜渊第十二》。
② 《论语·学而第一》。
③ 《礼记·仲尼燕居第二十八》。
④ 《论语·子罕第九》。
⑤ 《中庸·第八章》。
⑥ 《论语·雍也第六》。
⑦ 同上。
⑧ 《中庸·第二章》。
⑨ 《中庸·第六章》。

一人”始见于《礼记》，但考之《大学》“格致诚正修齐治平”以及《易传》《论语》如下言论，当明此亦孔子之意、孔子之志无疑。“一阴一阳之谓道，继之者善也，成之者性也。”[①]“鸟兽不可与同群，吾非斯人之徒与而谁与？天下有道，丘不与易。”[②]可见亲民爱物之意。“子适卫，冉有仆。子曰：‘庶矣哉！’冉有曰：‘既庶矣。又何加焉？’曰：‘富之。’曰：‘既富矣，又何加焉？’曰：‘教之。’”[③]“道千乘之国，敬事而信，节用人而爱人，使民以时。”[④]“道之以德，齐之以礼，有耻且格。”[⑤]可见富教其国之意，并明富教之道也。昔者门人侍坐，子路言其志曰：“千乘之国，摄乎大国之间，加之以师旅，困之以饥馑；由也为之，比及三年，可使有勇，且知方也。”冉有言其志曰：“方六七十，如五六十。求也为之，比及三年，可使足民。”[⑥]门人若是，孔子之志岂不可知？子曰：“苟有用我者，期月而已可也，三年有成。”[⑦]昔者孔子合葬父母于防，曰：“今丘也，东西南北之人也。”[⑧]可见富教其国非但不是空言，并亦不限于一国（鲁、卫皆如是）而已矣。

由孝弟而充之忠恕，由忠恕而极之仁，成己成物，富教其国以至天下归仁，此孔子一贯之道，亦圣人之怀抱也。不过孔子之志虽在天下，天下用我与否，则未可知矣。然而孔子，知命之人也，孔子之学，知命之学也。孔子厄于公伯寮矣，曰：“道之将行也与，命也。道之将废也与，命也。公伯寮其如命何！”[⑨]畏于匡矣，曰：“文王既没，文不在兹乎？天之将丧斯文也，后死者不得与于斯文也。天之未丧斯文也，匡人其如予何？”[⑩]绝粮于陈矣，曰：“君子固穷，小人穷斯滥

① 《周易·系辞上传》。
② 《论语·微子第十八》。
③ 《论语·子路第十三》。
④ 《论语·学而第一》。
⑤ 《论语·为政第二》。
⑥ 《论语·先进第十一》。
⑦ 《论语·子路第十三》。
⑧ 《礼记·檀弓上第三》。
⑨ 《论语·宪问第十四》。
⑩ 《论语·子罕第九》。

矣。”[①] 当此困厄之时，孔子念念不忘者，唯道之行与废，斯文之丧与否，何尝念及自己之安危（何况饮食），何也？知命耳。子曰：“不知命，无以为君子也。”[②] 又说：“知者不惑，仁者不忧，勇者不惧。”[③]“君子坦荡荡，小人长戚戚。”[④] 亦是因为知命。孔子说：“道之不行也，我知之矣，……道之不明也，我知之矣，……”[⑤] 无法行道于天下，退而求其次，明道于天下可矣。孔子之仕，“君子之仕也，行其义也”[⑥]。知“道之不行”，退而讲学，以使后死者“得与于斯文也”，正所谓“天下无道也久矣，天将以夫子为木铎”[⑦]。诚如是也。

孔子之人作为知命之人，孔子之学作为知命之学，一言以蔽之曰：“不怨天，不尤人。下学而上达。知我者其天乎!”[⑧] 而“下学上达”之历程如下：“吾十有五而志于学，三十而立，四十不惑，五十而知天命，六十而耳顺，七十而从心所欲不逾矩。”[⑨] 王夫之为之注曰：

> “志于学”者，博文、约礼之谓也。……博合于约，而文皆其心得；约合于博，而礼显于文章：行益定而知益审矣。……乃圣人既立之后：其知也，非待于致也，豁然贯通之余，全体明而大用行也；其行也，非待于力也，其所立者条理不爽，而循繇之则因乎事物之至也。故既立之后，“诚则明矣”。明诚合一，则其知焉者即行矣，行焉者咸知矣。……乃至于此，其所行者，大端亦不离于“三十而立”之所行。知至而几，知终而存义，其行也有精微而无改徙，是以唯就明言之，而不复就诚言之。然“不惑”则纯乎礼而无间，“知天命”则理无不穷而性无不尽，“耳

---

① 《论语·卫灵公第十五》。

② 《论语·尧曰第二十》。

③ 《论语·子罕第九》。《宪问第十四》又说：“君子道者三，我无能焉：仁者不忧，知者不惑，勇者不惧。”夫子自谦而进人之辞也。

④ 《论语·述而第七》。

⑤ 《中庸·第四章》。

⑥ 《论语·微子第十八》。

⑦ 《论语·八佾第三》。

⑧ 《论语·宪问第十四》。

⑨ 《论语·为政第二》。

> 顺”则闻言无违逆，而于土皆安，“从欲不逾矩”则于我皆真而知化不贰。故“不惑”“耳顺”，皆顺乎彼之词，而“知命”“从欲”，皆达乎此之意。要以所行者听乎知，而其知也愈广大愈精微，则行之合辙者，愈高明愈博厚矣。故以迹言之，则至于“不惑”以上，而知之事为多。以实求之，则“立”者诚之复，而“不惑”以上，诚之通也。复已极乎知行之至，而通唯穷神知化以为德之盛，非待有所加于行，以至乎昔之所不能至者。①

王注如此，兹不赘言。然而王夫之又说：“总此一段圣功，极难下思索，作的实解。凭虚言之，则只是释家妙悟。征事言之，又不过小小灵警的聪明。”② 因此，本书不揣鄙陋，对之做自由解：“志”说的是自己的自由选择，所谓“仁远乎哉？我欲仁，斯仁至矣”③。这是为人（仁）之开端，也是自由之开端。“学”与“立”，要在博文约礼，这是圣功之要（只此一段为十五年，余则十年而已矣），也是自由之要义。及其至也，德盛无所加矣，这是圣功之果，也是圣人自由之境。对此境界，颜回曾称赞过，引在下面，以结本章（附加一句：《论语》与《庄子》所记之类似，亦可旁证下文孔、庄关系之论断）：

> 仰之弥高，钻之弥坚。瞻之在前，忽焉在后。夫子循循善诱人，博我以文，约我以礼，欲罢不能。既竭吾才，如有所立卓尔。虽欲从之，未由也已。④
>
> 夫子步亦步，夫子趋亦趋，夫子驰亦驰，夫子奔逸绝尘，而回瞠若乎后矣。⑤

---

① （明）王夫之：《读四书大全说》，中华书局 1975 年版，第 206—208 页。

② 同上，第 209 页。

③ 《论语 · 述而第七》。

④ 《论语 · 子罕第九》。

⑤ 《庄子 · 田子方第二十一》。

第十三章
逍遥游：庄子

庄子其人，多列在老子之后，合称“老庄”。然钟泰称“其学贯孔、老二家，而又益之以恣肆”[①]。或为允当之论。庄子“以天下为沉浊，不可与庄语”，故而“以卮言为曼衍，以重言为真，以寓言为广”[②]。其意本自难知。不过，说庄子掊击儒家，然《人间世》《德充符》诸篇明明对孔子多有致意；说庄子与老、释同于出世之思，然《庄子》内七篇终于《应帝王》，而《天下》篇则明言内圣外王之道；或举《列御寇》篇：“或聘于庄子。庄子应其使曰：‘子见夫牺牛乎？衣以文绣，食以刍叔（菽），及其牵而入于太庙，虽欲为孤犊，其可得乎！’”[③] 然此处明言“或”，势不必然矣，而被世人目为入世的孔子又何尝没有过“道不行，乘桴浮于海”[④] 的感叹。《汉书》载《庄子》有五十二篇，现存仅三十三篇。其中，内七篇条理清晰前后连贯，应是出自庄子本人。而余下外篇、杂篇，或为其下门人所附益，作为理解内七篇之辅助材料可矣。

---

① 钟泰：《中国哲学史》，辽宁教育出版社 1998 年版，第 42 页。

② 《庄子·天下第三十三》。

③ 《史记·老子韩非列传第三》以楚威王当之，不知确否。

④ 《论语·公冶长第五》。

一　天在内人在外

如前所述，天人关系问题也是道家哲学的核心问题。根据《周易》，天地万物乃阴阳之道所生，其“生生”关系为：“有天地然后有万物，有万物然后有男女，有男女然后有夫妇，有夫妇然后有父子，有父子然后有君臣，有君臣然后有上下，有上下然后礼义有所错。”[①]这段话可做宇宙生成论的理解，就此而言，大致类似于“盘古开天地”之于宇宙起源的某种解释：“天地混沌如鸡子，盘古生其中。万八千岁，天地开辟，阳清为天，阴浊为地。盘古在其中，一日九变，神于天，圣于地。天日高一丈，地日厚一丈，盘古日长一丈，如此万八千岁。天数极高，地数极深，盘古极长。”“首生盘古，垂死化身；气成风云，声为雷霆，左眼为日，右眼为月，四肢五体为四极五岳，血液为江河，筋脉为地里，肌肉为田土，发髭为星辰，皮毛为草木，齿骨为金石，精髓为珠玉，汗流为雨泽，身之诸浊，因风所感，化为群氓。”[②] 不过，《周易》中的这段话还可以做哲学的理解，也就是说，其间的先后关系不是时间上的先后关系，而是逻辑上的先后关系，即天地对万物、万物对人类的先在性，说的是天地对万物、万物对人类而言构成的是后者的存在前提。这在庄子那里得到明确，正所谓“天在内，人在外”[③]。意思是说，最为内在的东西是天地生生不息的力量和规律，而人所有的思想与行为都是一种外在的东西。这是庄子关于天人关系的思想核心，也是庄子整个哲学思想的逻辑起点。

天即天道，庄子多言天，于道所言不多（内七篇大抵如此，外篇与杂篇言道处明显增多），然《大宗师》明确说：“夫道，有情有信，无为无形；可传而不可受，可得而不可见；自本自根，未有天地，自古以固存；神鬼神帝，生天生地；在太极之先而不为高，在六极之下而不为深，先天地生而不为久，长于上古而不为老。”[④] 这与老子所言

① 《周易·序卦传》。

② 《五运历年纪》。

③ 《庄子·秋水第十七》。

④ 《庄子·大宗师第六》。

“有物混成，先天地生，……吾不知其名，字之曰道，强为之名曰大”①，“视之不见名曰夷，听之不闻名曰希，搏之不得名曰微。……迎之不见其首，随之不见其后”② 相类，说的都是道的无形无状，不可以见闻得知的超经验性，以及作为万物之宗而存在的本体性。

本意既然相类，那为什么庄子不顺承老子而多言“道”，何必非得多言“天”并且倡言“大宗师”呢？对此，钟泰有一个非常精准的解释，兹录于下：“所谓‘大宗师’者何也？曰：道也。……然其曰‘大宗师’者何也？盖道者，虚名也，惟实证者得而有之，故曰：‘有真人而后有真知。’真人即大宗师也。《天下》篇曰：‘古之所谓道术者，果恶乎在？曰：无乎不在。’曰：‘不离于宗，谓之天人。不离于真，谓之圣人。’而本篇（即《大宗师》，引者注）第一语即曰：‘知天之所为，知人之所为者，至矣。’而终又引许由之言曰：‘吾师乎！吾师乎！？万物而不为义，泽及万世而不为仁，长于万古而不为老，覆载天地刻雕众形而不为巧。’明道也，真人也，大宗师也，名虽有三，而所指则一也。特以其本体言之，则谓之道；以其在人言之，则谓之真人，谓之大宗师耳。”③ 就人而言，庄子还有“至人无己，神人无功，圣人无名”④ 这样的说法，实际上同样是“名三实一”的一贯路数，正如成玄英所作之如下疏解：“至言其体，神言其用，圣言其名。故就体言至，就用语神，就名语圣，其实一也。诣于灵极，故谓之至；阴阳不测，故谓之神；正名百物，故谓之圣也。一人之上，其有此三，欲显功用名殊，故有三人之别。”⑤ 庄子即人言道，比较孔子言仁、老子言道，明显有贯通两家、自成高格的恢宏气象在，体明而用备的特点可见之于全书，读者应于此处用心体会。

而之所以必须“有真人而后有真知”，是因为道“可传而不可受，可得而不可见”。庄子讲过一个轮扁斫轮的故事以示此意，故事是这样的：

---

① 《老子·第二十五章》。

② 《老子·第十四章》。

③ 钟泰：《中国哲学史》，辽宁教育出版社 1998 年版，第 43 页。

④ 《庄子·逍遥游第一》。

⑤ （清）郭庆藩：《庄子集释》，中华书局 2012 年版，第 25 页。

> 桓公读书于堂上，轮扁斫轮于堂下，释椎凿而上，问桓公曰：“敢问公之所读者，何言邪?”公曰：“圣人之言也。”曰：“圣人在乎?”公曰：“已死矣。”曰：“然则君之所读书，古人之糟粕已矣。”桓公曰：“寡人读书，轮人安得议乎。有说则可，无说则死。”轮扁曰：“臣也以臣之事观之。斫轮，徐则甘而不固，疾则苦而不入，不徐不疾，得之于手而应于心，口不能言，有数存焉于其间。臣不能以喻臣之子，臣之子亦不能受之于臣，是以行年七十而老斫轮。古之人与其不可传也死矣，然则君之所读者，古人之糟粕已夫。”①

桓公读圣人之书，与前章所讲孔子“畏圣人之言”说的都是一个意思，即言以表意，圣人之言的真理性足以表现天道。就此而言，桓公欲以体天道之真意而读圣人之书，这是很自然的一件事情；但在轮扁和庄子看来，这是行不通的，圣人已死，圣人之言亦是糟粕，因为道“可传而不可受，可得而不可见”，言语文字中的可传、可见之道已非本然之天道，糟粕而已矣。可以明显看出，这是老子“道可道，非常道”② 思想的继承与发挥。

因言语之中的可传、可见之道并非“常道”，“常道”之“得”与“受”只能是“应乎于心”，故而除了求道者亦是一“（将）得道者”，而授道者身兼“圣人之道”与“圣人之才”这一极端情形外，道几不可学。故而，庄子记录的另一个故事是这样开始的：

> 南伯子葵问乎女偊曰：“子之年长矣，而色若孺子，何也?”曰：“吾闻道久矣。”南伯子葵曰：“道可得学邪?”曰：“恶！恶可！子非其人也。夫卜梁倚有圣人之才而无圣人之道，我有圣人之道而无圣人之才，吾欲以教之，庶几其果为圣人乎！不然，以

① 《庄子·天道第十三》。

② 《老子·第一章》。

> 圣人之道告圣人之才，亦易矣。”①

据成玄英所作疏解，这里所谓“南伯子葵”即《人间世》中“游乎商之丘”的“南伯子綦”，“其道甚尊，堪为物长，故谓之伯”②，这样一位得道之人在古之另一怀道之人女偊眼中却“非其人也”，而且自视“有圣人之道而无圣人之才”，道“不可受”“不可学”之意，明矣。

道虽“不可受”“不可学”，但确实“可传”“可得”，故而得道之人实不可诬也。庄子曾经讲过一个藐姑射之山的故事，以明此意：

> 肩吾问于连叔曰：“吾闻言于接舆，大而无当，往而不返。吾惊怖其言，犹河汉而无极也；大有径庭，不近人情焉。”连叔曰：“其言谓何哉？”曰：“‘藐姑射之山，有神人居焉，肌肤若冰雪，绰约若处子。不食五谷，吸风饮露。乘云气，御飞龙，而游乎四海之外。其神凝，使物不疵疠而年谷熟。’吾以是狂而不信也。”连叔曰：“然。瞽者无以与乎文章之观，聋者无以与乎钟鼓之声。岂唯形骸有聋盲哉？夫知亦有之。是其言也，犹时女也。之人也，之德也，将磅礴万物以为一，世蕲乎乱，谁弊弊焉以天下为事！之人也，物莫之伤。大浸稽天而不溺，大旱金石流土山焦而不热。是其尘垢秕糠，将犹陶铸尧舜者也，谁肯以物为事！宋人资章甫而适诸越，越人断发文身，无所用之。尧治天下之民，平海内之政，往见四子藐姑射之山，汾水之阳，窅然丧其天下焉。”③

藐姑射之山所居“神人”的内外德行虽然与世情相去甚远，但并非狂而不可信，《大宗师》里“真人”自利利他之德行与利物为政之方的描写多与之相类，详录此一，可概其余。综合而言，均是得道之人，于天人之际多有体会，要点有三：

---

① 《庄子·大宗师第六》。

② （清）郭庆藩：《庄子集释》，中华书局2012年版，第257、181页。

③ 《庄子·逍遥游第一》。

第一，明于天人之分，“无以人灭天”。庄子曾借河伯与北海若之问答明确这点：“牛马四足，是谓天；落马首，穿牛鼻，是谓人。故曰，无以人灭天，无以故灭命，无以得殉名。谨守而勿失，是谓反其真。”① 牛马禀赋于天，生而自然有四足，非关人事，所以谓之天；羁勒马头，贯穿牛鼻，出自人为，所以谓之人。天，自然之谓也；人，人为之谓也。所以庄子又说：“何谓道？有天道，有人道。无为而尊者，天道也；有为而累者，人道也。主者，天道也；臣者，人道也。天道之与人道也，相去远矣，不可不察也。”② 然而，人之生不可不服牛乘马，且马首可落、牛鼻可穿亦是牛、马天命自然之常，所以，落马首、穿牛鼻虽然寄托于人事，但终究还是本于天命，并非“以人灭天，以故灭命”。“以人灭天，以故灭命”说的是另外的情况，庄子所讲的那个伯乐治马的故事是其典型：

> 马，蹄可以践霜雪，毛可以御风寒，龁草饮水，翘足而陆，此马之真性也。虽有仪台路寝，无所用之。及至伯乐，曰：“我善治马。”烧之，剔之，刻之，雒之，连之以羁馽，编之以皁栈，马之死者十二三矣；饥之，渴之，驟之，整之，齐之，前有橛饰之患，而后有鞭策之威，而马之死者已过半矣。③

全马之真性，在安排任性，不矜不企，若有意治之，一乖天理，则死者已多；马之性虽然并不厌乘，但如果不能安其驽骥之素分，而求其过能之用，则不堪其用而死者愈多矣。前者即“以人灭天”，后者则是“以故灭命”。

第二，“不以人助天”。庄子说：“古之真人，不知说生，不知恶死；其出不欣，其入不距；翛然而往，翛然而来已矣。不忘其所始，不求其所终；受而喜之，忘而复之，是之谓不以心捐道，不以人助天。是之谓真人。”④ 古之真人安排任化，自然无为，所遇无不适，所受无

---

① 《庄子·秋水第十七》。
② 《庄子·在宥第十一》。
③ 《庄子·马蹄第九》。
④ 《庄子·大宗师第六》。

不喜，复之不出于识，悠然而忘，“不用取舍之心，捐弃虚通之道；亦不用人情分别，添助自然之分”（成玄英疏）①。这方面的反面例证可见于下面这个故事：

> 子贡南游于楚，反于晋，过汉阴，见一丈人方将为圃畦，凿隧而入井，抱瓮而出灌，搰搰然用力甚多而见功寡。子贡曰：“有机于此，一日浸百畦，用力甚寡而见功多，夫子不欲乎？”为圃者仰而视之曰：“奈何？”曰：“凿木为机，后重前轻，挈水若抽，数如泆汤，其名曰槔。”为圃者忿然作色而笑曰：“吾闻之吾师，有机械者必有机事，有机事者必有机心。机心存于胸中，则纯白不备；纯白不备，则神生不定；神生不定者，道之所不载也。吾非不知，羞而不为也。”子贡瞒然惭，俯而不对。②

可见，以人助天者，机事见于外，机心藏于内，则心神不定，道无所载。这点与上面一点都在于强调天人之分，这有点类似老子；但庄子还有另外一面，这一面强调天人一也，有点类于孔子，但都有所创新和发展。

第三，“人与天一”，“人与天不相胜”。孔子穷于陈蔡之间，七日不火食，击木而歌猋氏之淳风，颜回正身回目而视，孔子恐其未悟而妄生臆度，招而诲之曰：“回，无受天损易，无受人益难。无始而非卒也，人与天一也。夫今之歌者其谁乎？”③ 意思是说，天有穷塞之损，知命之人，安之即可，易矣；人有爵禄之益，忽而来寄，推之则难。终始之间变化无穷，损益也莫不如是，就教迹而言自有分别，然至理凝处，无不自然，无不一也，故任其自然而歌者非我也。颜回未悟，尚自有问，就“何谓人与天一邪”？孔子答曰：“有人，天也；有天，亦天也。人之不能有天，性也，圣人晏然体逝而终矣。”④ “晏然体逝”，安排任化之谓也。安排任化，即自然而然，自然而然，则人

---

① （清）郭庆藩：《庄子集释》，中华书局2012年版，第235页。

② 《庄子·天地第十二》。

③ 《庄子·山木第二十》。

④ 同上。

与天一也。其实质则在于“人与天不相胜”。庄子说：“古之真人，……其好之也一，其弗好之也一。其一也一，其不一也一。其一与天为徒，其不一与人为徒。天与人不相胜也，是之谓真人。”[①] 意思是说，古之真人（既不会以人灭天，以人助天，也）不会以天灭人，使天胜人劣。古之真人常无心而顺彼（人，俗），故而好与不好、所善所恶，与彼（人，俗）未尝有二，所谓真俗不二、天人不二之意是也。

合上述三点而为一总结，即所谓“天在内，人在外”，也即以人就天，人与天一。庄子借北海若之口说道：“知道者必达于理，达于理者必明于权，明于权者不以物害己。至德者，火弗能热，水弗能溺，寒暑弗能害，禽兽弗能贼。非谓其薄之也，言察乎安危，宁于祸福，谨于去就，莫之能害也。故曰，天在内，人在外，德在乎天。知天人之行，本乎天，位乎得；蹢躅而屈伸，反要而语极。”[②] 这段话由道而人，说的是得道之人明于时变，随顺自然，不以物害己，亦不以己迫物，能安于命运之所遇，审去就之非己，天然之性蕴于内，人事之迹本于天而不出自然之分，故有得于位，虽混迹人间而能与物相应，或屈或伸，无有定执，常居枢要而返本归源（所谓动不乖寂），所有言语皆发乎虚极（所谓语不乖默）。这是庄子之真实学问，庄子有得于此，乃能思贯孔、老两家而自成高格，乃能齐生死，一寿夭，万物无足以撄其心，而得出入人间世且作逍遥游矣。

二 逍遥游

人间世上，人情泛滥。而人情生则计利，死则计名。计名则德荡，计利则知出。知、德之所论者多矣，庄子追根溯源，将其归为物我之分、是非之论两类。故而物我之执不破，是非之论不除，而以言道，进而言出入人间世与逍遥游，言养生与治外，都不可得也。此为庄子《齐物论》之所以作也。

---

① 《庄子·大宗师第六》。

② 《庄子·秋水第十七》。

《齐物论》是要破除物我是非之执，但只理解到这一层还是落在一边了，有所执滞，未为通美，还是未达庄生之旨。理解《齐物论》是要明白“夫囿于物我是非，则物我是非道之贼也。通于物我是非，则物我是非道之用也。故‘齐物论’者，始于破物我是非之争，终于顺物我是非之应。其破也，谓之以明；其顺也，谓之因是。知夫以明因是之说，而物论无不齐矣，而道无不明矣”[①]。《齐物论》先说“物无非彼，物无非是。自彼则不见，自知则知之”以明彼是之无定。又曰：“是亦彼也，彼亦是也。彼亦一是非，此亦一是非。果且有彼是乎哉？果且无彼是乎哉？彼是莫得其偶，谓之道枢。”这是由彼是之无定，而推知彼是、是非之实有，并由彼是、是非之执的破除而显明道枢之真。然而真既显明，妄亦非妄矣。妄者，彼是、是非之论，彼是、是非无定，无实有，离真即妄，合真即真。故而又曰：“方生方死，方死方生；方不可方可，方可方不可；因是因非，因非因是。是以圣人不由，而照之于天，亦因是也。”前一句明是非之相因，后一句说圣人不由此是非之途，而照之以自然之智，故知无生无死、无可无不可，无是无非，然而不是“夺有而别证无”（成玄英疏）[②]，而是既有而证无，这是由是非之相因而证是非然可之本然，所谓“物固有所然，物固有所可。无物不然，无物不可”。由此反复相喻，庄子最后得出结论：“枢始得其环中，以应无穷。”“唯达者知通为一，为是不用而寓诸庸。”“是以圣人和之以是非而休乎天钧，是之谓两行。”钟泰释之曰：“盖因其是非而是非之，我无容心焉；因其然可而然可之，我无容心焉。则有是非，而是非未尝有也；有然可，而然可未尝有也。其有是非然可者，庸也，以应无穷也；而未尝有是非然可者，不用也，枢之得其环中也。有而不有，用而不用，是则和也，天钧之休也。”[③]

物我是非之执破除，物论无不齐，道无不明。然“道行之而成”[④]，文字上的理解还只是最为粗浅的一步，要想得道还有很多重要

① 钟泰：《中国哲学史》，辽宁教育出版社1998年版，第44页。

② （清）郭庆藩：《庄子集释》，中华书局2012年版，第73页。

③ 钟泰：《中国哲学史》，辽宁教育出版社1998年版，第45页。

④ 《庄子·齐物论第二》。

的阶次要走。女偊答南伯子葵（子綦）问道曰：“闻诸副墨之子，副墨之子闻诸洛诵之孙，洛诵之孙闻之瞻明，瞻明闻之聂许，聂许闻之需役，需役闻之於讴，於讴闻之玄冥，玄冥闻之参寥，参寥闻之疑始。”[①] 副墨，文字也；瞻明，神明洞彻也；聂，登也，亦是附耳私语也；役，用也，行也；玄者，深远之名也；冥者，幽寂之称；参寥，三绝也，一者绝有，二者绝无，三者非有非无，故谓之三绝也；始，本也。意思是说，初则依文生解，次则罗落诵之，而至灵府分明，心生欢喜，私自许当，附耳私语欲以告人，然而虽是私心自许，但仍须依教循理，勤行勿怠才可，行勤则德彰，讴歌满路矣，此六重阶次层次分明，重在依文生解，依解而行，后三重在此知、行基础上渐至玄冥，玄而又玄，以至疑无是始，成玄英疏释之曰：“是以不本而本，本无所本，疑名为本，亦无的可本，故谓之疑始也。”[②] 显而易见，在这九重阶次中，“需役”一重最为重要，道不行不成，若不勤行，道无由致，这也是得道之人女偊久闻至道，内心凝寂，欲传告于南伯子葵（子綦）之时，犹自守之的原因，所谓“我犹守而告之”[③]。

行之重点在于“心斋”“坐忘”。颜回见仲尼，请行至卫，一番对答之后，语及心斋，明心斋非不饮酒不茹荤的祭祀之斋后，仲尼曰：“若一志，无听之以耳而听之以心，无听之以心而听之以气！听止于耳，心止于符。气也者，虚而待物者也。唯道集虚。虚者，心斋也。”[④] 依俞樾之疏解，此处“听止于耳”，当作“耳止于听”[⑤]。若此，文从字顺，此文意思是说，心斋是一志于心，使无异端别绪混于其中，不与物合（符），凝寂虚忘而待物之自来之意。此处之关键是一“虚”字，所谓“虚室生白，吉祥止止”[⑥]。而“虚”自“忘”来，由是而有“坐忘”之说：

---

① 《庄子·大宗师第六》。

② （清）郭庆藩：《庄子集释》，中华书局2012年版，第263页。

③ 《庄子·大宗师第六》。

④ 《庄子·人间世第四》。

⑤ （清）郭庆藩：《庄子集释》，中华书局2012年版，第153页。

⑥ 《庄子·人间世第四》。

> 颜回曰："回益矣。"仲尼曰："何谓也?"曰："回忘仁义矣。"曰："可矣，犹未也。"他日，复见，曰："回益矣。"曰："何谓也?"曰："回忘礼乐矣。"曰："可矣，犹未也。"他日，复见，曰："回益矣。"曰："何谓也?"曰："回坐忘矣。"仲尼蹵然曰："何谓坐忘?"颜回曰："堕肢体，黜聪明，离形去知，同于大通，此谓坐忘。"仲尼曰："同则无好也，化则无常也。而果其贤乎！丘也请从而后也。"①

忘仁义礼乐，是忘人的仁义之心及其外在表现即社会行为规范，对颜回这样的孔门高第而言，是极难的事情。然而仁义礼乐毕竟不是天道本身，因此要想顺天命而行，虚以待物就必须加以忘却。而且不但要忘仁义礼乐，还要"堕肢体，黜聪明，离形去知"，因为"吾所以有大患者，为吾有身"②，"曲士不可以语于道者，束于教也"③。故而"离形去知"而后能"同于大通"，所谓"大通"即是通于道，与道为一。这就是"坐忘"，仲尼尚自未达，请从颜回之后，可见是极高的境界，极难的功夫。

然而，一旦经此功夫达此境界，人即可出入人间世且作逍遥游矣。逍遥游就是自由。《庄子》开篇所讲的鲲鹏寓言敞开的就是一个自由之境："北冥有鱼，其名为鲲。鲲之大，不知其几千里也。化而为鸟，其名为鹏。鹏之背，不知其几千里也；怒而飞，其翼若垂天之云。是鸟也，海运则将徙于南冥。南冥者，天池也。"④ 这是自由的境界，鲲与鹏，北海与南冥，随化而游。然而，鲲鹏之大是自由的，而小如蜩与学鸠"决起而飞，抢榆枋，时则不至而控于地"、斥鴳"腾跃而上，不过数仞而下，翱翔蓬蒿之间"也是自由的，因为"此亦飞之至也"⑤。因物各得其化，小大均出乎性，只要无欣无羡，安排任化，则均作逍遥游矣。《德充符》一篇讲的都是一些形骸有缺陷之人，因其

---

① 《庄子·大宗师第六》。
② 《老子·第十三章》。
③ 《庄子·秋水第十七》。
④ 《庄子·逍遥游第一》。
⑤ 同上。

德充于内，物应于外，外内冥合，信若符命而至极高境界，“仲尼”尚且“将以为师”，“将引天下而与从之”，而况他人乎！重复言之，这里的关键是不以己之所知而妄生偏执：

> 民湿寝则腰疾偏死，鳅然乎哉？木处而惴栗恂惧，猨猴然乎哉？三者孰知正处？民食刍豢，麋鹿食荐，蝍蛆甘带，鸱鸦耆鼠，四者孰知正味？猨猵狙以为雌，麋与鹿交，鳅与鱼游。毛嫱丽姬，人之所美也；鱼见之深入，鸟见之高飞，麋鹿见之决骤。四者孰知天下之正色哉？自我观之，仁义之端，是非之涂，樊然淆乱，吾恶能知其辩！①

鲲鹏、蜩与学鸠等虽是自由的，但都有所待，因而其自由也就都是有限的。要想从有限的自由而达无限的自由，那就只能通过“心斋”“坐忘”等功夫，而达到“同于大通”的境界才可。“同于大通”，就是与道通而为一，实质是“无己”，并因“无己”而“无功”“无名”。庄子曰：

> 故夫知效一官，行比一乡，德合一君而徵一国者，其自视也亦若此矣。而宋荣子犹然笑之。且举世誉之而不加劝，举世非之而不加沮，定乎内外之分，辩乎荣辱之境，斯已矣。彼其于世，未数数然也。虽然，犹有未树也。夫列子御风而行，泠然善也，旬有五日而后反。彼于致福者，未数数然也。此虽免于行，犹有所待者也。若夫乘天地之正，而御六气之辩，以游无穷者，彼且恶乎待哉！故曰：至人无己，神人无功，圣人无名。②

如前所述，“无己”为体，“无功”为用，“无名”为名，故而就“无己”以明其真意。“无己”即是“吾丧我”③，“吾丧我”然后才能

① 《庄子·齐物论第二》。

② 《庄子·逍遥游第一》。

③ 《庄子·齐物论第二》。

“无所待”，“无所待”才能达于逍遥游的绝对自由之境。何谓“吾丧我”？让我们回到庄子提出这一论点的原初语境：

南郭子綦隐机而坐，扬天而嘘，荅焉似丧其耦。颜成子游立侍乎前，曰：“何居乎？形固可使如槁木，而心固可使如死灰乎？今之隐机者，非昔之隐机者也。”子綦曰：“偃，不亦善乎，而问之也！今者吾丧我，汝知之乎？”①

郭象、成玄英都认为：耦，匹也，谓身与神为匹，物与我为耦也。而俞樾则认为，耦，身也，进而认为“丧其耦”即下文所谓“吾丧我”。② 实际上这段话说的是南郭子綦的这样一种状态，即凭机而坐，凝神遐想，仰天而叹，妙悟自然，离形去知，身心俱遣，物我皆忘，而这种状态就是“丧其耦”“吾丧我”。由此观之，释耦为身并不确切，“吾丧我”并非仅忘其身，而必定是离形去知，身心俱遣；释耦为匹较为恰当，“丧其耦”是身心俱遣，物我皆忘，不过这种“忘”必有所留，留下的就是“吾”，是谓“吾丧我”。换一种讲法来说，“吾丧我”意近英文 I lost me，“吾”相当于英文主格“我”（I），而“我”则相当于英文宾格“我”（me）；“我”与 me 所丧愈多，意味着自己的私情私意、私心私智愈少，与物对待愈少，因而“吾”与 I 所是愈真，愈与大道相通。再换句行话来说就是，“吾丧我”意即“小我”之丧是“大我”实存的必要条件，“我”无一己之私（无己）是“吾”享自由而作逍遥游的必要条件。“吾”“我”二字都有“施身自谓”③ 之意，在《庄子》中，虽然两者都有中性意义上的使用，但表示肯定意义用“吾”，而否定意义用“我”的例子比比皆是，我们就行文中出现的引文略举几例：借许由之言而明大宗师即道的“吾师乎！吾师乎！？万物而不为义，……”伯乐治马故事中的伯乐曰：“我善治马。”得道之人女偊曰：“吾闻道久矣。”“……我有圣人之道

① 《庄子·齐物论第二》。
② 参见（清）郭庆藩《庄子集释》，第 49 页。
③ （东汉）许慎：《说文解字》，中华书局 2013 年版，第 267 页。

而无圣人之才，吾欲以教之……”面对子贡之进言，为圃丈人者忿然作色而笑曰：“吾闻之吾师……吾非不知，羞而不为也。”蜩与学鸠“我决起而飞……”、斥鴳“我腾跃而上……”，等等。除此文字上的提示之外，这个故事中接下来的天籁、地籁、人籁的讨论，《应帝王》篇中壶子示见者四，即地文、天壤、衡气与虚与委蛇，《齐物论》篇中所破之物我是非之执，其中心意旨无不与这里的“吾”“我”之别密切相关。

逍遥游实质上是自然，自然而然，它反对逞其私智而以生事为能，也反对执着于有为之迹而累心，但自然无为并非不事事，逍遥游也不是在浩渺之乡孤芳自赏。庄子说：“道之真以治身，其绪余以为国家，其土苴以治天下。”[①] 道之为用，始于养生治身，终于治天下，也就是说，由己之身而至国家、天下，无处不逍遥矣。

著名的庖丁解牛的故事，讲的是解牛，是养生，亦是逍遥游。故事说：

> 庖丁为文惠君解牛，手之所触，肩之所倚，足之所履，膝之所踦，砉然响然，奏刀騞然，莫不中音。合于桑林之舞，乃中经首之会。文惠君曰：“嘻，善哉！技盖至此乎？”庖丁释刀对曰：“臣之所好者道也，进乎技矣。始臣之解牛之时，所见无非牛者。三年之后，未尝见全牛也。方今之时，臣以神遇而不以目视，官知止而神欲行。依乎天理，批大郤，道大窾，因其固然。技经肯綮之未尝，而况大軱乎！良庖岁更刀，割也；族庖月更刀，折也。今臣之刀十九年矣，所解数千牛矣，而刀刃若新发于硎。彼节者有间，而刀刃者无厚；以无厚入有间，恢恢乎其于游刃必有余地矣，是以十九年而刀刃若新发于硎。虽然，每至于族，吾见其难为，怵然为戒，视为止，行为迟。动刀甚微，謋然已解，如土委地。提刀而立，为之四顾，为之踌躇满志，善刀而藏之。”文惠君曰：“善哉，吾闻庖丁之言，得养生焉。”[②]

① 《庄子·让王第二十八》。

② 《庄子·养生主第三》。

刀本相同，而有月更、岁更、十九年而刃若新发于硎者，养与不养之别也。以类推之，生需养也。然而生何以养？必临之以专，持之以慎，理明于心而功夫熟而后可矣。所谓“撄宁也者，撄而后成者也”①，此之谓也。

然养生，既为己也，亦为天下也，正如养生可以逍遥，无为亦可以治天下矣。庄子曰：“圣人之治也，治外乎？正而后行，确乎能其事而已矣。”② 钟泰以此语为核心疏解《应帝王》一篇，诚为精准：“惟以治外为末，故以经式义度为欺德。此其意于《天道》篇实发之。……惟以正而后行确乎能其事为内，故以治天下为不足感于其心。此其意于《天地》篇实发之。”③ 前者意在破，后者意在立，一破一立，治道全矣。就前者而言，经式义度乃为欺德，以己制物，物失其真之意，故曰：“古之明大道者，先明天而道德次之，道德已明而仁义次之，仁义已明而分守次之，分守已明而形名次之，形名已明而因任次之，因任已明而原省次之，原省已明而是非次之，是非已明而赏罚次之。”“故《书》曰：‘有形有名。’形名者，古人有之，而非所以先也。古之语大道者，五变而形名可举，九变而赏罚可言也。（五变九变之意参上面引文可知，引者注）骤而语形名，不知其本也；骤而语赏罚，不知其始也。倒道而言，迕道而说者，人之所治也，安能治人！骤而语形名赏罚，此有知治之具，非知治之道。可用于天下，不足以用天下；此之谓辩士，一曲之人也。礼法数度，形名比详，古人有之，此下之所以事上，非上之所以畜下也。”④ 就后者而言，《天地》篇曰：“古之畜天下者，无欲而天下足，无为而万物化，渊静而百姓定。《记》曰：‘通于一者而万事毕。无心得者而鬼神服。’”⑤《应帝王》篇引老聃之言曰：“明王之治：功盖天下而似不自己，化贷

① 《庄子·大宗师第六》。

② 《庄子·应帝王第七》。

③ 钟泰：《中国哲学史》，辽宁教育出版社 1998 年版，第 47 页。

④ 《庄子·天道第十三》。

⑤ 《庄子·天地第十二》。

万物而民弗恃；有莫举名，使物自喜；立乎不测，而游于无有者也。”[①]《在宥》篇曰：“故君子不得已而临莅天下，莫若无为。无为也而后安其性命之情。故贵以身于为天下，则可以托天下；爱以身于为天下，则可以寄天下。故君子苟能无解其五藏，无擢其聪明；尸居而龙见，渊默而雷声，神动而天随，从容无为而万物炊累焉。吾又何暇治天下哉！”[②] 此明虽然名曰“应帝王”，而实际上从不以此而累心。其所瞩目者，逍遥游而已矣，故曰：“夫有土者，有大物也。有大物者，不可以物；物而不物，故能物物。明乎物物者之非物也，岂独治天下百姓而已哉！出入六合，游乎九州，独往独来，是谓独有。独有之人，是谓至贵。”[③] 由此观之，庄子生逢乱世，诸侯竞之以力，“以土苴治天下”尚且不为而作逍遥游，岂不宜哉！其人其学为后人所推重，固有是矣。

① 《庄子·应帝王第七》。
② 《庄子·在宥第十一》。
③ 同上。

主要参考文献

一　原著性著作

《马克思恩格斯全集》第3、30卷，人民出版社2002、1995年版。

《马克思恩格斯选集》第1－4卷，人民出版社1972年版。

《马克思恩格斯选集》第1－4卷，人民出版社1995年版。

《阿奎那政治著作选》，马清槐译，商务印书馆2009年版。

［美］阿伦特：《过去与未来之间》，王寅丽、张立立译，译林出版社2011年版。

［美］阿伦特：《精神生活·意志》，姜志辉译，江苏教育出版社2006年版。

［美］阿伦特：《康德政治哲学讲稿》，罗纳德·贝纳尔编，曹明、苏宛儿译，上海人民出版社2013年版。

［美］阿伦特：《论革命》，陈周旺译，译林出版社2007年版。

［美］阿伦特：《马克思与西方政治思想传统》，孙传钊译，江苏人民出版社2007年版。

［美］阿伦特：《人的境况》，王寅丽译，上海人民出版社2009年版。

《柏拉图全集》，王晓朝译，人民出版社2003年版。

《柏拉图四书》，刘小枫编译，生活·读书·新知三联书店2015年版。

［古希腊］柏拉图：《理想国》，郭斌、张竹明译，商务印书馆1986年版。

［古希腊］柏拉图：《理想国》，王扬译注，华夏出版社2012年版。

［古希腊］柏拉图：《游叙弗伦苏格拉底的申辩克里同》，严群译，商务印书馆 1983 年版。

《海德格尔选集》，孙周兴选编，上海三联书店 1996 年版。

［德］海德格尔：《存在与时间》（修订译本），陈嘉映、王庆节译，生活·读书·新知三联书店 1999 年版。

［德］海德格尔：《林中路》，孙周兴译，上海译文出版社 1997 年版。

［德］海德格尔：《路标》，孙周兴译，商务印书馆 2000 年版。

［德］海德格尔：《尼采》，孙周兴译，商务印书馆 2002 年版。

［德］海德格尔：《谢林论人类自由的本质》，薛华译，中国法制出版社 2009 年版。

［德］海德格尔：《形而上学导论》，熊伟、王庆节译，商务印书馆 1996 年版。

［德］海德格尔：《演讲与论文集》，孙周兴译，生活·读书·新知三联书店 2005 年版。

［德］海德格尔：《哲学论稿（从本有而来）》，孙周兴译，商务印书馆 2012 年版。

《黑格尔早期神学著作》，贺麟译，商务印书馆 1988 年版。

《黑格尔政治著作选》，薛华译，中国法制出版社 2008 年版。

［德］黑格尔：《法哲学原理》，范扬、张企泰译，商务印书馆 1961 年版。

［德］黑格尔：《精神现象学》（上、下卷），贺麟、王玖兴译，商务印书馆 1979 年版。

［德］黑格尔：《精神哲学》，韦卓民译，华中师范大学出版社 2006 年版。

［德］黑格尔：《历史哲学》，王造时译，上海书店出版社 2001 年版。

［德］黑格尔：《小逻辑》，贺麟译，商务印书馆 1980 年版。

［德］黑格尔：《哲学科学全书纲要》（1817 年版、1827 年版、1830 年版），薛华译，北京大学出版社 2010 年版。

［美］霍布斯：《利维坦》，黎思复、黎廷弼译，杨昌裕校，商务印书馆 1985 年版。

《康德著作全集》（第 4—6 卷），中国人民大学出版社 2005—2007

年版。

［德］康德：《纯粹理性批判》，蓝公武译，商务印书馆 1960 年版。

［德］康德：《历史理性批判文集》，何兆武译，商务印书馆 1990 年版。

［德］康德：《任何一种能够作为科学出现的未来形而上学导论》，庞景仁译，商务印书馆 1978 年版。

［美］列奥·施特劳斯、［美］约瑟夫·克罗波西主编：《政治哲学史》，李洪润等译，法律出版社 2009 年版。

［美］列奥·施特劳斯：《柏拉图式政治哲学研究》，张缨等译，华夏出版社 2012 年版。

［美］列奥·施特劳斯：《古今自由主义》，马志娟译，江苏人民出版社 2010 年版。

［美］列奥·施特劳斯：《关于马基雅维里的思考》，申彤译，译林出版社 2003 年版。

［美］列奥·施特劳斯：《霍布斯的政治哲学》，申彤译，译林出版社 2001 年版。

［美］列奥·施特劳斯：《什么是政治哲学》，李世祥等译，华夏出版社 2011 年版。

［美］列奥·施特劳斯：《自然权利与历史》，彭刚译，生活·读书·新知三联书店 2003 年版。

刘小枫编：《苏格拉底问题与现代性——施特劳斯讲演与论文集：卷二》，彭磊、丁耘等译，华夏出版社 2008 年版。

［法］卢梭：《爱弥儿》，李平沤译，商务印书馆 1978 年版。

［法］卢梭：《论人类不平等的起源和基础》，高煜译，高毅校，广西师范大学出版社 2002 年版。

［法］卢梭：《论政治经济学》，王运成译，商务印书馆 1962 年版。

［法］卢梭：《社会契约论》，何兆武译，商务印书馆 1980 年版。

［美］罗尔斯：《万民法》，陈肖生译，吉林出版集团有限责任公司 2013 年版。

［美］罗尔斯：《正义论》，何怀宏、何包钢、廖申白译，中国社会科学出版社 1988 年版（2003 年 10 月重印）。

［美］罗尔斯：《政治自由主义》，万俊人译，译林出版社2000年版。

［美］罗尔斯：《作为公平的正义》，姚大志译，上海三联书店2002年版。

《洛克政治论文集》，中国政法大学出版社2003版（影印本）。

［英］洛克：《政府论》（上下篇），叶启芳、瞿菊农译，商务印书馆1982、1964年版。

［德］马克思、恩格斯：《德意志意识形态》（节选本），人民出版社2003年版。

［德］马克思：《1844年经济学哲学手稿》，人民出版社2000年版。

［德］马克思：《资本论》，人民出版社1975年版。

《尼采文集》（3卷），王岳川编，周国平等译，青海人民出版社1995年版。

《尼采著作全集》（第4—6卷），孙周兴等译，商务印书馆2010－2015年版。

［德］尼采：《快乐的科学》，黄明嘉译，漓江出版社2000年版。

［德］尼采：《权力意志》，孙周兴译，商务印书馆2009年版。

［德］尼采：《曙光》，田立年译，漓江出版社2000年版。

［古希腊］色诺芬：《回忆苏格拉底》，吴永泉译，商务印书馆2009年版。

［美］施特劳斯：《古典政治理性主义的重生》，潘戈编，郭振华等译，叶然校，华夏出版社2011年版。

［美］施特劳斯：《哲人的自然与道德——尼采〈善恶的彼岸〉讲疏》，布里茨整理，曹聪译，华东师范大学2017年版。

［德］谢林：《对人类自由的本质及其相关对象的哲学研究》，邓安庆译，商务印书馆2008年版。

［德］谢林：《世界时代》，先刚译，北京大学出版社2018年版。

［德］谢林：《先验唯心论体系》，梁志学石泉译，商务印书馆1976年版。

［古希腊］亚里士多德：《尼各马可伦理学》，廖申白译注，商务印书馆2003年版。

［古希腊］亚里士多德：《政治学》，吴寿彭译，商务印书馆1965

年版。

《老子道德经注校释》，楼宇烈校，中华书局 2008 年版。

（战国）孟子等：《四书五经》，中华书局 2009 年版。

《周易今注今译》，南怀瑾、徐芹庭译，重庆出版社 2011 年版。

（宋）朱熹：《四书章句集注》，中华书局 1983 年版。

（清）郭庆藩：《庄子集释》，中华书局 2012 年版。

程树德：《论语集释》，中华书局 1990 年版。

高明：《帛书老子校注》，中华书局 1996 年版。

贺照田主编：《西方现代性的曲折与展开》，吉林人民出版社 2002 年版。

F. W. J. Schelling: *The Ages of the World*, translated with an introduction by Jason M. Wirth, State University of New York Press, 2000.

Schelling: *The Ages of the World*, translated with an introduction and notes by Frederick de Wolfe Bolman Jr. , Columbia University Press, 1942.

Slavoj Zizek and F. W. J. von Schelling: *The Abyss of Freedom/Ages of the World*, University of Michigan Press, 1997.

二、研究性著作

［法］阿尔都塞：《保卫马克思》，顾良译，杜章智校，商务印书馆 1984 年版。

［美］阿利森：《康德的自由理论》，陈虎平译，辽宁教育出版社 2001 年版。

［英］阿龙：《约翰·洛克》，陈恢钦译，辽宁教育出版社 2003 年版。

［印］阿玛蒂亚·森：《以自由看待发展》，任赜、于真译，刘民权、刘柳校，中国人民大学出版社 2002 年版。

［美］艾伦·布卢姆：《美国精神的封闭》，战旭英译，冯克利校，译林出版社 2011 年版。

［美］安东尼娅·格鲁嫩贝格：《阿伦特与海德格尔：爱和恩的故事》，陈春文译，商务印书馆 2010 年版。

［英］彼得·甘西：《反思财产：从古代到革命时代》，陈高华译，北京大学出版社 2011 年版。

［英］彼得·拉斯莱特：《洛克〈政府论〉导论》，冯克利译，生活·读书·新知三联书店 2007 年版。

［美］伯格：《尼各马可伦理学义疏——亚里士多德与苏格拉底的对话》，柯小刚译，华夏出版社 2011 年版。

［英］伯林：《自由及其背叛》，赵国新译，译林出版社 2005 年版。

［英］伯林：《自由论》，胡传胜译，译林出版社 2003 年版。

［美］布鲁姆：《巨人与侏儒》，张辉选编，张辉等译，华夏出版社 2007 年版。

［加拿大］查尔斯·泰勒：《黑格尔》，张国清、朱进东译，译林出版社 2002 年版。

［美］戴维斯：《哲学的政治——亚里士多德〈政治学〉疏证》，郭振华译，华夏出版社 2012 年版。

［加拿大］菲利普·汉森：《汉娜·阿伦特：历史、政治与公民身份》，刘桂林译，江苏人民出版社 2007 年版。

［法］贡斯当：《古代人的自由与现代人的自由》，阎克文、刘满贵译，上海人民出版社 2005 年版。

［美］赫伯特·芬格莱特：《孔子：即凡而圣》，彭国翔、张华译，江苏人民出版社 2002 年版。

［德］霍耐特：《为承认而斗争》，胡继华译，上海世纪出版集团 2005 年版。

［法］吉尔·德勒兹：《尼采与哲学》，周颖、刘玉宇译，社会科学文献出版社 2001 年版。

［德］卡西勒：《卢梭问题》，彼得·盖伊编，王春华译，译林出版社 2009 年版。

［法］科耶夫：《黑格尔导读》，姜志辉译，译林出版社 2005 年版。

［法］科耶夫等：《驯服欲望：施特劳斯笔下的色诺芬撰述》，贺志刚、程志敏等译，华夏出版社 2002 年版。

［伊朗］拉明·贾汉贝鲁格：《伯林谈话录》，杨祯钦译，译林出版社 2002 年版。

［美］理查德·维克利：《论原初遗忘——海德格尔、施特劳斯与哲学的前提》，谢亚洲、杨永强译，华夏出版社 2016 年版。

[美] 理查德·沃林：《存在的政治——海德格尔的政治思想》，周宪、王志宏译，商务印书馆 2000 年版。

[俄] 露·莎乐美：《情遇尼采》，王书祥、杨祖群译，社会科学文献出版社 2002 年版。

[意] 洛苏尔多：《黑格尔与现代人的自由》，丁三东等译，吉林出版集团有限责任公司 2008 年版。

[美] 尼柯尔斯：《苏格拉底与政治共同体——〈王制〉义疏：一场古老的论争》，王双洪译，华夏出版社 2007 年版。

[斯洛文尼亚] 齐泽克：《自由的深渊》，王俊译，上海译文出版社 2013 年版。

[加] 莎迪亚·B. 德鲁里：《列奥·施特劳斯的政治观念》，张新刚、张源译，王利校译，新星出版社 2010 年版。

[加] 莎迪亚·B. 德鲁里：《列奥·施特劳斯与美国右派》，刘华等译，刘擎译校，华东师范大学出版社 2006 年版。

(西汉) 司马迁：《史记》，岳麓书社 1993 年版。

[美] 斯蒂芬·芒泽：《财产理论》，彭诚信译，北京大学出版社 2006 年版。

(明) 王夫之：《读四书大全说》，中华书局 1975 年版。

[德] 韦尔默：《后形而上学现代性》，应奇、罗亚玲编译，上海译文出版社 2007 年版。

[法] 韦尔南：《希腊思想的起源》，秦海鹰译，生活·读书·新知三联书店 1996 年版。

(东汉) 许慎：《说文解字》，徐铉校，中华书局 2013 年版。

[美] 伊丽莎白·扬—布鲁尔：《阿伦特为什么重要》，刘北成、刘小欧译，译林出版社 2009 年版。

[美] 约翰·格雷：《自由主义》，曹海军、刘训练译，吉林人民出版社 2005 年版。

[英] 詹姆斯·塔利：《语境中的洛克》，梅雪芹、石楠、张炜等译，华东师范大学出版社 2005 年版。

[美] 巴姆巴赫：《海德格尔的根——尼采，国家社会主义和希腊人》，张志和译，上海书店出版社 2007 年版。

［美］茱迪·史珂拉：《政治思想与政治思想家》，左高山译，上海人民出版社 2009 年版。

邹化政：《先秦儒家哲学新探》，黑龙江人民出版社 1990 年版。

冯友兰：《中国哲学简史》，北京大学出版社 1996 年版。

刘小枫、陈少明主编：《海德格尔的政治时刻》，华夏出版社 2009 年版。

刘小枫、陈少明主编：《苏格拉底问题》，华夏出版社 2005 年版。

先刚：《永恒与时间：谢林哲学研究》，商务印书馆 2008 年版。

徐戬选编：《古今之争与文明自觉：中国语境中的施特劳斯》，华东师范大学出版社 2010 年版。

赵汀阳：《坏世界研究：作为第一哲学的政治哲学》，中国人民大学出版社 2009 年版。

钟泰：《中国哲学史》，辽宁教育出版社 1998 年版。

Bakunin, Mikhail Aleksandrovich, *Marxism*, *Freedom and the State*, London: Freedom Press, 1950.

Screpanti Ernesto, *Libertarian Communism*: *Marx*, *Engels and the Political Economy of Freedom*, Palgrave Macmillan, 2007.

Ken Gemes and Simon May (edited), *Nietzsche on Freedom and Autonomy*, New York: Oxford Univ. Press, 2009.

O' Rourke James J., *The Problem of Freedom in Marxist Thought*: *An Analysis of the Treatment of Human Freedom by Marx*, *Engels*, *Lenin and Contemporary Soviet Philosophy*, D. Reidel Publishing Company, 1974.

后　记

摆在读者面前的这本书是我所承担的教育部人文社会科学重点研究基地重大项目《自由的谱系》（项目编号 13JJD720008）的最终结项成果。作为对自由问题的一种思想史式研究，本书以高清海老师对哲学的一般理解为根据，参照施特劳斯所示范的经典注疏方法，遵循事情本身的内在逻辑，详细讨论了古今中外有代表性的十几位思想家对自由的不同理解。

这些思想家给出的思想方案各具特色、引人深思。洛克的方案最早，也实现得最好，但其实现却是以牺牲很多人或很多民族国家的自由和利益为代价的，美国就是最好的例证。卢梭的方案本身是让人悲观乃至绝望的，卢梭本人的遭际就是最好的说明；而其各式各样各取所需的应用则是应该受到批判的，一如伯林、伯克等很多人所正确指出的。康德上承卢梭下启黑格尔，就其最终旨趣而言可以说是高绝的，但其实现则难免落入近代自由主义的主流传统。黑格尔的方案看似最为可取，但其所蕴含的西方中心主义取向却难以为非西方民族所接受。马克思对现代资本主义社会的批判可谓入木三分，但所提出的替代方案却因无产阶级的消失以及共产主义运动的低迷而深陷争论之中。罗尔斯的方案以自由主义为基底，回应美国社会对平等、公平、正义的正当诉求，也许适应美国社会的经验文化背景和社会发展状况，但其繁复精细的制度设计却很难说有超越民族、国家的普遍适用性。阿伦特从其最新的经验和最切近的恐惧出发，重新考虑人的境况，进而以回归希腊古典主义的立场倡导一种行动的自由，其滔滔雄辩却因其对奴隶制的模糊态度和明显的精英主义立场而面临质疑。谢林、海德格尔和尼采以深邃的形上思考为出发点，倡导一种实质上以“决断”为基础的自由，虽然可以像齐泽克所暗示的那样具有某种革命性，但也很可能走向海德格尔所示例的纳粹主义。孔子和庄子作为中国传统儒、道两家的代表，虽然其思想的内在精神与理路，特别适合救治当今时代之弊，也特别合乎我们的常识判断和道德直觉，但其有效的现代转化还有待于施特劳斯式的评注和阐释来实现，因为施特劳斯试图使之复兴的古典政治哲学要求的首先就是关注我们自己的政治制度和政治文化以及生活方式和传统习俗。

当下中国正在努力确立自己的发展道路，但在资本全球统治的世界格局中，任何一个后发展国家要想确立自己的发展道路都是极其困难的：任何一种可能的选择都不得不考虑历史的和现实的因素，而这些因素本身又是极其复杂的，其中既有经济的和政治的因素，又有文化的和社会的因素。我们认为，在所有这些因素当中，最重要的就是人的因素，正如全书所力图证明和显示的那样，对人的不同理解和对自由的不同理解与追寻密切相关。问题是当代中国人既没有变成西方人，又做不成传统的中国人，我们对于自己的理解和定位都处于极度的混乱之中。本书尽可能地展示了对人与自由的诸多不同理解，这当然不能解决全部自由问题，但如果说实践中的清明终将有赖于理论上的明晰，那么它终究还是会有点意义的。它至少能够逼迫我们去思考：自己到底是什么样的人，或者应该成为什么样的人，进而应该去追寻怎样的自由。在这个意义上，本书或可视为一项清理地基的准备性工作，以为某种可期待的当代中国哲学奠定某一方面的基础。

本书部分内容在《哲学研究》《学术研究》《哲学动态》《现代哲学》《社会科学战线》《辽宁大学学报》《江西社会科学》等杂志上公开发表过，也在吉林大学哲学系的研究生课程中进行过讲授，期间所引起的讨论使我受益良多，为此特向这些刊物的编辑和所有参加课程的同学表示感谢。本书的出版得到了吉林大学哲学基础理论研究中心的资助，中国社会科学出版社的朱华彬编辑为此付出了许多辛劳，在此一并致以诚挚的谢意。

王福生

2018 年 12 月